全国高等学校中药资源与开发、中草药栽培与鉴定、中药制药等专业
国家卫生健康委员会"十三五"规划教材

药用动物学

主　编　张　辉　李　峰

副主编　金国虔　陈　黎　张　坚　黄　真　李军德

编　委（以姓氏笔画为序）

王厚伟（山东中医药大学）	张　坚（天津中医药大学）
王圆圆（甘肃中医药大学）	张　辉（长春中医药大学）
田春雨（华北理工大学）	张　媛（北京中医药大学）
庄馨英（云南中医药大学）	张红梅（上海中医药大学）
庆　兆（安徽中医药大学）	张普照（江西中医药大学）
刘　睿（南京中医药大学）	陈　黎（十堰市太和医院）
李　娜（沈阳药科大学）	金国虔（中国药科大学）
李　峰（辽宁中医药大学）	贺卫和（湖南中医药大学）
李军德（中国中医科学院）	黄　真（浙江中医药大学）
李晶峰（长春中医药大学）	覃文慧（广西中医药大学）
吴军凯（黑龙江中医药大学）	童芯锌（成都中医药大学）
吴红梅（贵州中医药大学）	裴莉昕（河南中医药大学）
邸　学（辽宁中医药大学）	

人民卫生出版社
·北　京·

图书在版编目(CIP)数据

药用动物学/张辉,李峰主编.—北京:人民卫
生出版社,2022.3
ISBN 978-7-117-32590-5

Ⅰ.①药… Ⅱ.①张…②李… Ⅲ.①药用动物-高
等学校-教材②动物药-高等学校-教材 Ⅳ.①Q959.9
②R282.74

中国版本图书馆 CIP 数据核字(2021)第 265833 号

人卫智网	www.ipmph.com	医学教育、学术、考试、健康,
		购书智慧智能综合服务平台
人卫官网	www.pmph.com	人卫官方资讯发布平台

药用动物学

Yaoyong Dongwuxue

主　　编:张　辉　李　峰
出版发行:人民卫生出版社(中继线 010-59780011)
地　　址:北京市朝阳区潘家园南里 19 号
邮　　编:100021
E - mail:pmph @ pmph.com
购书热线:010-59787592　010-59787584　010-65264830
印　　刷:北京汇林印务有限公司
经　　销:新华书店
开　　本:850×1168　1/16　印张:24
字　　数:583 千字
版　　次:2022 年 3 月第 1 版
印　　次:2022 年 4 月第 1 次印刷
标准书号:ISBN 978-7-117-32590-5
定　　价:82.00 元
打击盗版举报电话:010-59787491　E - mail:WQ @ pmph.com
质量问题联系电话:010-59787234　E - mail:zhiliang @ pmph.com

出版说明

高等教育发展水平是一个国家发展水平和发展潜力的重要标志。办好高等教育,事关国家发展,事关民族未来。党的十九大报告明确提出,要"加快一流大学和一流学科建设,实现高等教育内涵式发展",这是党和国家在中国特色社会主义进入新时代的关键时期对高等教育提出的新要求。近年来,《关于加快建设高水平本科教育全面提高人才培养能力的意见》《普通高等学校本科专业类教学质量国家标准》《关于高等学校加快"双一流"建设的指导意见》等一系列重要指导性文件相继出台,明确了我国高等教育应深入坚持"以本为本",推进"四个回归",建设中国特色、世界水平的一流本科教育的发展方向。中医药高等教育在党和政府的高度重视和正确指导下,已经完成了从传统教育方式向现代教育方式的转变,中药学类专业从当初的一个专业分化为中药学专业、中药资源与开发专业、中草药栽培与鉴定专业、中药制药专业等多个专业,这些专业共同成为我国高等教育体系的重要组成部分。

随着经济全球化发展,国际医药市场竞争日趋激烈,中医药产业发展迅速,社会对中药学类专业人才的需求与日俱增。《中华人民共和国中医药法》的颁布,"健康中国2030"战略中"坚持中西医并重,传承发展中医药事业"的布局,以及《中医药发展战略规划纲要(2016—2030年)》《中医药健康服务发展规划(2015—2020年)》《中药材保护和发展规划(2015—2020年)》等系列文件的出台,都系统地筹划并推进了中医药的发展。

为全面贯彻国家教育方针,跟上行业发展的步伐,实施人才强国战略,引导学生求真学问、练真本领,培养高质量、高素质、创新型人才,将现代高等教育发展理念融入教材建设全过程,人民卫生出版社组建了全国高等学校中药资源与开发、中草药栽培与鉴定、中药制药专业规划教材建设指导委员会。在指导委员会的直接指导下,经过广泛调研论证,我们全面启动了全国高等学校中药资源与开发、中草药栽培与鉴定、中药制药等专业国家卫生健康委员会"十三五"规划教材的编写出版工作。本套规划教材是"十三五"时期人民卫生出版社的重点教材建设项目,教材编写将秉承"夯实基础理论、强化专业知识、深化中医药思维、锻炼实践能力、坚定文化自信、树立创新意识"的教学理念,结合国内中药学类专业教育教学的发展趋势,紧跟行业发展的方向与需求,并充分融合新媒体技术,重点突出如下特点:

1. 适应发展需求,体现专业特色 本套教材定位于中药资源与开发专业、中草药栽培与鉴定专业、中药制药专业,教材的顶层设计在坚持中医药理论、保持和发挥中医药特色优势的前提下,重视现代科学技术、方法论的融入,以促进中医药理论和实践的整体发展,满足培养特色中医药人才的需求。同时,我们充分考虑中医药人才的成长规律,在教材定位、体系建设、内容设计上,注重理论学习、生产实践及学术研究之间的平衡。

2. 深化中医药思维,坚定文化自信　中医药学根植于中国博大精深的传统文化,其学科具有文化和科学双重属性,这就决定了中药学类专业知识的学习,要在对中医药学深厚的人文内涵的发掘中去理解、去还原,而非简单套用照搬今天其他学科的概念内涵。本套教材在编写的相关内容中注重中医药思维的培养,尽量使学生具备用传统中医药理论和方法进行学习和研究的能力。

3. 理论联系实际,提升实践技能　本套教材遵循"三基、五性、三特定"教材建设的总体要求,做到理论知识深入浅出,难度适宜,确保学生掌握基本理论、基本知识和基本技能,满足教学的要求,同时注重理论与实践的结合,使学生在获取知识的过程中能与未来的职业实践相结合,帮助学生培养创新能力,引导学生独立思考,理清理论知识与实际工作之间的关系,并帮助学生逐渐建立分析问题、解决问题的能力,提高实践技能。

4. 优化编写形式,拓宽学生视野　本套教材在内容设计上,突出中药学类相关专业的特色,在保证学生对学习脉络系统把握的同时,针对学有余力的学生设置"学术前沿""产业聚焦"等体现专业特色的栏目,重点提示学生的科研思路,引导学生思考学科关键问题,拓宽学生的知识面,了解所学知识与行业、产业之间的关系。书后列出供查阅的相关参考书籍,兼顾学生课外拓展需求。

5. 推进纸数融合,提升学习兴趣　为了适应新教学模式的需要,本套教材同步建设了以纸质教材内容为核心的多样化的数字教学资源,从广度、深度上拓展了纸质教材的内容。通过在纸质教材中增加二维码的方式"无缝隙"地链接视频、动画、图片、PPT、音频、文档等富媒体资源,丰富纸质教材的表现形式,补充拓展性的知识内容,为多元化的人才培养提供更多的信息知识支撑,提升学生的学习兴趣。

本套教材在编写过程中,众多学术水平一流和教学经验丰富的专家教授以高度负责、严谨认真的态度为教材的编写付出了诸多心血,各参编院校对编写工作的顺利开展给予了大力支持,在此对相关单位和各位专家表示诚挚的感谢!教材出版后,各位教师、学生在使用过程中,如发现问题请反馈给我们(renweiyaoxue@163.com),以便及时更正和修订完善。

人民卫生出版社

2019 年 2 月

教材书目

序号	教材名称	主编	单位
1	无机化学	闫 静 张师愚	黑龙江中医药大学 天津中医药大学
2	物理化学	孙 波 魏泽英	长春中医药大学 云南中医药大学
3	有机化学	刘 华 杨武德	江西中医药大学 贵州中医药大学
4	生物化学与分子生物学	李 荷	广东药科大学
5	分析化学	池玉梅 范卓文	南京中医药大学 黑龙江中医药大学
6	中药拉丁语	刘 勇	北京中医药大学
7	中医学基础	战丽彬	南京中医药大学
8	中药学	崔 瑛 张一昕	河南中医药大学 河北中医学院
9	中药资源学概论	黄璐琦 段金廒	中国中医科学院中药资源中心 南京中医药大学
10	药用植物学	董诚明 马 琳	河南中医药大学 天津中医药大学
11	药用菌物学	王淑敏 郭顺星	长春中医药大学 中国医学科学院药用植物研究所
12	药用动物学	张 辉 李 峰	长春中医药大学 辽宁中医药大学
13	中药生物技术	贾景明 余伯阳	沈阳药科大学 中国药科大学
14	中药药理学	陆 茵 戴 敏	南京中医药大学 安徽中医药大学
15	中药分析学	李 萍 张振秋	中国药科大学 辽宁中医药大学
16	中药化学	孔令义 冯卫生	中国药科大学 河南中医药大学
17	波谱解析	邱 峰 冯 锋	天津中医药大学 中国药科大学

序号	教材名称	主编	单位
18	制药设备与工艺设计	周长征 王宝华	山东中医药大学 北京中医药大学
19	中药制药工艺学	杜守颖 唐志书	北京中医药大学 陕西中医药大学
20	中药新产品开发概论	甄汉深 孟宪生	广西中医药大学 辽宁中医药大学
21	现代中药创制关键技术与方法	李范珠	浙江中医药大学
22	中药资源化学	唐于平 宿树兰	陕西中医药大学 南京中医药大学
23	中药制剂分析	刘 斌 刘丽芳	北京中医药大学 中国药科大学
24	土壤与肥料学	王光志	成都中医药大学
25	中药资源生态学	郭兰萍 谷 巍	中国中医科学院中药资源中心 南京中医药大学
26	中药材加工与养护	陈随清 李向日	河南中医药大学 北京中医药大学
27	药用植物保护学	孙海峰	黑龙江中医药大学
28	药用植物栽培学	巢建国 张永清	南京中医药大学 山东中医药大学
29	药用植物遗传育种学	俞年军 魏建和	安徽中医药大学 中国医学科学院药用植物研究所
30	中药鉴定学	吴啟南 张丽娟	南京中医药大学 天津中医药大学
31	中药药剂学	傅超美 刘 文	成都中医药大学 贵州中医药大学
32	中药材商品学	周小江 郑玉光	湖南中医药大学 河北中医学院
33	中药炮制学	李 飞 陆兔林	北京中医药大学 南京中医药大学
34	中药资源开发与利用	段金廒 曾建国	南京中医药大学 湖南农业大学
35	药事管理与法规	谢 明 田 侃	辽宁中医药大学 南京中医药大学
36	中药资源经济学	申俊龙 马云桐	南京中医药大学 成都中医药大学
37	药用植物保育学	缪剑华 黄璐琦	广西壮族自治区药用植物园 中国中医科学院中药资源中心
38	分子生药学	袁 媛 刘春生	中国中医科学院中药资源中心 北京中医药大学

全国高等学校中药资源与开发、中草药栽培与鉴定、中药制药专业
规划教材建设指导委员会

成员名单

主 任 委 员　黄璐琦　中国中医科学院中药资源中心
　　　　　　段金廒　南京中医药大学

副主任委员（以姓氏笔画为序）

　　　　　　王喜军　黑龙江中医药大学
　　　　　　牛　阳　宁夏医科大学
　　　　　　孔令义　中国药科大学
　　　　　　石　岩　辽宁中医药大学
　　　　　　史正刚　甘肃中医药大学
　　　　　　冯卫生　河南中医药大学
　　　　　　毕开顺　沈阳药科大学
　　　　　　乔延江　北京中医药大学
　　　　　　刘　文　贵州中医药大学
　　　　　　刘红宁　江西中医药大学
　　　　　　杨　明　江西中医药大学
　　　　　　吴啟南　南京中医药大学
　　　　　　邱　勇　云南中医药大学
　　　　　　何清湖　湖南中医药大学
　　　　　　谷晓红　北京中医药大学
　　　　　　张陆勇　广东药科大学
　　　　　　张俊清　海南医学院
　　　　　　陈　勃　江西中医药大学
　　　　　　林文雄　福建农林大学
　　　　　　罗伟生　广西中医药大学
　　　　　　庞宇舟　广西中医药大学
　　　　　　宫　平　沈阳药科大学
　　　　　　高树中　山东中医药大学
　　　　　　郭兰萍　中国中医科学院中药资源中心

唐志书　陕西中医药大学
黄必胜　湖北中医药大学
梁沛华　广州中医药大学
彭　成　成都中医药大学
彭代银　安徽中医药大学
简　晖　江西中医药大学

委　　员（以姓氏笔画为序）

马　琳	马云桐	王文全	王光志	王宝华	王振月	王淑敏
申俊龙	田　侃	冯　锋	刘　华	刘　勇	刘　斌	刘合刚
刘丽芳	刘春生	闫　静	池玉梅	孙　波	孙海峰	严玉平
杜守颖	李　飞	李　荷	李　峰	李　萍	李向日	李范珠
杨武德	吴　卫	邱　峰	余伯阳	谷　巍	张　辉	张一昕
张永清	张师愚	张丽娟	张振秋	陆　茵	陆兔林	陈随清
范卓文	林　励	罗光明	周小江	周日宝	周长征	郑玉光
孟宪生	战丽彬	钟国跃	俞年军	秦民坚	袁　媛	贾景明
郭顺星	唐于平	崔　瑛	宿树兰	巢建国	董诚明	傅超美
曾建国	谢　明	甄汉深	裴妙荣	缪剑华	魏泽英	魏建和

秘　书　长　吴啟南　郭兰萍

秘　　　书　宿树兰　李有白

前　言

药用动物学是中药资源与开发、中草药栽培与鉴定、中药制药等专业的一门专业基础课程。它是运用现代动物学及传统中药学的知识和手段，来研究有药用价值的动物的外部形态、内部构造、分类鉴定，以及本草考证、活性成分、主要功效、驯化养殖、资源保护等方面规律的一门学科。

本教材贯彻传统与现代结合、理论与实践结合的原则，强调内容应充分体现系统性、继承性、科学性、先进性和实用性，注意吸收近年来相关研究的新成果、新资料，易于学生理解。全书分为三篇（第一篇总论、第二篇药用动物、第三篇药用动物资源保护与持续利用），共计20章。绪论详细地论述了药用动物在我国应用的历史和发展概况、药用动物学的概念和任务、药用动物学的研究方法。为强调中药资源保护与持续利用的重要意义，专门设置了"药用动物资源保护与开发利用"一章。

本教材"常见药用动物"选择品种的标准是：具有分类代表性的、药用历史悠久的、药用价值大或较大的、具可再生性或利于开展人工养殖的、现代研究进展较好的，并作详略不同的论述。

在实验教学部分，重点放在常用药用动物较多的节肢动物门、海绵动物门、两栖纲动物解剖学实验上，以期学生掌握实际工作中的关键技术。

编写分工如下：第一章由张辉编写，第二章由田春雨编写，第三章由裴莉昕编写，第四章由刘睿编写，第五章由庄馨英编写，第六章由张坚编写，第七章由张红梅编写，第八章由王圆圆编写，第九章由王厚伟编写，第十章由童芯锌编写，第十一章由吴红梅编写，第十二章由邸学编写，第十三章由李娜编写，第十四章由李峰编写，第十五章由陈黎编写，第十六章由吴军凯编写，第十七章由贺卫和、覃文慧编写，第十八章由庆兆编写，第十九章由金国虔、李军德、张恬编写，第二十章由张媛编写。附图由张坚绘制，全书参考文献、中文名索引由李晶峰整理，拉丁名索引由张普照整理。

本教材在编写和统稿过程中，虽做了大量工作，但由于参编单位和人员较多，难免有不足之处，欢迎使用单位及读者指正。

《药用动物学》编委会

2022 年 2 月

目　录

第一篇　总　论

第二篇　药　用　动　物

第三篇　药用动物资源保护与可持续利用

第一篇　总论

第一章　绪论

中药来源于植物、动物和矿物三大类。药用动物与药用植物一样，具有悠久的历史，临床应用广泛，医疗效果显著，资源丰富，发展前景良好，是我国中医药宝库的重要组成部分。

第一节　药用动物在我国应用的历史和发展概况

在我国，中医药历来存在着的"药食同源"理念，这成为古人识别和选择药物的主要途径。

一、药用动物应用的起源

原始时期，在寻找食物充饥的过程中，人们逐渐了解并认识到有些动、植物具有治病的功能，即因食而引入药，因药而引入病方。医药起源于人类的劳动实践经验，经过长期的"文字未传"记录和传播这些知识的方法也由最初的"识识相因、师学相承、口耳相传"不断积累、总结发展到文字记载，流传下来。

动物药与植物药是相伴产生的，两者都可追溯到商、周时代。成书于战国中后期的《山海经》是明确指出药物并述其治疗疾病功效的早期文献。书中收载药物 124 种，其中动物药 66 种，比植物药所占比例要大，涉及的疾病达数十种。如指出某些鳞类，"食之"可以"已疣""已癞""已白癣""已呕"；某些鸟类，"食之"可以"已疠""已瘿""已风""已嗌痛"；某些兽类，"食之"可以"善走""御百毒"；羊脂"可以已腊"（即疗皴）。春秋时期的《周礼》，提出"五药"的概念，即"草、木、石、虫、谷"，其中"虫"代表的是动物药。到东汉末年，中国的首部本草经典《神农本草经》问世，共载药 365 种，其中动物药 67 种，一些动物药如鹿茸、麝香、蛇蜕、海马、金钱白花蛇、斑蝥、僵蚕、龟甲等，一直沿用至今，动物药的源头和地位由此奠定。

二、药用动物品种的扩展与局限

在《神农本草经》奠定了中药的基础药物品种之后，随着时代的进步和临床医疗应用的需求，药物的品种不断扩展，日益丰富，动物药的数量也不断增加。南北朝时期陶弘景的《本草经集注》，补充了 46 种动物药，使动物药达到 113 种。唐代的苏敬等人编写的《新修本草》，又补充了动物药 15 种。明代李时珍著的《本草纲目》，对动物药有了更多的认识，收载了 461 种，占全书药物收载总数的24%,可谓集古代动物药之大成。清代赵学敏著的《本草纲目拾遗》,又相继补充《本草纲目》未载的动物药122种,使动物药的品种达到近600种。但在两千多年的发展过程中,动物药的扩展品种远远低于植物药。动物药品种的迅速扩展,主要是在近半个世纪尤其是改革开放之后。如《中国动物药志》(1996年高士贤编著)收载动物药1 546味,《中华本草》(1999年国家中医药管理局《中华本草》编委会编写)收载动物药1 047味,《动物本草》(2004年叶苓主编)收载动物药1 731味。《中国动物药资源》(2007年邓明鲁主编)收载药用动物10门、32纲、456科、2 215种及亚种,是迄今记载动物药品种最多的版本。至今,动物药品种还在增加,但其发展的重点将会转向到现有品种的基础研究、应用研究及其持续利用的深入研究上。

实际上,由于药用动物的研究与应用存在滞后性,所以一些动物药不常用或很少用,甚至有名无实。常用的动物药一二百种,道地动物药材有三十余种。2020年版《中华人民共和国药典》(简称《中国药典》)(一部),收载动物药51种,含动物药的制剂504种。在民族用药中,动物药占的比例略高,如《中华本草》的蒙药卷、藏药卷、维吾尔药卷,动物药分别占11.6%、12%和14%。但总体来说,药用动物的使用率不高,有待提升。

三、药用动物入药部位的形成

与植物药相比,药用动物的入药部位更多样、更复杂。虫类动物药多以干燥全体入药,如全蝎、地龙等,较大型和大型的药用动物则分部位入药。药用动物的入药部位常常随着临床应用实践而扩展。如鹿类药材,《神农本草经》载2种药用部位,即鹿茸、鹿角,《新修本草》增加了鹿肉、鹿血等9种,《本草纲目》又增添了鹿脑、鹿胆等6种,加上其他本草对鹿的用药部位增补,使之现在高达27种之多。各类药用动物的用药部位包括全体、肉、皮肤、骨骼、壳、角、血液、肝、胆、肠、胃、分泌物、脂、化石等,至少为40种。现代多按药用动物的不同入药部位分为几大类:全体入药,如蜈蚣、全蝎、地龙、海马、金钱白花蛇等;部分组织器官入药,如鹿茸、羚羊角、熊胆、蛇胆、海狗肾等;分泌物入药,如麝香、蟾酥、蜂王浆、虫白蜡等;排泄物入药,如白丁香、五灵脂、望月砂等;生理、病理产物入药,如蝉蜕、蛇蜕、珍珠、牛黄、马宝、紫河车等;动物制品入药,如阿胶、龟甲胶、鹿角胶、鹿胎膏、血余炭等。

四、药用动物临床应用的发展

药用动物的应用也是在临床实践中发展起来的。1973年,马王堆汉3号墓出土的《五十二病方》中,记载了242种中药,其中包括动物药54种,占22%。《黄帝内经》12个著名中药方剂中,用药25种,用了乌贼骨、马膏、雀卵、猪脂等6种动物药。张仲景的《伤寒杂病论》中共使用38种动物药,研制了以动物药为主的大黄䗪虫丸、黄连阿胶汤、牡蛎汤、升麻鳖甲汤、文蛤散、栝蒌牡蛎散、抵当丸等著名方剂,并提供了炮制、用法用量等方面的经验。动物药中之牛鞭、胎盘、猪肝、羊靥(动物甲状腺)、童便等,一千多年前在中医药古籍中被记载,并应用于临床。唐代孙思邈在《备急千金要方》中,根据医疗实践经验积累,记载了127味动物药的功效与主治,并研制了大量的以动物药为主的方剂,如猪肾汤、羊肉当归汤、鳖甲汤、大虻虫丸、大麝香丸、紫石门冬丸、蜈蚣丸、阿胶丸、胶艾汤、鹿肉汤、鲍鱼汤、牡蛎散等,指导临床用药。《备急千金要方》收录的动物药及以动物药为主的方剂,包罗了传统动物药的大部分精髓,堪称动物药的经典之作。清代名医叶天士因善用虫类药而闻名,他用虫类药治疗疾病效果甚佳。当代著名中医临床学家朱良春的学术专著《虫类药的应用》,总结归纳了他多年来在临床使用虫类药的丰富经验,记载 113 种虫类药,分别阐述了 32 种常用虫类药的用法用量与临床应用。如全蝎可用 2~3g,分两次服用,长期服用,可治疗骨结核;并可抗惊厥、降血压、镇痛,但体虚者需与补益药同服。又如地鳖虫,研制的复肝丸可以治疗慢性肝炎及早期肝硬化。这扩展了虫类药的应用范围,丰富了临床使用经验。这是对动物药的良好传承与发展,应当加以推广。

五、药用动物的现代研究进展与问题

我国近现代的药用动物研究,是随着自然科学特别是生物科学、化学、药理学、分子生物学等的发展,以及国外生药学的兴起而逐步发展起来的。在 19 世纪中期,就有关于我国五倍子的研究报道。在 20 世纪初期,又相继报道了一些虫白蜡、养蚕的研究。大约 1931 年,建霞根据日本人木村重 1929—1931 年考察的我国长江一带药用动物的生活习性、功效等资料,撰写了本草中的鳞类、介类、禽类等文章。1941 年,美国人 E. Bernard 根据《本草纲目》中对昆虫类药材的记载,初步考证了其性状、功效等。我国一些生药学家,从 20 世纪 30 年代起出版了一些生药学相关著作,如赵橘黄、叶三多、李承祜、徐国钧、楼之岑等所著的《生药学》,均记录一些药用动物。 上述著作都为我国药学工作者进一步研究动物药奠定了良好的基础,并推动了药用动物的发展。

中华人民共和国成立后,随着中药科学技术的发展,对药用动物的研究不断深入和完善,出现了一些有关中药的著作,如南京药学院出版的《药材学》(1960 年),中国医学科学院药物研究所等主编的《中药志》(1961 年)。许多综合性的药用动物著作也陆续出版,如林吕何的《广西药用动物》(1976 年)、吉林医科大学第四临床学院的《东北动物药》(1977 年)、何时新的《浙江药用动物》(1977 年)、中国人民解放军海军后勤部的《中国药用海洋生物》(1977 年)、中国科学院南海海洋研究所海洋生物教研室的《南海海洋药用生物》(1978 年)、中国药用动物志编写协作组的《中国药用动物志》(1979—1983 年)、赵肯堂的《内蒙古药用动物》(1988 年)、万德光的《药用动物学》(1993 年)、高士贤的《中国动物药志》(1996 年)、陈宗刚的《药用经济动物养殖》(2005 年)、陆善旦的《药用珍稀动物养殖与利用》(2006 年)、邓明鲁的《中国动物药资源》(2007 年)、李建生的《鲜药用动物图谱》(2009 年)、黎跃成的《中国药用动物原色图鉴》(2010年)等。与此同时,国内外学者也纷纷发表药用动物相关的专题研究论文。因此,已经确认了一些药用动物的品种,并提出一些动物药的显微鉴定、性状鉴别、理化鉴别,如蜈蚣、羚羊角、牛黄、石决明、海狗肾等药材的鉴定。

通过理化分析和药理临床的研究结果,扩大药源和寻找替代品方面也取得了一定的成绩,如水牛角与犀牛角、狗骨与虎骨、珍珠层与珍珠、藏羚羊角与羚羊角的比较研究,以及新阿胶(猪皮胶)的应用等。在药用动物驯化、养殖方面,多种药用动物已实现人工养殖,如人工养麝活体取香、鹿的驯化和鹿茸的生产,银环蛇、地鳖、中国林蛙的人工养殖,河蚌的人工育珠,以及人工养熊,用熊胆粉替代药材熊胆和人工牛黄取代天然牛黄等都已取得成功,并且已有相应药品供给市场。

对动物药活性成分的研究,也得到了迅速的发展。如从蟾酥中分离出的蟾蜍甾烯可通过多种途径抑制肿瘤细胞增殖,其中蟾酥配基可加强心肌收缩力,当心肌细胞膜上的 Na^+,K^+-ATP 酶受到抑制时,从而表现出强心苷样作用,可促进小鼠脾淋巴细胞进入 DNA 合成期,促进小鼠脾淋巴细胞的增殖和转化;从全蝎中发现蝎毒纤溶活性多肽的纤溶作用与促进 t-PA 释放及抑制内皮细胞分泌纤溶酶原激活物抑制物(PAI)有关,提示蝎毒抗栓溶栓的机制之一是促进纤溶系统的激活;海参内脏含有丰富的牛磺酸、不饱和脂肪酸,在一定范围其作用要强于海参体壁;用于抗凝血的水蛭素、用于医治偏瘫的蝮蛇的链激酶、用于消除血栓的环毛蚓的蚓激酶、用于治疗癫痫的东亚钳蝎的蝎毒的抗癫痫肽等等,都被深入研究开发,获得了良好的应用。DNA 条形码鉴定技术,是一种新兴的分子生物学鉴定技术,在中药材鉴定领域取得了丰硕成果,为解决动物药材市场中混伪品乱用的现象和中药动物药资源的合理开发利用提供新的依据。以高效液相色谱法为主,与紫外、荧光、质谱联用检测技术,为种类多、检测量小的兽药残留的动物药监控提供了技术支持。

但从总体上看,动物药的现代研究始终落后于植物药。如 2020 年版《中国药典》收载动物药 51 种,其中作出含量测定的 22 种,只占 43%。而该版收载的中药材及饮片总数 616 种中已有 66% 建立了含量测定。这说明《中国药典》中收载的动物药的现代研究要低于平均水平。

六、药用动物的特点与发展前景

一般来说,动物药具有资源丰富、疗效显著、药用价值高、食疗方便的特点。

大自然中的动物种类大约有 150 万种,比植物的种类要高出 3~4 倍。对于动物药已认识其药用价值的只有约 2 000 种,还不及植物药的五分之一。全球昆虫约有 100 万种,仅有不超过 500 种被选作药用,只占极小的一部分。世界上的海洋占地球表面的 71%,生物生存的空间是陆地的 1 000 倍。2014 年全球最大的含点位数据的在线开放性数据库——海洋生物地理信息系统(OBIS)中的海洋物种数已增加到约 25 万种,时空分布原始资料增至 3 700 万笔,但仍只占实际海洋物种数的一小部分,91% 的海洋生物尚未被发现或描述,很多生物类群尚乏研究;目前的数据一半以上皆为甲壳类、软体动物类及鱼类。2009 年出版的《中华海洋本草》也仅收录海洋药物 613味,涉及海洋药用生物以及具有潜在药用开发价值的物种 1 479 种。

因此,动物药具有非常广阔的自然资源,有着十分广阔的未被认识的领域,许多有药用价值的种类有待人们开发与研究。

现代科学研究表明动物药的疗效显著,通常小剂量即可发挥疗效。许多动物的器官、组织,如脑、心、肝、肾、脾、胰、垂体、胎盘、胆、胆汁、血液、骨、皮、角等,都含有活性物质。这些活性物质,经过提取分离可应用于临床,如熊胆经过提取分离得到的熊去氧胆酸与鹅去氧胆酸用于治疗胆结石;羊胎盘提取物可养血安神、延缓衰老,并在欧美已应用于化妆品当中;河豚肝脏中提取的河豚毒素可用于缓解肌肉痉挛等。一些动物药经过提取,还获得了海参黏多糖、胸腺素、甲状腺素、甲壳素、促肾上腺皮质激素、抑肽酶、丙种球蛋白等活性成分。此外,蚯蚓提取物蚓激酶,麝香提取物麝香酮,蟾蜍和蟾酥提取物蟾蜍毒、蟾蜍素,水蛭提取物水蛭素,猪脑腺垂体提取物生长激素等,都是高活性的有效成分,可用于医疗保健。这方面的研究方兴未艾,前景广阔。

药用动物有效成分化学合成取得突破性进展。麝香最具生理活性的组分 3-甲基环十五酮,已完成环酮扩环法、闭环法、环十五烷酮的甲基化法 3 种合成方法。牛黄胆红素是人工牛黄的主要成分之一,已完成全合成法、半合成法制备胆红素两种合成方法。牛磺熊去氧胆酸是熊胆汁的有效成分之一,已完成酰氯法、混合酸配法、缩合酰胺键法、氧化法、活性硫酯中间体法 5 种化学半合成法。斑蝥素是斑蝥的主要有效成分之一,有治疗恶性肿瘤等功效,已完成 Stork 合成法、Schenk 合成法、Dauben 合成法 3 种合成方法。

许多动物具有多方面的药用功效,如蝉蜕可疏散风热、息风止痉、透疹止痒,鹿茸主治肾虚、宫冷不孕、头晕,地龙可清热息风、清热利尿、通经活络,中国林蛙可滋阴补肾、提高免疫力、补脑益智,动物药的广泛而显著的功效是经过验证的。

常用的动物药数量不多,但配方中使用的频率却比较高。如 2020 年版《中国药典》收载的 1 607 个成方制剂中,含动物药的制剂有 504 个,占到制剂总数的 31%。

动物药在中药的食疗方面有突出的价值,许多药用动物属于药食同源。在传统的《食疗本草》中,动物类品种占大部分,尤其以动物脏器疗法著称。严泽湘的《动物类食疗方》整理了畜禽鱼虫等的食疗方法与相关验方。动物体由于含有较多的蛋白质、肽、糖类等对人体有益的成分,故常常成为食疗的首选对象。

由于药用动物具有资源丰富、疗效显著、药用价值高、方便食疗等特点,加之动物药的研究开发比重相对较少,研发空间大,据世界卫生组织(WHO)在广泛征求全球有关药学专家意见后,各国学者普遍认为 21 世纪将是动物药研究的时代,药用动物的研究和应用将得到全面、系统的发展。

七、药用动物资源的保护与利用

在我国,自然界药用资源的优势与危机并存。尤其是动物药资源,由于过度的采集、猎杀,已使一些物种骤减或濒临灭绝。常用动物药中有许多是野外即将灭绝的物种,因此,保护药用动物尤其是一些珍稀品种,已是迫在眉睫的事情。国家针对野生动物颁布了野生动物保护法和重点保护的野生动物的名录,并划定了一批重要的珍稀野生动物自然保护区。目前犀牛角、虎骨、豹骨、羚羊角已经被禁用,并有部分品种也列入不同等级的保护名录,如短尾猴、小灵猫、白冠长尾雉为国家二级保护动物,白鳍豚、藏羚羊、虎、野牦牛为国家一级保护动物。随着我国加入濒危野生动植物物种国际贸易公约,限制性药用动物将会增加。在这种情况下,应采取新的策略来开发利用动物药。

在合理地、适度地利用野生动物资源并研究开发资源丰富的动物药新品种之外,对道地动物药材的大力发展,是一个有效缓解资源紧张的途径。我国对药用动物的养殖有悠久的传统和实践经验,如中华大蟾蜍池塘网箱养殖法可有效高产地进行养殖,避免不易捕、蟾蜍敌害(黄鼠狼、老鼠和蛇)、蟾蜍排泄的大量粪便造成养殖区的污染和疾病等问题;利用波纹板养殖筐作为附着基,在室内开展了仿刺参工厂化养殖,效果较好,出皮率等指标优于池塘养殖;无土立体高密度技术养殖水蛭,大大解决了水蛭在北方无法饲养的难题。近年来,药用动物的养殖品种及数量不断上升,包括海生动物(海参、海马)、昆虫动物(斑蝥、水蛭)、两栖动物(中国林蛙、蟾蜍)、脊椎动物(蛤蚧、穿山甲、驴),但有些物种的养殖处于初步阶段,还需摸索加强。

在一些珍稀动物药匮乏的情况下,寻找性效相近的代用品,也是一个补充性的方式。如新的牛黄清心丸是较早将山羊角替代羚羊角的实例,人工牛黄的创制和广泛使用,水牛角取代犀牛角,猪蹄甲代替穿山甲都是成功的例子。随着科学技术的进步,现代生物工程技术的应用,将不断地探索出这方面潜力,有助于扩大动物药的资源。

八、加大动物药研究发展的力度

在中药现代化的总体战略目标中,动物药的研究发展相对植物药来说远远不足,因此,有必要引起重视,加大投入,建立中药动物药研究创新体系,培养扩大动物药科研人才队伍,构建合作有效的科研开发平台,提高我国中药动物药的科技创新能力的整体研究水平,并组织力量努力克服一批动物药技术难关,使其在几个领域取得突破性进展。为此,要努力做好基础性工作,如调查动物药野生资源和商品药材现状,研究动物药应用基础,探索动物品种选育及其规范化养殖技术,摸索生产加工的改进技术等。

总之,作为中药的重要来源,药用动物前景广阔、发展潜力巨大,基于动物药自身的特点,需要开展创新型的理论和方法,建立具有动物药特色的研究体系,开创动物药研究的新局面,使动物药研究有一个大的突破,有助于中医药的现代化和中医药振兴。

第二节　药用动物学的概念和任务

随着科学技术的发展进步,药用动物学在继承传统中药学、动物学的基础上,密切结合化学、制剂学、分子生物学、药理学、循证医学等多学科研究成果,学科间不断互相渗透、互相促进,不断充实、丰富、发展药用动物资源研究内容,并合理开发利用动物药,对保障人民身体健康具有十分重要的意义。

一、药用动物学的概念

药用动物学(pharmaceutical zoology)是运用动物学及中药学的知识和手段研究有药用价值的动物的外部形态、内部构造、分类鉴定,以及本草考证、活性成分、临床应用、驯化养殖等方面规律的一门学科。

药用动物学是中药学、药学及相关专业的一门专业基础课程,并为中药鉴定学、生药学、中药化学、中药资源学、中药炮制学、中药商品学、中药制剂分析、天然药物化学、药材学、中药药剂学、中药药理学、药用动物的驯化等学科提供必要的基础。因此,药用动物学在整个中医药学中起着非常重要的作用。

二、药用动物学的任务

药用动物学的任务可归纳为以下 4 个方面:①整理药用动物的基源品种,进而考察其药效,保证临床用药的准确性、安全性和有效性。②利用动物间的亲缘关系,寻找基源关系相近的动物品种—成分—药效的相关性,寻求和扩大新的药源,发掘药用动物的相似品和替代品。③寻找新药和先导化合物。动物药具有独特的有效成分,且效果良好,从药用动物中寻找新成分或新的先导化合物是极具潜力的。④为药用动物的驯化、养殖提供科学依据,为药用动物品种选择及驯化养殖提供必备的动物学基础知识。人工养殖药用动物是资源的可持续发展的重要途径。

第三节　药用动物学的研究方法

　　药用动物学起源于人类的社会实践经验,是人类在与疾病作斗争的长期实践中所积累的宝贵经验总结。任何科学理论的出现和原理、法则的建立,都需对相关事物进行多次的反复观察、实验、验证和比较分析,使之有好的稳定性和再现性。只有这样才能获得有规律性和系统性的知识,并须在以后的实践中不断加以修正和补充,以适应新的发展和变化情况。

　　药用动物学的基本研究方法概括起来主要有四种:描述法、比较法、实验法和野外考察法。

一、描述法

　　该方法主要是通过认真地观察和系统地记录药用动物的外部形态、内部解剖结构、生活习性、地理分布、药用价值等,为相关的研究提供有价值的最新资料。有时还必须附加图表以帮助表达,或作出适当的文字解释。这是了解药用动物的初步方法,也是对药用动物进行研究的最基础的一种方法。还可依据不同的目的、任务,通过显微镜和分子生物学技术深入到显微、亚显微结构以及分子水平进行观察描述。

二、比较法

　　通过对不同药用动物的系统性比较,可以发现它们的异同,从而得到一些规律性的数据,揭示动物之间的亲缘关系。通过比较研究,可以得出动物的各分类阶元的特征概括,并确定与建立其品种。目前研究已经从动物的宏观结构特征深入到细胞、亚显微、分子水平的比较上。如比较不同种属动物的保守区核苷酸片段的序列,可以有效地获得它们之间的亲缘关系。通过比较,能够进一步阐明各种药用动物间的关系,从而得出正确的结论。因此,比较法也是研究药用动物的重要手段和方法之一。

三、实验法

　　与其他自然科学一样,药用动物学也是一门实验科学。实验法就是在一定条件下,进一步观察与分析药用动物的各种生活现象、有效成分、药理作用以及临床应用。由于实验条件可以随着要求不同而改变,因此它比一般的观察更能揭示药用动物发挥药效的本质,有利于药用动物的开发利用和临床应用实践。实验法通常和上述的描述法、比较法相互结合。通过实验研究,对药用动物可有更深入的了解。

四、野外考察法

动物的野外考察是一种药用动物研究的基本方法。通常包括对动物品种、生态环境、习性、分布、数量检验、濒危程度评价等,也是获得动物研究实验材料的一种方法。

上述方法是药用动物研究中最常采用和最基本的方法,随着现代生命科学技术的发展,还应重视采用一些现代的仪器设备和技术,如冻干赋形技术、扫描电镜、计算机图像处理技术、毛细管电泳、双向电泳、生物酶解技术、大分子质谱、色谱法、光谱法、色谱与提取分离方法联用技术、DNA 条形码鉴定技术等,对药用动物进行观察、分析和研究。总之,无论采用什么途径,最重要的是要做到真实、准确、标准,需要详细记录、缜密思考,经分析、归纳,得出科学结论。

（张　辉）

第二章　动物体的基本结构与功能

　　动物细胞结构完整,有细胞膜、细胞质及细胞核,细胞质里的细胞器各不相同;细胞有周期性的生长分裂,细胞主要的分裂方式是有丝分裂,减数分裂发生在配子形成过程。动物组织由形态相同或类似、功能相同的细胞构成。动物主要的组织有上皮组织、结缔组织、肌肉组织和神经组织;不同类型的组织相互联系形成具有一定生理功能的器官,器官中功能密切联系的构成系统。动物繁殖包括无性繁殖及有性繁殖。胚胎的发育从雌、雄配子结合形成受精卵开始,历经数个不同的发育时期,最终形成了有 3 个胚层的胚胎。胚胎中不同的胚层细胞在动物体生长发育中又分化成不同的组织、器官。

第一节　生命物质的基础

　　每个生物体都有属于自己的形态结构,而这恰恰构成了生物界的多样性,尽管每个生物体之间的形态结构有很大差异,但是生物体却有相似的基本化学组成,构成生命物质和构成非生命物质的基本元素是相同的。

一、生命物质与元素

　　自然界广泛存在 107 种元素,生命有机体中最基本、最多的元素是碳、氢、氧、氮,约占细胞90%的总量;其次还有磷、硫、钙、钾、钠、氯、镁、铁;还有一些微量元素,如铜、锰、锌、碘、钼、钴、硒、硼、锶、钡、氟等。各元素在生物体内有恒定的比例,并维持了正常的生理活动。

二、生命物质的组成

　　生物体内遍布上述元素组成的各种化合物,其中水和无机盐是主要的无机物,而有机物是蛋白质、脂类、核酸、糖类等占主要地位,维生素也是机体必要的物质。

　　1. 无机物　水和无机盐是细胞内的主要无机物,它们大部分以游离状态存在,只有少数与有机物结合。

　　(1) 水:在生物构成中,水是含量最多的一种物质,同时也是生命活动中最重要的一种媒介,动物细胞中75%~85%的物质都是水,动物体代谢旺盛时体内的含水量一般较高,而动物体不活动或休眠时则体内含水量较低。

水在动物体中的存在形式主要是游离水和结合水,游离水以自然状态形式存在于体内,可沿着毛细管流动,比较容易蒸发,加压的情况下可析离,作为溶剂可以使很多有机物及无机物溶解,成为一种良好的运输介质,如血液中的水;此外,体内很多的化学反应都有水的参与,在细胞代谢中至关重要。结合水则是借助水中氢原子的氢键,依附于蛋白质分子组成生物体的构成物,结合水具有不蒸发、不流动的特点。在生物体内,结合水与游离水是可以互相转化的,当体内的游离水向结合水转化较多时,机体代谢的强度将会下降,但是机体的抗寒、抗热能力将会提升,而机体内游离水的比例上升时,机体代谢活动增强,生长迅速。

(2) 无机盐:机体内的无机盐大多以离子状态存在于水中,水和无机盐共同构成调控系统,调节生物体内环境。一般存在于体内的无机盐含有 Na^+、K^+、Ca^{2+}、Mg^{2+}、Fe^{3+}、Cl^-、SO_4^{2-}、HPO_4^{2-}、HCO_3^- 等,它们的作用是维持体液正常渗透压、酸碱度,神经、肌肉的正常兴奋性等。另外有些无机物的存在形式为不溶解的固体沉积物,如碳酸钙,这些结构为机体提供支持及保护。

2. 有机物　碳元素是生物体内最有特色的元素,参与形成了很多种有机物,用来构成生物体更为复杂的结构,主要的有机物有糖类、脂类、蛋白质、核酸、维生素及激素等,这些有机物在生物体有独特的生理功能。

(1) 蛋白质(protein):由 20 多种氨基酸组成的大分子物质,是生物体细胞生命活动的基础,不同的氨基酸靠着肽键相互连接形成具有次序的蛋白质,肽键形成的长链又按着特定的方式盘曲折叠构成更为复杂的生物大分子。蛋白质的特性是由氨基酸的数量及排列上的变化而决定的,蛋白质中氨基酸的数量及结构上的细微变化,都能改变蛋白质功能。不同的生物有其特有的蛋白质,不同动物之间的亲缘关系越近,它们体内蛋白质的一级结构就越相似。因此,从蛋白质的一级结构可以鉴别种类及种类间的亲缘关系。蛋白质还可以和生物体内糖结合形成糖蛋白,与生物体内脂结合形成脂蛋白。

(2) 核酸(nucleic acid):在生物体的生命活动中有至关重要的作用,它一方面是细胞活动的控制中心,另一方面作为载体与工具在细胞内传递遗传信息。核酸在蛋白质的多型性和多功能方面有着重要作用。若干核苷酸聚合构成的大分子叫作核酸,生物体内的核酸分为核糖核酸(RNA)和脱氧核糖核酸(DNA),虽然生物体内的核苷酸种类很少,但因核苷酸的数目、比例与排列次序的差异而构成不同的核酸。核糖核酸存在于细胞质和细胞核中,而脱氧核糖核酸作为细胞核的主要成分存在。

(3) 糖类(carbohydrate):以碳、氢、氧作为基本单位构成,化学式为 $C_x(H_2O)_y$,因为糖类中 H 与 O 的比例绝大多数为 2:1,所以也称糖类为碳水化合物。植物光合作用生成糖类,动物细胞从外界环境摄取糖类。糖类一方面是细胞的主要能源物质(如葡萄糖),另一方面也参与细胞的构成(如核糖和脱氧核糖)。

(4) 脂类(lipid):脂类是由脂肪酸和醇(甘油、胆固醇、神经氨基醇等)形成的,生物体内的脂类主要以脂肪(fat)、磷脂(phospholipid)和固醇(sterol)三大类存在。脂肪是生物体内的一类能源,脂肪与同量的糖类或蛋白质相比在体内完全氧化产生的能量要比后两者高 1 倍以上,所以脂肪是动物最好的贮能形式;磷脂分子分为非极性的脂肪酸部和强极性的磷酸酯部,磷脂分子具有亲水性和向水体表面集中为膜层的倾向,这使它成为基本构成物存在于细胞膜与各种细胞器膜上;固醇类在生物体内存在的形式是以游离状态或同脂肪酸结合成酯,主要的固醇有胆固醇、甾体激素,固醇类一方面是细胞表面膜的重要构成部分,另一方面又是动物激素和维生素 D 的合成原料。

（5）维生素(vitamin):是生物体新陈代谢的重要物质,在生物体内含量虽小但有着非常重要的作用。动物本身不能合成维生素,只能从外界获得,如果生物体维生素摄入不足则会导致各种维生素缺乏病症。

第二节　动物细胞

生物体内结构与功能的基本构成单位称为细胞(cell)。

一、一般特征和功能

除少数细胞外,一般的细胞都很微小,常常需要借助显微镜才能观察到,多数细胞都用微米来计算。各种生物的细胞具有特定的形态(图 2-1)和特定的功能,生物体内游离的细胞多为圆形或椭圆形,如卵细胞;方形、扁平形、柱形细胞有紧密相连的特征;具有纺锤形或纤维形的细胞大部分是有收缩功能的肌细胞;细胞形态为星形,多具有长短不等的凸起是具有传导功能的神经细胞。活细胞的形态一般都是可以改变的,生物体内初生的细胞形状比较有规则,在细胞生长发育过程中经过分化,细胞形态逐渐趋向多样化,这与它们的功能有关,但它们在形态和功能上又有共同的特征。

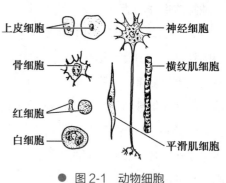

● 图 2-1　动物细胞

真核细胞具有完整的核和各种完备的细胞器,动物细胞都是真核细胞,动物细胞与植物细胞相比,动物细胞没有细胞壁、质体和巨大的液泡,却有中心体。

在动物界,形态、大小和功能都不同的细胞构成了大多数的多细胞动物机体,小部分原生动物除外。不同的细胞在机体内相互联系、密切配合,发挥各自的作用,共同完成了动物的生理、病理、遗传等生命活动。所以,细胞的主要功能有三个:①通过利用和转换从外界获得的能量维持细胞的各种生命活动;②根据生物体需要,有把小分子物质合成大分子物质的能力;③自主复制和自我分裂,繁殖后代。

二、细胞结构

细胞是一团原生质(protoplasm),细胞结构主要有细胞膜、细胞质、细胞核和多种细胞器。

1. 细胞膜或质膜(cell membrane or plasmolemma)　3 层组成极薄的膜包围在细胞表面、细胞核和细胞器表面,一般细胞膜厚度在 7~10nm,蛋白质分子组成内外两层膜,磷脂分子组成中间一层,内外两层为电子密度高的致密层,中间为电子密度低的透明层,这种3层式典型构造在细胞生物学中被称为单位膜(unimembrane),不同的膜是由不同的蛋白质和脂类构成的。蛋白质在磷脂双分子层中不同深度镶嵌甚至穿越了磷脂双分子层。S. Jonathan Singer 和 Garth Nicolson 在1972年提出了"蛋白质和磷脂镶嵌流体模型学说",他们认为膜是液态可流动的结构,整个膜由球形蛋白质及连续的磷脂双分子层构成。细胞膜中包含多种蛋白质、磷脂和固醇,糖蛋白、酶蛋白、功能蛋白多存在于质膜的外表层、内表层、中部层。

膜的外表面除了以上构造外,同时还结合着使细胞具有特异性的寡糖蛋白,不同种的动物细胞有细胞间的差异性,同时不同个体的细胞也有差异性,通过实验,将几种来源不同的细胞混合在一起,同源的细胞贴合,异体的细胞相互排斥,这是细胞互相识别(recognition)。

细胞膜通过有选择性地从周围环境吸收营养,同时将代谢产物排出,来维持细胞内环境的恒定;细胞膜上的蛋白质,对多种物质出、入细胞起着关键性作用;同时,细胞膜还具有传递外界信息、细胞识别与免疫、代谢调控等功能。

2. 细胞质(cytoplasm) 是细胞的主要部分,主要存在于细胞膜内、细胞核外,是细胞新陈代谢的主要场所,也是生命活动的体现者。活细胞的细胞质在光学显微镜下呈现出半透明、均质、低黏滞性的形态,在电子显微镜下可观察到细胞质中的多种细胞器(organelle),动物细胞的细胞器主要有以下几种。

(1) 内质网(endoplasmic reticulum,ER):K. R. Porter 和 A. D. Claude 1945 年首次在电子显微镜下发现细胞的内质中存在膜系统,故称内质网。它是一种膜腔系统,主要由膜形成的小管、小囊及囊构成,在细胞质中内质网与核膜和质膜内褶部分相连,与高尔基体相连,相互连接形成的通路主要是在细胞内输送物质。粗面内质网(rough ER,RER)与滑面内质网(smooth ER,SER)是根据两者的形态不同区分的。粗面内质网(RER)的外表面附有许多合成各种分泌蛋白质的蛋白(或称核糖体)颗粒;滑面内质网(SER)一方面参与细胞内物质运输,另一方面参与脂肪、胆固醇、糖原及其他糖类的合成与分解,还可以将脂溶性毒物分解。

(2) 高尔基体(Golgi body):又称为高尔基器(Golgi apparatus)、高尔基复合体(Golgi complex),Camillo Golgi 在 1898 年发现,由几个表面光滑、重叠的大扁囊及周围小囊构成的膜腔结构,位于细胞核附近。与内质网相连,作用是将内质网上合成的蛋白质进行再加工,加工后的蛋白质再加上糖类物质形成糖蛋白转运出细胞外。

(3) 溶酶体(lysosomes):有吞噬功能的细胞含量最多的一种含多种酸性水解酶的颗粒,普遍存在于细胞中,已知50多种酶的特征性为酸性磷酸酶;这些酶能够将大分子物质(如蛋白质、脂类等)分解成较小的分子,供细胞需要;溶酶体是在细胞受损、衰老时可自溶的结构,还可以清除细胞外源性异物保护机体,在胚胎形成和发育等过程中起着重要作用。

(4) 线粒体(mitochondria):主要成分是蛋白质与脂类的线状、小杆状或颗粒状细胞器,数量较多地存在于真核细胞细胞质中。在电镜下观察,线粒体表面分为内外两层膜,内膜向内凸起形成线粒体嵴(cristae),在嵴上有很多酶组成的酶系统。线粒体既是细胞呼吸中心又是细胞能量转换中心,还被称为细胞的"动力工厂",腺苷三磷酸(ATP)高能磷酸键上的能量是生物体凭借线粒体有氧氧化作用产生的,用来供给细胞其他的生理活动。

(5) 中心粒(centriole):细胞分裂时容易观察,其余时间则不易看到,一般是由3个微管构成小管状的亚单位,再由9组亚单位构成的柱状细胞器,位置固定,具有极性,亚单位的排列方向与柱状体的纵轴一致,成对且成角出现的中心粒称为中心体(centrosome),在细胞有丝分裂时中心体影响着染色体的移动方向。

在细胞内,对细胞起骨架支持作用的还有微丝及微管等结构,微丝与微管既能维持细胞形状,也可以参与细胞运动,微管还可以形成纺锤丝、纤毛和鞭毛等结构。

3. 细胞核(nucleus)　细胞核掌控着细胞代谢、生长、分化、繁殖等过程,储存着很多遗传信息,是细胞的控制及信息中心;细胞核形状多种多样,除少数双核和多核之外,剩下的大多数细胞只有一个核;核膜、核仁、核基质和染色质组成了细胞核。

(1) 核膜(nuclear envelope):由内外两层的膜融合而成的双层膜构成,膜上有成百上千能选择性地控制内外物质通过的核孔,核孔允许RNA但不允许DNA出入细胞核,这对维持细胞核内环境的恒定性起着关键作用。

(2) 核仁(nucleolus):是由RNA和蛋白质结合而成的核仁丝和颗粒、蛋白质基质构成,核仁不被外膜包围,核仁的功能是合成核糖体RNA(rRNA)和前体颗粒;核基中进行的多种代谢过程需要核仁提供戊糖、能量和酶等。

(3) 染色体(chromosome):因其能用碱性染料染色而得名染色质(chromatin),细胞核的绝大部分是染色质,具有嗜碱性。在分裂间期,染色质在细胞核内呈丝状结构分布,含有由大量的DNA与碱性组蛋白结合成的核蛋白(nucleoprotein),还有小部分的RNA;细胞有丝分裂的时候,在光学显微镜下可以看到由染色质高度螺旋化,盘绕折叠形成的染色体,在有丝分裂末期染色体又变为细丝状的染色质;大量的决定蛋白质分子结构的DNA片段在染色体上,DNA片段是控制遗传性状的基因,生物体通过核酸复制将遗传信息(genetic information)以遗传密码(geneti code)的形式编码在核酸分子之上,传给后代。

综上所述,细胞核功能有保存遗传物质,控制生化合成与细胞代谢,决定细胞和机体的性状。细胞核与细胞质相互作用、相互依存而表现出细胞统一的生命过程,细胞核可以控制细胞质,细胞质对细胞的分化、发育和遗传也有着重要作用,所以遗传物质从细胞或个体传给后代是由细胞核和细胞质共同完成的。

三、细胞周期

细胞的生长和分裂具有显著的周期性,细胞的生长和增殖促进了生物个体的成长。细胞在上一次分裂结束到下一次分裂结束之间的时期称为细胞周期(cell cycle),细胞周期分为分裂间期(interphase)和分裂期(mitotic phase)。细胞种类不同,细胞周期的长短也不同,各类细胞的周期虽然相对恒定,但很多内外因素会影响,如环境温度、生理的酸碱度、有机物、电离辐射、化学药品都能使细胞周期发生变化。在细胞生长时,细胞体积的增大为细胞分裂提供了基础,细胞在分裂期变成两个子细胞。两次细胞分裂之间的这一时期称分裂间期,根据DNA的复制情况将DNA合成前期、合成期、DNA合成后期称为G1期、S期、G2期,DNA复制所需的酶、底物和RNA是在DNA合成前期合成的;DNA合成后期合成纺锤体和星体所需要的微管蛋白质。细胞分裂间期的时间比分裂期长,如角质细胞、神经细胞等已经分化执行特殊功能的细胞一般不再分裂,DNA不合成,其复制准备工作被抑制的时期称 G0 期,而肝、肾细胞这些已分化的细胞只有当所在组织受到损伤时才开始分裂进行补充。癌细胞不是分化细胞,但其在密度过大、营养缺乏的情况下也可转入 G0 期,开始增殖,从而成为疾病复发的根源。

四、细胞分裂

细胞个数增加的基本形式是分裂,任何动物都是由细胞经过分裂、生长、分化形成,细胞分裂也是生物生长、发育、分裂和繁殖的基础。细胞在分裂间期完成了物质合成和细胞生长,尤其是染色体的复制,这些是细胞分裂的必要条件,细胞分裂(cell division)有以下 3 种形式。

1. 无丝分裂(amitosis)　是最简单的分裂方式,也称为直接分裂,分裂时观察不到染色体复杂变化,核物质直接一分为二,通常情况下从核仁开始,延长横裂为二,紧接着核延长,中间缢缩,分裂为 2 个核;细胞质也同时拉长并分裂为二,形成 2 个子细胞。原核生物常用此方式进行增殖,真核生物进行无丝分裂通常是体细胞的成熟期,如动物局部受伤或病变时为了增加细胞数量和修复创伤进行无丝分裂。

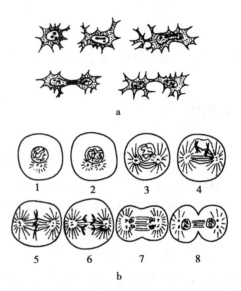

1～4. 前期;5. 中期;6. 后期;7～8. 末期。

● 图 2-2　细胞分裂
a. 无丝分裂;b. 有丝分裂

2. 有丝分裂(mitosis)　是真核细胞分裂的主要形式,也称为间接分裂,是一个连续复杂的过程,细胞核和染色体的形态有明显变化,有丝分裂分为前、中、后、末四个时期(图 2-2)。

(1) 前期:细胞核中出现一定数目由 2 条染色单体螺旋化的长丝状染色体,然后螺旋化加强并且变短变粗,中心粒向两极移动,星茫状细丝在周围出现,称为星体,两星体之间出现纺锤体,纺锤丝呈纺锤状排列,核膜和核仁逐渐消失,染色体在纺锤体的作用下向中央移动,排列在赤道面上。

(2) 中期:染色体到达赤道面,停止移动时纺锤体达到最大限度,染色体在纺锤丝周围呈辐射状排列,染色体的着丝点与从纺锤体的两极发出纺锤丝连接,一些纺锤丝则会直接伸到两极的中心粒。这时的染色体高度螺旋化,呈浓缩状,2 个染色单体开始分开,细胞开始进入下一时期。

(3) 后期:分开的 2 个染色单体向两极移动。

(4) 末期:两组子染色体已经移动到细胞两极,细胞核开始重建,核膜、核仁出现,染色体从浓缩状态恢复成间期核状态;与此同时,细胞质分裂,动物细胞赤道区域的胞质首先发生缢缩,逐渐加强分裂成 2 个细胞。

有丝分裂在生物学上的主要意义是,细胞通过有丝分裂过程将间期复制的两份 DNA 与分裂期形成的染色单体平均分开,细胞质也平均分裂,这就保证了两个子细胞具有相同的机制,也保证了子代与亲代细胞遗传性的一致。而这对胚胎和分生组织的细胞特别重要。

3. 减数分裂(meiosis)　此分裂形式只存在于配子生殖,它和有丝分裂的不同是细胞分裂 2

次,但是染色体只复制分裂了 1 次,细胞进行了 2 次连续的核分裂,最后细胞中染色体数目减少一半。

在成熟期的最后 2 次分裂中,细胞第一次减数分裂染色体数目减少一半,初级精母细胞($2n$)变成次级精母细胞(n),次级精母细胞再经行减数分裂产生 4 个精细胞(n),最后通过分化过程转变为精子(n);雌体中对应的阶段是初级卵母细胞($2n$)、次级卵母细胞(n)和卵(n),但两者不同的是每个初级卵母细胞只产生一个成熟卵和另外 3 个不孕的极体,这种不平均的分裂使卵细胞为之后的受精卵发育储备足够的营养,极体没有受精发育能力,所以卵细胞的数量没有精子多。

减数分裂在维持物种染色体数目的恒定性、遗传物质分配和重组,还有生物的进化发展方面都具有重要意义,能使后代更好地适应外界环境。

第三节 动物基本组织、器官和系统

一、组织

多细胞动物在生长发育过程中,细胞数量增多,细胞趋向专门化功能,最终形成形态与功能都不同的组织(tissue)。

一些形态相同或类似、功能相同的细胞群和一定量的细胞间质(intercellular substance)结合构成组织。细胞间质以非细胞形态存于细胞之间,如基质、纤维等。

在高等动物(或人体)中,每种组织只完成部分功能,一般把组织归纳为四大基本组织,即上皮组织、结缔组织、肌肉组织、神经组织。这些组织形态和功能都不相同。

1. 上皮组织(epithelial tissue) 由密集排列的细胞和少量细胞间质构成(图 2-3),在细胞之间可见连接复合体,覆盖在体表和体内各器官表面,体内的管道、囊、腔的内表面也同样覆盖,游离面是向着外界或腔隙,基底面靠着基膜(basal membrane)与深部结缔组织相连接,因游离面和基底面的结构与分化不同,使上皮具有极性;由于毛细血管在上皮组织几乎没有分布,所以上皮组织的营养和代谢产物的排出都靠深部结缔组织的血管通过基膜渗透来完成,但上皮组织分布有神经末梢。所以上皮组织具有保护、吸收、排泄、分泌、呼吸及感觉等功能。

上皮组织根据分布、功能、形态结构的差异分为以下几种。

(1)被覆上皮(cover epithelium):上皮组织覆盖于机体内外表面的部分,因其所在位置和功能不同而有分化。根据细胞排列层次的不同将上皮组织分为单层上皮和复层上皮,通常单层上皮以吸收、分泌为主,复层上皮起保护作用。又根据细胞形态的差异分为扁平上皮、立方上皮、柱状上皮;部分上皮因为功能的需要形态也将有所变化,如呼吸上皮有纤毛、肾小管上皮有刷状缘等,而膀胱、肾盂、输尿管、尿道等处的变异上皮,充盈时只有互相拉开的 2 层,收缩后折叠可达 10 余层。高等动物体表为复层上皮,上面的几层细胞还有经常脱落的角质化层,脱落后由基底层的细胞增生补充,被覆上皮与下面真皮共同构成皮肤,并且还衍生出结构和功能都不同的衍生物。

(2)腺上皮(glandular epithelium):具有分泌功能的腺细胞(gland cell)组成的上皮组织,其主

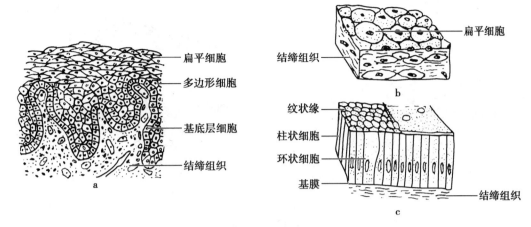

● 图 2-3　上皮组织模式
a. 复层扁平上皮;b. 单层扁平上皮;c. 单层柱状上皮

要功能是分泌或者排泄。单胞腺是单独分散在上皮中的腺细胞,如胃黏膜上的分泌细胞;腺体以腺细胞为主体构成。外分泌腺(exocrine gland)将分泌物排到腺体腔或者体外,如乳腺、唾液腺;内分泌腺(endocrine gland)将分泌物分泌到血液中,如脑垂体、甲状腺、性腺等。

(3) 感觉上皮(sensory epithelium):有嗅上皮、味蕾、视网膜、感觉毛等。形状多为柱状,内端有同神经细胞相连的凸起,外端有感觉凸起,是一种可感受多种理化刺激的上皮细胞。

2. 结缔组织(connective tissue)　是由大量的细胞间质和多种类型的细胞共同构成的,细胞的种类有很多,且都没有固定的位置,一般没有形成完整的细胞层,分散在包含液体、胶状体、固体基质、纤维的间质中。表皮下不同组织和器官之间广泛分布着结缔组织,脊椎动物尤其发达,不仅可以把全身各种组织联系起来,还能保持其中的神经、血管和淋巴管等位置固定,具有保护、连接、支持、营养、物质运输、修复等功能。结缔组织包括以下几种类型。

(1) 疏松结缔组织(loose connective tissue):亦称蜂窝组织(areolar tissue),是由排列疏松纤维与分散在纤维间的多种细胞所组成的,透明的基质中埋藏着纤维和细胞(图 2-4)。纤维有胶原纤维和弹力纤维两种类型。细胞种类繁多,如产生纤维和基质的是成纤维细胞,对伤口的愈合发挥着重要作用;侵入机体的异物、死细胞碎片和病原微生物等被巨噬细胞吞噬;浆细胞可以产生抗体(免疫球蛋白);肥大细胞可以释放或分泌多种活性物质,是含多种酶的一种细胞;脂肪细胞则是动物冬眠时重要的能源。动物体内各器官和组织之间分布着大量的疏松结缔组织,主要分布在器官间隙、皮肤下面,有着连接、保护、识别、支持和贮存能量等功能。

(2) 致密结缔组织(dense connective tissue):组织中的胶原纤维排列紧密,纤维不仅数量多而且粗大,细胞的种类、数目、基质都较少(图 2-5),组成成分与疏松结缔组织大致相同,致密结缔组织组成皮肤真皮、肌腱、器官被膜、大动脉和韧带的弹性膜等,对以上器官有连接、支持和保护等作用。

(3) 脂肪组织(adipose tissue):由许多包含丰富脂肪的脂肪细胞聚集而成,被小部分疏松结缔组织分隔成很多的脂肪小叶(图 2-6),主要分布在器官和皮肤下层、网膜系膜、心外膜等地方,对生物体有支持、保护和维持体温等作用,并且参与到机体的能量代谢中。在神经和内分泌的调节作用下,机体的其他组织可以将脂肪细胞中的脂肪利用。冬眠动物具有提供冬眠必需能量的特殊脂肪组织。

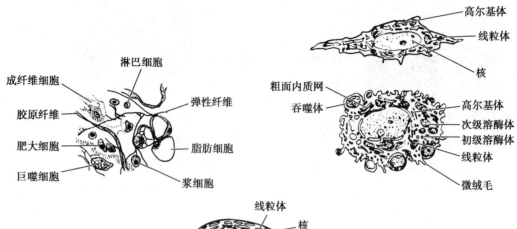

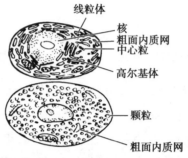

● 图2-4　疏松结缔组织

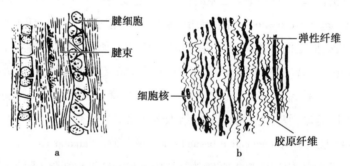

● 图2-5　致密结缔组织
a.尾部致密结缔组织;b.大动脉管壁中致密弹性纤维结缔组织

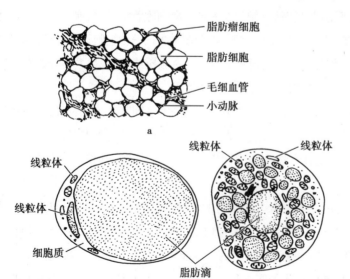

● 图2-6　脂肪组织
a.脂肪组织模式图;b.多泡脂肪
细胞超微结构模式图;c.单泡脂
肪细胞超微结构模式图

（4）软骨组织（cartilaginous tissue）：由软骨的细胞和基质、纤维三部分组成，软骨具有坚韧而富有弹性的特点，所以对机体有较强的支持和保护作用。依据纤维的性质分为透明软骨、纤维软骨和弹性软骨三种类型，作为机体部分支架的透明软骨主要有关节软骨、肋软骨和气管软骨，透明软骨基质为淡蓝色透明凝胶状固体且包含少量纤细的胶原纤维，分布最为广泛；纤维软骨基质中分布着大量胶原纤维和纤维束间的软骨细胞，如椎间盘、关节盂及耻骨联合等，而很多的弹力纤维则内含在弹性软骨的基质中，如外耳壳、会厌、鼻尖等。

（5）骨组织（osseous tissue）：是脊椎动物所特有，起支持和保护作用的最坚硬的结缔组织，是机体骨骼中的主要成分，骨组织中骨盐成分的钙约占体内钙总量的99%，是机体内最大的钙库。

大量钙化的细胞间质和骨细胞一起组成了骨组织，其中钙化的细胞间质形成了骨组织中的骨板，另外骨有一定的韧性是因为含有胶原纤维、骨蛋白物质。骨板或骨板间的胞窝是骨细胞分散的场所，细胞有很多相连的凸起，骨小管由胞窝发出很多放射状的细长小管相互沟通而形成的。骨质分为松质骨和密质骨（图 2-7）两种，紧密排列的骨板构成密质骨，如骨表面、长骨干，骨单位（骨单位骨板与中央管）由骨板围绕的血管和神经呈同心圆排列而形成，管内有血管、神经通行，纵向的中央管被穿通管横向连接；致密结缔组织的骨膜覆盖在骨表面，其中的神经和血管起着营养骨细胞的作用；针状或片状的骨小梁组成松质骨，分布在骨内部，可以承受很大的压力，内有大量网眼，延续髓腔，红骨髓充满在骨小梁的网眼中。

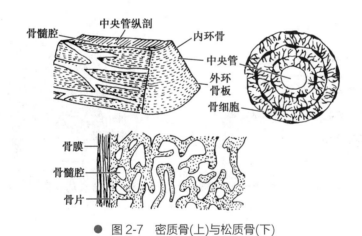

● 图 2-7　密质骨(上)与松质骨(下)

骨组织内有持续生长、吸收、改造的成骨细胞和破骨细胞，为适应骨组织受到的应力变化，在它所承受的主要负荷的方向上重建，借此来保证骨骼对机体的支持与保护作用。

（6）血液（blood）：由多种血细胞和细胞间质即血浆（plasma）组成的一种特殊流动结缔组织，血浆相当于结缔组织的基质，其内含纤维蛋白和浅黄透明的血清。血液中的血细胞有红细胞、血小板、多种白细胞等，红细胞的功能主要是给全身各部输送氧气；只存在于哺乳类动物血液中的血小板参与凝血和止血过程，是一种不完整的细胞；而与机体防御保护有关的白细胞，可吞噬异物、坏死组织和细菌，淋巴细胞能产生机体所需的抗体和免疫物质，具有参与机体的防御功能。另外，血液还具有将营养物、激素等运输到各组织器官和运走组织器官的代谢产物的功能，如此可以延续机体的生命活动。

3. 肌肉组织(muscular issue)　由高度特化收缩性强的肌细胞组成,肌细胞一般细长,且呈纤维状,故也称肌纤维,肌膜在外包裹,主要功能是收缩和舒张肌纤维,可将化学能转换成机械能,与骨骼协同参与机体运动,保护内脏器官。根据肌纤维的形态结构和功能特点,将肌肉分为横纹肌、心肌、斜纹肌、平滑肌四类。

(1) 横纹肌(striated muscle):主要附着于骨骼之上,也称随意肌。肌纤维为圆柱形的多核合胞体,大量的肌原纤维存在于细胞质中,呈纵向平行排列。肌原纤维横切面纤维成簇,纵切面上有明带与暗带交替排列,相邻肌原纤维的明带和暗带通常处于同一水平面上,故整个肌细胞显示出横纹(图2-8),明带中段有条深色 Z 线,也有一段相对透明的区域在暗带中称作为 H 带,两 Z 线之间的部分称为肌节(sarcomere)。肌节是肌肉收缩和舒张的最基本的单位。在电镜下观察到,每一肌原纤维都是靠两种肌丝构成,分别为粗的肌球蛋白丝与细的肌动蛋白丝,出现横纹的这种现象是因为这两种肌丝的交替排列。粗细肌丝间隔交替排列,并且有一部分发生重叠,粗细肌丝的相互滑动从而引起肌肉的收缩和舒张的现象,具体来说是肌动蛋白在肌球蛋白丝之间滑动所形成的,更为重要的是,这两种肌丝纤维相互滑动时,它们的长度并没有发生改变,变化的只是重叠部分的增加与减少,肌肉运动时所产生的力,就是靠粗细肌丝重叠的位置所发生的。此外,包绕在肌原纤维周围的是管状和囊状系统,即内膜系统或肌管系统(sarcotubular system),其中包含横管系统与纵管系统(即肌质网,sarcoplasmic reticulum)两个部分。

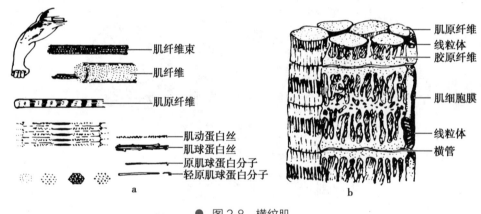

● 图2-8　横纹肌
a.横纹肌逐级放大;b.横纹肌超微结构

人类食物中动物蛋白质主要来源于脊椎动物的肌肉,同时,许多动物的肌肉具有滋补等作用。

(2) 斜纹肌(obliquely striated muscle):在无脊椎动物中这类肌细胞大量存在,如腔肠动物、环节动物和软体动物等。这些动物的肌原纤维与横纹肌大体相同,只是它们的肌节并非排列在同一水平,而是呈斜纹状在细胞周围错开排列(图2-9),特别明显的是暗带,就像一个围绕细胞的暗螺旋。

(3) 心肌(cardiac muscle):属于不随意肌,其特点是不受意识支配并且为脊椎动物的心脏特有。由有分支或短柱状的心肌细胞构成,细胞核呈椭圆形,细胞间相连处有闰盘(intercalated disc)

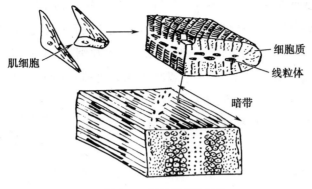

● 图 2-9　斜纹肌微细结构

（图 2-10）。闰盘是其特异性结构，是心肌纤维之间的界限，对兴奋的传导起着重要作用，闰盘处细胞膜特殊分化，细胞膜凸凹相嵌，连接方式为紧密连接或者缝隙连接。相比骨骼肌来说，心肌有收缩性、兴奋性、传导性、自动节律性。

　　心肌一直不断运动，需要源源不断的能量供给。因此心肌细胞的线粒体比骨骼肌的线粒体要多很多，此外，脂滴还作为其能源储备，使心肌细胞能量能够得到充分补充；心肌纤维内含有肌红蛋白来贮存氧气以备血流中供氧不足时使用，所以心肌纤维很红。

　　心肌能被运用到中医临床用药上，例如，高等动物特别是哺乳类动物的心脏常作为滋补类中药。

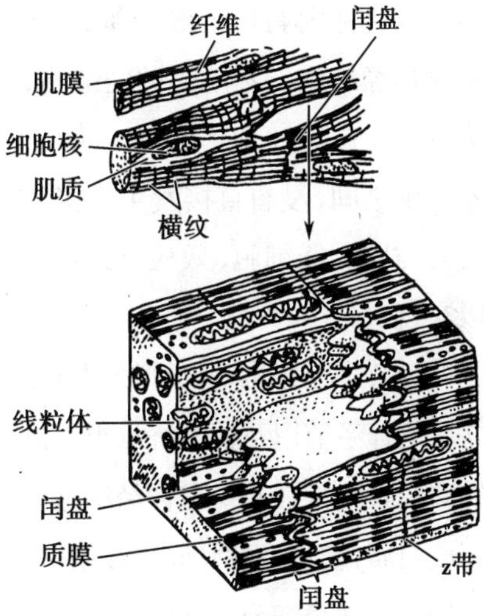

　　（4）平滑肌（smooth muscle）：脊椎动物的各种内脏器官的关联和皮肤大都存在，如瞳孔开大肌、皮肤竖毛肌和括约肌等，与心肌一样属于不随意肌，能做有节律、缓慢且持久的收缩。肌细胞的形态为梭形，无横纹，有的肌细胞具有 3 个或更多凸起，如外分泌腺的星形细胞，也有具有分支、互相吻合而形成合胞体，如膀胱和子宫肌层中的平滑肌细胞，只有 1 个细胞核，核在呈长椭圆形或者杆形收缩时可扭曲成螺旋形（图 2-11）；肌原纤维一般看不见横纹，但在扫描电镜下证明其超微结构与横纹肌一样，也是由肌丝组成，不同点是两者肌丝粗细不匀且排列无序，普遍认为肌原纤维的收缩过程与骨骼肌的收缩过程大体一致。

● 图 2-10　心肌细胞(示闰盘结构)

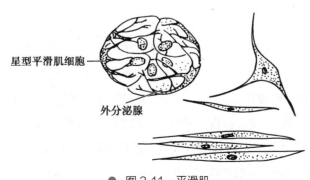

● 图 2-11　平滑肌

4. 神经组织（nervous tissue） 是一种具有传导兴奋与高度发达的感受刺激能力的高度特化组织,脑、脊髓和分布到身体各部分的神经均由其构成,其功能和作用是通过联系骨骼肌及各内脏器官来协调机体的生命活动。神经细胞即神经元和神经胶质细胞一起构成了神经组织,其排列紧密,且细胞间隙小,高等动物的神经组织中会有血管穿过,为神经细胞提供营养和氧气。

（1）神经元（neuron）：由 1 个胞体及其发出的若干个胞突（凸起）（图 2-12）构成,胞体内具有细胞器、细胞核、尼氏体等结构。尼氏体由游离核糖体和发达的粗面内质网一起组成,其功能是合成蛋白质。胞突有 2 类,一类是有主干及粗细分枝的树突,另一类是细而长的轴突。有的轴突有髓鞘外包称为有髓神经纤维,不包绕髓鞘者称

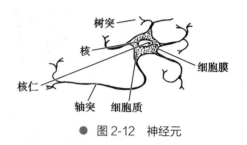

● 图 2-12 神经元

为无髓神经纤维。不同的神经细胞,其轴突长短不一。一般轴突是传导冲动离开胞体而树突则是接受刺激传导冲动到胞体。两个神经元的树突或轴突或者是神经元与其他感受器细胞、效应器细胞之间,没有直接发生连接,但是两者距离非常接近,此连接点称为突触,神经元之间或神经元与感受器细胞、效应器细胞之间的联系通过突触内的一种化学物质（神经递质）的传递得以实现。

神经节是无脊椎动物神经细胞集中的部位,脑是位置处于身体前端的神经节,中枢神经是由脑之后的神经节以及神经纤维组成的神经链,神经索是连接脑和神经节的神经纤维,低等种类动物的神经索中存在着少量神经细胞体;脊椎动物的脑、脊髓灰质、神经核中神经细胞集中存在,纤维形成白质,脑和脊髓共同构成中枢,中枢之外就是外周神经系统,感觉神经节或自主神经节内有外周神经的神经细胞体聚集,脊神经和自主神经由纤维构成。

（2）神经胶质细胞（neuroglia cell）：是存在于神经元之间的神经组织中形状多样的支持细胞,研究表明神经胶质细胞没有传导兴奋的能力,但是有支持、保护、营养、绝缘、修复等功能。中枢和外周神经系统存在大量的神经胶质细胞,在中枢主要存在少突胶质细胞（oligodendrocyte）和星形胶质细胞（astrocyte）等;髓鞘主要是由外周胶质细胞构成,如施万细胞（Schwann cell）,在轴突上依次分段环绕,在每个施万细胞接触点上有髓鞘凹陷并伴有极细微的缝隙,称为郎飞结（Ranvier node）。这种有髓神经纤维主要存在于高等无脊椎动物和脊椎动物的神经系统中。

二、器官和系统

1. 器官（organ） 器官就是有一定的形态特征且由几种不同类型的组织一起构成的,并且具有一定生理功能的结构。器官由多种组织组成,但并不是各组织之间简单而又机械的结合,而是相互关联、相互依存,最终成为有机体的一个部分,并且与有机体的整体不可分割。如脊椎动物小肠由平滑肌、上皮、疏松结缔组织、血管、神经等一起构成,结缔组织具有支持、联系的功能,同时还为血管和神经提供了空间,其中血液供给和输送营养、输出代谢废物,平滑肌具有很强的伸展性,平滑肌收缩从而使小肠蠕动,把食物推向前方,神经纤维接受内外环境的刺激,调节各组织的作用,这些组织综合发挥才让小肠完成消化和吸收的功能。

根据形态特征,器官大致可以分为两大类。

(1) 中空性器官:内部有较大空腔可以用来容纳其他物质的器官,如气管、膀胱、血管、胃、肠及心脏等,中空性器官的基本结构是内表面有一层上皮,周围是疏松结缔组织、平滑肌或者是心肌,肌组织呈层状夹在结缔组织之间,神经、血管分布在疏松结缔组织中。

(2) 实质性器官:与中空性器官不同,内部无大腔,是一类没有内部空腔的器官。如肝、脾、肾、肺、肌肉等,其基本结构为成两个部分:①实质,直接参与器官的主要生命功能活动的那一部分,构成实质的细胞称之为实质细胞;②间质,不直接参与器官主要生命功能活动的另一部分,一般是结缔组织(在神经系统中是神经胶质细胞),其对实质的作用是支持、保护、营养等,一般它们决定器官的外形,此外结缔组织中的血管、淋巴管、神经等为实质细胞提供营养,调节功能活动。

2. 系统(system) 功能上密切联系的器官协作完成一定的生理功能即系统,如消化系统是由口、咽、食道、胃、小肠、大肠、肛门、肝、胰腺等众多器官共同构成,呼吸系统则是由鼻腔、喉、气管、支气管、肺等器官一起组成。较高等的脊椎动物一般都有皮肤、骨骼、肌肉、消化、呼吸、循环、排泄、内分泌、神经、生殖十大系统,十大系统分别在机体中发挥着不同的功能,除神经系统和内分泌系统,其他系统都在前两者的调节控制下,相互联系、相互制约,如此才能使整个机体能够适应外界环境的变化和维持体内外环境的协调,完成全部的生命活动,生命才得以生存和延续。

第四节　动物的繁殖与胚胎发育

一、动物的繁殖

繁殖(reproduction),即生殖,是生物用来维持种族生命延续的一种手段,作为个体生命始终逃不过死亡,而一个种族的生命却可以延续下去,其原因在于动物机体有繁殖后代的能力。自然界中,每个物种数量的增加或减少,繁殖与死亡之间都是相对平衡的。如果由于自然环境发生改变或人为因素导致该平衡被打破,繁殖小于死亡,则该物种可能会陷入濒临灭绝的处境。不少生物学家的观点是,全部生命过程的最终目的是拥有繁殖后代的能力。

重要的是,人类科学技术的发展,各种社会活动在生物种群数量的变化及分布中已经起了至关重要的作用,毁林开荒行为造成的生态环境破坏使得很多的动物栖息地丧失和片断化,为了追求经济的发展,大量建造工厂,产生污染环境的气体、液体等,再加上人类在其他方面的需求,如对药的需求、对肉类的需求、对动物优质皮毛的奢求等引起的大肆捕杀,已经使动物野生种群数急剧下降,许多物种徘徊在灭绝的边缘,这种情况下,人们不得已只能在采取对野生动物保护的同时,对野生动物进行人工驯化,逐步解决人工繁殖的某些问题,才有可能对动物资源进行持续的保护与利用。

由于动物进化的水平和生活环境的不同,因此繁殖后代能力存在着差异,繁殖方法也多种多样。归纳起来可分为无性生殖和有性生殖。不论哪种繁殖方式,繁殖过程都是一个基本模式:①子代或性细胞由生物体利用环境中的原材料转变,并发育成为具有相同构造的后代;②从亲代传递遗传型(genotype)或密码(codon)。

1. 无性生殖(asexual reproduction) 一种简单直接且快速的产生后代方式,但只有一个亲本,机体没有特殊的生殖细胞或器官,是亲本机体的直接延续。只在简单的生命类型中存在,例如,原生动物与低等的多细胞动物,无性生殖不会出现在较高等的无脊椎动物及所有的脊椎动物中。

无性生殖主要方式有以下几种。

(1) 裂殖(fission):与细胞有丝分裂的过程相同,即单独个体直接分成两个或两个以上子代的繁殖方式。

(2) 出芽生殖(budding):是由充分生长的个体生出与亲代拥有相同形态且构造相同的小芽体,小芽体与亲体分离后长成新的个体,或者是不与亲体分离,形成群体;芽球(gemmule)是由大量细胞构成的集团,外层包绕着密厚的体壁,当亲体崩解时,某个芽球就会长成一个新个体。

(3) 孢子生殖:是由母体产生大量子孢子(sporozoite)成熟后通过裂殖方式形成新个体的一种繁殖方式,是原生动物中孢子虫和部分低等藻类、细菌等独有的繁殖方式。

2. 有性生殖(sexual reproduction) 是生物界繁殖后代的基本方式,繁殖过程较复杂,两个亲本各产生一个特殊的性细胞即配子(gametes),亲本的两个配子相遇结合为合子(zygote)即受精卵,这就预示着新生命的开始,并且受精卵具有重新分化发育的潜能。因此,有性生殖产生的子代将亲本两方的遗传基因重组,获得新的变异(variation),获得变异的个体可以更好地适应环境;有性生殖产生的合子经过发育形成新的子代,不是简单的亲本直接延续,而是经过了更新的复壮,所以它的生命力很强。高等动物都是通过有性生殖来保持种族的延续与繁盛壮大的,原生动物连续多代的无性生殖后也常常会通过一次有性生殖来恢复生命活力。

有性生殖一般情况有如下方式。

(1) 接合生殖(conjugation):在动物界,与其他动物繁殖方式不同,只有纤毛虫类才具有这种繁殖方式,即它们在进行有性生殖时,不产生配子,仅是两个亲体互相紧密对接,交换亲本双方的部分核物质,然后亲本分开,各自再通过横裂方式进行无性生殖。

(2) 配子生殖(gametic reproduction):由雌雄亲本生殖腺(gonad)产生的配子,即精子(sperm)与卵子(ovum)结合,产生精子的是雄性精巢(testis),产生卵子的是雌性卵巢(ovary)。这是一种绝大多数动物类群繁殖后代的基本方式。

有些动物可以产生出雌雄同体(hermaphroditism),即一个亲体能分别产生不同的雌配子与雄配子。例如,无脊椎动物中涡虫、蚯蚓、田螺等,一般情况下它们不会自体受精,我们从进化的角度来观察,雌雄同体的状态是比较原始的,后来则进化发展为雌雄配子分别由不同的个体来产生的雌雄异体(gonochorism)。

(3) 孤雌生殖(parthenogenesis):也称单性生殖,只存在于少数的动物种类中,一般在春末夏初或者是环境适宜的条件下进行,是一种卵子的发育不需要精子的参与,卵子不受精而可以发育成子代的生殖方式,如蚜虫、水蚤等,到秋末或者环境不适合时,才会出现有性生殖,并形成周期性的世代交替现象;群体的蜜蜂中,未受精的卵发育为雄蜂,由受精卵发育来的工蜂是不育的,这对保持蜂群的稳定性有着重要的适应意义。

二、胚胎发育

发育(development)的过程是生物体的结构与功能在生长发育中从简单到复杂的一种变化,以机体遗传信息作为基础进行自我构建与组织是机体发育的实质,动物界的进化关系在发育过程中较大程度得到反映。个体的发育是以有性生殖为基础的,如多细胞动物,可以将发育分为胚前发育(preembryonic development)、胚胎发育(embryonic development)及胚后发育(postembryonic development)3个阶段。胚前发育是亲本体内的生殖细胞发育成熟阶段;胚胎发育则是由精子和卵子结合成受精卵开始的,经过卵裂、囊胚、原肠胚等复杂的过程,最后发育成个体;新个体生长、变态、繁殖、衰老、死亡是生物个体胚后发育的过程。不同种类的动物胚胎发育情况上是不同的,这是因为动物类群具有多样性,但动物种群的早期胚胎发育基本上是相似的。胚胎发育的过程如下。

1. 受精(fertilization)和受精卵 卵子和精子分别是由雌、雄性个体的生殖器官产生卵、精细胞发育成熟后形成的。通常情况下,精子较小,能活动;卵子较大,细胞包含了大量的卵黄。卵黄为发育中的胚胎提供营养,根据卵黄的多与少,将卵子分为少黄卵(oligolecithal egg)、中黄卵(centrolecithal egg)和多黄卵(polylecithal egg)。卵黄相对多的一端称为植物极(vegetative pole),而细胞质较多,核也位于附近的一端,则称为动物极(animal pole)。

精子与卵子结合形成受精卵是受精过程。一个精子穿过卵膜,它们的质膜融合后,最后精子和卵子的细胞核融合,精子和卵子的单倍体基因组相融合形成二倍体合子,从而形成了受精卵。受精卵是一个新个体发育的起点,最终发育成新个体。

依据不同动物的生活习性不同,受精的方式可分为体外受精和体内受精,水生动物大多通过体外受精,精子的传送依靠水这个载体,卵和精子由两性个体同时排出,因此能够快速地完成受精过程;而通过体内受精方式受精的则多发生于陆生、寄生和少数水生动物,通常雄性动物都有外生殖器,可直接把精液输送到雌性生殖道内,可以与卵细胞相遇,从而完成受精。

2. 卵裂(cleavage) 细胞分裂在受精卵形成后很快发生,受精卵经过一定顺序的多次重复分裂,最后形成了很多细胞的过程称为卵裂(图2-13)。它与一般的细胞分裂的不同点在于,每次分裂后新的细胞尚未长大成熟但又开始继续进行新的分裂。因此,分裂的最终结果就是细胞在数目上越来越多,在形态上越来越小,这些细胞就被称为分裂球(blastomere)。后生动物由于卵细胞的类型不同的原因,卵裂的方式也不相同。

3. 囊胚(blastula) 卵裂过程的结果:分裂球以单层球状的形式分布,形成了中空的囊胚(图2-13),其形似桑葚,包绕在胚胎表面的细胞层称之为囊胚层(blastoderm),中间的空腔称囊胚腔(blastocoel),由于卵裂的方式不同,所以最后囊胚形成的形式也不相同。

4. 原肠胚(gastrula) 原肠胚是通过囊胚进一步发育而来的,在这一时期会形成双层细胞,内胚层(endoderm)、外胚层(ectoderm)及内胚层所围成的原肠腔(archenteric cavity)就是在这一时期由胚胎分化出的。原肠腔与外界接触的开口称为胚孔(blastopore)。被称为原口动物(protostome)的动物是因为这类动物的胚孔将来是成体的口,如绝大多数无脊椎动物,但是如果胚孔将来形成的是成体的肛门,而且在与胚孔相对的一边重新形成一个口,那么这类动物则被称为后口动物(deuterostome),如棘皮、半索以及所有的脊索动物。因此,由原肠胚形成的各类动物是不同的。

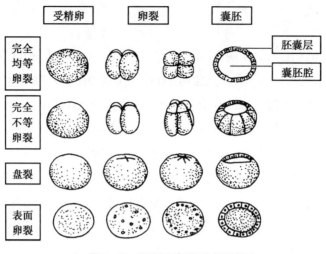

● 图 2-13　卵裂和囊胚形成示意图

5. 中胚层及体腔的形成　绝大多数的动物除了内、外胚层外,还会继续发育,中胚层(mesoderm)在内胚层和外胚层中间形成,与此同时,中胚层细胞间通过裂开或者扩展最后在胚层间形成了体腔(coelom)。中胚层和体腔的形成可以通过以下两种方式,见图 2-14。

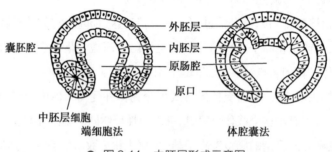

● 图 2-14　中胚层形成示意图

(1) 端细胞法(telocells method):在胚孔的两侧,内外胚层交界处各有一个细胞分裂成索状的细胞团,并向两个胚层间伸展的是中胚层细胞,其分别向内外两个方向裂开,中间形成真体腔,因为是通过中胚层细胞裂开而形成的体腔,所以又称为裂体腔(schizocoel)。端细胞法也称为裂体腔法(schizocoelous method),该法是原口动物形成中胚层和体腔的方式。

(2) 体腔囊法(coelesac method):内胚层在原肠背部的两侧通过向外凸出形成了成对的囊状凸起,为突起囊(corlom sac),突起囊在逐渐发育长大之后与内胚层分离,突起囊在内胚层、外胚层之间逐步扩展,最后成为中胚层,它包围的腔为体腔,而体腔囊来源是原肠,因此又称为肠体腔(enterocoel),此法为肠体腔法(enterocoelous method),该法是后口动物形成中胚层和体腔的方式。

海绵动物和腔肠动物从动物的系统发育来看,虽然这两类动物是多细胞动物,但因其构造和生理活动都比较简单,只相当于两个胚层的胚胎;从扁形动物起开始出现中胚层,构造相对复杂,细胞分化增加,生理活动有显著改变;更高等的动物都是从 3 个胚层的胚胎发育而来的。因此动物进化史上一个关键阶段是三胚层的出现。

6. 胚层的分化及器官的形成　胚胎期细胞开始出现时,细胞有相对较简单、均质和可塑性的特点,自三胚层形成之后,在遗传性、环境、营养、激素、细胞群间相互诱导等因素影响下,胚胎期细胞转变成较复杂、异质性及稳定性的细胞,这就是细胞分化现象(differentiation)。外、中、内胚层最后发育分化成动物体的组织和器官:动物皮肤的表皮及衍生物(毛、发、鳞、甲等)、感觉器官、神经组织、消化管的前后肠都是由外胚层分化而来;真皮、肌肉、结缔组织、消化管管壁和循环系统、生殖及排泄器官的大部分由中胚层分化而来;消化管上皮、呼吸道上皮、肝、胆、胰、尿道、膀胱等器官由内胚层分化而来。

(田春雨)

第三章　药用动物的分类

随着科学的发展,药用动物学的内容愈来愈多,研究方面也越来越广泛、细致和深入,形成了一门极其广博的多科性的学科。药用动物学的分类系统不仅简单地显示动物种类间形态的统一和差异,还表明动物的亲缘关系,反映了动物界在前后接续的历史长河中系统发生的演化历程。

第一节　药用动物分类概述

动物分类学知识是学习和研究药用动物的基础;分类鉴定是药用动物研究和应用的首要环节。目前已经被动物学家定名的动物约 150 万种,而在地球的历史上,已经灭绝的动物约达 700 万种,远多于定名的数目。对于这样众多的动物物种,如果没有科学的分类方法,对整个动物界的认识,定会陷于杂乱无章的境地,因此动物的分类是一项十分重要而又复杂的工作。

动物分类学(animal taxonomy),又称系统动物学(systematic zoology),是将极其繁杂的各种各样的动物,进行鉴定、命名、分门别类,并按系统排列,以便于人类进行认识、研究和利用的一门科学。

药用动物的分类自古以来受到重视,但其发展经历了一个漫长历程,概括起来可分为传统分类和现代分类两个阶段。

一、药用动物的传统分类

从南北朝梁代陶弘景撰《本草经集注》到清末的 1 400 多年,是传统本草不断发展的时期,亦是传统中药分类系统(包括药用动物、植物、矿物)和分类方法形成与发展的时期。早期人们对动物的分类,仅根据动物的外部特征、生活习性特点或药用部位进行分类,人为因素多,称为人为分类法(系统)。如《本草经集注》把药用动物归为"虫兽类"。《新修本草》把药用动物分为人、兽、禽、虫 4 部。李时珍的《本草纲目》中将药用动物由虫到兽、从无脊椎到脊椎、由低等到高等再到人类,即分为虫、鳞、介、禽、兽、人 6 部,每部之中再进一步细分。这种排列次序和分类方法,体现了当时药用动物分类中已经具有了初步进化论的思想。

1. 虫部

(1) 卵生类上:蜜蜂、桑螵蛸等。

(2) 卵生类下:水蛭、斑蝥等。

(3) 化生类:蛴螬、桑蠹等。

（4）湿生类：蛤蟆、蜈蚣等。

2. 鳞部

（1）龙类：蛤蚧、蛟龙等。

（2）蛇类：乌梢蛇、金钱白花蛇等。

（3）鱼类：鲤鱼、鳟鱼等。

（4）无鳞鱼类：鳝鱼、海马等。

3. 介部

（1）龟鳖类：水龟、鳖等。

（2）蚌蛤类：牡蛎、石决明等。

4. 禽部

（1）水禽类：鹤、鹅等。

（2）原禽类：鸡、石燕类。

（3）林禽类：斑鸠、杜鹃等。

5. 兽部

（1）畜类：牛、驴等。

（2）兽类：鹿、豪猪等。

6. 人部　人尿、乳汁等。

这种排列次序和分类方法，至今对中药分类仍有一定的影响，它是药用动物分类中具有初步进化论思想的体现。有的药材部门仍然使用这样的名称和分类。

二、药用动物的现代分类

达尔文进化论的提出，对动物分类产生了巨大的影响。动物的分类不仅注意动物的特征，还要考虑动物间的亲缘关系，因此逐渐发展和建立了现今的动物自然分类系统。但由于动物的种类繁多，对某一些类群目前还缺乏深入的研究和了解，因此，至今全世界的动物分类还没有一个完全统一的分类系统。例如，动物门的划分，有的学者将动物界划分为 28 门（W. A. Johnson，1977 年），有的划分为 33 门（J. E. Webb，1978 年）、30 门（R. M. Alexander，1979 年）、29 门（C. Tudge，2000 年）、34 门（P. A. Mitchell，1988 年）。这些差异的主要原因是有的将若干有差异的纲提升为门，如腹毛动物和轮虫，有人将它们列入线虫动物门中，作为纲，也有将它们的等级提升为门，在分类系统上位于动吻动物门之前；有些新的类群不断被发现，若将它们放在原有的各门中均不合适，因此被独列为一门，如栉水母动物门，则是由于栉水母动物的发现而设立的。

现代药用动物分类是应用动物分类知识对药用动物进行分类。《中药鉴定学》和《药用动物学》均采用了 10 个门分类系统，将动物界划分为：原生动物门、海绵动物门、腔肠动物门、扁形动物门、线形动物门、环节动物门、软体动物门、节肢动物门、棘皮动物门、脊索动物门。除扁形动物门、线形动物门外，药用动物分属于上述 8 个动物门，在门之下再细分为不同的纲、目、科、属、种。

近年来，随着生物化学技术、分子生物学技术的不断发展，动物分类已逐渐突破经典的形态分类。如生化组成可以作为分类的重要依据，以不同动物类群中的同源分子作为特征来源，推断动物类群系统发生的方法；以碱基序列或氨基酸序列中相似和差异的数量，测量两个类群之间在进化上的差异。运用动物分类学知识正确地鉴别物种,建立分类体系,不仅可探索物种形成的规律,了解各种动物在动物界中的地位与亲缘关系,了解动物进化的途径与过程,而且在生产实践中与人类生活的其他方面均有密切的关系,如利用亲缘关系寻找新药源或新代用品。

第二节 药用动物的分类等级

动物分类等级是按照动物之间形态结构的异同程度和亲缘关系的远近等,设立不同等级,对动物进行逐级的分类。分类等级设立为界(Kingdom)、门(Phylum)、纲(Class)、目(Order)、科(Family)、属(Genus)、种(Species)等 7 个重要的分类等级。在分类等级中,分类的基本单元是种(Species)。 若干相近似的种归为同一属,相近的属又归并为同一科,依此类推,直到分类的最高级——界。

有时为了更精确地表示动物间的分类地位和相似程度,常在纲、目、科、属、种之前加上总(Super-),或在门、纲、目、科、属、种之后加上亚(Sub-),即为门、亚门,总纲、纲、亚纲,总目、目、亚目,总科、科、亚科,属、亚属,种、亚种。

"物种",又简称为"种",是动物分类上的基本单位。正确地理解物种概念,在动物分类学上具有重要意义。恩格斯说:"没有物种的概念,整个科学便没有了。"物种是一群在形态与生理方面彼此十分相似,或性状间差别较微小,同时具有一定自然分布区的动物个体;且种内的有性个体间能够互配,并产生能够发育的个体后代,而种间存在生殖隔离。物种是动物在进化过程中,从量变到质变的一个飞跃,是自然界自然选择的历史产物。

动物界的分类阶元,以药用动物泥蚶及梅花鹿为例,其排列如下。

界 Kingdom	动物界 Animalia
门 Phylum	软体动物 Mollusca
纲 Class	瓣鳃纲 Lamellibranchia
目 Order	列齿目 Taxodonta
总科 Superfamily	蚶总科 Arcacea
科 Family	蚶科 Arcide
属 Genus	蚶属 *Arca*
种 Species	泥蚶 *Arca granosa* L.
界 Kingdom	动物界 Animalia
门 Phylum	脊索动物门 Chordata
亚门 Subphylum	脊索动物亚门 Vertebrata
纲 Class	哺乳纲 Mammala
亚纲 Subclass	真兽亚纲 Eutheria
目 Order	偶蹄目 Artiodactyla
亚目 Suborder	反刍亚目 Ruminantia
科 Family	鹿科 Cervidae
属 Genus	鹿属 *Cervus*
种 Species	梅花鹿 *Cervus nippon* Temminck

对于种下的分类阶元，一般认为是亚种，也是种内唯一在命名法上被承认的分类阶元。人工选育的动植物种下分类阶元称为品种。亚种与品种分类阶元与药用动物学关系密切，重点介绍如下。

1. 亚种（Subspecies）　物种内部，由于地理上充分隔离后，所形成的形态上有一定差别的群体。如分布广泛的短尾蝮蛇 *Agkistrodon halys brevicaudus* 为蝮蛇 *Agkistrodon halys*（Pallas）的一个亚种。丰富的亚种保证了物种能够适应各种不同的生态环境。如果消除了地理隔离，亚种可互相交配和繁衍。

2. 品种（Variety）　经过人工选择，物种内部所产生的，具有特定经济性状或形态，并且能够稳定遗传的群体。如家鸭可分为肉用型（北京鸭）、卵用型（金定鸭）和卵肉兼用型（土北鸭）等品种。

在上述的各分类等级中，除"种"这一分类等级外，其他较高的分类等级，在很大程度上都同时具有客观性和主观性两个概念。客观性，因为它们是客观存在的，是可以划分的实体；主观性，因为对于各等级之间的范围和划分，一般是由不同的动物分类学家主观来确定的，并没有一个统一的客观标准，如有的分类学家定为属的概念，但后来会被定为科，甚至定为目，而且一个等级在不同的类群中，其含义也不是完全相等的，如鸟纲的目与目之间的差异，远小于昆虫纲的目与目之间的差异。总之，动物的分类是一个复杂而艰巨的工作，要求掌握很多相关学科的知识，才能做好动物的分类，使之更接近于自然。

第三节　动物的命名

命名是为了识别事物，动、植物的命名是为了准确地识别和划分不同的物种。因为世界上存在各种不同的语言、文字和对动植物的不同地域的称谓，倘若名称不统一，则会造成混乱，以致难以进行交流，因此需要确定一个国际上通用的统一名称。现今国际上对动物命名，统一采用林奈创立的"双名法"，即属名和种名两个名称组成，为每一个动物的物种名，并用拉丁文命名，以在全世界通用。根据这一法则所给予动物的名称，就是动物的学名。一般是：第一个词是属名，为单数、主格的名词，是为主体；第二个词是种名，为形容词或名词的第二格。若以形容词作种名，则必须与前面属名的性、数、格保持一致。属名的首字母要大写，种名用小写，并全部采用斜体书写。一个完整的学名除属名、种名外，还应在其后加上命名人的拉丁文姓名缩写，姓名第一个字母用大写。如贻贝的学名应为 *Mytilus edulis* L. ，这样完整的学名可以通用于全世界。

对种以下的分类单位命名，采用"三名法"，即在属名及种名之后，再加上亚种名或变种名。过去有的学者在采用"三名法"时，常在写完属名、种名后，在亚种名、变种名前，加上缩写的分类等级，如亚种（subsp.）或变种（var.），现今则多略去。如家鸡写为 *Gallus gallus* var. *domesticus* Brisson，略写为 *Gallus gallus domesticus* Brisson。

此外，如有亚属，可在属名和种名之间，加上亚属名，其外用括号将其括出以示区别，如鳖的学名为 *Trionyx*（*Aspidonectes*）*sinensis* Wiegmann，即为 *Aspidonectes* 亚属之意。在学名中，有的将命名人加上括号，则表示属名已更改，原种名仍保留的意思。如乌龟的学名 *Chinemys reevesii*（Gray）来源于 *Emys reevesii* Gray；乌梢蛇的学名 *Zaocys dhumnades*（Canto）来源于 *Coluber dhumnades* Canto 等。

第四节　动物界各门的划分及其演化系统

一、动物界各门的划分

动物界种类繁多,类群复杂,通常根据细胞的数目和分化、胚层的形成、体腔的有无及性质、身体对称的形式、体节的分化、附肢的特点、脊索的有无以及其他器官系统的发生发展等划分为若干门。动物界各门的划分迄今尚不统一。近年来,从动物系统分类角度划分,一些专家倾向于将动物界划分为 34 个门,包括:原生动物门(Protozoa)、中生动物门(Mesozoa)、海绵动物门(Spongia)、扁盘动物门(Placozoa)、有刺胞动物门(Cnidaria)、栉水母动物门(Ctenophoa)、扁形动物门(Platyhelminthes)、纽形动物门(Nemertea)、颚口动物门(Gnathostomulida)、轮虫动物门(Rotifera)、腹毛动物门(Gastrotricha)、动吻动物门(Kinorhyncha)、线虫动物门(Nematoda)、线形动物门(Nematomorpha)、鳃曳动物门(Priapula)、棘头动物门(Acanthocephala)、内肛动物门(Entoprocta)、兜甲形动物门(Loricifera)、环节动物门(Annelida)、螠虫动物门(Echiura)、星虫动物门(Sipuncula)、须腕动物门(Pogonophora)、被腕动物门(Vestimentifera)、缓步动物门(Tardigrada)、有爪动物门(Onychophora)、节肢动物门(Arthropoda)、软体动物门(Mollusca)、腕足动物门(Brachiopoda)、外肛动物门(Ectoprocta)、帚虫动物门(Phoronida)、毛颚动物门(Chaetognatha)、棘皮动物门(Echinodermata)、半索动物门(Hemichordata)、脊索动物门(Chordata)。

二、药用动物所属各门的划分

本教材主要介绍有较大药用价值的门类:原生动物门、海绵动物门、腔肠动物门、环节动物门、软体动物门、节肢动物门、棘皮动物门、脊索动物门等 8 个门,各门的划分依据和主要独有的区别特征见表 3-1。

表 3-1　药用动物所属各门的划分

门	细胞数目	胚层	体腔及性质	对称形式	体节	脊索	区别特征
原生动物门	单细胞	无	无	无对称	无	无	整个身体由一个细胞构成
海绵动物门	二层细胞	无	无	无对称或辐射对称	无	无	体多孔,具领细胞
腔肠动物门	多细胞	二胚层	无	辐射对称或两辐对称	无	无	触手上有刺细胞
环节动物门	多细胞	三胚层	真体腔(裂体腔)	两侧对称	有(同律)	无	身体分为若干环节
软体动物门	多细胞	三胚层	真体腔(裂体腔)	两侧对称	有(异律)	无	有贝壳,外套膜

门	细胞数目	胚层	体腔及性质	对称形式	体节	脊索	区别特征
节肢动物门	多细胞	三胚层	真体腔(裂体腔)	两侧对称	有(分部)	无	外骨骼、几丁质、气管
棘皮动物门	多细胞	三胚层	真体腔(裂体腔)	辐射对称	无	无	具硬棘,水管系
脊索动物门	多细胞	三胚层	真体腔(肠体腔)	两侧对称	有(分部)	无	脊索、神经管、咽腮裂

三、动物界的演化系统

按动物进化的规律,动物界的演变经历了由简单到复杂、由低级到高级的漫长演化途径。在这过程中,一些类型还经历了发生、发展、灭绝的过程。对于动物的进化,一定要有时间观念,不能单纯地认为,现在的高级动物就是现在的低等生物进化的结果。现如今,如此丰富的动物世界,是动物经历几亿年进化的结果,它们具有共同的起源,经过逐渐演化,成为动物界的各个类群。因此

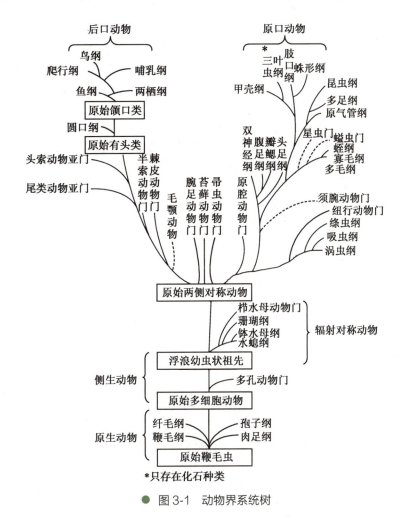

● 图 3-1　动物界系统树

从进化的观点来认识整个动物界,可回溯到一个共同的祖先,并按系统关系将现在生存的动物类群与过去曾经生存过的动物类群相互连接起来,组成一个动物进化系统,引用系统树来表示。系统树(图 3-1)的基部是最原始的种类(原始鞭毛虫),树干逐步发出若干分支,越往上排列的动物越高等,各分支的末梢为现存的动物分类群。

(裴莉昕)

第二篇　药用动物

第四章 原生动物门
Protozoa

原生动物是动物界最原始、最低等的一类真核单细胞动物,它们多为单细胞的有机体,通常需借助显微镜才能观察到。这类动物分布很广,数量极大,种类繁多,目前已知有 5 万余种。

第一节 原生动物门的主要特征

原生动物门(Protozoa)是动物界最原始的一个门,常见的原生动物有绿眼虫 *Euglena viridis* Ehrenberg、大变形虫 *Amoeba proteus* Pallas、间日疟原虫 *Plasmodium vivax* Grassi & Feletti、大草履虫 *Paramecium caudatum* Ehrenberg 等。部分种类为重要的病原体,如痢疾内变形虫 *Entamoeba histolytica* Schaudinn、间日疟原虫、利什曼原虫 *Leishmania* spp.、锥虫 *Trypanosoma* spp. 等。原生动物为单细胞动物,体型微小,多种多样,靠细胞器来完成主要生命活动;通过体表进行呼吸、水分调节与排泄等主要活动;具有多种运动、营养及繁殖方式;可形成包囊以度过不利的环境条件等。构成原生动物的单个细胞,既具有一般细胞的细胞质、细胞核、细胞膜、细胞器等基本结构,又具有一般动物的运动、消化、呼吸、排泄、生殖等生物功能,是一个能独立生活的有机体。

一、细胞结构特点

原生动物为单细胞动物,体型大小各异,有较小体型的种类,如一种疟原虫 *Plasmodium falciparum* Welch 体长仅有 $1\sim2\mu m$;有体型较大的种类,如在深海中发现的某种大型有孔虫目(Foraminifera)生物,其体长可达到 $10\sim20cm$,为目前已知的最大的原生动物。大多数的原生动物体长在 $300\mu m$ 以下。

(一) 原生动物细胞的基本结构与功能

构成原生动物体的单个细胞与一般细胞的基本结构相似,具有细胞膜(cell membrane)、细胞质(cytoplasm)、细胞核(nucleus)等。原生动物没有像高等动物那样的器官、循环系统、呼吸系统等,而是由细胞分化出不同的部分来完成各种生物功能。如鞭毛或纤毛可完成运动功能,胞口(cytostome)、胞咽(cytopharynx)可摄取食物后在体内形成食物泡,并进行消化以完成营养功能等。原生动物细胞中完成这些功能的部分,其功能和高等动物体内的器官相当,因此被称为细胞的器官,简称细胞器(organelle)。原生动物的细胞是一个完整的有机体,其结构与功能上的多样性与复杂性超过多细胞动物中的任何单一细胞,能够完成多细胞动物的各种生命活动,构成原生动物的细胞是分化最复杂的单细胞。只有少数原生动物是由多个细胞聚集而成,但是群体中的每个细胞一般还是独立生活,各个细胞间的联系并不密切。

(二)细胞质分为外质和内质

原生动物的细胞质由外质(ectoplasm)和内质(endoplasm)两部分组成。外质较致密且透明清晰,内质中含有颗粒,不透明。外质部分可分化出一些特定结构,如夜光虫 *Noctiluca scintillans* (Macartney) Kofoid & Swezy 外质分化出刺丝囊(nematocyst),大草履虫 *Paramecium caudatum* Ehrenberg 外质分化出刺丝泡(trichocyst)。这些外质部分分化出的结构是由细胞质内的被膜小泡发育而来,并沿原生动物体皮膜下排列,刺丝泡则被不同的机械或化学刺激激发后,放出长的细丝以防御被捕食,或自身在捕食过程中锚定食物。一些纤毛虫类外质还可以分化成肌丝(myoneme),肌丝是由许多可收缩的纤维组成,如钟形虫 *Vorticella* spp. 的柄部,外质也参与运动细胞器,如鞭毛、纤毛及伪足的构成。

内质中有细胞质特化形成的具有多种特殊功能的细胞器,如色素体(chromatophore)、眼点(stigma)、食物泡(food vacuole)、伸缩泡(contractile vacuole)、线粒体(mitochondrion)、高尔基体(Golgi body)等,这些细胞器可用于运动、消化、呼吸、排泄、感应、生殖等生命活动。原生动物细胞器的功能包括:胞口、胞咽等用来完成取食功能;眼点可感受光线;伸缩泡通过海绵体的膜状小泡和管状结构来收集胞内液体进而排出体外,以达到调节细胞水分和渗透压平衡的作用;食物泡可完成食物的消化、吸收;色素体则完成细胞内有机物的制造和贮存等。

(三)原生动物的细胞核

原生动物的细胞核位于内质中,除了纤毛虫外,均为一种类型的核。在一个虫体内,核的数目可以是一个或多个。核膜为双层膜结构,其上有小孔,可使核基质与细胞质相沟通,核膜内含有核基质、染色质及核仁。如果核内染色质丰富、均匀而又致密地散布在核内,这种细胞核称为致密核(massive nucleus),如果染色质较少,不均匀地散布在核膜内,则称为泡状核(vesicular nucleus)。而纤毛虫具有两种类型的核,大核(macronucleus)与小核(micronucleus),大核是致密核,其中含有 RNA,有表达的功能;小核是泡状核,其中含有 DNA,无表达功能,与纤毛虫的表型无关,而与生殖有关。

二、体型与运动方式

原生动物体型大小从 1~2μm 至 10~20cm 不等,形态也随着种类及生活方式的不同表现出多样性。

(一)原生动物的体型特征与生活方式

一些种类的原生动物身体没有固定形态,身体的表面只有一层原生质膜(plasmalemma),因而能使细胞随着原生质流动而不断地改变形态,如大变形虫 *Amoeba proteus* Pallas。多数种类有相对固定的体形,如绿眼虫 *Euglena viridis* Ehrenberg 由于体表形成了皮膜,使身体保持了一定的形状,而皮膜的弹性使身体可以适当地改变形状。衣滴虫 *Chlamydomonas* spp. 的细胞外表由纤维素与果胶组成,形成了与植物细胞类似的细胞壁,因而体形无法改变。

固着生活的原生动物,身体多呈锥形、球形,有柄,如钟形虫 *Vorticella* spp.,足吸管虫 *Podophrya* spp.。漂浮生活的原生动物,身体多呈球形,并具增加虫体表面积的伪足,如辐射虫 *Actinosphaerium* spp. 及某些有孔虫目(Foraminifera)的原生动物。营游泳生活的种类,身体呈梭形,如大草履虫 *Paramecium caudatum* Ehrenberg。适合于底栖爬行的种类,身体多呈扁形,腹面纤毛联合形成棘毛来爬行,如棘尾虫 *Stylonychia* spp.。营寄生生活的原生动物失去鞭毛,如利什曼原虫 *Leishmania* spp.,或者鞭毛借原生质膜与身体相连形成波动膜(undulating membrane),以增加鞭毛在体液中的运动能力,如锥虫 *Trypanosoma* spp.。

部分原生动物能分泌一些物质形成外壳或骨骼以加固体形,如薄甲藻 *Glenodinium foliaceum* F. Stein 能分泌有机质,在体表形成纤维素板;表壳虫 *Arcella discoides* Ehrenberg 分泌几丁质可形成褐色外壳;放射虫亚纲(Radiolaria)的原生动物可在细胞质内分泌形成几丁质的中心囊,并形成硅质或锶质骨针伸出体外以支持身体。

(二) 原生动物的运动方式

原生动物的运动是依靠运动细胞器来完成的。原生动物的运动细胞器主要有伪足(pseudopodium)、鞭毛(flagellum)及纤毛(cilium)。由于细胞内原生质的流动,使得伪足的形状可以改变,可帮助原生动物在物体表面爬行运动。而鞭毛与纤毛从结构与功能上无显著区别,鞭毛数目较少(多鞭毛虫类除外),多数鞭毛虫具有 1~2 根鞭毛,长度较长(5~200μm);纤毛则数目很多,但长度较短(3~20μm)。鞭毛对称摆动,包括几个左右摆动的运动波;纤毛不对称运动,仅包括一个运动波。鞭毛与纤毛的表面是一层质膜,其内部是 11 条纵行的蛋白质微管(轴丝),其中 2 个微管在中央,9 对双联体微管排成一圈,如图 4-1 所示鞭毛与纤毛轴丝排列的"9+2"模式。在细胞核的控制下双联体微管相互滑动形成鞭毛的摆动。

原生动物的运动方式各不相同,如表壳虫 *Arcella discoides* Ehrenberg 通过伪足运动(图 4-2),绿眼虫 *Euglena viridis* Ehrenberg 依靠鞭毛摆动运动,草履虫 *Paramecium* spp. 依靠纤毛有节奏的摆动旋转前进,大变形虫 *Amoeba proteus* Pallas 可向任何一个方向形成伪足,使虫体向伪足伸出的方向移动。

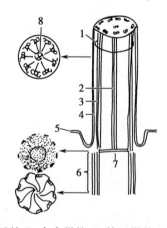

1.轴纤丝;2.中央微管;3.外周微管;4.外鞘;
5.细胞膜;6.动体;7.基板;8.中央鞘。

● 图 4-1　鞭毛超显微结构图

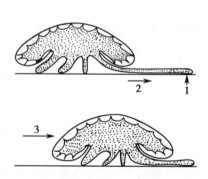

1.黏附;2.收缩;3.移动。

● 图 4-2　表壳虫的移动图

三、生活与营养方式

原生动物门动物主要通过体表进行呼吸、水分调节与排泄等生命活动。原生动物门动物的营养方式包含了生物界的全部营养类型。

(一) 呼吸、水分调节与排泄

1. 呼吸(respiration) 原生动物以气体扩散(diffusion)的方式与周围的水进行气体交换,线粒体是原生动物的呼吸细胞器,能把有机物完全氧化分解成二氧化碳和水,释放代谢活动所需的能量,同时将产生的二氧化碳通过扩散的方式排到水中。少数腐生或寄生类的原生动物,处于低氧或完全缺氧的环境下时,有机物不能完全氧化分解,故只能通过无氧糖酵解将体内贮存的糖类转化成能量来完成代谢活动。

2. 水分调节(water regulation)与排泄(excretion) 淡水生活的原生动物及某些海水生活或寄生的种类,由于取食及体表细胞膜的渗透,水分不断地进入原生动物体内,当水分过多需要排出体外时,原生动物通过伸缩泡来完成这一功能。当原生动物身体细胞质内水分过多时,水分聚集形成小泡,继而由小变大,最终形成伸缩泡。当伸缩泡的水分充满后,通过自行收缩将水分从体表的微孔排出体外。细胞代谢过程中所产生的各种水溶性废物,也通过伸缩泡排出体外。伸缩泡的数目、位置、结构在不同类的原生动物中也不同。

伸缩泡在淡水原生动物中十分常见,因为淡水原生动物细胞质中的溶质浓度远高于外界环境中溶质的浓度,在溶质的浓度梯度作用下,水分不断地通过质膜扩散到细胞质中。由于存在一些补偿机制,原生动物不至于因水分不断进入体内而导致细胞破裂。原生动物水分调节功能是为了保持胞内溶质浓度在相对稳定的范围内,因为原生动物的胞质即使被稀释一点,都会受到伤害。伸缩泡的功能不仅是防止细胞胀破,而且可以使细胞内的溶质浓度维持在保证生理功能正常进行的浓度范围内。每个个体可能有几个伸缩泡,伸缩泡不断地充满和释放,每分钟进行几次或多次,从而将胞内多余的液体排出体外。

(二) 营养方式

1. 光合营养(phototrophy) 又称植物型营养,鞭毛纲植鞭亚纲的绿眼虫 *Euglena viridis* Ehrenberg 内质中含有色素体,如叶绿素(chlorophyll)、叶黄素(xanthophyll)等,这些色素体可进行光合营养,在有光的条件下像植物一样进行光合作用,将二氧化碳和水合成糖类。光合营养也称为自养。

2. 渗透营养(osmotrophy) 又称腐生型营养,孢子虫类、鞭毛虫类及其他一些寄生或自由生活的种类可通过体表渗透作用从周围环境中摄取溶于水中的有机物质而获得营养。

3. 吞噬营养(phagotrophy) 又称动物型营养,大多数的原生动物是通过取食活动而获得营养,如变形虫通过伪足的包裹作用吞噬食物,纤毛虫类通过胞口、胞咽等细胞器摄取食物,食物进入体内后被细胞质形成的膜包围,成为食物泡,食物经消化酶作用后的营养物质进入内质中,而不能消化的食物残渣则被排出体外。渗透营养和吞噬营养也称为异养。

四、生殖与自我保护

原生动物的生殖分为无性生殖(asexual reproduction)及有性生殖(sexual reproduction)两种方式。所有的原生动物均可进行无性生殖,某些种类无性生殖是唯一的生殖方式,如锥虫 *Trypanosoma* spp. 。原生动物可通过形成具有保护性外壳(包囊)的方式以度过不利环境来进行自我保护。

(一) 无性生殖

1. 二分裂(binary fission) 是原生动物最常见的无性生殖方式,一般是有丝分裂(mitotic),分裂时细胞核先一分为二,染色体均等地分布在 2 个子核中,随后细胞质分别包围 2 个细胞核,形成 2 个大小、形状相等的子体。二分裂可以是纵裂,如绿眼虫 *Euglena viridis* Ehrenberg(图 4-3),也可是横裂,如大草履虫 *Paramecium caudatum* Ehrenberg(图 4-4),或是斜分裂,如角藻 *Ceratium* spp. 。

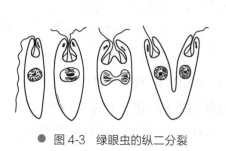
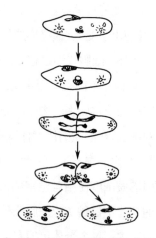

● 图 4-3 绿眼虫的纵二分裂　　　　　　● 图 4-4 大草履虫横二分裂

2. 出芽生殖(budding) 也是一种二分裂,只是形成 2 个大小不等的子细胞,大的称母体,小的称芽体,如夜光虫 *Noctiluca scintillans*(Macartney)Kofoid & Swezy 的出芽生殖。出芽生殖还可分为外出芽生殖(external budding)和内出芽生殖(internal budding)。如吸管虫 *Ephelota gemmipara* Hertwig 身体表面分裂出一些子细胞,子细胞再形成芽体,芽体固着形成成体,为外出芽生殖;吸管虫的内出芽生殖过程为母体表面先凹陷形成一空腔,再由空腔内长出芽体,而后芽体由母体上脱落,幼体上长有几圈纤毛,可以自由游泳一段时间后长出长柄,用以固着生活,幼体纤毛消失,形成成体。

3. 多分裂(multiple fission) 分裂时细胞核先分裂多次形成许多核,而后细胞质再分裂,最终分裂成许多单核的子体,多分裂也称为裂殖生殖,这种生殖方式多见于孢子纲(图 4-5)。

4. 质裂(plasmotomy) 这是一些多核原生动物,如多核变形虫 *Chaos carolinense* Wilson、蛙片虫 *Opalina* sp. 进行的一种无性生殖,即核先不分裂,而是由细胞质在分裂时直接包围部分细胞核形成几个多核的子体,子体再恢复成多核的新个体。

● 图 4-5 疟原虫的多分裂

（二）有性生殖

1. 配子生殖（gamogenesis） 原生动物的有性生殖通常为配子生殖,通过 2 个配子的融合（syngamy）或受精（fertilization）形成 1 个新个体。配子生殖还可分为同配生殖（isogamy）和异配生殖（heterogamy）。如果融合的 2 个配子在大小、形状上相似,仅生理功能上不同,则称为同形配子（isogamete）,该生殖方式称为同配生殖。如果融合的 2 个配子在大小、形状及功能上均不相同,则称异形配子（heterogamete）,根据其大小不同,分别称为大配子（macrogamete）和小配子（microgamete）,大、小配子经过分化后形成形态与功能完全不同的精子（sperm）和卵子（ovum）。异形配子进行的生殖称为异配生殖。

2. 接合生殖（conjugation） 是纤毛虫类特有的有性生殖方式,其过程比较复杂。如大草履虫 *Paramecium caudatum* Ehrenberg 在接合生殖时,首先两个进入生殖时期的虫体,两虫体口沟部分相互黏合,然后其口沟表膜逐渐溶解,细胞质相互通连,小核脱离大核,拉长成新月形,接着大核逐渐消失。小核分裂 2 次形成 4 个小核,其中 3 个解体,剩下的 1 个小核又分裂为大小不等的 2 个核（雄核、雌核）,然后两个虫体的较小核（雄）相互交换,与对方较大的核融合,这一过程相当于受精作用。此后两个虫体分开,结合核经 3 次分裂成为 8 个核,4 个核变为大核,其余 4 个核有 3 个解体,剩下 1 个小核经 2 次分裂成为 4 个核;每个虫体分裂 2 次,最后是原来 2 个相结合的亲本虫体各形成 4 个草履虫,新形成的草履虫和原来的亲体一样,有一大核一小核（图 4-6）。

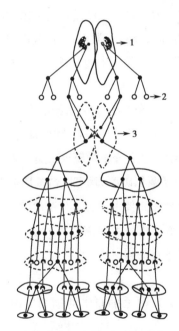

1. 虫体黏合;2. 解体;3. 交换融合。
● 图 4-6 大草履虫的接合生殖

纤毛虫类接合生殖是否出现受到物种内在因素和外部环境的影响。有的原生动物可以无限地进行无性生殖而不需要接合生殖,而有的原生动物在进行一定代数的无性生殖后必须要有接合生殖,否则种群会衰退直至消亡。外部条件,如温度、盐度、光照、食物等变化都会诱发接合生殖。接合生殖对一个物种是有利的,它融合了两个个体的遗传性,使得大核得到了重组与更新。

（三）自我保护

原生动物对不良环境有一定的适应性。在过度拥挤、食物缺乏、代谢产物积累过多等不利环境因素下,可诱发原生动物形成具有保护性的外壳,即包囊。在包囊壁形成之前,细胞内贮存了大量的淀粉及糖原,细胞的周围出现胶状物质的积累,细胞质浓缩,食物泡被排出,运动细胞器被吸收,包囊逐渐形成。包囊具有抵抗干旱、极端温度、盐度等各种不良环境的能力,并且可借助水流、风、动物等进行传播,在恶劣环境下可长时间存活,一旦遇到适宜条件,包囊内的细胞器可再生,细胞质环流开始,外壁也由于吸水而破裂,新个体从包囊中出来,恢复正常的生命活动。

第二节　原生动物门的分类

在已知的 5 万余种原生动物中,约有 2 万种为化石。现有种类中营自由生活的原生动物约占 2/3,营寄生生活的约占 1/3。根据运动器官等特征一般将原生动物分为 4 纲:鞭毛纲、肉足纲、孢子纲和纤毛纲。

一、鞭毛纲 Mastigophora

鞭毛纲(Mastigophora)的原生动物可分为两个亚纲:植鞭亚纲(Phytomastigina)与动鞭亚纲(Zoomastigina)。植鞭亚纲虫体都有色素体,可进行光合作用即进行植物性营养,淀粉是其主要的食物贮存物,有无性生殖和有性生殖,虫体通常有 2 根鞭毛,体表为皮膜或纤维素细胞壁,自由生活。动鞭亚纲虫体没有色素体,行动物性营养或腐生性营养,糖原是其食物贮存物,不行有性生殖,有 1 到数根鞭毛,虫体表面只有细胞膜,除少数种类自由生活外,多数种类在多细胞动物体内营共生或寄生生活。鞭毛虫类在不良环境条件下能形成包囊。

(一)鞭毛纲原生动物的营养

鞭毛虫类除没有化学合成营养物之外,可以行各种营养方式。鞭毛虫类比其他原生动物的营养需求更简单。植鞭毛虫类生活的环境中只需有适当的氮源和碳源,就可以合成所需要的蛋白质;腐生性的鞭毛虫要求环境中有铵盐就可合成蛋白质;营动物性营养的鞭毛虫需要环境中有氨基酸及蛋白胨以合成所需的蛋白质。

(二)鞭毛纲原生动物的生殖

鞭毛虫类的无性生殖一般为二分裂,其中多数是纵二分裂,如眼虫;除了纵分裂,有些种类生殖时为斜分裂或横裂,如角藻;以及多分裂,如某些腰鞭毛虫类及锥虫 *Trypanosoma* spp. 等;也可以出现出芽生殖,如夜光虫 *Noctiluca scintillans*(Macartney)Kofoid & Swezy。

(三)鞭毛纲的主要动物

主要有植鞭亚纲的绿眼虫 *Euglena viridis* Ehrenberg(图 4-7)、盘藻 *Gonium* spp.、团藻 *Volvox*

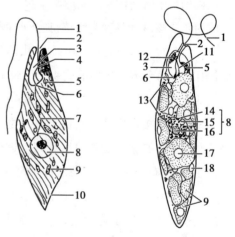

1. 鞭毛;2. 胞口;3. 储蓄泡;4. 光感受器;5. 伸缩泡;6. 基体;7. 根丝体;8. 胞核;9. 叶绿体;10. 表膜;11. 未伸出的鞭毛;12. 眼点;13. 磷脂囊泡;14. 核膜;15. 染色体;16. 核内体;17. 蛋白核的副淀粉鞘;18. 游离的副淀粉粒。

● 图 4-7　绿眼虫的一般结构

spp.（图4-8）、夜光虫（图4-9），动鞭亚纲的锥虫、利什曼原虫 *Leishmania* spp.、单领虫*Monosiga brevicollis* Ruinen 等。

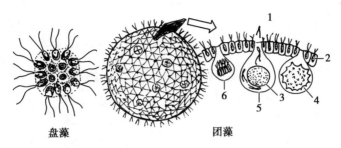

盘藻　　　　　　　　　团藻

1.精子;2.体细胞;3.卵;4.合子;5.雌性结构;6.含有精子的雄性结构。

● 图 4-8　盘藻和团藻

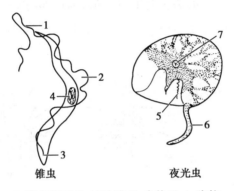

锥虫　　　　　　　　夜光虫

1.游离鞭毛;2.波动膜;3.生体毛;4.胞核;
5.鞭毛;6.触手;7.胞核。

● 图 4-9　锥虫和夜光虫

二、肉足纲 Sarcodina

肉足纲（Sarcodina）的原生动物主要特征是细胞质可以延伸形成伪足,虫体表面有一层很薄的细胞膜,虫体有很大的弹性。

（一）肉足纲原生动物的形态与分类

肉足纲原生动物有的种类具石灰质或几丁质的外壳或硅质的骨骼。肉足纲虫体无固定形状,可随时发生改变,并做变形运动（amoeboid movement）,它们的伪足有运动和摄食的功能。

根据形态结构不同,它们的伪足可分为：①叶状伪足（lobopodium）,为叶状或指状,如大变形虫 *Amoeba proteus* Pallas、表壳虫 *Arcella discoides* Ehrenberg；②丝状伪足（filopodium）,一般由外质形成,细丝状,有时有分枝,如鳞壳虫 *Euglypha alveolata* Dujardin；③根状伪足（rhizopodium）,细丝状,分枝,分枝又愈合成网状,如有孔虫目（Foraminifera）；④轴伪足（axopodium）,伪足细长,在其中有微管组成的轴丝（axial filament）,如太阳虫 *Actinophryssol* Ehrenberg。

肉足纲可分为两个亚纲：根足亚纲（Rhizopoda）与辐足亚纲（Actinopoda）。前者伪足为叶状、指状、丝状或根状,如大变形虫；后者具有轴伪足,一般体呈球形,多营漂浮生活,生活在淡水或海水中。肉足纲除了寄生生活的种类营腐生性营养外,其他种类均营动物性营养。食物包括细菌、藻类、其他原生动物,甚至小型的多细胞动物。

(二) 肉足纲原生动物的生殖

无性生殖是肉足纲的主要生殖方式,主要行二分裂或多分裂的生殖方式,可形成包囊。除有孔虫目 (Foraminifera) 及放射虫目 (Radiolaria) 外,一般不行有性生殖。

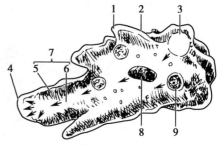

1.外质;2.质膜;3.伸缩泡;4.伪足;5.凝胶质;6.溶胶质;7.内质;8.胞核;9.食物泡。

● 图 4-10　大变形虫

(三) 肉足纲的主要动物

主要有根足亚纲的大变形虫(图 4-10)、痢疾内变形虫 *Entamoeba histolytica* Schaudinn、表壳虫 *Arcella discoides* Ehrenberg、砂壳虫 *Difflugia* spp. 、有孔虫目 Foraminifera,辐足亚纲的太阳虫 *Actinophrys sol* Ehrenberg(图 4-11)等。

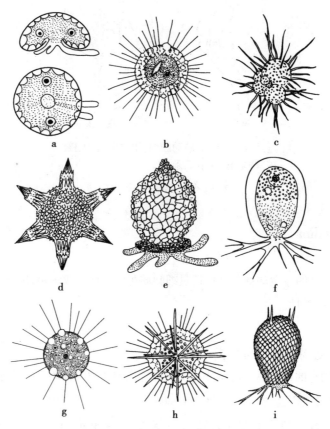

● 图 4-11　肉足纲的主要动物

a. 表壳虫 *Arcella discoides* Ehrenberg;b. 辐射虫 *Actinosphaerium* spp. ;c. 球房虫 *Globigerina* spp. ;d. 锯六锥星虫 *Hexaconus serratus* Haeckel;e. 沙壳虫 *Difflugia* spp. ;f. 足衣虫 *Chlamydohprys* sp. ;g. 太阳虫 *Actinophrys sol* Ehrenberg;h. 等棘骨虫 *Acanthometron elasticum* Haeckel;i. 鳞壳虫 *Euglypha alveolata* Dujardin

三、孢子纲 Sporozoa

孢子纲（Sporozoa）的原生动物全部为营寄生生活的种类，无运动器或只在生活史一定阶段有，多具有顶复合器（apical complex），顶复合器包括类锥体（conoid）、极环（polar ring）、棒状体（rhoptry）、微丝（microneme）等结构（图4-12）。

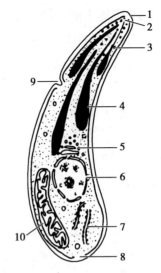

（一）孢子纲原生动物的寄生及生殖

孢子纲动物广泛寄生于从低等的多细胞动物到脊椎动物体内，一般具有1~2个寄主，其中间寄主可能是蚊、蝇、蛭类及其他动物。终寄主多为脊椎动物。在寄主体内的寄生部位可能是血细胞、肌肉细胞、体腔、肠道及其他体内空间。孢子虫的生殖方式及生活史复杂，一般具有有性生殖和无性生殖两种的交替现象。无性生殖世代在人或脊椎动物体内，有性生殖世代在无脊椎动物体内（图4-13）。

1.顶环;2.类锥体;3.微丝;4.棒状体;5.高尔基体;6.细胞核;7.内质网;8.后环;9.微孔;10.线粒体。

● 图4-12 孢子虫或裂殖子超微结构图

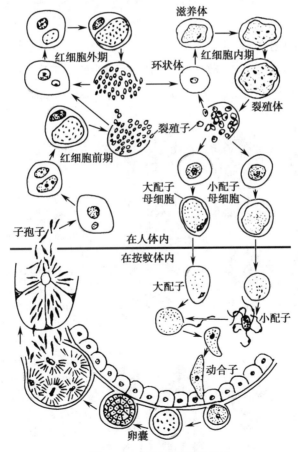

● 图4-13 间日疟原虫生活史

（二）孢子纲的主要动物

主要有血孢子虫目（Haemosporida）的间日疟原虫 *Plasmodium vivax* Grassi & Feletti，球虫目（Coccidia）的穿孔艾美球虫 *Eimeria perforans*（Eimer）Schneider 等。

四、纤毛纲 Ciliata

纤毛纲（Ciliata）的原生动物生活在淡水或海水中，是分布极广的原生动物，大多数为单体自由生活，少数群体营固着生活，也有少数营共生或寄生生活。

（一）纤毛纲原生动物形态特点

纤毛纲动物体表局部或全部具纤毛，纤毛运动时节律性强。纤毛虫类的纤毛由于着生部位及功用不同，可分为体纤毛和口纤毛。体纤毛着生在身体表面，作用是运动；口纤毛着生在口区，用以收集或传送食物。纤毛虫是原生动物中种类最多、身体结构最复杂的一类。

（二）纤毛纲原生动物的营养

纤毛虫都是动物性营养，可以捕食其他原生动物、轮虫等小型动物，也可取食悬浮于水中的细菌、有机物颗粒，少数以绿藻、硅藻为食。大多数纤毛虫都有取食的细胞器，如胞口、胞咽、纤毛等。

（三）纤毛纲的主要动物

纤毛虫的无性生殖主要是横二分裂，有性生殖为接合生殖。纤毛纲动物主要有大草履虫 *Paramecium caudatum* Ehrenberg、钟形虫 *Vorticella* spp.、喇叭虫 *Stentor* spp. 等（图 4-14）。

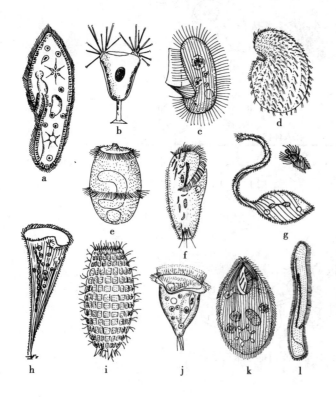

● 图 4-14　纤毛纲的主要动物
a. 草履虫 *Paramecium caudatum* Ehrenberg；b. 壳吸管虫 *Acineta tuberosa* Ehrenberg；c. 口帆虫 *Pleuronema coronatum* Kent；d. 肾形虫 *Colpoda inflata* Stokes；e. 栉毛虫 *Didinium nasutum*（Müller）Stein；f. 尾棘虫 *Stylonychia mytilus* Ehrenberg；g. 长吻虫 *Lacrymaria olor* Ehrenberg；h. 喇叭虫 *Stentor* spp.；i. 榴弹虫 *Coleps* spp.；j. 钟形虫 *Vorticella* spp.；k. 四膜虫 *Tetrahymena* spp.；l. 旋口虫 *Spirostomum ambiguum* Ehrenberg

第三节 常见药用动物

原生动物是由单细胞构成的,其药用种类正处在不断开发与研究中。目前已知的应用于医药领域的原生动物种类有纤毛纲草履虫科 1 科,1 属,2 种,即大草履虫 *Paramecium caudatum* Ehrenberg、多核草履虫 *Paramecium polycaryum* Woodruff & Spencer,以及纤毛纲四膜虫属原生动物四膜虫 *Tetrahymena thermophila* Nanney & McCoy。

一、大草履虫 *Paramecium caudatum* Ehrenberg

大草履虫(图 4-15)生活在淡水中,一般在有机质丰富的池沼、小河中。

(一) 形态与特征

大草履虫形状前端钝圆,后端稍尖,很像倒置的草鞋,长 150~300μm。全身长满了纵行排列的纤毛。从体前端开始有一道沟斜着伸向身体中部,称为口沟(oral groove)。大草履虫运动时,纤毛有序摆动,使虫体旋转游泳前进。虫体的表面为表膜(pellicle),表膜由 3 层膜组成,最外层在体表和纤毛上是连续的,最里层和中间层膜在纤毛基部形成 1 对表膜泡,起缓冲作用,可增加表膜硬度且不影响虫体局部弯曲,可避免内部物质穿过外层细胞膜。表膜下有一层与表膜垂直排列的杆状结构,称刺丝泡(trichocyst),有孔和表膜相通,当受刺激时射出的内容物遇水成为细丝,通常认为刺丝泡具有防御的功能。

大草履虫内质多颗粒,流动性好,其内有细胞核、食物泡、伸缩泡等。通常大草履虫有一大核和一小核,大核是营养核,为透明略呈肾形,为多倍体;小核为生殖核,圆形,位于大核凹陷处。口沟的后端有一胞口,其下连一漏斗形的胞咽(cytopharynx)或称口腔,胞咽内特殊的纤毛组不断摆动使得食物随水流入胞口,经胞咽进入内质形成食物泡。食物泡在胞质中进行消化,残渣由体后部临时的胞肛排出。在大草履虫的前后内、外质之间各有 1 个伸缩泡,每个伸缩泡向周围细胞质伸出放射排列的收集管,这些收集管端部与内质网的小管相通连。在伸缩泡主泡及收集管上有收缩丝(contractile filament),由于收缩丝的收缩使内质网收集的水分和代谢废物经收集管进入伸缩泡,再由表膜上的小孔排出体外,以调节水分平衡。大草履虫的呼吸作用通过体表进行。

大草履虫通常行横二分裂生殖,有时则进行接合生殖,行接合生殖时小核交换后 1 个个体发育为 4 个新个体(图 4-6)。

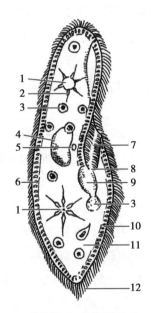

1.伸缩泡;2.收集管;3.食物泡; 4. 大核; 5. 小核; 6.刺丝泡;7.口沟;8.胞口; 9.胞咽;10.外质;11.内质; 12.纤毛。

● 图 4-15 大草履虫

（二）现代应用与开发

大草履虫 *Paramecium caudatum* Ehrenberg 因其个体较大、结构典型、繁殖快、观察方便、容易采集培养,一般可作为细胞遗传、基因组的破译和光动力学等方面的研究材料。科学家有针对性地开展对大草履虫的相关研究,借助于这类简单生物来了解其他复杂的生物,并最终为临床医学服务。大草履虫接近高等动物细胞性质,且可进行无性生殖,保证了子代的遗传一致性。大草履虫可用于重金属检测、有害物质在细胞水平上的毒性测定等方面研究。有学者认为大草履虫的纤毛细胞与高等哺乳动物的呼吸道纤毛细胞在结构上接近,因此可作为细胞水平上对有毒气体进行毒理学研究较理想的实验材料。

日本学者研究发现大草履虫能分泌使同类细胞旺盛分裂的"生长因子"。由于生长因子可调节细胞增殖,在人类等多细胞高等动物中存在,它除了调节对多细胞生物生长之外,对癌症的发生,伤口、疾病等的治疗方面都起作用。此外,人们利用大草履虫的水溶性提取物,可以较准确地诊断消化系统的癌症和乳腺癌等疾病,体现出大草履虫在医学方面的重要价值。此外,日本学者研究发现,大草履虫可以吸附、聚集金属离子,其表面糖蛋白可以促进放射性铈、铅、铀元素转化成有机复合物,有利于清除放射性元素。

二、四膜虫 *Tetrahymena* spp.

四膜虫为世界性分布的原生动物,广泛分布于淡水、海水或温泉中。四膜虫具有动物细胞的结构特征而缺乏植物细胞的结构特征,四膜虫的细胞代谢类型接近高等哺乳动物。

（一）形态与特征

四膜虫外观呈水滴状,体长约 50μm,体表布满 4~6μm 的纤毛,纤毛呈纵向排列,四膜虫表面从头至尾平行分布着 18~20 列纤毛,"头顶"附近的口器中有四个纤毛密集的条形区域,在早期的光学显微镜下观察起来好像四列"膜",因此得名四膜虫。

四膜虫最显著的特点是拥有两个细胞核,大核和小核,称为细胞核的二态性。四膜虫的细胞核系统由两种结构和功能不同的细胞核组成。大核是体细胞核,为多倍体,在营养繁殖期表达非常活跃,执行转录功能;小核是双倍体,含有 5 对染色体,保存了四膜虫的遗传信息,具有生殖功能。

四膜虫的繁殖方式分为无性生殖和有性生殖两种。四膜虫的生命周期由单倍体期和双倍体期交替组成,无性生殖发生在双倍体期,通过二分裂完成;细胞通过接合生殖来完成有性生殖。

（二）现代研究与应用

四膜虫是生物学实验非常好的一个模型生物,在实验室培养四膜虫条件简单方便,四膜虫的繁殖速度非常快,最短的分裂的时间甚至不到 3 小时,它们可以在多种培养基上良好生长,可进行规模培养。

在过去的几十年中,以四膜虫为对象开展的科学研究中取得了一系列的突破性成果:如 20 世纪 60 年代第一个微管动力蛋白的发现;20 世纪 70—80 年代端粒和端粒酶的发现及其作用机制研究,促进了对细胞老化过程的认识,三位美国科学家 Elizabeth、Carol 和 Jack 因"端粒和端粒酶是如何保护染色体的"相关研究获得了 2009 年诺贝尔生理学或医学奖;20 世纪 80 年代核酶及 RNA 自我拼接的发现,打破了人们对于"酶都是由蛋白质组成的"的固有观念;20 世纪 90 年代组蛋白乙酰化翻译后修饰功能的发现成为现代表观遗传学热点研究之一;大核 DNA 重整的 RNAi 机制的发现被评为 2002 年度重要科学发现之一;2005 年底美国科学家完成了嗜热四膜虫大核基因组的测序计划并建立了相应的预测基因数据库,发现单细胞的四膜虫竟拥有超过 24 000 个蛋白编码基因,比较基因组学的研究还表明,相比酵母等一些模式生物,嗜热四膜虫和人类具有更高程度的基因功能保守性。此外,四膜虫在环境毒理学中的应用越来越广泛。研究证明,开展以四膜虫为模型的毒理学与生态毒理学研究具有很大的科学价值和应用前景。在过去的几十年里,四膜虫被广泛地应用于外源性化学物质的潜在毒性研究,被认为是一种非常有效的检测工具。

随着科学的发展,研究原生动物有利于了解动物演化,也有利于研究原生动物与人之间的关系,如寄生类的原生动物,疟原虫、利什曼原虫、痢疾内变形虫等直接对人有害。原生动物结构简单、繁殖快、易培养,是研究生物科学基础理论的好材料,大多数原生动物的无性繁殖可保持遗传物质的一致性,因此可作为基因研究的模型动物。

(刘　睿)

第五章　海绵动物门
Phylum Spongia

　　海绵动物由于体壁具有众多可让水流进入的孔隙,因此又被称为多孔动物(Porifera)。它们是最原始的多细胞动物,应为原生动物和后生动物的过渡类型。海绵动物体壁由两层疏松连接的细胞构成,并围成中央腔(central cavity),体壁内具骨针(spicule)和特殊的领细胞(choanocyte)。海绵动物特征比较原始,更类似于原生动物,虽然其属于后生动物,但不属于真后生动物,其演化与其他后生动物不同,故又名"侧生动物"(parazoa)。

　　海绵动物成体全部为水中固着生活,遍布于全世界水体,主要分布于海水中,少量生活于淡水,全世界约有 15 000 种,已经被描述的海绵动物有 8 000 多种。我国对海绵的研究还处于起步阶段,2003 年统计了我国海域进行过开发研究的海绵种类,共有 13 目,35 科,118 属;2012 年出版的《中国海洋生物图集》记录了海绵 264 种。

　　海绵的药用价值很高,最早海绵作为医用敷料,可吸收体液和擦洗伤口;中药紫梢花始载于《本草图经》,来源于脆针海绵 *Spongilla fragilis* Lecidy,主要用于治疗阳痿、遗精、带下以及小便失禁、湿疹等病症;从海洋生物中提取的活性物质中约有30%来源于海绵动物,现代研究发现海绵动物中的活性物质具有多种功能,其生理作用包括抗肿瘤、抗病毒、抗菌和免疫调节等。

第一节　海绵动物门的主要特征

一、体型特点

　　海绵是世界上结构最简单的多细胞生物,没有头也没有尾。由于环境不同、水流的强度不同,海绵动物体型多为不规则的片状、块状、筒状、圆球状、管状、扇状、瓶状、壶状、树枝状等,少数种类出现辐射对称的体型(图 5-1a)。虽然部分海绵具有对称的体型,但多数还是像植物一样,没有规则的生长。单体海绵一般为角锥形、高脚杯形或球形。海绵的体表具有孔道,水流可以进入并从出水孔排出,通过水流可以携带食物、氧气并排出代谢废物。大多数海绵有非常鲜艳的颜色,呈红色、紫色、绿色、黄色、橙色等,也有一些呈现褐色和灰色,这些颜色由海绵细胞色素和内共生生物所产生,其共生生物主要是海藻。海绵个体大小差异很大,小的只有几毫米,大的能达到几米,重量也从几克到几十千克。多数海绵为群体生活,单体较少,附着于水体中的岩石、贝壳、植物或其他物体上,在海流比较强的水域,海绵的表面会形成流线型的纹路,这使得海绵不容易被海浪和洋流折断,也有的海绵喜欢在贝壳类动物的壳上固着,最终会随着贝类的活动而移动。海绵动物的不规则体型是与水生固着的生活方式相适应的。

二、细胞分化与器官形成

海绵动物是原始而低等的多细胞动物,细胞分化较多,但排列比较疏松,细胞之间的联系并不紧密,保持着相对的独立性。海绵动物的细胞包括扁细胞(pinacocyte)、孔细胞(porocyte)、肌细胞(myocyte)、领细胞、变形细胞(amoebocyte)、星芒细胞(collencyte)等(图5-1b～图5-1e),但尚无组织和器官形成。海绵动物也没有形成真正的消化腔和神经系统。因此可以认为海绵是处于细胞水平的多细胞动物。

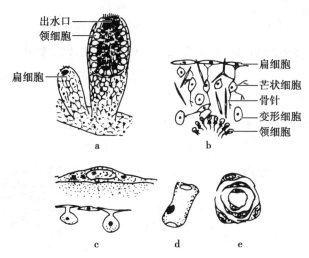

● 图 5-1　海绵动物的形态和细胞组成
a.海绵动物结构模式图;b.海绵动物体壁;c.扁细胞形态;
d.孔细胞形态;e.肌细胞围绕幽门孔

三、体壁与组织形成

海绵动物身体由两层细胞构成体壁,内外两层细胞之间为中胶层。

1. 外层　又称皮层(dermal epithelium),由扁细胞组成,无基膜(basement membrane)。扁细胞内有肌丝或转变为肌细胞,因此细胞的边缘能收缩,具有调节入水小孔(ostium)或出水口(osculum)而控制水流的功能。扁细胞之间部分细胞特化为管状——孔细胞(图5-1d),广泛分散在体表,也是海绵的入水小孔。孔细胞也可通过收缩调节孔的大小,从而控制水流。

2. 内层　又称胃层(stomachic epithelium),由特殊的领细胞(图5-2)构成;领细胞有细胞质凸起形成类似羽毛球的羽状尾巴,是一个透明的领(collar),凸起之间有微丝连接,领的中央围绕一条鞭毛。通过鞭毛的摆动使水流经过领细胞,水流中的食物颗粒(如藻类、细菌和有机物碎屑)被领过滤后落入细胞质中形成食物泡,同时水中的氧气也被摄入。海绵动物的滤食性取食在多细胞动物中是首例,海绵动物与原生动物类似也是进行细胞内消化,而不能消化的食物残渣又由细胞排出。一些淡水生活的海绵动物其细胞中还具有伸缩泡。

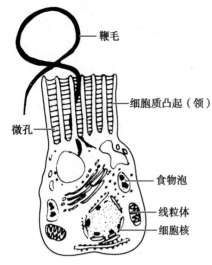

● 图 5-2　领细胞的微细结构

（图中标注：鞭毛、细胞质凸起（领）、微孔、食物泡、线粒体、细胞核）

3. 中胶层　为胶状物质,不是由细胞构成,但在胶质中散布有钙质、硅质骨针和类蛋白质的海绵丝(spongin fiber)以及变形细胞。

骨针和海绵丝(图 5-3)类似骨骼支撑海绵的形状,同时也是海绵分类的重要依据。骨针和海绵丝或散布在中胶层内,或突出到体表,或构成网架形态。骨针或是由碳酸钙(方解石、文石)构成的钙质骨针,或是硅质(蛋白石)骨针,其中还可能包含微量的铜、镁、锌等离子。骨针中有大骨针构成支撑身体的骨架,也有小骨针,支持体壁中的管道,小骨针一般只存在于硅质海绵。骨针形状多种,有单轴、三轴、四轴、五轴和六轴,还有多轴和球状等。单轴骨针一般是沿一个轴生长形成,轴或直或弯,轴的两端或相似或不相似,末端或尖或有其他改变;三轴骨针的三个轴相互以直角愈合,其末端可以弯曲、分支或具有钩、结等变化。海绵丝的成分是角质的有机化合物,因此比较容易分解,很难形成化石。

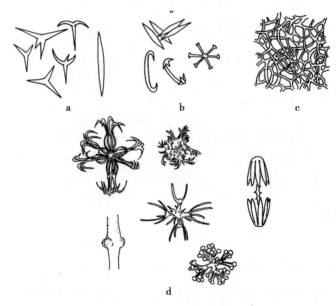

● 图 5-3　各种骨针和海绵丝模式图
a.钙质骨针;b.硅质骨针;c.海绵丝;d.形态多样的硅质骨针

变形细胞有明显的核和大的溶酶体,可以在海绵体内中胶层中游走,能分化为不同的细胞。分化的细胞包括能分泌形成骨针的,称为造骨细胞(sclerocyte);能分泌海绵纤维的称为海绵丝细胞(spongiablast);还有部分变形细胞能够吞噬食物颗粒,行细胞内消化,还具有排泄作用;一些变形细胞还能形成卵和精子;有的变形细胞分化为其他细胞后还能重新恢复为多功能的变形细胞,因此变形细胞被称为"全能细胞",也是维持海绵再生能力的细胞。

中胶层中还有星芒细胞,具有神经传导作用,学者已经通过实验证实星芒细胞是原始的神经细胞。

海绵细胞之间并没有形成紧密的协作,因此海绵动物体壁的两层细胞可以认为是接近组织但又不是真正的组织,而是原始组织的萌芽。

四、独特的水沟系

水沟系是海绵动物特有的结构,对适应水中固着生活有重要的意义。不同种类海绵的水沟系差别很大,但基本类型分为以下三种。

1. 单沟型(ascon type)　最原始、最简单的一种类型,通过体壁上的孔细胞把外界和中央腔连通,水流直接由孔细胞流入中央腔,再由中央腔的出水口流出。单沟型海绵的个体轮廓明显,每个个体均为小管状,出水口周围有骨针包围,中央腔宽阔。单沟型海绵代谢水平比较低,因此体型也比较小(图5-4a)。

● 图5-4　海绵动物水沟系
a.单沟型;b.双沟型;c.复沟型

水流途径是:入水小孔→中央腔→出水口。如白枝海绵 *Leucosolenia botryoides*。

2. 双沟型(sycon type)　相当于单沟型体壁发生弯曲,因此形成了许多平行的盲管。在外侧的为流入管(incurrent canal),向中央腔的为辐射管(radial canal)。双沟型海绵体壁比单沟型增厚,同时领细胞数目增多,滤食能力也增强。由于代谢水平提高,体型也逐渐增大(图5-4b)。

水流途径是:流入孔(incurrent pore)→流入管→前幽门孔(prosopyle)→辐射管→后幽门孔(apopyle)→中央腔→出水口。如毛壶 *Grantia*。

3. 复沟型(leucon type)　是最复杂的水沟系,中胶层由领细胞组成鞭毛室(flagellated chamber),许多鞭毛室由流入管和流出管(excurrent canal)相互连接,中央腔壁与单沟型和双沟型不同,是由扁平细胞构成。复沟型在双沟型基础上体壁进一步增厚,领细胞数目更多,面积更大,过滤的能力更强。一些复沟型海绵每平方毫米的体壁上,鞭毛室可多达1 000个。中胶层发达,与表皮的细胞构成皮层孔(dermal pore)或皮下腔(subdermal space),中央腔缩小。复沟型海绵的体积均比较大,特别是群体海绵,仅能从出水口判断出海绵个体的形态和大小,一些群体为团状,很难分辨个体形态(图5-4c)。

水流途径是:流入孔→流入管→前幽门孔→鞭毛室→后幽门孔→流出管→中央腔→出水口。如沐浴海绵 *Euspongia officinalis*。

也有些海绵不具水沟系,如肉食性的海绵绝大多数没有水沟系,它们进化出能适应深海生活的肉食性习性,依靠身体表面的黏液和棘刺捕捉小型猎物。

海绵动物的水沟系由简单的单沟型的直管发展到双沟型的辐射管,再到复沟型的鞭毛室,其领细胞的数目不断增多,相应地增加了水流的速度和流量,使海绵动物对食物的摄取能力逐步提高。海绵体内每天能够流过大于它身体体积几万倍的水,对于海绵的生活和环境适应是很有利的。从海绵动物水沟系的变化可以看出海绵动物的进化和其他生物一样,由简单到复杂,由低级到高级。

五、生理特点

海绵动物一般为固着生活,没有移位的运动,海绵体表扁平细胞和孔细胞的收缩使身体的体积发生一定改变。海绵所有的生理活动,包括摄食、呼吸、排泄和有性生殖等都要通过水流在其身体内部的运动来完成。海绵动物依靠领细胞来摄食,但没有专营呼吸和排泄的细胞。当水流通过身体时,大多数细胞都可以与水接触,各自独立完成呼吸与排泄的功能。

部分海绵通过细胞内部的伸缩泡来完成调节水和渗透压的平衡,这也是一种类似原生动物的特征。

海绵动物对外界刺激的反应通常是局部的、缓慢的,并且依赖刺激的强度。信息物质的传递主要通过中胶层的扩散作用,或依赖细胞之间的接触和星芒细胞来进行,还没有发现海绵动物具有电传导的现象。

海绵动物生存的环境周围很少有其他生物共生,科学家分析其原因包括海绵动物体内的骨针和海绵丝使其难以被其他动物取食;海绵动物生活的环境多为海底,环境条件恶劣;海绵动物会散发难闻的气味,驱逐其他生物。

六、生殖与胚胎发育

1. 无性生殖 海绵动物的无性生殖包括出芽(budding)和形成芽球(gemmule),这在荔枝海绵中常可见到。出芽是通过海绵体壁向外突起形成芽体,后逐渐脱离母体长成新个体;或不脱离母体,最终形成群体。芽球是在中胶层形成,由原细胞聚集后包裹上几丁质膜和双盘头或短柱状的小骨针,最终形成一个球形。芽球繁殖在淡水海绵动物中很普遍,一些海产种类也可以形成芽球。成体死亡后,以芽球的形式生存度过不良环境,如严冬或干旱,当条件合适时,芽球内的细胞可以从芽球的开口出来,发育成新的个体。

2. 有性生殖 海绵动物还能进行有性生殖。大多数海绵动物是雌雄同体,但精子和卵子不会同时成熟,避免了自体受精。海绵动物没有特化的生殖腺,卵子和精子由变形细胞或领细胞演变而成。海绵动物的受精过程比较特殊,卵细胞一般在中胶层,精子被领细胞吞食,之后领细胞脱去领和鞭毛成为变形虫状,将精子带入卵子中,完成受精过程。

3. 发育 卵子受精后开始卵裂,受精卵分裂到囊胚期(32 个细胞)后,动物极的小细胞生出鞭毛,朝向囊胚腔内;植物极的大细胞上形成一个开口,经过一段时间,整个囊胚由植物极开口翻出,最终动物极细胞具鞭毛的一端位于囊胚表面，有发亮的色素和鞭毛的小细胞，植物极的一端为不具鞭毛的、圆的、有颗粒的大细胞，称为两囊幼虫。所有海绵动物都要经过两囊幼虫期。幼体离开母体后，动物极细胞再次内陷，植物极细胞外翻，因此具鞭毛的细胞又进入了胚胎的内部，最终构成海绵动物身体的内层，具鞭毛的细胞演变为领细胞，外翻的细胞构成皮层，部分进入中胶层变为变形细胞。这一过程与其他的多细胞动物原肠胚的形成正好相反，因此称为胚胎发育的"逆转"（inversion），最终海绵动物动物极和植物极细胞的分布与其他后生动物相反。虽然各种海绵动物发育的具体过程略有不同，但都经过上述各阶段（图5-5）。

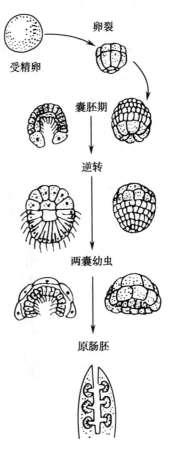

● 图5-5　海绵动物的胚胎发育过程图

除两囊幼虫外，不同类型的海绵还具有其他幼体类型，包括钙质幼体、毛发幼体、环形幼体、棒状幼体、中实幼体、双球幼体和铠甲囊胚。不同种类的海绵其生长速率与繁殖周期也不同，有的种类全年都能进行繁殖，有的种类水温低时就会停止有性生殖。热带和温带海绵常具有固定的生长周期，如3月到10月海绵生长，11月到第二年的2月外表面的骨针脱落。

4. 再生和体细胞胚胎发生　海绵动物具有很强的再生（regeneration）能力，并能够进行体细胞胚胎发生（somatic embryogenesis）。再生是指海绵动物的机体受损后还能够恢复其失去的部分，如将海绵动物切成小块，每块都能恢复，并形成新的个体；还有同类海绵动物的身体紧密接触时，常出现彼此组织互相愈合的现象。而体细胞胚胎发生是指机体所有的细胞完全重新组织，形成新的个体，如不同海绵捣碎后混合，相同种海绵能重新组织其细胞，形成新个体。曾有研究将橘红海绵和黄海绵分别制备为单细胞悬液，再将两种细胞悬液混合，可以逐渐生长成为橘红海绵和黄海绵的新个体，这是由于海绵细胞表面有不同的糖蛋白分子，能够在异种之间排斥而同种可以相互识别。这对研究单细胞生物如何演变为多细胞生物是非常有意义的。

在人造海绵出现之前，人类利用海绵的再生能力，曾经大量地对海绵进行繁殖和饲养，用于沐浴或医疗。

第二节　海绵动物门的分类

全世界的海绵动物至少有15 000种，目前已经报道的接近9 000种。海绵的栖息环境多样：从赤道到两极，从潮间带到5 000m深海都有分布。海绵分布多样性最高的为东北大西洋区域，尤其是地中海区域。而在热带珊瑚礁区域，海绵的分布呈现出较低的多样性，这也可能是由于研究不足或对未知海绵缺乏描述导致。根据骨针、水沟系等结构特征，将海绵动物门分为四个纲，本别是六放海绵纲、寻常海绵纲、同骨海绵纲和钙质海绵纲,其中六放海绵纲应该是海绵动物门中首先分化出现的基部群,而后才分化出其余各纲。

一、钙质海绵纲 Calcarea

钙质海绵纲,骨针钙质,主要成分为碳酸钙,三种水沟系均存在,但以简单的单沟型或双沟型为主,个体较小,灰白色,多生活于浅海。钙质海绵纲分为两个目,同腔目(Homocoela)和异腔目(Heterocoela)。同腔目海绵水沟系为单沟型,体壁薄,无褶叠,领细胞连续分布于中央腔,如白枝海绵(图5-6);异腔目海绵水沟系为双沟型或复沟型,体壁厚,形成多褶叠的结构,领细胞分布于放射管或鞭毛室内,如毛壶。

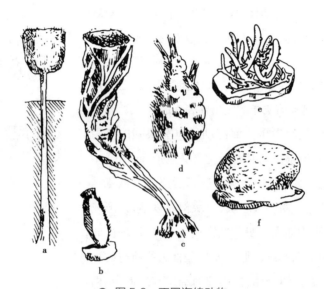

● 图5-6 不同海绵动物
a.拂子介;b.樽海绵;c.偕老同穴;d.淡水海绵;e.白枝海绵;
f.沐浴海绵

二、六放海绵纲 Hexactinellida

六放海绵纲也被称为玻璃海绵,骨针六放,硅质,或由硅质丝连成网状,水沟系为复沟型,中央腔发达。鞭毛室大,呈放射状排列,体形较大,有的种类长度可达190cm。单体,常对称,呈辐射对称的杯状或瓶状,主要生活于450~900m 水深或更深海底,常以硅质丝将体后端固定于海底。分为两个目,六放星目(Hexasterophora)和双盘目(Amphidiscophora)。六放星目海绵的小骨针为六放型,体呈花瓶状或柱状,后端有硅质丝插于深海软泥中,代表种为偕老同穴 *Euplectella aspergillum*(图5-6),因其中央腔内常寄居一对俪虾,并且终身不再离开,海绵和俪虾均靠流经海绵体内的水流获取食物,因此得名。双盘目海绵的小骨针为双盘型,两端具钩,如拂子介 *Hyalonema apertum* Schulze(图5-6)。

三、寻常海绵纲 Demopongiae

寻常海绵纲主要分布于热带和亚热带,生活于多种水体,从浅海到深海到淡水。具硅质骨针或海绵丝,或两者均有。骨针不是六放型,而为单轴或四射型,或两者均存在,埋在海绵丝中,但有大小之分。 体大,体型不规则,多为群体生活,水沟系均为复沟型,海绵体没有中央腔。由于色素在变形细胞中沉积,身体呈明亮的颜色,体色多样,且不同种具有固定的色彩。寻常海绵纲已知7 200多种,包括200多种淡水海绵,数量是海绵动物中最多的,占海绵总数量的85%以上。

寻常海绵纲分为三个亚纲,为四射海绵亚纲(Tetractinellida)、单轴海绵亚纲(Monaxonida)和角质海绵亚纲(Keratosa)。四射海绵亚纲的海绵骨针为四射型,没有海绵丝,个体常呈圆形或扁圆形,浅海生活,如四射海绵。单轴海绵亚纲的海绵骨针为单轴型,具海绵丝或不具海绵丝,体型多样,主要在浅海生活,少数生活于深海。大多数普通海绵属于本亚纲,代表种为淡水海绵类,如脆针海绵,还有栖于海水中的穿贝海绵,其变形细胞能够分泌酸性物质,在珊瑚礁或贝壳上钻成孔道。角质海绵亚纲由海绵丝构成网状骨骼,没有骨针,群体体积大,多为圆形,表面呈皮革状,如沐浴海绵(图5-6)。药用的种类多集中在寻常海绵纲。

四、同骨海绵纲 Homoscleromorpha

同骨海绵纲,硅质骨针,只含有小骨针,不含大骨针,已知仅103种,该纲之前一直是作为寻常海绵纲的一个亚纲,后依据分子系统发育进化关系将其单独列为一纲,该纲的海绵常生活在黑暗或半黑暗的环境中,生活水深大多不超过100m。

海绵具有重要的生态系统功能,作为温带、热带和极地重要的大型底栖生物类群,海绵至少具有五种重要的功能:通过生物共生促进初级生产力;通过空间竞争产生物理和化学的适应机制;通过钙化作用和生物侵蚀等影响碳酸盐的循环;通过高效过滤海水改变海水环境;产生次级代谢产物等。海绵可以通过滤食超微浮游生物和病毒颗粒实现碳循环和能量流动,通过摄取海水中的硅从而对海洋中的硅起沉降作用,在海洋生态系统循环中起重要的作用。同时海绵还可以通过与其他生物共生而为生物提供保护,如贝类表面长有海绵而减少海星的摄食,为螃蟹提供伪装,为其他生物提供附着基质。

海绵动物也会对人类生活产生一些负面的影响,如淡水海绵,广泛分布在湖泊、溪流中,大量繁殖造成水下管道或发电站管道的堵塞,对生产造成威胁。穿贝海绵会造成人工养殖的贝类等死亡。

第三节　常见药用动物

海绵动物是最低等的多细胞动物,但其药用历史悠久,开发潜力大。海绵能够产生多种次级代谢产物,近年来国内外报道,在本门动物中发现了抗肿瘤、抗菌、抗病毒的活性物质,研究还发现海绵中的化合物还有抗炎等相关活性,扩大了本门动物的药用范围和价值。目前海绵动物已经成为抗肿瘤活性物质或抗肿瘤先导化合物的重要来源,药用前景广阔。

其主要的药用种类如下。

一、脆针海绵 *Spongilla fragilis* Lecidy

脆针海绵又名淡水海绵(图5-7),为寻常海绵纲,单骨海绵目,针海绵科,针海绵属。遍布全球淡水水域,主要生活在清流或游水中,附生在树枝、石块上。国内的主要分布区域包括江苏、河南、山东、安徽等省。

● 图5-7 脆针海绵

1. 形态 多为棒状群体,表面凹凸,有很多出水孔,通常灰色或褐色。体壁的海绵质纤维构成密网,干燥后非常疏松,易碎,内含硅质骨针。骨针为细长针状,两端尖锐,表面平滑无刺,长度通常为180~255μm,粗5~16μm。通过芽球进行无性生殖,芽球遍布于全体各层,数量很多,通常为椭圆形或钝三角形的球状体。本种的主要特征是具有多种形态的芽球,除单个,还有2~4个芽球组成的群体,外被两层膜。芽球表面有分散存在的骨针,并且有一长而弯曲的乳管,从细胞层的里面向外突出而开口,芽球具有不同大小,直径从250到500μm不等。芽球的骨针与成体不同,比成体的骨针短小,亦为细长针状,但表面具有分散不匀的小刺,芽球中骨针的长度为60~130μm,粗3~10μm。

2. 药用 干燥全体入药,名紫梢花、紫霄花、花子。

始载于《本草图经》,云"粘着木枝,如蒲槌状。其色微青黄,复似灰色,号紫梢花,坐汤多用之"。《本草纲目》记载"陈自明《妇人良方》云,紫梢花生湖泽中竹木之上,状如糖徼,去木用之"。

药材为不规则的棒状或块状,常带有水草或树枝。长3~10cm,直径1~2.5cm。表面灰白色或灰黄色,体轻,质松泡,具有很多小孔。断面呈放射网状,网眼内有圆形小颗粒(为芽球),易脱落。气无,味淡。以个大、身干、轻松、柔软、无杂质者为佳。秋、冬于河床或湖边拾取,除去植物枯秆和杂草,洗净晒干。

本品味甘,性温。归肾经。《本草纲目》记载"甘,温,无毒"。功能补肾,壮阳,固精,缩尿。主治阳痿,遗精,白浊,虚寒带下等。《医学入门》记载"主阳衰阴痿"。《本草纲目》记载"益阳秘精,疗真元虚惫,阴痿,遗精,余沥,白浊如脂,小便不禁,囊下湿痒,女人阴寒冷带,入丸散及坐汤用"。化学成分主要含海绵硬蛋白、海绵异硬蛋白、磷酸盐、碳酸盐等。

与脆针海绵功效相似,同等入药的还有湖针海绵 *Spogillia lacutris* Linnaeus、刻盘海绵 *Ephydatia mulleri* Lieberkuhn 和 *Eohydatia japonica* Hilgendorf。

二、其他药用动物

沐浴海绵因质地松软,具有很强的吸湿性而被临床医学用作吸收药液、脓汁和血液的吸湿剂或止血剂。

20世纪50年代,从海绵 *Tectitethya crypta* 中分离出具有生物学活性的阿拉伯糖核苷,是自然界中首次发现的含有非核糖或非脱氧核糖的核苷类化合物。该发现导致了一系列新的阿拉伯糖核苷的合成并得到临床广泛应用,如阿糖胞苷主要用于治疗急性髓细胞白血病和非霍奇金淋巴瘤,是第一个从海洋天然产物衍生并成功上市的药物。国外已经批准上市的从海绵中获得的药物包括阿糖腺苷，也是一种核苷酸类似物，用于治疗单纯疱疹病毒感染；甲磺酸艾日布林，为大环内酯的微管解聚药物，可以用于晚期、难治性乳腺癌。

海绵中常见的活性物质有大环内酯类、肽类、生物碱类、萜类、固醇类、腺苷类、脂类、脂肪酸类、聚醚类等，海绵中活性物质种类的多样性与其特殊的生理结构和代谢方式有关。海绵是无选择过滤捕食性动物，在长期的进化过程中，海绵产生了极强的代谢能力，能够对海水中的各种物质进行降解、转化和合成，从而形成了极佳的活性物质资源。但由于海绵体内的活性物质含量非常低，对海绵的大量需求必然会导致野生资源和水体生态环境的破坏，因此可以通过水产养殖、化学合成、细胞和组织培养等方式获取海绵中的活性物质。

以下对海绵中活性成分的最新研究进行列举。

1. 抗肿瘤活性物质 从日本海域的海绵 *Agelas mauritianus* 中分离到一类神经酰胺苷酯类化合物 agelasphins，并合成了类似物 KNR7000，具有独特的 α-半乳糖苷神经酰胺结构。体外实验无细胞毒性，但在体内可明显促进淋巴细胞、NK 细胞、巨噬细胞的增殖或激活，可抑制小鼠体内移植的黑色素瘤细胞 B16、肉瘤、结肠癌、淋巴瘤、肝癌、肺转移癌，且连续用药未见明显毒副作用。其他研究还发现海绵 *Discodermia dissolute* 中的 discodermolide、南非海域的海绵 *Hemiasterella minor* 中的 hemiasterlin 合成类似物 HTI-286、中国南海的海绵 *Spheciospongia vagabunda* 中的 β-谷固醇差向异构体、牙买加的海绵 *Myrmedioderma styx* 中的 cyanthiwigin F 等化合物都具有抗肿瘤的作用。

2. 抗 HIV 活性物质 从中国南海的贪婪倔海绵 *Dysidea avara* 中得到两种倍半萜 avarol 及 avarone，能抑制 HIV 的复制，而对正常的细胞无毒副作用。学者还从海绵中获得了多环胍类生物碱、manzamine 型生物碱、环状缩酚肽类化合物、含硫的胍基衍生物、环肽等物质都具有抗 HIV 活性。

3. 抗菌活性物质 海绵中的生物碱具有不同程度的抗菌活性。具有抗细菌、真菌活性的海绵化合物还有吲哚类化合物、二倍半萜、杂环假肽等。

4. 酶抑制活性物质 海绵中具有酶抑制活性的成分主要是生物碱、萜类和酯类，可以抑制蛋白激酶 C、磷脂酶 PLA_2、α-葡萄糖苷酶、蛋白质磷酸酯酶等。

5. 免疫调节活性物质 从海绵 *Petrosia contignata* 中分离的类固醇类化合物 contignasterol 已进入 II 期临床试验，是一种组氨酸阻断剂，可抑制组胺的生物合成，用于治疗眼睛和皮肤炎症。一些海绵中分离的生物碱、鞘糖酯、环肽也具有抗炎和调节免疫的作用。

6. 心血管调节活性物质 从海绵 *Hippospongia sp.* 中分离得到呋喃高二萜，具有冠状血管舒张作用。海绵中的化合物还具有抑制凝血酶、抗血栓、降低血红素的作用。

7. 神经调节活性物质 海绵 *Dendrilla nigra* 中分离得来的吡咯类生物碱，研究发现其具有神经保护活性。

此外，硅质海绵还为人类的仿生合成生物无机矿物材料提供了技术蓝图，在自然条件下（常温、常压和硅含量极低的中性海水环境）硅质海绵通过硅蛋白/酶催化合成纯二氧化硅，可以据此改善硅材料生产的传统工艺；硅元素对脊椎动物骨骼的发育十分重要，生物硅和硅基化合物可增强控制牙釉质形成的基因表达并促进牙齿磷酸钙的沉积，因此硅蛋白可用于骨骼和牙齿修复。硅质海绵在光纤、微电子和生物医学材料等领域具有广阔的仿生应用前景。同时海绵动物作为最低等的多细胞动物,有些种类常被人们作为生命科学的实验材料,对生命科学的研究有重要的意义。

(庄馨瑛)

实验一　海绵动物形态观察和骨针的制备

一、实验目的

1. 观察海绵动物的基本形态和结构。
2. 了解海绵动物的分类系统和分类依据。
3. 学习海绵骨针的制备。

二、实验材料和用品

1. 实验器具　显微镜、离心机、剪刀、镊子、盖玻片、载玻片、水浴锅、滴管等。
2. 实验药品　蒸馏水、消化液(浓 HNO_3)、淡水海绵装片、海绵骨针装片、紫梢花药材。

三、实验操作

(一) 海绵外形观察和分类

1. 生活的海绵　将海绵标本放在培养皿中,用解剖镜观察,可看到海绵是由多细胞构成的,并能否区分海绵身体的不同部位。海绵体表有很多的小孔,滴入带颜色的水滴,观察色素的流动,可以看到海绵将色素通过小孔吸入身体内,由此了解海绵的摄食过程。用解剖针触动海绵,观察海绵的反应,海绵是否有神经反射的行为。

2. 海绵装片和骨针装片　在显微镜下观察海绵装片和骨针装片,是否能够看到出芽或芽球,其特征如何? 能否看到海绵的水沟系和中央腔? 海绵骨针的形态如何,是一种还是多种不同形态?

3. 紫梢花药材观察　药材外形如何? 能否看到海绵体表的小孔? 取一点药材在显微镜下观察,能否看到内部的颗粒? 这些颗粒是什么?

海绵的基本生物学特征:①多细胞生物;②基本体型辐射对称,多数体形不规则;③细胞有简单分化,但无明确的组织;④具有行使摄食、排泄、呼吸等功能的水管系统;⑤体内具有特异的骨针或海绵纤维。

海绵的外形、个体大小、颜色、质地、黏液和气味、表面结构、海绵蛋白纤维、骨针等常作为海绵分类学研究的特征,其中骨针是海绵分类最重要的依据。

对一些常用的分类学性状简述如下。

（1）骨针：矿质骨针是海绵最重要的特征，骨针外形变化多样，是海绵分类的重要依据。钙质海绵纲的骨针组成成分为钙质，其余三个纲的骨针为硅质。除组成成分外，骨针的大小和形状也是海绵分类的重要依据。同骨海绵纲不含大骨针，只含小骨针。六放海绵纲的骨针为硅质三轴骨针，寻常海绵纲的骨针多样，有的种类如角质海绵不含骨针，只含纤维有机质。

（2）外形：海绵身体不对称或辐射对称，外形多样。大部分的海绵无固定的形状，既能覆生在其他物体上形成薄薄的一层，又能形成一定的形状，成块状、树枝状、扇形、指状等，且外界环境如水流、光照、浊度等不同时，海绵个体或群体会产生不同的形状来适应外界条件。一些种类如六放海绵，它们身体多辐射对称，具一定的形状，常能根据外形将它们鉴定到科或属，但是外形并不适用于所有海绵的分类，只能作为一个参考特征。

（3）个体大小：由于海绵的年龄、外界环境、物种基因等因素都可能会影响物种个体大小。有的海绵个体很大，生长很快，有的海绵个体很小，个体大小在分类中显得不重要。而在进行特定的种群或亲缘关系较近的物种比较时会显得更重要。

（4）颜色：颜色标识或彩色照片是准确鉴别海绵所必需的。海绵的颜色多样，白色、红色、橘色、绿色、黄色、蓝色、黑色等，海绵的颜色通常是由于体内含有特定的胡萝卜素引起的，这些色素很大一部分与共生生物以及食物种类有关，因此同一种海绵在不同地方可能呈现不同颜色，有些物种并排生长时都可能呈现不同的颜色。如加勒比海一种常见的生活在珊瑚礁上的海绵 *Mycale laevis* 在不同的地域和不同的生活环境能呈现出黄色块状、黄色半匍匐状、白色块状、白色半匍匐状四种不同的形态。

（5）质地：可从海绵质地判断出内部的骨骼和水沟系。如石质海绵的骨骼由骨片组成，其硬度很大，有时容易和石头混淆。角质海绵质地软，容易压缩，不含矿质骨骼，经加工可成洗浴工具。海绵的可压缩程度、出水后是否保持其形状等对于缺乏矿质骨骼的网角目、枝角海绵目、真海绵目的分类很重要。

（6）黏液和气味：许多海绵能产生黏液，大多是清澈的，有时含有色素，这些黏液一般对人的皮肤有毒害作用。这一特征有时可鉴定特定的种（如 *Aplysilla sulphurea*）或特定的属（如 *Thorectandra*），但很少能鉴定到科的水平。有些海绵有特殊的气味，如 *Ircinia* 有酸味，*Xestospongia* 有刺激性味道。

（7）表面结构：海绵表面有许多孔洞、细锥凸起、指状凸起、凸出的骨针等结构，这些是分类描述的重要特征，也是少数属的重要鉴别特征，如 *Clathria* 属的许多种在出水口附近形成星状结构。

（8）外来颗粒：许多海绵能将外来颗粒吸收到其中胶层中，尤其是沙子和其他海绵的骨针。外来颗粒可能仅存在中胶层中，或仅存在于海绵外表面，也可能包含在海绵蛋白纤维中。在 *Dysidea* 和 *Hyrtios* 等海绵中外来颗粒可形成其骨骼，部分或者全部替换原有的骨骼。

海绵的部分种属分类系统

六放海绵纲 Hexactinellida Schmidt, 1870

双盘海绵亚纲 Amphidiscophora Schulze, 1886

双盘海绵目 Amphidiscosida Schrammen, 1924

拂子介科 Hyalonematidae Gray,1857

脊冠海绵属 *Lophophysema* Schulze,1900

拂子介属 *Hyalonema* Gray,1832

围线海绵科 Pheronematidae Gray,1870

棍棒海绵属 *Semperella* Gray,1868

白须海绵属 *Poliopogon* Thomson,1878

拟围线海绵属 *Pheronemoides*

六放海绵亚纲 Hexasterophora Schulze,1886

松骨海绵目 Lyssacinosida Zittel,1877

偕老同穴科 Euplectellidae Gray,1867

茎球海绵亚科 Bolosominae Tabachnick,2002

囊萼海绵属 *Saccocalyx* Schulze,1896

舟体海绵亚科 Corbitellinae Gray,1872

球杯海绵属 *alisphaera* Ijima,1904

绞织海绵属 *Pseudoplectella* Tabachnick,1990

花骨海绵科 Rossellidae Schulze,1885

刺骨海绵亚科 Acanthascinae Schulze,1897

刺骨海绵属 *Acanthascus* Schulze,1886

六放海绵目 Hexactinosida Schrammen,1903

帚状海绵亚目 Sceptrulophora Mehl,1992

真网海绵科 Euretidae Zittel,1877

薄管海绵亚科 Chonelasmatinae Schrammen,1912

薄管海绵属 *Chonelasma* Schulze,1886

泡沫海绵科 Aphrocallistidae Gray,1867

娟网海绵科 Farreidae Gray,1872

寻常海绵纲 Demospongiae Sollas,1885

异骨海绵亚纲 Heteroscleromorpha Cárdenas,Perez & Boury-Esnault,2012

繁骨海绵目 Poecilosclerida Topsent,1928

空球海绵科 Coelosphaeridae Dendy,1922

胀体海绵属 *Inflatella* Schmidt,1875

肉丁海绵科 Crellidae Dendy,1922

肉丁海绵属 *Crella* Dendy,1922

埃珀海绵科 Esperiopsidae Hentschel,1923

埃珀海绵属 *Esperiopsis* Carter,1882

膜带海绵科 Hymedesmiidae Topsent,1928

雏海绵属 *Phorbas* Duchassaing & Michelotti,1864

苔海绵科 Tedaniidae Ridley & Dendy,1886

苔海绵属 *Tedania* Gray,1867

皮海绵目 Suberitida Chombard & Boury-Esnault,1999

柱棒海绵科 Stylocordylidae Topsent,1892

柱棒海绵属 *Stylocordyla* Thomson,1873

四放海绵目 Tetractinellida Marshall,1876

星骨海绵亚目 Astrophorina Sollas,1887

钵海绵科 Geodiidae Gray,1867

爱丽海绵亚科 Erylinae Sollas,1888

爱丽海绵属 *Erylus* Gray,1867

厚星海绵科 Pachastrellidae Carter,1875

脂海绵属 *Characella* Sollas,1886

掌海绵科 Theneidae Carter,1883

蒂壳海绵属 *Theonella* Gray,1868

滑棒海绵科 Vulcanellidae Cárdenas,Xavier,Reveillaud,Schander & Rapp,2011

繁星骨海绵属 *Poecillastra* Sollas,1888

滑棒海绵属 *Vulcanella* Sollas,1886

以下介绍部分种属海绵的分类检索,如六放海绵纲分为 2 亚纲,5 目,17 科,118 属。这五个目为:①双盘海绵亚纲,双盘海绵目(Amphidiscosida);②六放海绵亚纲(Hexasterophora),管萼海绵目(Aulocalycoida)、六放海绵目(Hexactinosida)、灯笼海绵目(Lychniscosida)、松骨海绵目(Lyssacinosida)。

附:目 检 索 表

1. 含双盘骨针;不含六星骨针 …………………………………………… 双盘海绵亚纲:双盘海绵目

1. 含星型小骨针(六星骨针),较少含双盘骨针 ………………………………………… 六放海绵亚纲

　2. 不含六辐骨针融合形成的网状骨骼;海绵体较早长出的部位可能有非六辐大骨针(二辐骨针、三辐骨针、四辐骨针) ……………………………………………………………………… 松骨海绵目

　2. 具六辐骨针次生硅化融合形成的网状骨骼

　　3. 网状骨骼节点多数呈灯笼状,但有些也很简单 ……………………………………… 灯笼海绵目

　　3. 网状骨骼节点简单

　　　4. 网状骨骼的网孔形状和大小均一;网状骨骼的放射肋为一个网孔的长;网状骨骼的链由连续的梁成对排列组成 ………………………………………………………………… 六放海绵目

　　　4. 网状骨骼的放射肋形状和大小不等;放射肋的长大于网孔的长;网状骨骼的链由单个长的射线或是多个(>2)重合射线组成 ………………………………………………… 管萼海绵目

双盘海绵目含有三个科:拂子介科(Hyalonematidae)、单根海绵科(Monorhaphididae)、围线海绵科(Pheronematida)。

科 检 索 表

1. 领细胞层的骨针主要含二辐骨针 …………………………………………………………… 拂子介科

1. 领细胞层的骨针不主要含二辐骨针

    2. 领细胞层的骨针主要是三辐骨针 ·· 单根海绵科

    2. 领细胞层的骨针主要是五辐骨针 ·· 围线海绵科

(二) 海绵骨针制备和观察

    1. 取少量海绵样品,蒸馏水清洗干净,约半颗绿豆大小放入 1.5ml 离心管中。

    2. 加入约 800μl 的消化液,盖紧管盖。

    3. 50~60℃水浴加热,促进消化。

    4. 消化 10~15 分钟,期间上下混匀溶液数次,直至样品彻底消化。

    5. 样品消化彻底的标志是:溶液呈雾状,未见大的颗粒。

    6. 将离心管取出,擦去表面的水滴,放入离心机中离心。

    7. 离心速度为 1 000r/min,时间为 5 分钟。

    8. 倾去上清,加入蒸馏水 1ml,混匀清洗。

    9. 重复步骤 7~8 两次,最后加蒸馏水约 150μl。

    10. 用滴管吸出少量混匀的溶液(约 20μl),滴在载玻片上。

    11. 小心盖上盖玻片,吸除多余的液体。

    12. 显微镜下观察。

四、作业

    1. 绘制观察到的海绵骨针形态。

    2. 为什么说海绵是"侧生动物"? 从海绵动物的形态、发育过程、演化地位分别说明。

第六章　腔肠动物门 Coelenterata

腔肠动物门（Coelenterata）是最原始的后生动物（metazoa），也是真正后生动物进化的起点。由于内胚层所围成的原肠腔出现了细胞外消化，腔肠动物由此得名。除多孔动物外，所有的后生动物在进化过程中都要经历腔肠动物阶段，所以腔肠动物门在动物进化史上具有重要的地位。目前已发现的腔肠动物约 11 000 种，主要海产。本门传统中药有海蜇*Rhopilema esculenta* Kishinouye、粗糙盔形珊瑚*Galaxea aspera* Quelch 等。现代药理研究表明，腔肠动物刺细胞毒液中含有很多生理活性成分，尤其是在治疗心血管疾病、抗肿瘤等方面具有很大的开发潜力。

第一节　腔肠动物门的主要特征

腔肠动物具有一些非常重要的性状特征，如具有辐射对称体型，出现内、外两胚层和原始消化循环腔，出现原始的网状神经系统，具有刺细胞和刺丝囊，生活史中常具有世代交替现象等。

一、辐射对称体型

与多孔动物不对称的体型不同，腔肠动物出现了固定的对称体型，即辐射对称（radial symmetry）。相比动物界常见的两侧对称（bilateral symmetry），辐射对称是最原始的对称体型。这种体型的特征是通过中央轴有许多切面可以将身体分成相等的 2 个部分，所以整个身体只有背腹差异，而没有前后左右之分。该体型与腔肠动物在水中固着或漂浮生活相适应。一些种类（如海葵），通过中轴只有两个切面，将身体分成相等的两部分，称两辐射对称（biradial symmetry）。这是介于辐射对称和两侧对称之间的过渡类型。

二、内外两胚层和原始的消化腔

由于多孔动物的胚层来源不同于其他后生动物，所以一般不称为胚层，只称为两层细胞。从腔肠动物开始，出现了真正的内、外两胚层的分化。在两胚层之间有由内、外胚层细胞分泌的中胶层。由内胚层包围形成的空腔即为原始的消化腔（原肠腔）。与多孔动物的中央腔不同，腔肠动物的原肠腔具有消化功能，可以进行细胞外消化（extracellular digestion），这与高等动物消化腔功能相似，腔肠动物由此得名。由于腔肠动物的消化腔兼有循环作用，可以把消化后的营养物质运输到动物体各个部位,故又称之为消化循环腔(gastrovascular cavity)(图6-1)。消化循环腔有口,无肛门。口为胚孔发育的原口,消化后的食物残渣仍由口排出,属于不完全的消化系统。

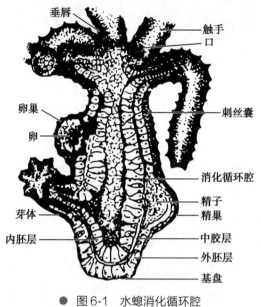

● 图6-1　水螅消化循环腔

三、最初的组织分化

多孔动物只有细胞分化,而从腔肠动物开始出现了最初的组织分化,如具有最原始的上皮肌肉组织。上皮肌肉组织简称皮肌组织,是腔肠动物的主要组织。该组织是由皮肌细胞(epithelio-muscular cell)构成的。皮肌细胞既有上皮细胞的保护功能,同时细胞基部含有肌原纤维(myofi-brils),具有肌肉细胞的收缩功能,这说明皮肌细胞的上皮保护功能和肌肉收缩功能没有分开,也说明了皮肌组织的原始性(图6-2)。此外,像钵水母纲的种类在外胚层和内胚层之间侵入大量的中胶层,分化出简单的结缔组织。

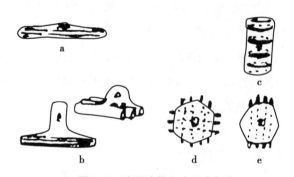

● 图6-2　腔肠动物上皮肌肉细胞

a.上皮成分不发达,肌原纤维沿细胞长轴分布;b.上皮细胞基部伸出1或几个凸起,凸起中有肌原纤维;c.上皮成分发达呈圆柱状,周围有一系列平滑肌环;d.上皮成分发达呈扁平状,肌原纤维两排呈垂直排列;e.上皮成分发达呈扁平状,肌原纤维单向排列

四、特殊的刺细胞和刺丝囊

刺细胞(cnidoblast)是腔肠动物特有的一种捕食、攻击、防御和运动细胞。水螅纲的种类刺细胞由外层体细胞分化产生,以口区和触手处最为密集。钵水母纲和珊瑚纲的种类除外胚层外,也有由内胚层细胞分化产生的,主要分布于消化腔的胃丝和隔膜丝上。刺细胞朝外一端有刺针,细胞内有刺丝囊。据报道,腔肠动物的刺丝囊有17种,其中水螅有4种刺丝囊(图6-3),即穿刺刺丝囊、卷缠刺丝囊和2种黏性刺丝囊。穿刺刺丝囊呈囊袋状,囊内有一条细长空心刺丝,当受到刺激时,刺丝囊外翻,将毒素射入猎物体内,致猎物全身麻痹甚至死亡;卷缠刺丝囊不注射毒液,只缠绕猎物;2种黏性刺丝囊有粘捕猎物和黏附运动作用。

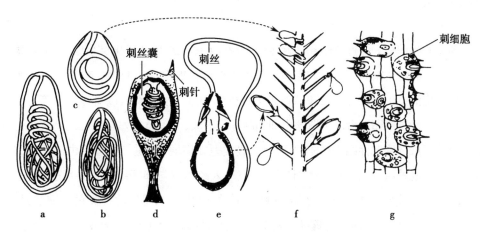

● 图6-3 水螅刺细胞和刺丝囊

a、b.黏性刺丝囊;c.卷缠刺丝囊;d.刺细胞(内含穿刺刺丝囊);e.穿刺刺丝囊的刺丝向外翻出;
f.翻出的卷缠刺丝囊在甲壳动物的刺毛上;g.触手的一段,示其上的刺细胞

五、原始的网状神经系统

腔肠动物具有最原始的神经系统,称为网状神经系统,简称神经网(nerve net)。该系统是由二极和多极的神经细胞组成。这些神经细胞在形态上具有相似的胞突,胞突间相互衔接形成一个疏松的网(图6-4)。神经细胞与内外胚层中的感觉细胞和皮肌细胞相连,感觉细胞接受刺激,通过神经细胞传导冲动,皮肌细胞的肌纤维收缩产生运动,这种结合形成神经肌肉系统(neuro-muscular system)(图6-5)。腔肠动物虽然具有神经细胞和神经系统,但其神经系统不形成神经中枢,且神经细胞的胞突没有传入神

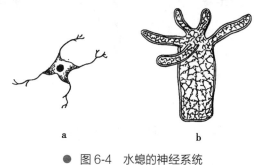

● 图6-4 水螅的神经系统

a.神经细胞;b.网状神经系统

经和传出神经的分化,所以没有固定的神经冲动传导方向,属于扩散性神经系统(diffuse nervous system)。另外腔肠动物神经冲动传导速度很慢,比人类慢上千倍。这些都表明腔肠动物的神经系

神经细胞　　　　感觉细胞

收缩凸起

● 图6-5　上皮肌肉细胞和神经网

统是非常原始的。

六、生殖与发育

腔肠动物的生殖分为无性生殖和有性生殖两种。水螅无性生殖是出芽生殖,即通过体壁外凸形成芽体。芽体的消化循环腔与母体相通。芽体依次分化出垂唇、口和触手,然后基部收缩与母体脱离而独立生活(图6-6)。此外,像海葵等无性生殖通过基盘碎裂或以身体纵裂等方式产生新个体。有性生殖通过精卵结合。生殖腺由间细胞分化形成,低等类型如水螅的生殖腺是外胚层中的间细胞分化形成的临时性结构(图6-1),而高级类型如珊瑚、海蜇等生殖腺由内胚层间细胞产生。雄性生殖腺成熟后,精子被排入水体,随水流进入雌体内与卵子结合或将精子、卵子排入水中,体外受精。多数种类为雌雄异体,少数为雌雄同体,其中雌雄同体的种类仍然需要异体受精。水螅有性生殖时受精卵经过卵裂、囊胚期发育到原肠胚阶段。原肠胚外分泌一壳,从母体上脱离下来,沉入水底,以度过不良环境。当胚胎成熟,壳破裂,胚胎逸出,形成小水螅(图6-7)。

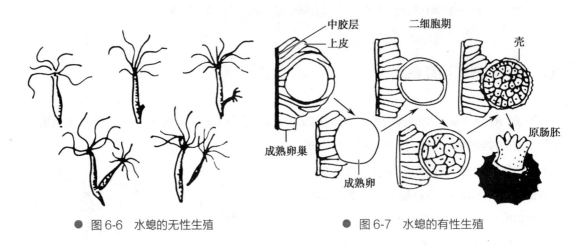

中胶层
上皮
二细胞期
壳

成熟卵巢
成熟卵
原肠胚

● 图6-6　水螅的无性生殖　　　　　　● 图6-7　水螅的有性生殖

七、水螅型、水母型与世代交替

腔肠动物多具有水螅型和水母型两种基本体型(图6-8)。水螅型营固着生活,身体呈圆筒状,基部通过基盘(basal or pedal disk)固着,另一端为口和触手。水母型营漂浮生活,体型呈盘状或伞状,伞缘有触手和感觉器官,在下伞中央有垂管,管末端是口。两种体型基本结构相同,均为两胚层和胚层间中胶层组成,但水螅型中胶层较薄,水母型中胶层较厚,这与水螅型(固着生活)和水母

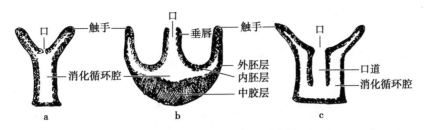

● 图6-8 水螅型和水母型比较
a.水螅型(水螅);b.水母;c.水螅型珊瑚虫

型(漂浮生活)不同的生活方式密切相关。

　　世代交替现象(alternation of generation)在植物界中非常普遍,但在动物界中比较罕见。目前,具有世代交替现象的动物都是一些低等无脊椎动物,其中以腔肠动物最为典型。腔肠动物的无性世代称为水螅体(hydranth),而有性世代称为水母体(medusa),水螅体世代和水母体世代在整个生活史中有规律地交替出现,称为世代交替。腔肠动物中具有典型的世代交替现象的种类多集中在较为原始的种类,如水螅纲动物薮枝虫*Obelia genicutata* L.。薮枝虫水螅体在生活史中通过无性生殖方式产生水母体,水母体长大成熟后,又以有性生殖方式产生水螅体,表现出明显的世代交替现象(图6-9)。而较高级种类世代交替现象退化,如钵水母纲动物水螅体世代退化而珊瑚纲动物水母体世代则完全消失。

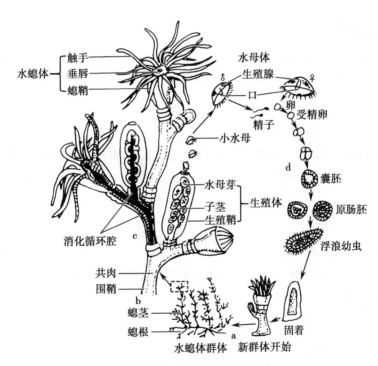

● 图6-9 薮枝虫的世代交替
a.群体;b.部分放大;c.剖面观;d.生活史

　　此外,腔肠动物没有专门特化的呼吸和排泄器官。呼吸和排泄都是通过体表皮肌细胞与周围的水体之间进行的。呼吸作用直接通过体表皮肌细胞进行气体交换,而排泄作用通过体表细胞排入水中或先排入消化循环腔中,再经口排出体外。

第二节 腔肠动物门的分类

腔肠动物门约有 11 000 种,根据动物体形态、世代交替有无、口道的有无、生殖腺的位置等将腔肠动物门分为水螅纲、钵水母纲和珊瑚纲。

一、水螅纲 Hydrozoa

水螅纲动物约有 3 000 种,多数海产,少数淡水生活,常附着在岩石、海藻、贝壳上。生活史往往具有明显的世代交替现象,仅少数种类水螅体世代或水母体世代退化,如水螅 *Hydra vulgaris* Pallas 无水母体,桃花水母 *Craspedacusta sowerbyi* Lankester 水螅体退化。本纲动物多数体型较小。水螅体结构简单,只有简单的消化循环腔;没有口道,消化循环腔也没有隔膜;水母体有缘膜,胃腔没有刺细胞。触手基部有平衡囊;生殖细胞由外胚层产生。水螅型和水母型的中胶层中均没有细胞结构。本纲药用种类有僧帽水母 *Physalia physalis* L. 等。水螅纲分为 5 个目,包括花水母目、管水母目、软水母目、硬水母目和淡水水母目。

(一) 花水母目 Anthomedusae
花水母目水螅体世代发达,体表围鞘不包围螅体,触手多呈棒状或丝状。生殖腺附着垂唇上,水母型存在或退化,呈高杯状,如筒螅属(*Tubularia*)。

(二) 管水母目 Siphonophora
管水母目均为大型营漂浮生活的水母型群体。身体由水螅体和水母体通过共肉连接一起,紧密聚集形成群体,如僧帽水母 *Physalia physalis* L. 。该水母刺细胞中含有剧毒的毒蛋白,能引起发热、休克和心肺衰竭等。

(三) 软水母目 Leptomedusae
软水母目水螅体群体的围鞘包裹螅体。多数不具有自由生活的水母体。水母体多扁平盘状,如薮枝虫 *Obelia genicutata* L. 。

(四) 硬水母目 Trachylina
硬水母目生活史中没有水螅体,仅有水母体。身体小型,海产。具或不具垂唇,如壮丽水母 *Aglaura hemistoma* Péron et Lesueur。

(五) 淡水水母目 Limnomedusae
淡水水母目生活史中具有水螅体和能够自由生活的水母体,以水母体为主。水螅体无围鞘,甚至无触手,单体甚小,仅有数毫米。水母体也是小型,具缘膜和多条触手。如桃花水母 *Crasped-*

acusta sowerbyi Lankester。

二、钵水母纲 Scyphozoa

钵水母纲动物全为海产。本纲动物生活史中水螅体非常退化,常以幼虫形式存在(有些种类水螅体消失);水母体发达,且多数种类为大型水母,如海月水母*Aurelia aurita* L.。海月水母营漂浮生活,伞缘有触手,并有 8 个缺刻,每个缺刻中有一个感觉器,又称触手囊,囊内有钙质的平衡石(statolith),囊上有眼点(ocellus),囊下有缘瓣(lappet),缘瓣上有感觉细胞和纤毛,另有 2 个嗅窝。在内伞中央有一个呈四角形的口,由口的四角伸出 4 条口腕(oral lobe)。消化循环系统比较复杂,由口进去为胃腔,并向四方扩大成四个胃囊,由胃囊上伸出分枝和不分枝的辐管(radial canal),这些辐管与伞边缘的环管(ring canal)连接。胃囊内有四个由内胚层发育的马蹄形生殖腺,在生殖腺内侧生有很多丝状的胃丝,其上有很多刺细胞,起到保护生殖腺的作用(图 6-10)。

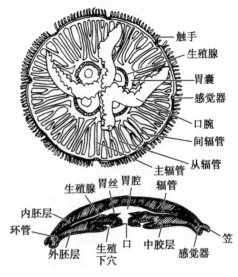

触手
生殖腺
胃囊
感觉器
口腕
间辐管
从辐管
主辐管
辐管

生殖腺　胃丝　胃腔
内胚层
环管
外胚层　生殖　口　中胶层　感觉器
下穴
笠

● 图 6-10　海月水母的结构

钵水母与水螅水母的主要区别是:钵水母一般是大型水母,而水螅水母是小型水母;钵水母无缘膜,而水螅水母有缘膜;钵水母的感觉器官是触手囊,而水螅水母是平衡囊;钵水母结构复杂,在胃囊内有胃丝,而水螅水母结构简单,且无胃丝;钵水母生殖腺来源于内胚层,水螅水母生殖腺来源于外胚层。

本纲动物有 200 多种,在腔肠动物中是经济价值较高的一类。本纲分 5 个目,包括十字水母目、立方水母目、旗口水母目、根口水母目和冠水母目。

(一) 十字水母目 Stauromedusae

十字水母目为营固着生活的钵水母类,身体由水螅型和水母型联合形成,形如倒置的喇叭。十字水母的伞呈杯状,上伞面延长成柄状,末端有基盘,用以固着生活;下伞面向上,伞缘有 8 个边,有 8 簇短触手,无触手囊,仅在每一个触手丛内有一个感受小体。口四边形,位于下伞中央,口周围有 4 个小口叶,胃腔内有胃囊和隔板。浮浪幼虫没有纤毛,经爬行后固着发育为成体。如喇叭水母*Haliclystus borealis* Uchida 和高杯水母*Lucernaria quadricornis* Müller 等(图 6-11)。

(二) 立方水母目 Cubomedusae

立方水母目伞部为立方体形,伞缘呈四边形,在间辐区由伞缘伸出一条或多条触手,触手在基部形成足叶,具有 8 个触手囊,位于间辐区及正辐区伞缘上。下伞面向内延伸形成假缘膜。具有边缘神经环,并与触手囊连接,这与水螅水母有些相似。发育中的钵口幼虫直接形成成体,主要分布于热带、亚热带浅海。无世代交替。如盒水母 Copula sivickisi Stiasny、灯水母 Charybdea rastonii Haacke 等(图6-12)。

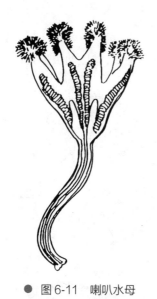

● 图6-11　喇叭水母

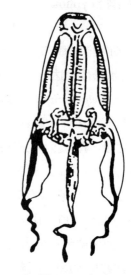

● 图6-12　灯水母

(三) 旗口水母目 Semaeostomae

　　旗口水母目为本纲中最常见的一个目。水母体个体伞呈碗形或蝶形,伞缘有 8 至更多个缺刻,每个缺刻中有触手囊。触手数目、分布、形态随种而异。旗口水母具口腕,口腕有纤毛沟,由胃囊伸出复杂的辐射管,环管或有或无。　生活史有世代交替现象,但水母型个体发达而水螅型退化成为浮浪幼虫。典型的生活史为:水母体→浮浪幼虫→钵口幼虫→横裂体→碟状幼虫→水母体。常见种类有海月水母 Aurelia aurita L. (图6-13)、发状霞水母 Cyanea capillata L. 等。

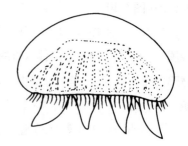

● 图6-13　海月水母

(四) 根口水母目 Rhizostomae

　　根口水母目又称圆盘水母目(Discomedusae),外形接近旗口水母,但伞缘无触手,口腕愈合,口封闭,碗口有分支细管,管外端有许多吸口。早期发育中具有正常的口,并有 4 个口叶,以后 4 个口叶分支发育成 8 个口腕,口腕再分支愈合,原来的口腕中的纤毛沟愈合成小管及吸口。吸口、小管和胃腔相互连接,胃腔中也有辐管,环管或有或无,具触手囊,如海蜇 Rhopilema esculenta Kishinouye、巴布亚硝水母 Mastigias papua Lesson 等。

(五) 冠水母目 Coronatae

　　冠水母目水母体呈圆屋顶状、锥形或扁平形,但外伞中部有一紧缩沟,将伞分成上、下两部分,相应的胃囊也分为上、下两部分。沟下有一圈厚的足叶,足叶下端是触手,伞缘具触手囊,主要产于深海,如缘叶水母 Periphylla periphylla Péron et Lesueur。

　　本纲常见药用种类有海蜇 Rhopilema esculenta Kishinouye。

三、珊瑚纲 Anthozoa

本纲动物是腔肠动物门最大的一个纲,约 7 000 种,全为海产,多分布于热带浅水海域。生活史中没有水母体,只有水螅体。

本纲动物(如海葵,图 6-14)具有由外胚层内陷形成的口道(stomodaeum)和 1~2 条口道沟(siphonoglyph);消化循环腔结构复杂,有由内胚层外突形成的隔膜(mesentery)将消化腔分割成若干小室;在隔膜边缘有隔膜丝(mesenteric filament),隔膜丝沿隔膜边缘下行至消化腔底部,其上有刺细胞分布;生殖细胞由内胚层产生,中胶层中有发达的结缔组织。

本纲动物少数为单体(如海葵),多数为群体(珊瑚虫),且多数珊瑚虫外胚层细胞能分泌石灰质或角质外骨骼。大多数珊瑚虫的骨骼由外胚层细胞分泌,在低等八放珊瑚亚纲中,外胚层的细胞移入中胶层,然后分泌角质或石灰质的骨针或骨片;有些种类骨针游离于中胶层或突出于体表,如海鸡冠 *Alcyonium glomeratum* Hassall;笙珊瑚 *Tubipora musica* L. 中胶层中小骨片则相互连接成管状骨骼;红珊瑚为树状群体,一般在群体共肉中形成坚硬的石灰质中轴骨骼。石灰质外骨骼是构成珊瑚礁和珊瑚岛的主要成分,如享誉世界的澳大利亚大堡礁就是世界上最大的珊瑚礁,而我国西沙、南沙、东沙群岛也都是珊瑚岛。珊瑚纲水螅体结构复杂,身体呈八放或六放的两辐射对称。本纲动物与水螅纲水螅体不同点是:珊瑚纲只有水螅体,且结构较为复杂,有口道、口道沟、隔膜和隔膜丝,而水螅纲水螅体结构简单;珊瑚纲水螅体生殖腺来自内胚层,而水螅纲水螅体生殖腺来自外胚层。

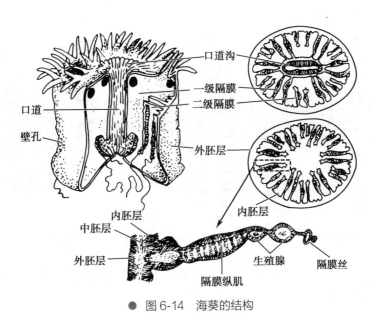

● 图 6-14 海葵的结构

(一)八放珊瑚亚纲 Octocorallia

八放珊瑚亚纲全部营群体生活。具触手和隔膜各 8 个,触手呈羽状分支。外胚层细胞移入中胶层中分泌角质或石灰质的骨针或骨片,有的种类骨片连接成管状的骨骼,还有的骨片或骨针愈合成中轴骨。具 1 条口道沟,沟所在一面为腹面,肌束向腹面。本亚纲分为 6 个目,包括匍匐珊瑚目、苍珊瑚目、海鸡冠目、海鳃目、柳珊瑚目和全腔目。

1. 匍匐珊瑚目（Stolonifera） 个体均从一个匍匐茎上独立发生，水螅体顶端可以缩入螅体茎内，具有钙质骨针，如笙珊瑚 *Tubipora musica* L. 。

2. 苍珊瑚目（Helioporacea） 是八放珊瑚中唯一的造礁珊瑚，群体骨骼巨大块状，具宽阔胃腔，缺乏隔膜。共肉在表皮下形成许多盲管，以增加表面积及分泌钙质。如苍珊瑚 *Heliopora coerulea* Pallas。

3. 海鸡冠目（Alcyonacea） 为肉质软珊瑚，群体呈树形或蘑菇形，无中轴。骨骼为散在的骨针，埋于胶状共肉中，或为结合的骨管。少数种类具有二态性，即个体分为独立个体（autozooid）和管状体（siphonozooid）。独立个体具有触手，能取食；管状体没有触手，不能取食，但有助于水在群体中流过。常见的如海鸡冠 *Alcyonium glomeratum* Hassall（图6-15）。

4. 海鳃目（Pennatulacea） 为单体状肉质群体珊瑚，身体包括一个柱状的初级轴螅体和分布在初级轴螅体上面的许多次级体。所有种均为二态：一种为初级轴螅体，下端具柄，用以将身体固着在泥沙中，次级体呈放射状排列在初级轴螅体上；另一种是次级体向初级轴螅体两侧平行排列，使群体呈羽状。有的种类的初级轴螅体有钙质中轴骨，共肉中有分散的骨针。常见的如海鳃 *Pennatula phosphorea* L.（图6-16）。

5. 柳珊瑚目（Gorgonacea） 为树枝状群体。多数种类骨骼呈黑色，有硬蛋白质的中轴骨，身体平面树状分枝，如柳珊瑚 *Gorgonia ventalina* L. 。少数种类骨骼呈红色，中轴骨钙质，钙质骨针分布在中胶层中，身体也呈树状分枝，但不在一个平面，如红珊瑚 *Corallium rubrum* L.（图6-17）。

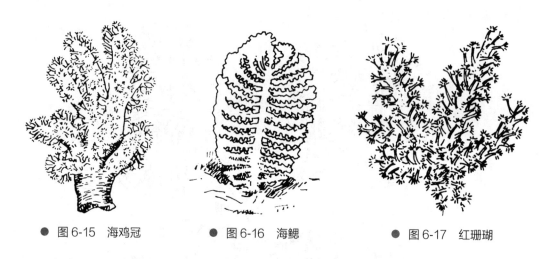

● 图6-15　海鸡冠　　　　● 图6-16　海鳃　　　　● 图6-17　红珊瑚

6. 全腔目（Telestacea） 个体中茎简单，呈直立或分枝状，向两侧长出珊瑚体，具有分散的钙质骨针，如全腔珊瑚 *Telesto* sp. 。

（二）六放珊瑚亚纲 Hexacorallia

六放珊瑚亚纲，单体或群体生活，触手和隔膜各6个或为6的倍数，触手呈指状，不分枝。具有2个口道沟。隔膜成对发生，肌束相对。本亚纲分为6个目，包括海葵目、角海葵目、石珊瑚目、角珊瑚目、六放珊瑚目和已经灭绝的四射珊瑚目。

1. 海葵目（Actiniaria） 一般为大型单体，具有两个口道沟，体软，不具骨骼，触手多。本目是世界上分布最广的珊瑚纲动物，如中华细指海葵 *Metridium sinensis* Pei、纵条肌海葵 *Haliplanella lin-*

eata Verrill（图 6-18）。

2. 角海葵目（Cerianthria）　为单体，形似海葵，但体较细长，触手排成两圈，可缩回管内。没有基盘，穴居在自身分泌的骨管中，也称管海葵。隔膜排成一圈，不成对，均与口道相连，仅有 1 个口道沟。如东方角海葵 *Cerianthus orientalis* Verrill（图 6-19）。

● 图 6-18　纵条肌海葵

● 图 6-19　角海葵

3. 石珊瑚目（Madreporaria）　大多数为群体，群体个体较小，直径仅数毫米；单体体型较大，最大直径达 50cm，如石芝 *Fungiac oncinna* Verrill。隔膜成对，缺乏明显的口道沟，具有致密的石灰质外骨骼，个体长在外骨骼的杯状凹陷处。由于群体形状不同，所以骨骼形状也不同，如树枝状的鹿角珊瑚 *Acropora palmata* Lamarck 和圆块状的脑珊瑚 *pocillopora meandrina* Dana（图 6-20）。石珊瑚的骨骼是构成珊瑚礁和珊瑚岛的主要成分。

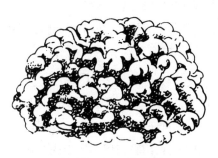

● 图 6-20　脑珊瑚

4. 角珊瑚目（Antipatharia）　为群体，身体呈细长分枝羽状，具黑色角质的轴状骨骼，由一层薄的共肉包围，隔膜不成对，肌肉不发达，单体具有 6 个不可收缩的触手，如黑角珊瑚属（*Antipathes*）。

5. 六放珊瑚目（Zoanthidea）　多为群体，不分泌钙质骨骼，可形成围鞘或黏着外来颗粒。个体似海葵，直径 1~2cm，由共肉连接，没有基盘。成对的隔膜一个与口道相连，另一个不与口道相连，如六放虫 *Zoanthid*。

6. 四射珊瑚目（Tetracoralla）　四射珊瑚是一类已灭绝的单体珊瑚，生于古生代。四射珊瑚具有 4 个主要隔膜，因此得名。在古生物学研究中占有重要地位。

本纲主要药用种类有红珊瑚 *Corallium japonicum* Kishinouge（现已列为国家一级保护动物）和粗糙盔形珊瑚 *Galaxea aspera* Quelch 等。

第三节　常见药用动物

古本草中收载的腔肠动物种类不多，目前记载的种类仅有 20 余种，仅占本门动物总数的

0.2%左右。虽然本草收载种类不多,但在我国用药历史还是很悠久的,如在《新修本草》《本草拾遗》《本草纲目》《海药本草》等都有记载,有些种类如海蜇以及一些珊瑚类仍然在中医临床上使用,尤以我国沿海地区民间仍有沿用。由于本门动物刺细胞中毒液的生物学活性很强,因此腔肠动物作为潜在的药用动物资源具有十分广阔的开发前景。随着医学科学的发展,对腔肠动物等海洋生物的药用研究日益深入。

一、海蜇 *Rhopilema esculenta* Kishinouye

海蜇,俗称白皮子、石镜、鱼宅、水母、水母鲜等,广泛分布于我国沿海,栖息于近海水域,尤其喜居河口附近。

(一) 形态

海蜇为大型水母(图6-21),蜇体呈伞盖状,半透明,白色、青色或微黄色。伞径约50cm,最大可达1m。外伞表面光滑,伞缘有8个缺刻,各有14~22个舌状缘瓣。无伞缘触手。感觉器8个,分别位于主辐管和间辐管的末端。在内伞间辐位上有4个肾形的凹陷的生殖下穴,穴内侧有膜隔开,不与外界相通。每个生殖腺穴外侧有1个表面粗糙的乳状凸起。伞下口腕愈合,大形口消失。在口柄基部有8对翼状肩板,在口柄下部各有8个口腕,每个口腕又分成三翼,在其边缘形成许多小孔,称为吸口。口腕部垂挂着许多触手,与腕管相通。肩板上也有许多吸口和触手。海蜇就是通过吸口吸食海洋中微小生物为食,由吸口周围触手先分泌毒液,将微小生物麻痹或杀死,然后送入口中,经口腕内腕管送入胃腔,因此将海蜇这类钵水母归为一类,称为根口水母目(Rhizostomae)。海蜇在热带、亚热带及温带沿海都有广泛分布,以浙江、福建沿海最多。

● 图6-21 海蜇

(二) 药用

以口腕部和伞部入药。口腕部称为海蜇头,伞部称为海蜇皮。海蜇头始载于《本草拾遗》。《本草纲目》载于鳞部无鳞鱼类。性味咸,平。归肝、肾、肺经。功效清热平肝,化痰消积,润肠。主治痰热喘咳,阴虚发热,痞积疼痛,大便燥结等。药理研究表明,海蜇提取液有类似乙酰胆碱的作用,能扩张血管,降低血压。临床报道,用海蜇与荸荠水煎服,日服2次,治疗原发性高血压,疗效显著,且无不良反应。海蜇皮为动物海蜇的伞部。归肝、肾经。功效清热化痰,祛风,消积,解毒。主治咳嗽痰喘,痞积,头风,膝部肿痛,疮疡肿毒,白带过多等。民间有用海蜇皮、海带和海藻等量炖服以抑制癌细胞扩散;以海蜇皮用白糖腌泡用可治产妇恶露不止,妇女血崩;用海蜇配合牡蛎等治疗气管炎、哮喘、淋巴结结核、小儿积滞、关节炎等症;用三矾海蜇皮贴敷患处治疗疮毒、丹毒等有效。另外,现代研究表明海蜇胶原蛋白肽具有降血脂和增强抗氧化作用;海蜇糖蛋白和糖肽可以增加脾淋巴细胞的增殖和转化作用,提高机体免疫力。

与海蜇功效相似,同等药用的还有同科属的黄斑海蜇*Rhopilema hispidum* Vanhoeffen。本种与海蜇主要区别是本种外伞部表面具有许多短小而尖硬的颗粒状凸起,并有黄褐色斑点;每1/8伞缘有8个长椭圆形的缘瓣。主要分布在南方各省(区)沿海,以广东、广西分布较多。

除药用外,海蜇营养价值很高,是人们日常生活中常见的食材,含丰富的蛋白质、维生素,以及钙、磷、铁、碘等元素。

二、粗糙盔形珊瑚 *Galaxea aspera* Quelch

粗糙盔形珊瑚又名海白石或鹅管石,分布于南海诸岛,为我国热带海域主要的造礁珊瑚。

(一) 形态

形态不定,随周围环境变化而变。空间宽大则珊瑚骨骼呈凸形,空间小则呈畸形。凸形的珊瑚骨骼杯多而密,杯稍圆或椭圆,少数呈长方形。第2轮隔片大而凸出,几乎到达杯中心,两侧有很多小颗粒。第3轮隔片较狭,呈1/2半径宽,颗粒少。第4轮隔片发育不全。珊瑚体呈多角状,似鹅管,表面乳白色,有凸起的节状横环纹。杯壁上的珊瑚肋粗壮,自杯壁伸延至基部(图6-22)。多栖息于潮带下至水深15m的礁石平台上,只分布在热带海域。

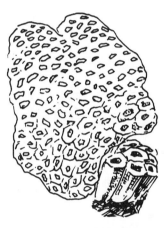

● 图6-22　粗糙盔形珊瑚

(二) 药用

中药鹅管石来源于枇杷珊瑚科粗糙盔形珊瑚干燥的珊瑚体。鹅管石始载于《本草纲目》金石部石类石钟乳项下。味苦、咸,性寒。归肺、肝、肾、大肠经。功效清热解毒,化痰散结。用于治疗湿热痢疾,瘰疬,肺热咳嗽等。此外,两广地区和海南尚有同科丛生盔形珊瑚*Galaxea fascicularis* L. 也作药用,功效与本品相同。

此外,纵条肌海葵*Haliplanella lineata* Verrill、僧帽水母*Physalia physalis* L.、海月水母*Aurelia aurita* L.、柳珊瑚*Gorgonia ventalina* L. 等也供药用。

三、其他药用动物

近年来,随着动物毒素研究工作的深入开展,腔肠动物毒液成分有了进一步认识,表现出很强的生理活性和药理学活性,尤其是对神经系统和心血管系统方面的作用。这些毒素的主要成分是有毒的蛋白质、肽类、酶类和介质。如从加勒比海太平洋的岩沙海葵*Polythoa* spp. 得到岩沙海葵毒素(palytoxin,PTX),是目前最强的冠状动脉收缩剂之一,作用强度比血管紧张素强100倍;从羽螅*Plumucaria setacea* L. 的提取物对神经系统有显著镇静作用;从僧帽水母*Physalia physalis* L.、海月水母*Aurelia aurita* L. 的刺丝囊分离的毒素对神经、肌肉、心血管都有较强的生理活性;从纵条肌海葵*Haliplanella lineata* Verrill 的体内提取了具有神经毒素和抗凝血的成分,抗凝血作用是肝素的 14 倍;从柳珊瑚 *Gorgonia ventalina* L. 中提取了前列腺素 A_2,具有类似氯丙嗪的安定作用和阻断多巴胺的作用;从黄海葵*Anthopleara xanthogrammia* Brandt 中提取的海葵毒素的强心作用是目前医用强心苷的 500 倍。这些生物活性物质的化学结构具有多样性、新颖性和高活性,为研制海洋药物提供了新颖的生物活性物质和重要的先导化合物。

（张　坚）

第七章 线形动物门
Nemathelminthes

　　线形动物门动物因体壁中胚层和仅由内胚层形成的消化管之间有空腔,又称假体腔动物。具有假体腔的动物是多系起源,各个类群在演化上亲缘关系不太密切,是动物界中较为复杂的一个类群,除少数自由生活的种类(如轮虫)以外,多营寄生生活。本门动物在形态结构上存在明显差异,有许多重大不同之处,但具有一些共同特征,如三胚层,有原体腔,来源于胚胎时期的囊胚腔,只有体壁中胚层,无肠壁中胚层与肠系膜;体型多细长,呈线状或圆筒形,两侧对称;身体不分节或体表具有角质膜和环纹;角质膜的下面是合胞体的表皮层,细胞或细胞核的数目是恒定的;无纤毛(腹毛纲具纤毛);发育完全的消化系统(棘头虫无消化管),身体前端有口,由外胚层内褶形成后肠和肛门,肠道前端有肌肉质咽,以完成食物的机械消化;排泄系统为由外胚层演化而来的原肾管;无循环系统,也无特殊的呼吸器官,寄生生活的种类为厌氧呼吸,自由生活的种类由体表呼吸;大多数为雌雄异体,体型几乎相同,但大小差别多数较显著。

　　这类动物是动物界中庞大且较复杂的一个门,动物学家对它们的分类意见也不一致,有的将假体腔动物分成 7 个门,即棘头动物门、轮虫动物门、腹毛动物门、动吻动物门、线虫动物门、线形动物门和内肛动物门;有的将其分为 3 个单独的门,即棘头动物门、袋形动物门(或线形动物门)和内肛动物门。本章将其分为 7 个纲,包括线虫纲、线形虫纲、动吻纲、轮虫纲、棘头虫纲、腹毛纲和内肛纲。本门有记载的药用动物有人蛔虫 *Ascaris lumbricoides* Linnaeus;人蛔虫提取液具有抗肿瘤活性,药用价值有待开发。常见的寄生虫还有十二指肠钩虫 *Ancylostoma duodenale* Dubini、斑氏丝虫 *Wuchereria bancrofti* Cobbold、猪巨吻棘头虫 *Macracanthorhychus hirudinaceus* Pallas 等。

　　本门动物在进化上处于同一阶段,但形态上具有许多显著差异,本章将分别介绍各个纲的主要特征。

第一节　线虫纲 Nematoda

　　线虫纲动物种类很多,约 15 000 种,分布广泛,生活方式多样。自由生活的种类广泛分布于土壤、海洋及淡水中,寄生生活的种类多寄生于无脊椎动物、脊椎动物和植物的体内。主要的寄生线虫有鞭虫 *Trichuris trichiura* Linnaeus、蛲虫 *Enterubius vermicularis* Linnaeus、十二指肠钩虫 *Ancylostoma duodenale* Dubini、斑氏丝虫 *Wuchereria bancrofti* Cobbold 和小麦线虫 *Anguina tritici* Steinbuch 等。

　　此外,秀丽隐杆线虫 *Caenorhabditis elegans* Maupas 具有复杂且完整的解剖学特征和遗传学特征,近年来常作为发育生物学和分子生物学研究领域的模式生物,用于研究衰老、阿尔茨海默病、帕金森病、糖尿病等。

一、线虫纲动物的主要特征

（一）外形

身体呈细长圆柱形，个体大小差异较大，小的只有 1mm 左右，大的可超过 1m。

（二）体壁

具三胚层，由外向内由角质膜、表皮层和纵肌层三层组成（图 7-1）。角质膜发达，亦称角质层，体表光滑或具有斑纹、小刺或鳞片。角质膜由皮层、基质和纤维层构成，其中纤维层也是分三层合成的（图 7-2）。排泄细胞分泌的蜕皮液，可溶解旧角质膜蜕皮。角质层之下为表皮层。最里面为仅由纵列肌细胞组成的肌肉层。

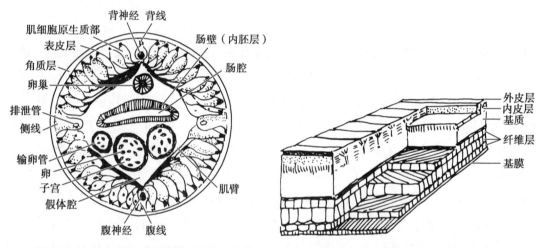

● 图 7-1　人蛔虫（雌虫）身体横截面结构模式图　　　● 图 7-2　人蛔虫成虫的角质膜图解

（三）消化系统

消化管分为前肠、中肠和后肠。前后肠由外胚层内陷形成，具角质膜；中肠由内胚层发育而成。

（四）排泄系统

管型和腺型的原肾管，无焰细胞，渗透排泄体腔液中的代谢废物。

（五）神经系统

圆筒状梯形神经系统，围咽神经环向前后发出六条神经，背、腹神经较发达。感觉器官不发达，具有乳突（papilla）、头感器（amphid）和尾感器（phasmid）等感官。

（六）生殖

多数雌雄异体、异形，两性生殖，雄虫尾端具能自由伸缩的交合刺（spicule）。少数雌雄同体，进行孤雌生殖。

（七）呼吸

营寄生生活的种类进行厌氧呼吸,而自由生活的种类靠体表进行呼吸。

二、常见药用动物

人蛔虫 *Ascaris lumbricoides* Linnaeus,又名蛕虫,成虫寄生于小肠,多见于空肠,以半消化食物为食。遍布世界各地。

（一）形态

长圆柱形,形似蚯蚓。活体呈粉红色或微黄色,死后为白色,体表有横纹和两条明显的侧线（图7-3）。口孔位于虫体顶端,由排列成"品"字形的 3 个唇瓣围绕,背唇 1 片,腹唇 2 片,唇瓣内缘具有细齿,侧缘各有小乳突 1 对(图7-4、图7-5、图7-6)。雌虫长 20~35cm,有的可达 49cm,尾端钝圆,肛门位于末端,生殖器官为双管型,阴门位于虫体腹面中部之前。雄虫长 15~31cm,尾端向腹面弯曲,在肛前、后有许多对乳突。生殖器官为单管型,有镰状交合刺(spicule) 1 对,能自由伸缩（图7-7、图7-8）。

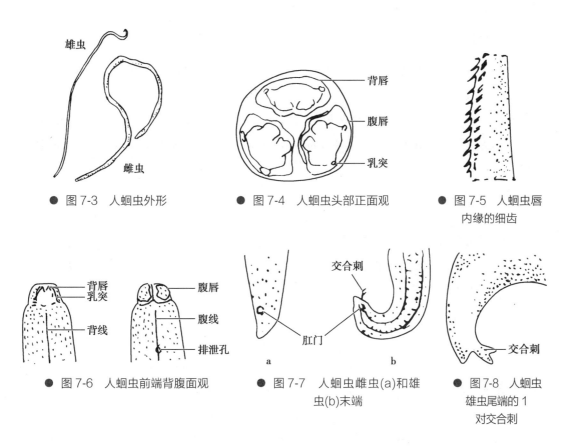

● 图 7-3　人蛔虫外形　　● 图 7-4　人蛔虫头部正面观　　● 图 7-5　人蛔虫唇内缘的细齿

● 图 7-6　人蛔虫前端背腹面观　　● 图 7-7　人蛔虫雌虫(a)和雄虫(b)末端　　● 图 7-8　人蛔虫雄虫尾端的 1 对交合刺

（二）药用

中药蛔虫来源于线虫纲蛔科似蚓蛔线虫的干燥全体。始载于《本草拾遗》"蛕虫汁大寒,主目肤赤热痛,取大者,静洗,断之令汁滴目中,三十年肤赤亦差"。《本草纲目》将其列入卷42,虫部湿生类,释名:蛔、人龙。蛔虫具有清热解毒之功效。主治多年风眼、冷瘘、小儿赤眼等症。

第二节　其他线形动物

一、线形虫纲 Nematomorpha

线形虫纲动物体呈线形,前端钝圆,无背线、腹线和侧线,体表角质膜很坚硬,成虫消化管退化,雌雄异体,雄虫的精巢和雌虫的卵巢数目较多。幼虫具有能伸缩且有刺的吻,消化管完全,但无食物进入,仅靠身体表面吸附宿主体内脂肪体获取养料而生长。成虫营自由生活在湿土或水中,雌虫产卵在水里孵出幼虫,幼虫被水生昆虫、蟹类等动物所食后,营寄生生活。已知200多种,如铁线虫 *Gordius aquaticus* Linnaeus,成虫自由生活于沼泽、池塘、溪流、沟渠等水体中。虫体细长,成虫长10~50cm,圆线形,似铁丝,黑褐色;头端钝圆;虫体表面有许多小乳突;雌雄异体,雄虫尾部卷曲,末端分叉,呈倒"V"字形;雌虫末端不分叉,终端为肛门。

二、动吻纲 Kinorhyncha

动吻动物体长一般不超过1mm,无纤毛,体表可分为13个节,第一节是翻吻,第二节是颈节,其余十一节为躯体部。翻吻前端有可伸缩的口锥,口周围有一圈角质骨刺,翻吻上有数圈角质骨片。动吻动物靠翻吻的不断伸缩和肌肉收缩在泥沙中前进。体壁为单层上皮结构组成的表层,并含有黏液腺细胞。排泄器官为一对原肾管,雌雄异体,生活在沿海底部泥沙中,以硅藻或海底沉积的有机颗粒为食。约有100种,如动吻虫 *Echinoderes sensibilis* Adrianov, Murakami et Shirayama。

三、轮虫纲 Rotifera

大多数轮虫自由生活,分布于淡水中,河流、池沼、雨后的积水中亦可见,少数生活在海洋中,极少数营寄生生活。体微小,一般在0.5mm以下,最长达3mm左右,通常为无色透明,或因消化管内所具有的食物不同而呈绿色、橘色或褐色等。分头、躯干和尾三部分,头前端有一或两圈能伸缩的纤毛组成头冠(corona),或称轮盘(trochal disc),似车轮摆动。轮盘中央为口,表面没有角质膜,上面的纤毛不停运动,形成水流,具有摄食、滤食和游泳的功能。除轮盘外,体表其他部位不具纤毛。躯干角质膜增厚形成兜甲(lorica),角质膜分节,节间角质膜较薄,身体缩短时,前后端的节可缩入直径较大的躯干中部,形成节内套节。躯干部内为内脏器官,尾部在躯干部之后,与躯干部分界明显或不明显。尾部足有一对或三或四趾,足腺(pedal gland)分泌黏附物质。消化管完善,咽膨大、肌肉发达称咀嚼囊(mastax),内有特征性咀嚼器(trophus)。雌雄异体且异形,雄体小,而且少见,没有消化系统,排泄系统和神经系统退化,仅有生殖器官,如精巢、输精管和交接器等构成。雌体大,发育良好,生殖器官由卵巢和输卵管构成。多进行周期性孤雌生殖。细胞核数目恒定。为淡水浮游动物主要类群。约 2 000 种,主要轮虫纲动物有旋轮虫 *Philodina erythrophthalma* Ehrenberg、海轮虫 *Seison nebaliae* Grube、沼轮虫 *Limnias ceratophylli* Schrank、巨冠轮虫 *Sinantherina socialis* Linnaeus、水轮虫 *Epiphanes senta* Müller。

四、棘头虫纲 Acanthocephala

棘头虫动物体表有环纹似的假分节,体长从几厘米到十几厘米,个别种可长达 1m,直径不超过 1cm,体无色或白色,由吻、颈和躯干三部分组成。体前端具有倒钩的吻(proboscis),故名,吻能伸缩钩挂在宿主肠壁上。体壁具环肌和纵肌。成虫和幼虫均无消化管,营内寄生生活,有两个寄主,以体表直接摄取寄主肠内的养分。体内无循环系统和呼吸器官。排泄器官为一对原肾管,且仅存在于部分种类中,以共同的排泄孔开口于输精管或子宫内。雌雄异体,雌虫特殊的子宫钟(uterine bell)能使未成熟卵经前一对孔返回原体腔,成熟卵由后一对孔经阴道、雌性生殖孔排出。约有 500 种,常见种类有猪巨吻棘头虫 *Macracanthorhychus hirudinaceus* Pallas、鱼棘头虫 *Acanthocephalus haranti* Golvan et Oliver。

五、腹毛纲 Gastrotricha

腹毛动物大多分布于淡水,海洋亦有分布,为典型的底栖动物。体微小,长一般不超过 1mm,少数可达 4mm,体不分节,呈长椭圆形、带形或卵圆形,尾部通常分叉。体被角质膜,背面隆起,上有刚毛和鳞片等,腹面有发达的纤毛,故名。排泄器官为原肾管,消化管完全,大多数为雌雄同体,而有些种类如 *Chaetonotoida* 仅有雌体,营孤雌生殖,直接发育。腹毛动物以细菌、原生动物和硅藻等为食。约 450 种,多数海生,淡水习见种类如鼬虫 *Chaetonotus marinus* Giard,其身体尾部分叉处有黏腺,分泌黏液,可随时黏着在其他物体上。

六、内肛纲 Entoprocta

内肛动物大多分布于海洋,单体或群体营固着生活,少数分布于淡水。体型小,长不超过 5mm,单体的内肛动物身体分为萼部(calyx)、柄部(stalk)和附着盘(attachment disk)三个部分。群体的内肛动物由 2~3 个柄共有一个附着盘。萼部一般为球状,其顶端边缘有一圈触手,数目为 8~36 个,形成触手冠(tentacular crown),触手的内面有纤毛,基部围绕前庭(vestibule),有口、肛门、排泄管和生殖管的开孔。消化管呈"U"形,口与肛门开口于前庭两端,肛门位于触手冠内,故名。为滤食性动物,触手纤毛摆动可形成水流,携带食物颗粒进入前庭沟,之后送入口内。排泄器官为原肾管。多数为雌雄异体,可行有性及无性生殖,有性生殖为体内受精。约有 150 种。

附：扁形动物门 Platyhelminthes

扁形动物门全世界有 10 000~15 000 种,扁形动物是背腹扁平、两侧对称、三胚层、无体腔的动物,除少数种类如涡虫营自由生活,多数营寄生生活。它们的形态大小差异很大,从不足 1mm

的涡虫到长达数米的绦虫。扁形动物的主要特征如下。

（一）　两侧对称（bilateral symmetry）

　　腔肠动物是辐射对称的动物,而从扁形动物开始,出现了两侧对称的体制,即通过动物体的中央轴只有一个切面(或对称面)可将动物体分成左右呈镜像相似的两部分。两侧对称的体制使得动物身体明显地出现了背腹、前后和左右的分化,相应地产生了功能上的分化,如背面有较发达的腺体和各种色素,发展了保护作用;而腹面多具有摄食和运动器官,发展了摄食和运动的功能;身体向前运动爬行的过程中总是前端最先接触到新环境,故感觉器官和神经系统逐渐向前端集中,出现了头部,能对周围环境变化及时作出反应。动物体的这种分化使动物由不定向运动变成定向运动,使动物对外界环境的反应更迅速、更准确,行动更敏捷,适应范围更广泛。从动物演化史来看,两侧对称具有重要意义,是动物从水中漂浮生活向水底爬行生活进化的结果,水底爬行进一步进化到陆上爬行,因此两侧对称体制是动物由水生到陆生的基本条件之一(图7-9)。

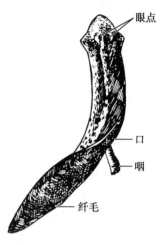

● 图7-9　涡虫的两侧对称

（二）　中胚层（mesoderm）的出现

　　从扁形动物开始,在外胚层和内胚层中间出现了中胚层。中胚层的形成可以减轻内、外胚层的负担,引起一系列组织、器官和系统的分化;同时促使动物体复杂肌肉组织的形成,增强动物运动功能。再加上两侧对称的体制与感觉器官的逐渐发展,使动物能够在更大空间可以更快和更有效地摄取更多的食物,从而促使整个新陈代谢随之加强,消化系统发达,原始的原肾管式排泄系统逐渐形成。随着动物运动增强,反应速度也随之增快,进而又促进了神经系统和感觉器官的更趋发展,并向前端集中。此外,由中胚层所形成的实质组织(parenchyma)有储藏水分和养料的功能,因此动物在一定程度上得以耐干旱和饥饿。因此中胚层的出现也是动物由水生进化到陆生的又一基本条件。此外,实质组织还有保护内脏、输送营养和代谢物的作用,同时有分裂、分化和再生新器官的能力。由于实质组织的存在,扁形动物无体腔。

（三）　排泄系统（excretory system）

　　从扁形动物开始出现了原肾管(protonephridium)的排泄系统,主要作用为调节体内水分的渗透压和排出一些代谢废物(但含氮废物多数仍通过体表排泄)。原肾管由身体两侧的外胚层内陷形成,呈网状或多分支的管状系统,通常由焰细胞(flame cell)、排泄管和排泄孔组成,并分布于全身。焰细胞位于分支管状系统的末端,呈盲管状,其顶端为一束35~90根的鞭毛,由于鞭毛的不断摆动,形似火焰,故名焰细胞(图7-10)。焰细胞周围体内实质中的过多水分由于鞭毛的运动在管的末端产生负压而进入焰细胞,再流经排泄管,由通向体表的排泄孔排出体外(图7-11)。

（四）　神经系统（nervous system）

　　扁形动物的神经系统比腔肠动物有了显著的进化。腔肠动物的神经系统是网状的,不形成神

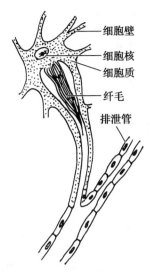

● 图 7-10　涡虫的焰细胞

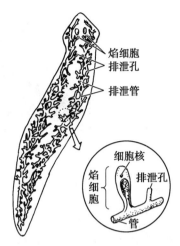

● 图 7-11　涡虫的排泄系统

经中枢,而扁形动物出现了原始的中枢神经系统(central nervous system)。神经细胞逐渐前移形成了"脑",自"脑"向后分出若干纵行的神经索(longitudinal nerve cord),各神经索之间尚有横神经(transverse commisure)相连,从而形成了梯状(ladder-type)结构,故又称梯状神经系统(图7-12)。

(五)生殖系统(reproductive system)

由于中胚层的出现,形成了固定生殖腺,如精巢或卵巢,可产生配子(精子和卵子);也形成了输送配子的生殖导管,如输精管(vas deferens)或输卵管(oviduct);以及有利于生殖细胞成熟和排出的附属腺,如前列腺(prostate gland)或卵黄腺(vitellarium)等,类似于其他高等动物的生殖系统(图7-13)。大多数种类为雌雄同体(monoecious),多需进行交配和体内受精。

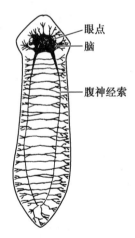

● 图 7-12　涡虫的神经系统

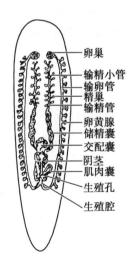

● 图 7-13　涡虫的生殖系统

以上为扁形动物的重要特征。此外,扁形动物还具有由外胚层(单层表皮)和中胚层(肌肉层)紧密连接在一起形成的皮肤肌肉囊(dermo-muscular sac)(图7-14),类似于腔肠动物的不完善消化系统(imcomplete digestive system),以及由自由生活向寄生生活特化的特殊生活方式等。

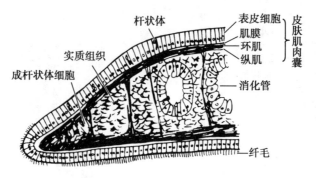

● 图 7-14　涡虫的横切面

扁形动物门一般分为涡虫纲（Turbellaria）、吸虫纲（Trematoda）和绦虫纲（Cestoda）三个纲。涡虫纲身体扁平而细长，体表主要为腹面一般被纤毛，多数营自由生活，栖息于海洋、淡水及潮湿的土壤中。涡虫纲代表的动物有三角涡虫 *Dugesia japonica* Ichikawa et Kawakatsu 等。吸虫纲形似涡虫纲，但体表无纤毛，消化系统相对趋于退化且结构简单，有口吸盘和腹吸盘等吸附器官，生活史也趋向复杂，营寄生生活，寄生过程需要更换中间寄主和终末寄主。吸虫纲代表的动物有华支睾吸虫 *Clonorchis sinensis* Cobbold、日本血吸虫 *Schistosoma japonicum* Katsurada 等。绦虫纲身体多呈扁平的长带状，体表无纤毛，感觉器官退化，消化系统包括口和肠等全部退化消失，一般由多数节片组成，有吸盘和钩等附着器官，几乎全部寄生在脊椎动物的肠道等器官内，为高度营寄生生活的类群。绦虫纲代表的动物有猪带绦虫 *Taenia solium* Linnaeus、牛带绦虫 *Taenia saginatus* Goeze、细粒棘球绦虫 *Echinococcus granulosus* Batsch 等。一般认为营自由生活的涡虫纲是最原始的类群，吸虫纲是涡虫纲适应寄生生活的结果进化而来的，绦虫纲则是扁形动物中最高级、最特化的类群。

扁形动物和线形动物进化水平、基本结构和生活方式基本一致，主要不同点有：扁形动物体多呈扁平或长带状，线形动物体多呈线形或筒状；扁形动物没有体腔，身体被中胚层发育的实质组织占据，线形动物中胚层不发育成实质组织，有假体腔；扁形动物有口无肛门，消化系统不完善，线形动物有口有肛门，具有较完善的消化管。

（张红梅）

第八章 环节动物门
Annelida

环节动物在动物演化史上发展至较高水平,在动物进化上有重要的地位,是高等无脊椎动物的开始。主要结构特点为身体分节;具有疣足和刚毛,运动敏捷;真体腔的出现,继而促进原始闭管式循环系统和后肾管的发生;神经组织进一步集中,脑和腹神经索形成,构成链索状神经系统;感官发达,反应迅速,能更好地适应外界环境;发育经担轮幼虫期。依据疣足或刚毛、生殖环带有无及发育方式等特征,分为寡毛纲、多毛纲、蛭纲3个纲,以及螠纲、星虫纲2个附纲。

全世界环节动物分布约有17 000种,中国大约有1 470种。主要分布于海水、淡水及陆地,少数营寄生生活。

人们在2 000多年前就已用水蛭、地龙等医治疾病。中药地龙始载于《神农本草经》,地龙为钜蚓科动物参环毛蚓*Pheretima aspergillum*(E. Perrier)、威廉环毛蚓*Pheretima guillelmi*(Michaelsen)、通俗环毛蚓*Pheretima vulgaris* Chen及栉盲环毛蚓*Pheretima pectinifera* Michaelsen等的干燥全体。前一种习称"广地龙",后三种习称"沪地龙"。可用于治疗高热神昏,惊痫抽搐,肺热喘咳,水肿尿少,关节痹痛,肢体麻木,半身不遂等症。水蛭具破血通经、逐瘀消癥的作用。用于血瘀经闭,癥瘕痞块,中风偏瘫,跌扑损伤。中药水蛭始载于《神农本草经》,来源于柳叶蚂蟥*Whitmania acranulata* Whitman、水蛭*Hirudo nipponica* Whitman或蚂蟥*Whitmania pigra* Whitman等。主治血瘀经闭、跌打损伤、中风偏瘫。

目前水蛭素、蚓激酶是近代从环节动物水蛭、参环毛蚓等体内发现的具有抗凝血活性的物质。

第一节 环节动物门的主要特征

一、分节现象

分节现象是高等无脊椎动物在进化过程中一个重要的标志。环节动物的躯体是由许多彼此形态相似而又重复排列的部分构成,这些构成部分叫作体节(metamere or segment)。这些体节不仅外部相似,而且内部的重要系统器官,如神经、循环、排泄、生殖等也都按节重复排列,在节与节之间往往具有一层双层的隔膜,体表相应地形成节间沟,动物体的这种躯体由若干体节构成的现象称为分节现象(metamerism)。分节是特化的开始,体节的出现使每一体节等于一个单位,这对加强动物新陈代谢和对外界环境的适应能力都有重要的意义。环节动物中原始种类的体节界限不明显。

大多数环节动物除体前端两节及末一体节外,其余各体节形态功能基本相同,称为同律分节(homonomous metamerism),如蚯蚓;分节不仅能增强运动功能,也是生理分工的开始。有一些种类,身体前端与后端各节在形态和功能上有明显不同,称为异律分节(heteronomous metamerism),如沙蚕。异律分节使动物的生理分工更加显著,身体分化更为复杂,逐渐分化出头、胸、腹各部分,不同的体节有不同的功能。因此,身体分节是动物进化发展的基础,在动物系统演化中有重要意义。

分节现象的起源,一般认为是由原始分节现象及其运动两者结合而逐渐演化形成的。在低等无脊椎动物中,如涡虫、纽虫消化管的侧盲囊和生殖腺在体内是重复排列的,这些动物作蛇形运动的时候,在前后生殖腺之间最容易弯曲,使体壁形成褶缝,然后在前、后褶缝之间分化出特殊的肌肉群,最后便形成了体节。

二、附肢的分化

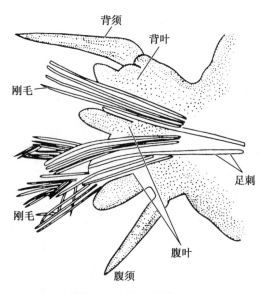

从环节动物开始,出现了附肢形式的疣足(parapodia),疣足和刚毛(seta)是环节动物的运动器官。大多数环节动物都具有刚毛,海产种类一般有疣足,疣足是体壁凸出的扁平片状凸起的双层结构,体腔也可伸入其中。刚毛是由表皮细胞内陷形成刚毛囊(setal sac),囊底部一个大的形成细胞(formative cell)分泌几种物质,形成刚毛,形状因种而异,可形成钩状、S状、叉状、毛状等。大多数陆生及水生种类刚毛的数目为8根,成4束,每束2根,这种排列

● 图 8-1 刚毛和疣足的结构

称为对生刚毛(lumbricine seta),有的每节几十根环绕体节分布,称为环生刚毛(perichaetine seta)。由于肌肉的牵引,刚毛发生伸缩,使动物爬行运动,刚毛作为一种运动器官,远比低等动物的纤毛稳固而有力。总之,疣足和刚毛的出现,增强了动物体爬行、游泳等运动能力,因此,对外界环境适应的能力也得以增强(图8-1)。

三、真体腔的形成

环节动物结构中一个重要变化是在体壁和消化管之间有一个很大的空腔。在胚胎发育过程中,最早在胚孔(原口)两侧,内外胚层之间各有一个中胚层端细胞,发育为两团中胚层带,中胚层带内裂开成腔,内侧中胚层附在内胚层外面,分化形成肌层和脏体膜腔,与肠壁上皮构成肠壁;外侧中胚层附在外胚层的内面,分化为肌层和壁体腔膜,与体表上皮构成体壁。次生体腔是由中胚层细胞裂开形成,故又称为裂体腔(schizocoel)。这种体腔在肠壁和体壁上都有中胚层发育的肌肉层和体腔膜,由于这种体腔比初生体腔(原体腔或假体腔)出现较晚,故称为次生体腔(secondary coelom)或真体腔(deuterocoel)(图8-2)。

环节动物次生体腔的形成,使中胚层的肌肉组织参与了消化管和体壁的构成,消化管壁有了

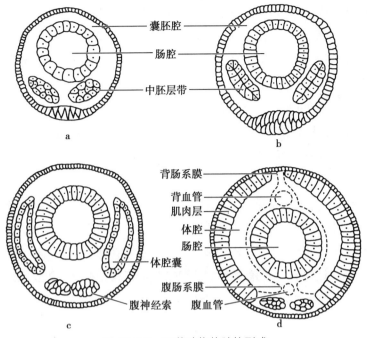

● 图 8-2　环节动物体腔的形成
a、b.中胚层的出现;c.体腔囊的出现;d.真体腔的出现

肌肉层,增加了蠕动,提高了消化功能。同时,消化管和体壁因次生体腔隔开,这就促进了循环、排泄等器官的发生,使动物体的结构进一步复杂,各种功能更趋于完善。真体腔内还充满着体腔液,同时每个体节间的隔膜上又有孔相通,因此,次生体腔内的体腔液可与循环系统共同发挥体内的运输作用,并使动物保持一定的体态。次生体腔的形成在动物进化上有重大的意义,也是高等无脊椎动物的重要标志之一。

四、闭管式循环系统

典型的环节动物具有发达的闭管式循环系统。血液循环系统结构复杂,由纵行血管(背、腹血管等)和环形血管及其分支血管组成。各血管以微血管网相连,血液始终在血管内流动,不会流入组织间的空隙中,构成了闭管式循环系统(closed vascular system)。血液循环有一定的方向,主要依靠血管壁的扩张和收缩,有规律搏动来推动血液流动,提高运输营养物质及运载氧气的功能,比开放式循环系统更能迅速有效地完成营养物质及代谢产物的输送。

环节动物循环系统的出现与真体腔的发生有密切的关系。真体腔的发育必然会使原体腔逐渐缩小,结果在消化管的上下方形成背血管和腹血管的狭小内腔,这便是背血管和腹血管的内腔,体腔囊的体囊膜在接触的地方留下空隙,形成心脏或血管弧。所以,循环系统的内腔实际是初生体腔被排斥后遗留的痕迹。

五、排泄系统

随着真体腔的产生,环节动物的排泄系统发生了很大的变化。比较原始的环节动物,其排泄系统仍为原肾管,只由管细胞和排泄管构成,与扁形动物的焰细胞不同。后肾管与原肾管一样,均来自外胚层。多数环节动物排泄系统为后肾管,典型的后肾管为一条两端开口、迂回盘曲的管道,一端开口于前一体节的体腔,顶端为一具有纤毛的漏斗,即肾口(nephrostome),另一端开口于体壁腹面之外侧,或开口于消化管,即肾孔(nephridiopore)或排泄孔。这样的肾管称为大肾管(meganephridium)。有些种类(寡毛类)的后肾管发生特化,成为小肾管(micronephridium)。后肾管具有排泄含氮废物和调节体内渗透压平衡的作用。通常每节具有一对大肾管,如异唇蚓;或者每节具有众多的小肾管,如环毛蚓。后肾管的出现是排泄系统演化过程中一种很大的进步。

　　环节动物的排泄产物,水生种类的主要是氨,陆生种类的一般是氨和尿素,最后形成比体腔液及血液低渗的尿,经肾孔排出体外。有些环节动物(多毛类)由体腔上皮向外形成一对管子,称体腔管(coelomoduct),多开口于体外。排出生殖细胞的称为生殖管(genital duct),排出代谢产物的称为排泄管(excreting duct)(图8-3)。有些种类体腔管与后肾管合并,形成混合肾(nephromixium),除排出代谢产物外,在生殖季节可以排出生殖细胞。

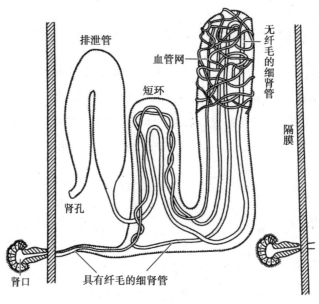

● 图 8-3　后肾管图解

六、链索状神经系统

　　环节动物的神经系统与扁形动物、线形动物相比,最大不同在于它基本上每节都有一对神经节,形成神经链(nerve chain)的形式。其神经系统较低等蠕虫的梯状神经系统更为集中,且按体节排列。神经中枢在身体前端,咽的背部有一发达的脑,即身体前端咽背侧由一对咽上神经节(suprapharyngeal ganglion)愈合成的脑,左右一对围咽神经(circumpharyngeal nerve)与一对愈合的咽下神经节(subpharyngeal ganglion)相连,此后即与腹神经索(ventral nerve cord)相连,并贯穿全身,成为腹神经链(ventral nerve chain)。腹神经链本质上是由两条纵神经索相互合并而成,同包在一层结缔组织之内,腹神经链的第一个神经节是咽下神经节,其下在每一体节内,均有一个合并的神经节,这种神经系统称为链状神经系统(chain nervous system)。蚯蚓、沙蚕是典型的链状神经系统。脑或咽上神经节可控制全身的运动和感觉,由它再分出神经到身体前端的感受器,同时也分布至消化管等内脏器官,腹神经节发出神经至体壁和各器官,司反射作用。环节动物的神经系统进一步集中,可使动物反应迅速,动作协调(图8-4)。

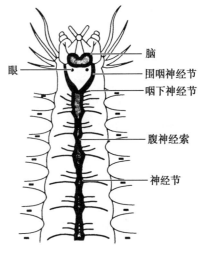

● 图8-4 神经索示意图

七、担轮幼虫

陆生和淡水生活的环节动物直接发育,无幼虫期。而海产种类的环节动物在个体的发生初期,具有一个能自由行动的幼虫时期,经过螺旋卵裂、囊胚,以内陷法形成原肠胚,最后发育成担轮幼虫(tro-chophore)。担轮幼虫体陀螺型,在腰部有口,口前、口后各有一圈纤毛环,在口前的纤毛环称为原担轮(protroch)或口前纤毛环(circulatus ciliaris preoralis);口后的纤毛环称为后担轮(metatroch)或口后纤毛环(circulatus ciliaris postoralis)。口后与食管相通,继而连接膨大的胃,胃后端为肠,肠末端为肛门,于身体末端开口,近肛门处存在纤毛环。有口的一面称之为腹面,另一侧为背面,身体顶端具有顶纤毛束及眼点,内有集中的神经组织,称为脑板(cerebral plate)或感觉板(sense plate)。这种幼虫具有很多原始特点,如无体节;具有原体腔和原肾管;神经组织和表皮相连;以纤毛环作为唯一行动器官等,这些特征都与无脊椎动物相似。

担轮幼虫到后期开始进行变态发育,后端出现体节,中胚层按节分裂,并形成各节的真体腔,外胚层可形成腹神经索,前端与脑相连,口前叶和围口节形成头部,每节产生后肾管,并逐渐发育为成虫(图8-5)。

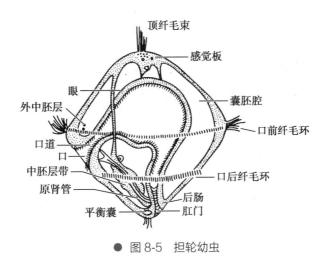

● 图8-5 担轮幼虫

软体动物、腕足动物等成体是形态差异很大的类群,但在发育中都出现担轮幼虫,说明它们之间有一定的亲缘关系。因此,担轮幼虫时期的出现,在动物进化上具有重要的意义。

第二节 环节动物门的分类

环节动物门根据疣足或刚毛、生殖环带的有无及其发育方式等特征,分为3个纲,多毛纲、寡毛纲和蛭纲;2个附纲,蜡纲和星虫纲。

一、多毛纲 Polychaeta

多毛纲是本门最原始的类群,绝大部分生活在海洋,底栖,少数种类生活在淡水。

(一) 本纲动物的特点

身体一般呈圆柱状或背腹稍扁,大小不一,最小的1mm左右,最大的可长达2m。体节多,分头部和躯干部。主要特征:头部显著,感官发达,背面两端为口前叶,其上有眼、触须、触角等,有疣足,有成束的刚毛,无生殖环带,雌雄异体或同体,个体在水中进行受精,螺旋卵裂,发育过程中有担轮幼虫时期。

(二) 种类与分布

多毛纲大约13 000种,一般分为3目:游走目(Errantia)、隐居目(Sedentaria)和原环虫目(Archiannelida)。游走目和隐居目有可供药用的种类。

1. 游走目(Errantia) 大多数营底栖生活,在海底自由生活,能自由游泳。同律分节,头部构造显著,感官发达,分口前叶和围口节,口前叶有各种不同的形状,其上具有触须、触手、眼等感觉器官。咽能外翻,具颚。每体节有一对疣足,其上有刚毛。如沙蚕科(Nereidae)疣吻沙蚕 *Tylorrhynchus heterochaetus* Quatrefaeges。

2. 隐居目(Sedentaria) 终身隐居管内生活,或营穴居生活。异律分节,头部不明显,口前叶小,咽不能翻出,无颚及颚齿,借触须等器官摄取食物。疣足高度退化,无刚毛。如沙蠋 *Arenicaola cristata* Stimpson 俗称海蚯蚓,毛翼虫 *Chaetopterus variopedatus* Renier 俗称燐沙蚕。

(三) 本纲药用动物

疣吻沙蚕 *Tylorrhynchus heterochaetus* Quatrefaeges。

二、寡毛纲 Oligochaeta

(一) 本纲动物的特点

身体细长并分节,头部不明显,感官不发达;无疣足,体节具刚毛,直接着生于体壁上,数目较少,无疣足;有生殖带,雌雄同体,精巢和卵巢位于身体前端的少数体节内,直接发育,无幼虫期。大多数陆地生活,穴居土壤中,称陆蚓,陆栖种类的皮肤中有许多腺细胞,能够保持体表的相对湿润;少数生活在淡水中,底栖,称水蚓,水栖种类常有纤毛窝或者感觉毛,缺少分泌腺。

(二) 种类与分布

一般认为寡毛纲动物是由海产的原始环节动物进入淡水和陆地而发展起来的。本纲约有 6 700 种,一般根据雄性生殖孔在精巢体节隔膜的前后又分为 3 个目,近孔目(Plesiopora)、前孔目(Prosopora)和后孔目(Ophisthopora)。可改良土壤及提高肥力。后孔目中具有药用动物种类。

后孔目(Ophisthopora)陆生,体较大,一般生活在土壤中,雄性生殖孔一般一对,开口在具精巢、精漏斗隔膜的后一节或者后数几节,最常见的有蚯蚓。药用的有下述 2 科。

1. 正蚓科(Lumbricidae) 身体中等大小或细小,全身刚毛一般对生,每节 4 对,砂囊和嗉囊发达,生殖环带通常位于 24—34 体节。我国大约有 4 个属。异唇蚓属(*Allolobophora*)的全身或大部分刚毛对生,每节 4 对,生殖环带在 24—34 体节,全身褐红色,无节间白圈,受精囊孔近腹面,在 9—10 或 10—11 节间,大肾管。如背暗异唇蚓*Allolobophora caliginosa trapezoids* Duges.。

2. 钜蚓科(Megascolecidae) 个体较大,全身刚毛环生,或刚毛每节仅 4 对,砂囊和嗉囊不发达,或无,生殖环带一般位于 14—16 节。在我国大约有 4 个亚科,8 个属。为蚯蚓中最大的科,分布较广。其中,环毛蚓属(*Phertima*)为蚯蚓中最大的属,全世界约 700 种,我国有近 100 种。全身刚毛环生,每节甚多,生殖环带占 3 个体节,全是小肾管,储精囊在 9、12 节。如参环毛蚓 *Phertima aspergillum*(E. Perrier),一般作地龙入药。

(三) 本纲药用动物

参环毛蚓 *Phertima aspergillum*(E. Perrier)、威廉环毛蚓 *Pheretima guillelmi*(Michaelsen)。

三、蛭纲 Hirudinea

(一) 本纲动物的特点

蛭纲动物一般称蚂蟥或蛭,头部不明显,有眼数对;体背腹扁,体节固定,一般为 34 节,每个体节又可以分成若干个体环,靠肌肉的收缩做特殊的蛭行运动,身体前后端具吸盘,固着于宿主,以适应半寄生生活方式;无疣足,通常无刚毛;雌雄同体,繁殖期有生殖带,直接发育,无幼虫期。

(二) 种类与分布

蛭类大部分栖息于淡水、河流、潮湿至干涸的土壤中,是一类高等特化的环节动物,约有 500 种,有些仅一时性地侵袭宿主,当吸饱血液后脱离下来,有些固着在一个动物体上,类似于体外寄生虫,也有些属于腐食性或者掠食性的。一般分为 4 个目,棘蛭目(Acanthobdellida)、吻蛭目(Rhynchobdellida)、颚蛭目(Gnathobdellida)和咽蛭目(Pharyngobellida)。其中只有颚蛭目中有危害人类健康的种类,也有可以药用的种类。

颚蛭目(Gnathobdellida)身体较大,口腔内有 3 颚板,可割破动物的皮肤,具有前吸盘,无循环系统。肉食性或者吸食脊椎动物及人类的血液。大部分栖息于淡水、湿地或山林。重要的有下述

2 个科。

1. 医蛭科(Hirudidae) 身体较大或中型,5 对眼,成弧形排列,第三对和第四对之间相隔一环;完全体节具 5 环;肾孔位于体腹面;无肛门耳状突。水生或内侵袭种类。

我国分布有 5 个属,重要的有以下 3 属:①医蛭属(*Hirudo*),日本医蛭是中国分布最广、危害最大的一种吸血水蛭。一般体长 30~60mm,体宽 4~8.5mm。体狭长,略呈圆柱状,背腹稍扁平。背部呈黄绿或黄褐色,有 5 条黄白色纵纹,中间 1 条较宽。纵纹两旁有密集的黑褐色细斑点。腹面暗灰或淡黄褐色,无斑纹。口内具有很发达的颚,有一列锐利的细齿,能咬破人畜的皮肤而吸血。医蛭吸血时,先用前吸盘吸牢,再由颚上齿锯开一个“Y”字形伤口。吸血后,由于体内 10 对盲囊充满血液,体高可增加 2 倍,体重增加 6 倍,吸血 1 次可供需用 200 天以上。在我国广为分布的水蛭 *Hirudo nipponica* Whitman,栖息于沟渠、水田等地,吸食人血,对在水田工作的农民有很大的危害。②鼻蛭属(*Dinobdella*),鼻蛭危害人畜和野生哺乳动物。体长 45~170mm。后吸盘大,相当于或超过体宽。体暗绿或铁锈色,无任何斑纹。眼 5 对,但一般仅可见前面的 2~3 对,甚至全无;颚小,嗉盲囊发达,每节 2 对;阴道具有阴道囊和阴道管两部分,精管膨胀和阴茎囊长。鼻蛭 *Dinobdella ferox* 广泛分布于我国西南和台湾,西南地区以贵州和云南西隈山区分布较为普遍,常寄生在人畜的呼吸道上部,如咽、鼻腔、气管,给人畜带来很大的危害,引起出血、瘙痒、感染。③金线蛭属(*Whitmania*),体大型,体长 60~130mm,有的长达 200mm,宽 13~14mm。背面褐绿色,有 5 条纵纹,吸取血液,由咽经食管而贮存于整个消化管和盲囊中。身体各节均有排泄孔,开口于腹侧。雌雄生殖孔相距 4 环,各开口于环与环之间。前吸盘较易见,后吸盘更显著,吸附力也强,口内具有颚片,不发达,仅具有 2 列钝齿,不能吸血,只能吞食水中的小动物。如蚂蟥 *Whitmania pigra* Whitman。

2. 山蛭科(Haemadipsidae) 身体中型。眼 5 对,第三对和第四对通常在邻接的环上;完全体节大多 5 环,有 3~7 环的变化;一般肾孔位于体侧;有口褶和肛门耳状突。生于湿地或者山林。在我国分布的仅有山蛭属(*Haemadipsa*)。身体呈亚圆柱形,后端粗大向头部渐尖。后吸盘腹面有无数明显的放射状肋;耳状突发达,呈三叶状。如日本山蛭 *Haemadipsa japonica* Whitman 分布于云南等地,嗜吸人畜血液。

(三) 本纲药用动物

蚂蟥 *Whitmania pigra* Whitman、日本山蛭 *Haemadipsa japonica* Whitman。

附:星虫纲和螠纲

(一) 星虫纲 Sipunculoidea

本纲动物全部海产,生活在海底泥沙中,约有 300 种。体呈圆柱形,不分节。前端有一可伸缩的吻,称为翻吻(introvert)。吻前端有口,周缘有一圈触手,如星芒状,故称星虫。肛门位于吻基部的背侧。次生体腔发达;U 形消化管;后肾管一对,兼有生殖导管功能。雌雄异体,螺旋卵裂。本纲动物如裸体方格星虫 *Sipunculus nudus* Linnaeus,可以入药。

(二) 螠纲 Echiuroidea

螠纲除少数半咸水种类外,绝大多数为海生,见于世界各地的海床。虽然有些种栖于岩缝中,但大多数种类生活在泥中的穴道内。身体呈圆筒状,成体不分节,两侧对称。体前具口前叶变形而形成的吻。无触手。体前端腹面有腹刚毛一对,后端肛门周围有尾刚毛1~2对或全缺。

第三节　常见药用动物

环节动物门的药用动物历史悠久,历代本草均有记载,始载于《神农本草经》中的水蛭、地龙一直沿用到现代,药用价值大。据统计,有记载可供药用的环节动物有33种,涉及本门动物4纲5目9科。

目前最主要的研究集中于抗凝血和溶栓药物的开发。

现将主要的药用动物列举如下。

一、参环毛蚓 *Pheretima aspergillum*(E. Perrier)

参环毛蚓又名地龙、地龙子、广地龙、曲蟮,为钜蚓科动物。生活在潮湿松软的泥土中,常在靠近水边的泥土中。行动迟缓,穴居生活,善挖洞,以腐殖土为食。国内大多分布于广东、广西、福建等地。

(一)形态构造

1. 外部形态　体呈圆柱状,细长,各体节相似,一般体长11~47cm,宽5~14mm,全体由100多个相似体节组成,节与节之间为节间沟(intersegmental furrow),每一体节又常有3~5个体环,自第二体节始具刚毛,环绕体节排列,称环生。全体除首节和末一、二节,以及生殖环带的3节缺乏外,其余每节生有30~80条刚毛。刚毛简单,略成S形,大部分位于体壁的毛囊中。头部包括口前叶和围口节,围口节腹侧有口,上覆肉质的口前叶;背侧中央,约自11或12节起,在节与节之间,有一小孔,称背孔,可排出体液,借以润滑皮肤,减少摩擦损伤,也有利于体表进行呼吸。性成熟时,第14—16节为生殖环带,无背孔和刚毛,此环带前各节的刚毛较为粗硬,中药上习称为白颈蚯蚓,指的是具有生殖环带的蚯蚓。雌性生殖孔一个,位于第14节腹面正中;雄性生殖孔一对,位于第18节腹面两侧,外缘有数条环绕的浅皮褶;受精囊孔2对,位于第7—8、8—9节间(图8-6)。附近常有乳头突,受精囊球形,短管,盲管亦短,内为纳精囊。

2. 内部构造

(1)体壁:从横切面观察,参环毛蚓的体壁由角质膜、上皮、环肌层、纵肌层和体腔上皮等构成。最外层为单层柱状上皮细胞,这些细胞分泌物形成角质膜。此膜极薄,由胶原纤维和非纤维层构成,上有小孔。柱状上皮细胞间杂以腺细胞、分泌黏液细胞和蛋白细胞,能分泌黏液,使体表湿润。刚毛陷入体壁中,由表皮衍生而成,末端外露,均来源于外胚层。表皮下方为中胚层,内侧为脏壁层,外侧称体壁层。体壁由外侧较薄的环肌和内侧较厚的纵肌以及体腔膜构成;脏壁层由外侧纵肌和内侧的环肌以及体腔膜构成。两层之间的空腔称为真体腔。内胚层仅形成肠上皮。肠背部中央有一条不明显的凹槽,称为盲道,可增加消化吸收的面积,在盲道外侧及背血管周围均

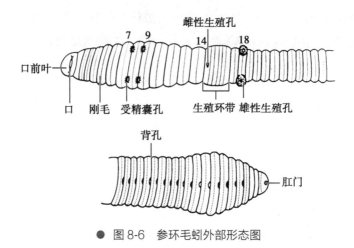

雌性生殖孔

7 9   14   18

口前叶

口 刚毛 受精囊孔   生殖环带 雄性生殖孔

背孔

肛门

● 图 8-6 参环毛蚓外部形态图

有黄色细胞,有贮存脂肪及合成糖原的功能,也具有部分排泄的作用。在体腔内可见体腔液、神经索还有血管、生殖器官等。

(2)消化系统:消化管纵行于体腔中央,穿过隔膜,管壁肌层发达,可以增进蠕动和消化功能。消化管分化为口、口腔、咽、食管、砂囊、胃、肠、肛门等部分。口腔内无齿或颚,但有纵褶可以翻出口外摄取食物,咽部肌肉发达,肌肉收缩,咽腔扩大,可辅助摄食。咽外有单细胞咽头腺,可以分泌黏液和蛋白酶,有湿润食物和初步消化的作用。咽后连接短而细的食管,食管下方,约在第9节内,有一厚壁砂囊,能将泥沙中的食物磨成细粉,砂囊前有一嗉囊,可储存食物。砂囊后一段消化管富微血管,多腺体,称为胃。约自15节起,直到身体的后端,为膨大的小肠,1对盲肠位于约26节处,胃和小肠均有消化吸收食物的功能。末12节内为直肠,最后开口于肛门(图8-7)。

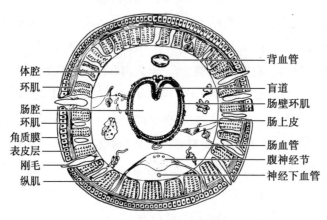

体腔 背血管
环肌 盲道
        肠壁环肌
肠腔
环肌 肠上皮
角质膜 肠血管
表皮层 腹神经节
刚毛 神经下血管
纵肌

● 图 8-7 参环毛蚓体中部横切面图

(3)循环系统:由纵血管、环血管和微血管组成,属于闭管式循环。血管的内腔为原体腔被次生体腔不断扩大排挤,残留的间隙形成。纵血管有位于消化管背面中央的背血管和腹侧中央的腹血管。背血管较粗,可以搏动,其中的血液自后向前流动;腹血管较细,血液自前向后流动。在神经索的下方,有神经下血管,此外在第7、9、12、13节内,各有一对连接背血管和腹血管的环血管,因其内具有瓣膜,可起节奏性搏动,所以称为心脏(heart)。背血管在14节以后起,收集来自每节肠壁上的2对背肠血管以及1对壁血管的血液,自后向前流经心脏,进入腹血管,再向后流动,分支至体壁、隔膜、肠壁。在体前端,血液流至咽、脑、口腔等位置,在食管还有两条食管外血管,由环血管和背血管相连接。神经下血管内的血液,从前向后流经各体节内的壁血管,再回到背血管。这样反复循环,以供给全身的营养和氧气(图8-8)。

(4)呼吸系统:没有专门的呼吸器官,以体表表皮进行气体交换。氧溶在体表湿润薄膜中,再渗入角质膜及上皮,到达微血管丛,由血浆中的血红蛋白与氧结合,输送到体内各部分。

(5)神经系统:为典型的链索状神经系统,外周神经系统包括,①咽上神经节前侧发出的8~10对神经,分布到口前叶、口腔等处;②咽下神经节分出神经至体前端几个体节的体壁上;③腹神经索的每个神经节均发出3对神经,分布在体壁和各器官。由咽上神经节伸出神经至消化管称为交感神经系统。

(6)感觉器官:感觉器官不发达,主要分3类,①表皮感觉器,体壁上的小凸起为体表感觉乳突,有触

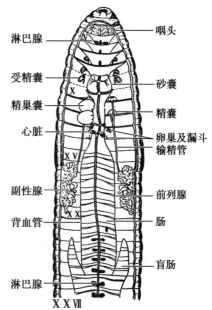

● 图8-8　参环毛蚓的内部解剖

觉功能;②口腔感觉器,分布于口腔内,有味觉和嗅觉功能;③光感受器,广布于体表,口前叶及体前几节较多,腹面无,可辨别光的强弱,有避强光趋弱光的反应。

(7)排泄系统:排泄器官是后肾管,一般种类每体节具有一对典型的后肾管,称为大肾管。环毛属蚯蚓无大肾管,具有3类小肾管,按其分布部位的不同分为:①体壁小肾管(parietal micronephridium),位于体壁内面,极小,每体节有200~250条,尤其在生殖环带处最多,由肾孔开后于体外;②隔膜小肾管(septal micronephridium),在环带第2节之后的各节隔膜两侧,一般每侧40~50条,有肾口,呈漏斗形,具纤毛,下连内腔有纤毛的细肾管,经内腔无纤毛的排泄管,开口于肠腔内;③咽头小肾管(pharyngeal micronephridium),位于咽头和食管两侧,无肾口,开口于咽。后两类肾管又称消化肾管。各类小肾管富微血管,有的肾口开于体腔,故可排出血液中和体腔内的代谢产物。

(8)生殖系统:雌雄同体,生殖器官仅限于体前部少数体节内,结构复杂(图8-9)。雌性生殖器官,有葡萄状的卵巢一对,很小,由许多极细的卵巢管组成,位于12或13节隔膜后方,成熟的卵落入体腔,经13节内的一对卵漏斗,通过较细的输卵管,至第14节腹神经索下面会合,然后由雌性生殖孔排出;另外具有受精囊两对,前一对在第7节,后一对在8—9节,每对受精囊可以分为3部分,由坛、坛管及盲管组成,为接受和储异体精子的器官,受精囊孔开口于第7、第8节间和第8、第9节间的两对受精囊孔。雄性生殖器官位于第10、11节的后侧,有2对精巢囊,每一囊内有精巢和精漏斗各1个,通过隔膜上的小孔与后一对的储精囊相连,储精囊有2对,位于第11、12节内,精细胞产生于精巢,先入储精囊发育,成熟后再回到精巢囊,由精漏斗经输精管输出;输精管每侧2条,相并而行,开口于第18体节两侧,为雄性生殖孔。前列腺一对,位于雄性生殖孔一侧,前列腺管开口于输精管末端,分泌黏液,与精子的活动和营养有关。

参环毛蚓虽然是雌雄同体,但是由于精子与卵不同时成熟,仍需进行异体受精,生殖季节一般在8—10月,有时在4—6月也可见。交配时两条蚯蚓相互朝反方向互抱,借刚毛和生殖环带分泌的黏液,使两条蚯蚓的腹面前端相互紧贴,此时,一条蚯蚓的受精囊孔正好和另一条蚯蚓的雄性生

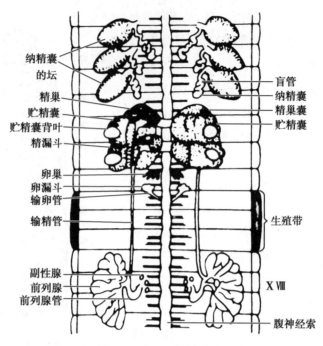

納精囊
的坛
精巢
貯精囊
貯精囊背叶
精漏斗
卵巢
卵漏斗
输卵管
输精管
副性腺
前列腺
前列腺管

盲管
納精囊
精巢囊
貯精囊

生殖带

XⅧ

腹神经索

● 图 8-9　参环毛蚓的生殖系统

殖孔相对,精液从各自的雄性生殖孔排出,输入对方的受精囊内,交换精液后,两条蚯蚓各自分开,交配过程一般在晚上进行。卵成熟后,生殖带分泌黏稠物质,于生殖带外形成黏液管,称为蚓茧,成熟的卵排出后即存于其中,当蚯蚓做波浪式后退运动时,蚓茧相应地逐渐向前移动,移动至受精囊孔处时,精子在受精囊内溢出,在茧中与卵结合受精。蚓茧脱离身体后,两端封固留存于土中,受精卵在蚓茧中发育,无幼虫期,在2~3周内孵化出小蚯蚓,破茧而出。

(二) 药用

干燥全体或去除内脏的干燥全体入药,名为广地龙或地龙。

地龙作药,由来已久。原名白颈蚯蚓,早在汉代即已正式载入《神农本草经》,列为下品,所谓白颈,是指具有生殖环带的蚯蚓。到了明代,其医药用途相当广泛,李时珍在《本草纲目》中记载了地龙可治疗多种病证。《本草纲目》说"蚓之行也,引而后伸,其娄如丘"。故名蚯蚓。蚯蚓入药,称为地龙,其名始见于《图经本草》:"白颈蚯蚓,生平土,今处处平泽皋壤地中皆有之,白颈是老者耳。三月采,阴干……方家谓之地龙。"本草中有关白颈蚯蚓"颈白身紫""入药宜大"的描述与现代"广地龙"药材原动物环毛蚓属参环毛蚓性状特征相近似。

广地龙药材呈长条薄片状,边缘略卷,弯曲,长15~20cm,宽1~2cm。全体具环节,背部棕褐色至紫灰色,腹部浅黄棕色;第14—16环节为生殖环带,习称"白颈",与其他体节相比较光亮。体前端稍尖,尾部钝圆,刚毛圈粗糙而硬,色稍浅。体轻,略呈革质,不易折断。气腥,味微咸。以条大、肥壮、不碎、无杂质者为佳。地龙雄性生殖孔位于第18节腹侧刚毛圈一个小乳突上,外缘有数圈环绕的浅皮褶,内侧刚毛圈隆起,前面两边有一排或两排小乳突,每边10~20个不等。受精囊孔2对,位于腹面第7、第8节至第8、第9节间一椭圆形凸起上,约占节周5/11。广地龙以不碎、肥壮、宽大、无杂质者为佳品。

地龙性寒,味咸。功效清热定惊,通络,平喘,利尿。主治高热狂燥,惊风抽搐,风热头痛,目赤,风眩,肢体麻木,半身不遂等症。地龙提取液有良好的定咳平喘的作用。《本草纲目》载"主伤寒、疟疾、大热狂烦,以及大人、小儿小便不通,急、慢惊风,历节风痛,肾脏风注,头风,齿痛,风热赤眼,木舌,喉痹,鼻息,聤耳,秃疮,卵肿,瘰疬,肛脱。解蜘蛛毒,疗蚰蜒入耳"。《名医别录》载"大寒、无毒、主治伤寒伏热,狂谬,大腹,黄疸。盐沾为汁,治耳聋"。

广地龙含6-羟基嘌呤。其他多种蚯蚓主要含有蚯蚓解热碱(lumbrofebrine)、蚯蚓素(lumbritin)、蚯蚓毒素(terestrolumbrolysin)、蚓激酶(lumbrokinase)、纤溶酶(fibrinolytic enzymes)、黄嘌呤、腺嘌呤、鸟嘌呤等,其脂类部分为硬质酸、棕榈酸、磷脂、胆固醇及高不饱和脂肪酸。各种蚯蚓含氨基酸类、胆碱、胍、脂肪酸、微量元素、降钙素、精氨酸、血管升压素、催产素、生长抑制素等。

蚓激酶已被开发成药,服用方便、安全,不会像链激酶、尿激酶等药易引起高纤溶酶血症而导致大出血。抗癌研究表明,地龙对食管癌有抑制作用,与化疗药物联用对肺癌的近期疗效优于单纯化疗;广地龙所含次黄嘌呤具有扩张支气管的作用;蚯蚓素有溶血作用;蚯蚓解热碱有解热作用;蚓激酶有溶栓作用;蚯蚓毒素为蚯蚓的有毒成分。

与参环毛蚓功效相似,同等入药的还有隶属于钜蚓科的十字远盲蚓*Amynthas cruxus* Tsai and Shen、毛利远盲蚓*Amynthas morrisi* Beddard、通俗环毛蚓*Pheretima vulgaris* Chen、威廉环毛蚓*Pheretima guillelmi*(Michaelsen)、栉盲环毛蚓*Pheretima pectinifera* Michaelsen。后3种习称"沪地龙",区别见以下检索表。

附: 药用蚯蚓的主要种类检索表

1. 受精囊孔 2 对,无交配腔,雄孔外缘有浅皮褶 ……… 参环毛蚓 *Pheretima aspergillum*(E. Perrier)
1. 受精囊孔 3 对
  2. 盲肠复式,盲肠腹面有栉状或齿状小囊,雄孔在第 18 节腹面两侧的十字形突的中央,常由一浅囊状皮褶盖住 ……………………… 栉盲环毛蚓 *Pheretima pectinifera* Michaelsen
  2. 盲肠单式
    3. 有受精囊腔,受精囊腔深广,雄孔位于雄性交配腔的一个乳头上,能全部翻出,尤如阴茎… ……………………………………………… 通俗环毛蚓 *Pheretima vulgaris* Chen
    3. 无受精囊腔,雄孔在第 18 节腹面两侧一浅交配腔内,陷入时呈纵裂缝,内壁有褶皱,在腔底凸起上为雄孔,凸起前通常有一乳头突 ……… 威廉环毛蚓 *Pheretima guillelm*(Michaelsen)
除上述 4 种外,我国作药用种还有正蚓科及钜蚓科的多种动物。

现代药理和临床报道,地龙提取液在体外有很好的抗凝作用,能使血液的凝血时间、凝血酶时间、凝血酶原时间均显著延长,并呈明显的量效关系;能降低血液黏度,抑制血栓形成。其抗凝机制是,其对凝血酶-纤维蛋白原反应有直接的抑制作用。地龙尚有促纤溶作用,能使已形成的血栓溶解。另外,地龙还具有抗肿瘤、抗辐射、抗组胺、抗惊厥、降血压及抗菌的作用,可用于治疗高血压、老年慢性支气管炎、支气管哮喘、腮腺炎、精神分裂症、消化性溃疡、烧伤、带状疱疹、脑血栓等。地龙蛋白的抗辐射作用主要是通过提高巨噬细胞的吞噬指数、淋巴细胞的转换率来发挥作用的。

参环毛蚓

目前蚯蚓的研发重点主要集中在开发新型的抗血栓药物及治疗栓塞性疾病的活性物质。

从参环毛蚓中提取得到的蚓激酶粗制品及单链蛋白纤溶酶,两者均具有直接和间接的纤溶活性。从粉正蚓Lumbricus rubellus Hoffmeister中提取出一组具有强纤溶活性的蚓激酶成分,此酶具有热稳定性,在广泛的pH范围内仍保持活性。从野生赤子爱胜蚓选育品种中分离得到蚓激酶,该酶的纤溶活性高于尿激酶。从野生赤子爱胜蚓选育品种丙酮粉粗提物中分离纯化出一种纤溶酶,此酶具有通过激活纤溶酶原间接溶解纤维蛋白和直接溶解纤维蛋白的双重作用,并对人血凝块有明显的溶解作用。

蚓激酶是从特种蚯蚓中提取的一组蛋白水解酶,属于丝氨酸蛋白酶类,相对分子质量在20~30kDa,等电点多在pH 3~5,偏酸性,pH稳定范围广,热稳定性较好。大部分的蚓激酶具有双重活性,即直接降解纤维蛋白(原)和激活纤溶酶原。

目前我国市场有关蚓激酶的保健品和药品丰富多样,临床上用于缺血性脑血管病的治疗及脑卒中引起的肢体瘫痪、口眼㖞斜及语言障碍的恢复。

二、蚂蟥 *Whitmania pigra* Whitman

蚂蟥,又名水蚂蟥,为水蛭科动物。分布很广,贵州、四川、湖南、湖北、江西、江苏、浙江、河北、北京、辽宁及内蒙古等地均有分布。主要生活在水田、湖沼、沟渠中,冬季蛰伏于土中,不吸血,以水中浮游生物、小型昆虫、软体动物的幼虫及泥面腐殖质为食。

(一)外部形态

体长60~120mm,宽13~40mm,体略呈扁平纺锤形。背面呈黄绿或黄褐色,有5条黑色和淡黄色两种斑纹间杂排列的纵纹。腹面基本为灰白色,杂有茶褐色斑点,腹面两侧各有1条淡黄色纵纹。体环数107,前吸盘小,后吸盘大,吸力强。颚齿不发达,不吸血。身体各节均有排泄孔,开口于腹侧。雌、雄生殖孔各位于38—39、33—34环沟间。肛门位于最末两节的背面(图8-10)。

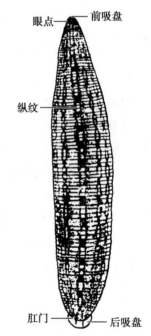

● 图8-10 蚂蟥示意图

(二)药用

干燥后全体入药,名水蛭。

中药水蛭始载于《神农本草经》,列为下品。苏恭曰"此物有草蛭、水蛭、大者长尺,名马蛭,一名马蜞,并能咂牛、马、人血,今俗多取水中小者用之,大效"。寇宗奭谓"大者京师又谓之马鳖,腹黄者为马蟥"。

药材呈扁平纺锤形,由多数环节组成,长40~100mm,宽5~20mm。腹面平坦,背部稍有隆起,前端稍尖,后端钝圆,前吸盘不显著,后吸盘较大。其背部呈黑棕色或黑褐色,有黑色斑点排列成5条纵纹,入水清晰,身体的两侧及腹面均呈棕黄色。质脆,易折断,断面有光泽,似胶样。气微腥。药材以体小、黑褐色、无杂质者为佳。

本品味咸、苦,性平。归肝经。蚂蟥以干燥的全体入药,体内含有水蛭素和蛋白质,有抗凝固,破瘀血的功效。主治血栓,血管病,瘀血不通,无名肿毒,淋巴结核等症。《神农本草经》载"主逐恶血、瘀血、月闭、破血瘕积聚,无子、利水道"。

水蛭主要含有 17 种氨基酸,其中人体必需氨基酸有 7 种,以谷氨酸、天冬氨酸、亮氨酸、缬氨酸含量较高。氨基酸的总含量占水蛭干重的 49% 以上。另外,还有蛋白质、多肽及微量元素。

与蚂蟥功效类似,同等入药的还有日本医蛭 *Hirudo nipponica* Whitman(又称水蛭)、柳叶蚂蟥 *Whitmania acranulata* Whitman(又称尖细金线蛭)。

其区别见下检索表。

附: 药用水蛭的主要种类检索表

1. 第 5 对眼与雌性生殖孔所在环之间,相距 22 环
  2. 背面暗绿色,有 5 条黄白色纵纹,体长 30~50mm,宽 4~6mm,颚齿发达,嗜吸人畜及其他动物血液 ··· 水蛭 *Hirudo nipponica* Whitman
1. 第 5 对眼与雌性生殖孔所在环之间,相距 24 环
  3. 体形较大,长 50~60mm,宽 8~11mm,背面黑绿色,有 5 条黄黑色相间而成的纵纹,雌性生殖孔开口于环与环之间;颚齿不发达 ··························· 蚂蟥 *Whitmania pigra* Whitman
  3. 体形中等,长 25~38mm,宽 6~7mm,背面茶褐色,有黑褐色斑点构成的 5 条纵纹,颚齿不发达 ··· 柳叶蚂蟥 *Whitmania acranulata* Whitman

据资料记载,除上述 3 种药用水蛭以外,秀丽金线蛭 *Whitmania gacilis* Moore、丽医蛭 *Hirudo pulchra* Song、光润金线蛭 *Whitmania laevis* Baird 等亦可药用。

近年来,研究者用活水蛭与纯蜂蜜加工制成外用药水和注射液,治疗角膜斑翳、老年白内障的初发期和膨胀期,能使混浊体逐渐变透明。水蛭素还能缓解动脉的痉挛,降低血液的黏着力,所以能显著减轻高血压的症状。也有人以水蛭配其他活血、解毒药,用于治疗肿瘤。目前心脑血管疾病已成为国内外常见病、多发病,因此水蛭的需求量逐年增加。

药理和临床报道,水蛭有抗肿瘤、抗凝血、降血脂、溶栓的作用,并用以治疗心脑血管、肝肾、血液和神经系统疾病。大量的试验研究表明水蛭可以通过影响肿瘤细胞的黏附穿膜能力,抑制凝血酶的作用,抑制血小板聚集等方面来体现其抗肿瘤作用。水蛭中含有的多种抗凝剂、蛋白酶抑制剂等成分作为辅助成分被配伍到抗癌转移的药物中,比其直接用于治疗癌症更有效,其机制可能与水蛭可以改善血黏度有关。有研究表明,人工合成重组水蛭素可以抑制膀胱癌、结肠癌、白血病、淋巴癌等恶性肿瘤的扩散。经典医蛭的唾液腺提取物展现了良好的阻碍肺癌恶性细胞增生的体内活性(SW1271)。此外,由于水蛭的唾液含有不同的镇痛剂、麻醉剂和类似于组胺的化合物,这些有效物质具有消炎散肿定痛、清除毒素的作用。因此被用于骨关节炎的治疗,具有明显减轻痛觉的效果。

水蛭的抗凝制剂发展较快,目前有水蛭肽注射液、水蛭注射液、复方水蛭胶囊等。水蛭作为活血化瘀药,其主要活性成分是水蛭素,水蛭素是由 66 个氨基酸残基组成的单链多肽,其活性对高温和化学试剂极为敏感,是目前鉴定出的最强的凝血酶特异性抑制剂。由于其生物化学性状为不稳定的多肽,只存在于新鲜水蛭的唾液腺中,而且水蛭素含量很低,很大程度上限制了水蛭的应用。目前在分子生物学层面及基因工程技术的指导下实现了人工大量合成与天然水蛭素组成、性

质基本相同的重组水蛭素,可用于治疗肝素诱导的血小板减少症、肿瘤、静脉血栓等。高剂量水蛭素具有明显的抗脑缺血作用,且效果较银杏叶明显,同时对神经元凋亡具有明显的抑制作用。用基因重组技术构建了 hVEGF165 和嵌合水蛭肽(fused hirudin,FH)融合基因,并克隆到真核表达载体 pcDNA3.0 中,通过脂质体介导将 pcDNA3.0/hVEGF165-FH 转染到人内皮细胞株(ECV304)中,逆转录 PCR 及蛋白质印迹证明融合基因 hVEGF165-FH 在 ECV304 细胞中得到表达。

1884 年,德国科学家 Hayraft 首次从欧洲医蛭 Hirudo medi cinalis Linnaeus 唾液中分离得到的一种由碳、氢、氮、硫等元素组成的酸性物质,其实就是分离得到的水蛭素。其能抑制大鼠由 ADP 诱导的血小板凝集作用,其抑制率随着药物浓度的增高而升高,同时对实验性血栓的形成有明显抑制作用,对溶解酶所致的实验性静脉血栓有溶栓作用。水蛭素作用于凝血酶非活性底物识别位点和酶活性中心 2 个位点,它们以 1:1 的方式形成紧密的非共价键结合的可逆复合物而发挥抗凝作用。首先是 C 末端的酸性氨基酸与凝血酶的碱性部位结合,封闭凝血酶的底物识别位点;其次是这种结合使凝血酶构型发生轻微改变,促进水蛭素 N 末端与凝血酶的活性中心结合,从而抑制凝血酶的催化活性。

组成水蛭素的氨基酸序列中含有一个由 Pro-Lys-Pro 组成的特殊结构,它不能被一般的蛋白酶降解,可以引导水蛭素分子以正确方向与凝血酶分子结合,在维持水蛭素分子的相对稳定中发挥重要作用。水蛭素与凝血酶的亲和力极强,在很低的浓度下就能快速地中和凝血酶。水蛭素与凝血酶结合可使凝血酶激活血小板的作用减弱,明显地抑制血小板聚集作用,起到治疗动脉粥样硬化的作用。此外,1969 年,巴格达萨罗夫首先发现水蛭在治疗青光眼(白内障)方面的独特效果。通过对慢性病毒性肝炎患者的临床观察得出,水蛭对慢性病毒性肝炎也有很好的治疗作用。

三、疣吻沙蚕 Tylorrhynchus heterochaetus Quatrefagea

疣吻沙蚕又名沙蚕、沙虫、禾虫,为沙蚕科动物。生活于淡水或咸淡水的水域内,栖息于泥质或泥沙质水底部,常掘成 U 字形穴,藏匿其中。大多分布于江苏、福建、广东等地。

(一)形态

体细长稍扁,长可达 223mm,宽仅 3～5mm,体表呈浅黄褐色,可分为头区、躯干区、肛区三部分。头区由口前叶和围口节组成。口前叶也称头部,其前缘有 2 个短小触手(口前触手)和 2 个粗壮触须,背面两侧缘有眼 4 个,吻大,能翻出或缩口内,吻的前端有 1 对大颚,内缘有 16 个齿;围口节由 2 个体节组成,有围口触手 4 对。围口节之后为躯干区,由多个同形体节组成,可多至 156 个。疣足具有发达的双叶型背腹叶,无上舌(背舌),背叶仅具 1 个下舌(腹舌),第 1、2 两体节的背叶无刚毛,疣足的基部具 1 个背须和 1 个腹须。

躯干区具分节的刚毛,共有 3 种类型:①端节为长刀型,一边具细齿,基节为等齿型;②端节为长刀型,基节为异齿型;③端节为短镰刀型,基节为异齿型。肛区的肛节位于身体的最后端(图 8-11)。

(二)药用
以干燥全体或鲜体入药,又名禾虫。

触须
触手
疣足
刚须
刚节

● 图 8-11　疣吻沙蚕示意图

中药禾虫始载于《本草纲目拾遗》:"禾虫,闽、广、浙沿海滨多有之,形如蚯蚓,闽人以蒸蛋食,或作膏食,饷客为馐,云食之补脾健胃。"广东人嗜食禾虫,屈大均《广东新语·禾虫》记载:"禾虫,状如蚕,长一二寸,无种类。夏秋间,早晚稻将熟,禾虫自稻根出。潮涨浸田,因乘入海,日夜浮沉。"又"夏暑雨,禾中蒸郁而生虫。霜降前禾熟,则虫亦熟。网取之。得醋则白浆自出,以白米汁滤过,蒸为膏,甘美益人。"《海药本草》有海蚕一名,但药用为其沙(粪便),不以动物体入药,为海蚕或沙蚕。有关沙蚕的药用,据《中国药用动物志》载:动物体入药,于春季至秋季在沿海、河口,或沿海的稻田中捕捉,采集后置沸水中烫死,晒干或烘干,也可鲜用。

沙蚕入药,有补脾益胃,补血养血,利水消肿的功效。用治脾胃虚弱,贫血,下肢肿满等症。用量 5~10 条。近年来对沙蚕活性物质的研究显示,这些活性物质有较多的药理活性,如沙蚕丝氨酸蛋白酶不仅有很好的抗血栓和抗凝血活性,而且对许多肿瘤细胞也表现出增殖抑制活性,可以治疗急性粒细胞白血病、慢性粒细胞白血病等,并可以预防性杀死血液中的残留细胞,可用于肿瘤治疗。

沙蚕的化学成分,主要含肽类、氨基酸、色素、脂类及钙、铁、锌、铜等矿物元素。含有 17 种氨基酸,其中人体必需氨基酸的含量较高,占氨基酸总量的 39.4%,其中谷氨酸的含量最高,胱氨酸的含量最低。比较高的鲜味氨基酸含量使其具有良好的海鲜风味。疣吻沙蚕赖氨酸的含量占氨基酸总量的 8.76%,是必需氨基酸中含量最高的一种。此外,沙蚕活性蛋白酶(NAP)可以显著抑制 SPC-A-1 细胞的增殖,诱导细胞凋亡。

据资料记载,日本沙蚕 *Nereis japonica* Izuka、异足索沙蚕 *Lumbriconeis heteropoda* Naronzeller、长吻沙蚕 *Glycera chirori* Izuka 等,也可供药用。异足索沙蚕体中含一种沙蚕毒素,为一种神经剧毒剂,可用作农业杀虫剂。该农药侵入人体之后氧化生成二硫化碳、二磺酸等物质。这些代谢产物在神经突触竞争性地占据胆碱能神经递质的受体,阻断胆碱能神经的突触传导,并可干扰三羧酸(TCA)循环的正常进行,影响人体新陈代谢,而且这些新陈代谢的产物可以通过血脑屏障,造成中枢神经系统的功能紊乱。在临床上重度中毒的患者会表现出全身肌肉抽动或肌肉麻痹(包括呼吸肌)甚至发生惊厥、昏迷,也可有水肿、瞳孔缩小的现象出现。

四、裸体方格星虫 *Sipunculus nudus* Linnaeus

裸体方格星虫又名沙虫、光裸星虫、沙肠子,为星虫纲动物。生活于潮间带泥沙底质中。全球性分布,在我国主要分布于广西、广东、福建、山东等省区的沿海,广西最为丰富。

(一) 形态构造

体圆而长,形状略似蚯蚓,表面光滑,乳白而略带淡红色,体长 120~220mm。体壁上有纵肌与环肌交错排列成格子花纹。吻长约为体长的 1/10,吻基部有 1 环沟,有许多覆瓦状皮肤突,呈三角形,不规则排列;吻前段光滑,前端有 1 圈触手在背缘裂开,伸张时星状,收缩时皱褶,口位于中间。肛门的开口位于近体前 1/6 背面横裂凸起处,肛门腹面前方两侧各有 1 个肾孔。消化管细而长,约为体长的 2 倍,扭曲成螺旋形。体后端钝。大者体长达 220mm,宽约 10mm(图 8-12)。

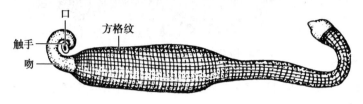

口
方格纹
触手
吻

● 图 8-12　裸体方格星虫示意图

(二) 药用

干燥全体入药,名光裸星虫。

本品味咸,性寒。归肺、脾经。《中国药用海洋生物》载"咸、寒。具有滋阴降火功效。用于治疗阴虚盗汗,肺痨咳疾,骨蒸潮热,牙龈肿痛"。《南海海洋药用生物》载"清肺,滋阴降火。治牙龈肿痛"。方格星虫虫体肉质鲜美,富含蛋白质、氨基酸、多糖等多种活性物质。具有增强免疫力,抗疲劳,延缓衰老,滋阴降火及清肺化痰等功效。用于治疗骨蒸潮热,阴虚盗汗,肺痨咳嗽,胸闷痰多,以及牙龈肿痛等症。据产区报道,本品有类似中药冬虫夏草的功效,亦被称为"海洋冬虫夏草",将其作为一种高级补品。最新研究表明裸体方格星虫纤溶酶 SNFE 可通过抑制内、外源性凝血因子的活性及 ADP 诱导的血小板聚集而发挥抗凝作用。

方格星虫

此药材鲜、干全体入药。干燥体呈长扁形,长 70~80mm,宽约 10mm,黄白色。躯干遍布纵横沟纹,形成格子状花纹,周围共有 29~30 行方格。壁薄中空,具韧性,气腥。炒炸后质酥脆易断,气香。干燥体以个大、身干、无杂质者为佳。

主要含磷酸盐、磷酸果糖激酶、章鱼碱脱氢酶、腺苷酸、ATP、胶原蛋白、黏多糖、绿色素、胆固醇、琥珀酸盐、丙酸盐、乙酸盐、植物凝集素诱导黏液,以及钙、镁、铁、锌、铜、锰等矿物质元素。

本品的提取物为星虫素,具有抗辐射、拟肾上腺素、增强耐缺氧能力、镇静及兴奋平滑肌等作用,也可用作杀虫剂。对原生动物、线虫、环节动物、甲壳动物以及蝌蚪,均有致瘫痪的作用。现代医药研究表明,裸体方格星虫含有多种活性物质,具有耐缺氧、耐高温、调节血压等功能,对心血管系统具有明显的保护作用。方格星虫粗多糖能够对环磷酰胺引起的小鼠胸腺萎缩和脾萎缩,明显拮抗白细胞减少;能够促进小鼠脾淋巴细胞增殖,对金黄色葡萄球菌、大肠埃希菌、枯草杆菌有明显的抗菌活性。

(王圆圆)

第九章 软体动物门
Mollusca

软体动物部分特征与环节动物相似,如次生体腔、后肾管、螺旋卵裂,以及个体发育中有担轮幼虫期等。由此推断,软体动物可能是由环节动物演化而来。软体动物结构更复杂,功能更趋完善,在进化地位上更高级,其生活范围极广,海水、淡水、陆地均有,种类繁多,已记载的种类达13万余种,是动物界第二大门,仅次于节肢动物门。

本门动物与人类关系密切,多数可供食用和药用,其中药用种类达198种,仅次于脊索动物门和节肢动物门。如杂色鲍*Haliotis diversicolor* Reeve、羊鲍*Haliotis Ovina* Gmelin 的贝壳(石决明),金乌贼*Sepia esculenta* Hoyle、无针乌贼*Sepiella maindroni de* Rochebrune 的内壳(海螵蛸),以及泥蚶*Arca granosa* Linnarus、大连湾牡蛎*Ostrea talienwhanensis* Crosse、文蛤*Meretrix meretrix* Linnaeus、青蛤*Cyclina sinensis* Gmelin 等的贝壳可供药用。

第一节 软体动物门的主要特征

软体动物体外多覆盖有性状不同、数量不等的贝壳(shell),故通常又称为贝类(shellfish)。本门动物身体柔软,不分节或假分节,通常由头、足、躯干(内脏团)、外套膜和贝壳5部分构成(图9-1)。除瓣鳃纲外,口腔内有颚片和齿舌,次生体腔极度退化,间接发育个体具担轮幼虫期和面盘幼虫时期。

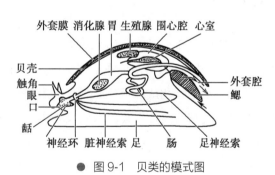

● 图 9-1 贝类的模式图

一、贝壳

软体动物体外多数覆有1~2个或多个形状各异的贝壳。其中,腹足类贝壳为1个,螺旋形;瓣鳃类贝壳为2个,瓣状;掘足类贝壳为1个,象牙状;多板类贝壳为8块,覆瓦状排列成一个整体;头足类有的有外壳,有的被外套膜内化形成内壳或退化。

贝壳的成分通常由95%的碳酸钙和贝壳素(conchiolin)构成。典型的贝壳为3层结构:外层为角质层(periostracum),中层为壳层(ostracum),内层为底层(hypostracum)。角质层色泽多样而薄,主要成分是一种耐酸耐腐蚀的硬蛋白质贝壳素,起着保护贝壳的作用;壳层,质厚,占贝壳的大部分,由钙质的棱柱形方解石(calcite)结晶构成;底层光滑具珍珠光泽,由叶状霰石

（aragonite）构成。

贝壳的角质层、壳层与底层的分泌形成与生长特征不同（图9-2）。角质层与壳层是由外套膜背面边缘分泌形成，随着动物生长，面积逐渐扩大；底层由外套膜的全表面分泌形成，随动物生长，厚度增加，其中，珍珠是马氏珍珠贝 *Pteria martensii* Dunker 等的外套膜的分泌物，其形成机制和性质与底层类似。贝壳表面常形成生长线（growth line），季节变换、食物供给、繁殖期等影响外套膜边缘分泌，进而影响生长线形成，由此可以推断软体动物的年龄。

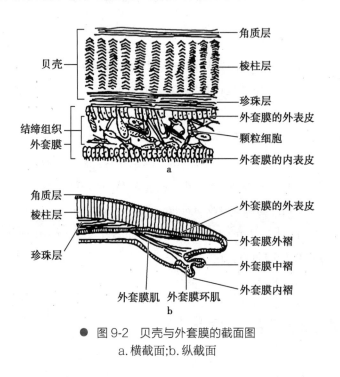

● 图9-2　贝壳与外套膜的截面图
a.横截面；b.纵截面

二、外套膜

外套膜（mantle）多呈薄膜状，常包裹足部和内脏，由身体背侧皮肤褶壁向下延伸形成，由内、外两层表皮构成，其间填充结缔组织与少许肌肉纤维。外层上皮的分泌物形成贝壳。内层上皮部分细胞特化成纤毛，通过纤毛摆动使水在外套腔中循环，借以完成摄食、呼吸与排泄。有些种类左右两片外套膜在后缘处愈合形成出水管（exhalant siphon）和入水管（inhalant siphon）。

外套膜功能因生境而异。陆上种类的外套膜上含有丰富的血管，可用于呼吸。水生种类的外套膜表面多密生纤毛，可用于激动水流，促进气体交换。头足类外套膜肌肉纤维丰富，肌肉收缩可压迫水流从漏斗喷出，推动躯体做反向运动。

外套腔（mantle cavity）是外套膜与内脏团之间的空腔，与外界相通，许多器官开口于腔中：呼吸器官鳃多在腔内，生殖孔、排泄孔、肛门通常开口于腔中，有些瓣鳃类的口也开口于外套腔中。外套膜形状多样：石鳖类外套膜通常被植于体躯的全背面；瓣鳃类悬被于体躯两侧并包裹全体；头足类外套膜呈筒状，仅露出头部，包蔽整个内脏团。

三、头部

头部位于身体前端,具口、眼、触角和其他感觉器官。头部发达程度差异大,头足类的头部发达,具有发达的感觉器官;掘足类的头部不发达,行动迟缓;瓣鳃类没有头部,与这类动物营穴居或固着生活相适应。

四、足

足是软体动物的运动器官,一般位于头后,在内脏团之下。足含丰富的肌肉,形状变化较大,以适应不同的生活环境,如块状(鲍)、斧状(河蚌)、柱状(大角贝),这类足发达,可用于爬行或掘泥沙。扇贝等的足退化,失去运动功能。乌贼的足较特殊,环绕在头部,分裂成几条腕(arm),称为头足。也有一些营固着生活的种类无足,如牡蛎。

五、内脏团

内脏团(visceral mass)位于身体背面,内含消化、呼吸、循环、排泄、神经及生殖发育等器官。除某些腹足类外,一般都为左右对称。

(一)消化系统

本门动物的消化系统由消化管和消化腺组成。一般消化管前端开孔为口,后端开口为肛门。但前鳃亚纲特殊,本亚纲动物身体发生扭转,肛门转移到身体前方。齿舌(radula)是本门动物特有的结构,口腔发达的种类,口内有颚片(mandible)与齿舌(图9-3)。齿舌位于口腔底部,摄食时口吻外翻,用齿舌舔取食物。齿舌上有许多小齿,小齿的形状、数目和排列方式称为齿式(formula dentalis),是分类鉴定的重要依据。齿式由1个中央齿、1对或数对侧齿、1对或数对缘齿组成。 例如,中国圆田螺 Cipangopaludina chinensis Gray 的齿式为(2·1·1·1·2),表示其齿舌含

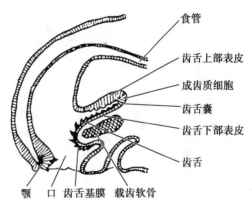

● 图9-3 腹足纲口球纵剖面

1个中央齿、1对侧齿、2对缘齿。瓣鳃类、腹足类的个别种类无齿舌。

消化腺主要有肝脏、胰腺、唾液腺。肝脏体积大,有导管直通胃内。草食类常有特殊的晶杆(crystalline style),是由多种消化酶组成的胶状物结构。晶杆伸至胃内,有助于食物消化。

(二)呼吸系统

呼吸系统包括鳃、外套膜或外套膜腔壁形成的"肺"。水生种类用鳃呼吸,鳃是由外套腔内壁伸张而成,亦称为本鳃。陆生种类本鳃消失,以密布微血管的外套膜当作"肺"进行呼

吸,相当于在皮肤表面形成次生鳃(secondary branchia)。原始种类本鳃左右成对,位于外套腔中。鳃有1条鳃轴,鳃轴附着在背隆起的表面,与静脉、动脉血管贯通。鳃轴两侧或一侧生有并列的鳃丝,两侧均生有鳃丝且呈羽状者称为楯鳃,仅一侧生有鳃丝且呈梳状者称为栉鳃(ctenidium),呈瓣状者为瓣鳃(lamellibranch),有的种类鳃叶拉长呈丝状,称为丝状鳃(trichobranchiate)(图9-4),鳃丝上密布微血管,可与体外进行气体交换。本鳃的位置和数目随种类不同而不同。

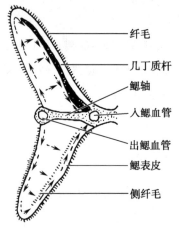

纤毛
几丁质杆
鳃轴
入鳃血管
出鳃血管
鳃表皮
侧纤毛

● 图9-4 栉状本鳃的横剖面

(三) 循环系统

软体动物的体腔包括初生体腔和次生体腔。初生体腔为各组织器官的间隙,充满血液,称为血窦(blood sinus)。次生体腔高度退化,由围心腔(pericardial cavity)、生殖腺和排泄器官的内腔组成。

软体动物多为开管式循环,仅头足类接近闭管式循环(图9-5)。心脏位于背侧围心腔中,由1个心室或1~4个心耳构成;心耳一般与鳃同侧,位于心室两侧或心室一旁。

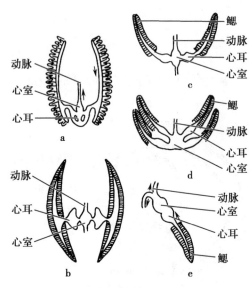

动脉
心室
心耳
a

动脉
心耳
心室
b

鳃
动脉
心耳
心室
c

鳃
动脉
心耳
心室
d

动脉
心室
心耳
鳃
e

● 图9-5 软体动物心脏与鳃的关系
a.石鳖;b.瓣鳃类;c.头足纲二鳃类;d.头足纲四鳃类;e.腹足纲后鳃类

血液一般无色,内含变形虫状血球,有些种类血液里含有血红蛋白(haemoglobin)或血蓝蛋白(haemocyanin),血液颜色为红色或蓝色。血流自心室压出后,输送至动脉,再由动脉进入组织间血窦中,再经肾脏与呼吸器官,使血液汇集于静脉,最后回流至心耳,进入心室。

(四) 排泄系统

排泄器官主要为肾脏,为一膨大的管道,与环节动物肾管同源,多属后肾管类型,少数种类的幼体属原肾管类型,数量一般与鳃的数目一致,通常为1对管状肾脏,一端开口于围心腔,称为肾口(nephrostome),另一端开口于外套腔,称为肾孔(nephridial pore)。后肾管由肾口处的腺质部分和肾孔处的管状部分构成,腺质部分富含血管,开口于围心腔,内具纤毛;管状部分壁薄,开口于外套腔,内壁具纤毛。肾脏除输送和收集围心腔内的废物外,还可以通过其肾管壁上的一部分腺质细胞,吸取血液中的代谢产物,最终由肾孔排出体外。

(五) 神经系统

软体动物的神经系统类型变化较大。原始种类为分散的梯状神经,如无板纲、单板纲、多板纲。这类神经系统由1个围咽神经环、1对足神经索(pedal nerve cord)、1对侧神经索(pleural nerve cord）组成，无神经节（ganglion）的分化。多数进化种类为链状神经，由脑神经节（cerebral ganglion）、足神经节（pedal ganglion）、侧神经节（pleural ganglion）和脏神经节（visceral ganglion）4对神经节组成，各神经节之间以神经索相连，并各自发出神经通到身体各部。头足类的神经系统更加进化，神经节集中在食管周围，形成由软骨包围的"脑"，具有无脊椎动物最高级的神经系统。大多数软体动物有感觉器官，体表有司感觉的神经末梢、触角、眼、嗅检器（osphradium）以及平衡囊（statocyst）。头足纲眼的构造与脊椎动物相类似，是无脊椎动物中最高级的视觉器官（图9-6）。

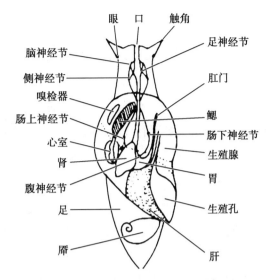

● 图9-6 前鳃亚纲软体动物构造模式图

（六）生殖与发育

本门动物多为雌雄异体，少数为雌雄同体。生殖腺由体腔壁特化形成，生殖导管的内端连通生殖腔，外端开口于外套腔，有的直接与外界相通。雌雄生殖细胞均由表皮特化形成。产卵方式多样，有的以单个卵自由状态的形式产出，有的则卵分散产出后，黏附在一起，形成卵群。受精卵有的体外孵化，有的在母体鳃腔中孵化，少数种类为卵胎生。卵裂方式多为全裂中的不等卵裂，仅头足纲是不完全卵裂。

软体动物的发育多为间接发育，少数为直接发育。多数软体动物的发育期经担轮幼虫期（trochophora），有些种类还需经历一面盘幼虫期（veliger），再继续发育为稚贝（图9-7）。发育早期的面盘幼虫背侧有外套原基，能分泌外壳，腹侧有足原基，口前纤毛环发育成缘膜或称面盘。淡水蚌类有钩介幼虫期（glochidium）。

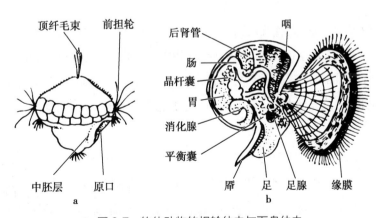

● 图9-7 软体动物的担轮幼虫与面盘幼虫
a.担轮幼虫；b.面盘幼虫

第二节　软体动物门的分类

依据贝壳、鳃、外套膜、神经等特征，以及身体是否对称，一般将软体动物门分为单板纲（Monoplacophora）、多板纲（Polyplacophora）、无板纲（Aplacophora）、腹足纲（Gastropoda）、瓣鳃纲（Lamellibranchia）、掘足纲（Scaphopoda）、头足纲（Cephalopoda）7 个纲。药用动物多集中在瓣鳃纲、腹足纲及头足纲。

瓣鳃纲

一、瓣鳃纲 Lamellibranchia

本纲动物鳃发达，呈瓣状，故名瓣鳃纲；身体侧扁，左右对称，有两扇贝壳，又名双壳纲（Bivalvia）；足部发达，呈斧头状，亦名斧足纲（Pelecypoda）；头部退化，无触角及感官，又称无头纲（Acephala）；神经系统较简单，由脑侧、脏、足 3 对神经节及其相连的神经索构成；心脏有 1 个心室和 2 个心耳；肾 1 对，一端开口于围心腔，另一端开口于外套腔；多数为雌雄异体，少数为雌雄同体；多为海产，少数为淡水产；发育过程有担轮幼虫期和面盘幼虫期。

一般将本纲进一步分为：古多齿亚纲（Palaeotaxodonta）、隐齿亚纲（Cryptodonta）、翼形亚纲（Pteriomorphia）、古异齿亚纲（Palaeoheterodonta）、异齿亚纲（Heterodonta）、异韧带亚纲（Anomalodesmata）6 个亚纲。其中，翼形亚纲、古异齿亚纲、异齿亚纲动物有药用种类。

（一）翼形亚纲 Pteriomorphia

本亚纲动物壳形变化大，不等壳或等壳，常具耳，铰合部齿型为栉齿型、等齿型或无齿，壳质为文石或方解石，或两者兼有，外韧带，闭壳肌多为异柱型，也有等柱型或单柱者，外套线完整，多以足丝固着或以壳体固着生活，也有掘穴、钻孔生活者，多为海生，少数生活于淡水。

本亚纲药用动物主要分布在蚶目（Arcoida）蚶总科（Arcacea）蚶科（Arcidae）、贻贝目（Mytioida）贻贝总科（Mytilacea）贻贝科（Mytilidae）、珍珠贝目（Pterioida）珍珠贝总科（Pteriacea）珍珠贝科（Pteriidae），以及牡蛎目（Osteroida）牡蛎总科（Ostreacea）牡蛎科（Ostreidae）4 个目的 4 个科中。

1. 蚶目（Arcoida）　前、后闭壳肌均发达，足部具深沟，常具足丝。铰合部具小齿多枚，排成 1 列。鳃呈丝状，一般反折；鳃叶游离，没有叶间联系。心脏在围心腔内，具 2 支大动脉。外套膜游离，无水管。生殖孔与肾孔分别开口。侧神经节与脑神经节合一。分为蚶总科和拟锉蛤总科 2 个总科。其中蚶科有药用种类。

蚶科（Arcidae），铰合部直或略呈弧形，具很多齿，齿短或呈片状，同形或前后端有差异。贝壳左右对称，表面被有呈绒毛状的壳皮，两

● 图 9-8　泥蚶

壳相等或不相等。我国产蚶科动物约 50 种,药用价值较大的有泥蚶 *Arca granosa* Linnaeus(图 9-8)、魁蚶 *Arca inflate* Reeve、毛蚶 *Arca subcrenata* Lischke,其贝壳为中药瓦楞子。

2. 贻贝目(Mytioida) 铰合齿一般退化成小结节或没有。前闭壳肌较小或完全消失。鳃丝间由纤毛盘联系或由结缔组织联系。本目下有贻贝总科,其中贻贝科有药用种类。

贻贝科(Mytilidae),体对称,两壳同形。壳皮发达,前闭壳肌退化或消失,后闭壳肌巨大。铰合齿退化或成结带状小齿。足小且以足丝附着于物体上生活。多为海产。我国贻贝海产的种类已定名者有 60 余种,药用价值较大的种类有贻贝 *Mytilus edulis* Linnaeus(图 9-9)、厚壳贻贝 *Mytilus coruscus* Gould、偏顶蛤 *Modiolus modiolus* Linnaeus、凸壳肌蛤 *Musculus senhousia* Benson,它们的干燥软体为中药淡菜。

3. 珍珠贝目(Pterioida) 又称异柱目(Anisomyaria)。鳃丝曲折,鳃丝间有纤毛盘相连接,鳃瓣间以结缔组织相连接。铰合齿大多数退化成小结节或完全没有。前后闭壳肌不等大,或前闭壳肌完全消失。足不发达或退化。分为 3 个总科:珍珠贝总科(Pteriacea)、扇贝总科(Pectinacea)、不等蛤总科(Anomiacea)。其中珍珠贝科有药用种类。

珍珠贝科(Pteriidae),铰合部在壳顶下面有 1 或 2 个主齿,铰合线直,韧带很长。两壳不等或近相等,右壳较平,左壳稍凸起,壳顶通常具前后耳,后耳较前耳大,贝面常覆有鳞片。闭壳肌痕 1 个,位于贝壳中央。鳃叶皱叠,与外套膜愈合。足舌状,具足丝,可利用足丝栖息于浅海岩石或珊瑚礁上。我国已报道的种类有 17 种。珠母贝 *Pinctada margaritifera* Linnaeus(图 9-10)、大珠母贝 *Pinctada maxima* Jameson(图 9-11)、合浦珠母贝 *Pinctada fucata martensii* Dunker(图 9-12),药用价值大,所产生的珍珠除药用外,亦是名贵装饰品。

● 图 9-9 贻贝

● 图 9-10 珠母贝

● 图 9-11 大珠母贝

● 图 9-12 合浦珠母贝

4. 牡蛎目(Osteroida) 铰合齿和前闭壳肌退化。两壳不等,左壳较大,并用来固着在岩石上。足和足丝均无。本目下有牡蛎总科(Ostreacea),下分缘曲牡蛎科(Gryphaeidae)和牡蛎科(Ostreidae)2个科。其中牡蛎科含有药用种类。

● 图9-13 近江牡蛎

牡蛎科(Ostreidae),铰合部无齿,有时具结节状小齿。两壳不等,左壳较大。闭壳肌位置近于中央或后方。外套痕不明显。无足和足丝。鳃与外套膜相结合。海产。本科动物是海产贝类中主要的养殖种类。我国产20余种。药用种类如近江牡蛎 *Ostrea rivularis* Gould(图9-13)、长牡蛎 *Ostrea gigas* Thunberg、大连湾牡蛎 *Ostrea talienwhanensis* Crosse。

(二) 古异齿亚纲 Palaeoheterodonta

本亚纲铰合部齿型变化大,有假异齿型、裂齿型、栉齿型等,壳质文石质,具珠母质内壳层,闭壳肌等柱型,外韧带,外套线完整。本亚纲下含蚌目(Unionoida),铰合部常具有拟主齿或铰合齿退化。本目包括蚌总科(Unionacea)和三角蛤总科(Trigoniacea)。蚌总科下含2个科,即珍珠蚌科(Margaritanidae)和蚌科(Unionidae);三角蛤总科下有三角蛤科(Trigoniidae),该科动物能够用足跳跃。本亚纲药用动物主要在蚌目下蚌总科的珍珠蚌科和蚌科中。

1. 珍珠蚌科(Margaritanidae) 铰合部有大的中央齿。壳长卵圆形,坚厚,底层发达,壳顶部刻纹常为同心圆型。无鳃水管,鳃与肛门的开口间无明显的区分,两对鳃都形成有育儿囊。钩介幼虫无钩。淡水产。药用种类如珍珠蚌 *Margarita margaritifera* Linnaeus 所产珍珠可供药用,其贝壳亦可作珍珠母药用。

2. 蚌科(Unionidae) 铰合部变化大,有时具拟主齿。具1外韧带。壳形变化大,两壳相等,壳顶部刻纹常为同心圆型或折线型,但多少有些退化。鳃与肛门的开口以隔膜完全区分,鳃叶间隔膜完好,并与鳃丝平行排列,外鳃的外叶后部与外套膜愈合,有鳃水管。幼虫经过钩介虫期。淡水产。我国蚌科主要药用种类如褶纹冠蚌 *Cristaria plicata* Leach(图9-14)、三角帆蚌 *Hyriopsis cumingii* Lea(图9-15)、背角无齿蚌 *Anodonta woodiana* Lea(图9-16)、背瘤丽蚌 *Lamprotula leai* Gray、圆顶珠蚌 *Unio douglasiae* Gray 等。其中褶纹冠蚌、三角帆蚌、背角无齿蚌等的贝壳可作中药珍珠母,所产的珍珠亦可药用。

● 图9-14 褶纹冠蚌　　　● 图9-15 三角帆蚌　　　● 图9-16 背角无齿蚌

（三）异齿亚纲 Heterodonta

本亚纲壳型变化大，等壳或不等壳，壳质文石质，无珠母质内壳层。铰合部齿型异齿型、厚齿型或不发育。闭壳肌等柱型。外韧带，少数具内韧带。多为海生，少数生活于淡水，掘穴、钻孔或以壳体固着生活。本亚纲主要药用种类分布在帘蛤目（Veneroida）下帘蛤总科（Veneracea）的帘蛤科（Veneridae）和竹蛏总科（Solenacea）的竹蛏科（Solenidae）科中。

帘蛤目（Veneroida），铰合部主齿强壮，常伴有侧齿发育；韧带多数位于外侧，少数种类有内韧带；闭壳肌为等柱型，前后闭壳肌痕近相等，水管发达。

1. 帘蛤科（Veneridae） 铰合部通常有主齿3枚，侧齿有变化。两壳相等，质较坚厚。壳顶倾向前方，壳面常有各种刻纹。足无足丝。水管一部分愈合或分离。海产。我国习见的帘蛤科动物如文蛤 *Meretrix meretrix* Linnaeus（图9-17）、青蛤 *Cyclina sinensis* Gmelin 等的贝壳供药用。

2. 竹蛏科（Solenidae） 铰合齿多变化。两壳相等，壳质薄脆，呈柱状或长卵形，两端多开口，壳顶低，韧带在外方。足强大，多呈圆柱状。海产。我国竹蛏科主要药用种类如缢蛏的软体入药，缢蛏 *Sinonovacula constricta* Lamarck（图9-18）、长竹蛏 *Solen gouldi* Conrad、大竹蛏 *Solen grandis* Dunker 的贝壳也可供药用。

● 图9-17 文蛤

● 图9-18 缢蛏

二、腹足纲 Gastropoda

本纲动物头部发达，具有一对或两对触角，一对眼；眼生在触角的基部、中间或顶部；口内齿舌发达，用于摄食、钻孔；体被外壳一枚，多呈螺旋形，头、足、内脏团、外套膜均可缩入壳内；足发达，叶状，位腹侧，故称腹足类；头部和足部左右对称，但发育过程中，身体发生扭转，神经扭成了"8"字形，内脏团一般呈螺旋形，也失去了对称性，一侧器官多退化，鳃、心耳、肾脏大多只剩一侧，这是本纲有别于其他软体动物的重要特征；心脏有1个心室，1或2个心耳；雌雄同体或异体；海洋、淡水和陆地均有分布。全球约有88 000 种，是贝类中最大的一纲，仅次于昆虫纲，为动物界第二大纲。包括前鳃亚纲（Prosobranchia）、后鳃亚纲（Opisthobranchia）和肺螺亚纲（Pulmonata）3 个亚纲。

腹足纲

（一）前鳃亚纲 Prosobranchia

本亚纲动物本鳃简单，常位于心室前方，故名前鳃亚纲。头部有1对触角。通常有外壳，具厣。左右侧神经索交叉成"8"字形。一般为雌雄异体。本亚纲包含原始腹足目、中腹足目及新腹足目3个目。

1. 原始腹足目(Archaeogastropoda)　本鳃呈楯状。齿舌齿片数目极多。多具2心耳,由乳头状凸起向外开口。肾1对。神经系统集中不显著,左右两个脏神经节彼此远离,足神经节呈长索状。本目分7科,其中鲍科(Haliotidae)有重要药用价值。

鲍科(Haliotidae),本鳃1对,左侧较小。无厣。贝壳很低,螺旋部退化,螺层少,体螺层及壳口极大,其末端边缘具1列小孔。其中,羊鲍 *Haliotis Ovina* Gmelin(图9-19)、杂色鲍 *Haliotis diversicolor* Reeve(图9-20)等动物的贝壳为中药石决明。

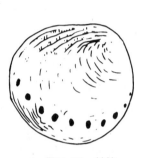

● 图9-19　羊鲍　　　　　　　　　　● 图9-20　杂色鲍

2. 中腹足目(Mesogastropoda)　齿式通常为2·1·1·1·2。栉状鳃1枚,附于外套膜之上。神经系统相当集中,除少数种类外,无唇神经连合。心脏只有1个心耳,不被直肠穿过。肾直接向外开口,生殖腺有生殖孔。雄体大多具交接器。本目分为27科,其中田螺科(Viviparidae)、锥螺科(Turritellidae)、宝贝科(Cypraeidae)有一定的药用价值。

(1) 田螺科(Viviparidae):螺层略呈圆形,表面多凸。厣薄,角质,核偏一侧。壳呈螺旋圆锥体,脐孔狭或缺。具栉鳃。肾脏有长的输尿管。雄体右触角粗短,变为交接器。卵胎生。淡水产。我国常见药用种类如中华圆田螺 *Cipangopaludina cathayensis* Heude(图9-21)、中国圆田螺 *Cipangopaludina chinensis* Gray(图9-22)等全体供药用。

● 图9-21　中华圆田螺　　　　　　　● 图9-22　中国圆田螺

(2) 锥螺科(Turritellidae):壳极高,螺层数多,呈尖锥形。厣角质,核在中央。无水管。海产。常见药用种类如棒锥螺 *Turritella terebra bacillum* Kiener(图9-23)、笋锥螺 *Turritella terebra* Linnaeus(图9-24)的壳、厣可供药用。

(3) 宝贝科(Cypraeidae):贝壳呈卵圆形,具凸起或平整,外观美丽坚固,富有光泽。壳口狭长,唇缘厚,具齿,无厣。螺旋部小,埋于体螺层中。吻和水管短。外套膜及足发达,生活时外套膜

● 图 9-23　棒锥螺

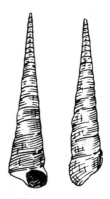

● 图 9-24　笋锥螺

常伸展遮被贝壳。海产。本科动物约有 80 种,其中,阿文绶贝 *Mauriti arabica* Linnaeus(图 9-25)等贝壳可供药用。

3. 新腹足目(Neogastropoda)　齿式为 1·1·1 或 1·0·1,齿舌狭窄。具外壳和水管沟。口吻发达。外套膜的一部分包卷形成水管。厣有或无。神经系统非常集中,胃肠神经节位于口的后方,在脑神经中枢附近,食管神经环位于唾液腺后方。雌雄异体,雄体具有交接器。嗅检器羽状。海产。本目有 17 科,药用种类主要分布在骨螺科(Muricidae)、蛾螺科(Buccinidae)、盔螺科(Galeodidae)、榧螺科(Olividae)、涡螺科(Volutidae)。

(1) 骨螺科(Muricidae):贝壳呈梭形或陀螺形,螺旋部中等高度。壳面具有各种结节或棘状凸起。壳顶结实。厣角质较薄。中央齿一般具 3 个强齿。眼位于触角外侧中部。构造复杂。常具肛门腺。海产。我国已发现 40 余种,药用种类如红螺 *Rapana bezona* Linnaeus(图 9-26)的贝壳可供药用。

● 图 9-25　阿文绶贝

● 图 9-26　红螺

(2) 蛾螺科(Buccinidae):贝壳纺锤形或近长卵圆形。螺层膨大,螺旋部短,壳质坚厚;壳面覆有外皮,有螺肋和结节状凸起;壳口有水管沟;厣角质;足宽大,前端呈截形;齿式为 1·1·1,侧齿通常有 2~3 个齿尖,中央齿宽短,具 3~7 个齿尖。本科动物泥东风螺 *Babylonia lutosa* Lamarck(图 9-27)的壳及肉可供药用。

(3) 盔螺科(Galeodidae):贝壳大型,呈纺锤形或鸭梨形,螺旋部较低,螺层肩部具结节状凸起或具横向肋

● 图 9-27　泥东风螺

纹;壳面覆有壳皮与棕色茸毛;壳口稍宽大,厣角质,壳柱无褶皱;为热带和亚热带种。药用种类管角螺*Hemifusus tuba* Gmelin(图 9-28)的壳及肉可供药用。

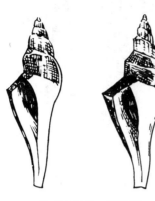  

● 图 9-28　管角螺　　　　　　　● 图 9-29　红口榧螺

（4）榧螺科(Olividae):壳呈纺锤状或柱状,壳口狭长,前沟短宽。壳面色彩美丽多变,光滑且有光泽。厣有或无。足发达,具有 1 个深的纵沟。前足呈半月形或三角形,后足卷向背面。为热带及亚热带种类,多在沙质或软泥的海底栖息。药用种类红口榧螺*Oliva miniacea* Roding(图 9-29)其壳可供药用。

（5）涡螺科(Volutidae):贝壳呈纺锤形、卵圆形或柱状,壳顶通常呈乳头状;螺柱具有数个褶皱;前沟常呈缺刻状,不延伸;头宽,两触角距离远,眼位于触角的基部。外套膜有时包被贝壳两侧。水管基部具有 1 个内附属物。药用种类瓜螺*Cymbium melo* Solander(图 9-30)肉及其卵群可供药用。

● 图 9-30　瓜螺

（二）后鳃亚纲 Opisthobranchia

本亚纲动物贝壳有退化倾向,也有完全缺者。大多无厣,仅捻螺有。本鳃和心耳在心室后方,也有本鳃消失,代以次生性鳃者,营水中呼吸。左右侧脏神经索不交叉成"8"字形。外套腔大多消失,存在者为开放状态。雌雄同体,两性生殖孔分开,海产。本亚纲分 8 目,其中头楯目(Cephalaspidea)阿地螺科(Atyidae)部分动物有药用价值。

头楯目(Cephalaspidea),头部一般无触角,其背面有掘泥用的楯盘。贝壳发达,或多或少呈螺旋形,具外壳或内壳。除捻螺外都无厣。外套膜后部为一大形外套叶,突出于外套孔下,外套腔较发达。具本鳃。眼无柄。侧足发达。胃中常具角质或石灰质的咀嚼板。侧神经索通常较长。生活于沙泥中,也有营浮游生活。本目分为 12 科,其中阿地螺科有一定的药用价值。

阿地螺科(Atyidae),头楯大,呈拖鞋状。贝壳通常完全外露,螺旋部不突出。齿舌具 1 个中央齿,两侧侧齿很多。足

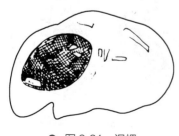

● 图 9-31　泥螺

有发达的侧叶。胃具 3 枚硬而弯曲的龙骨状板。药用种类如泥螺 *Bullacta exarata* Philippi（图 9-31），其软体供药用。

（三）肺螺亚纲 Pulmonata

本亚纲动物的本鳃消失,在外套腔壁上密生血管网,称为肺囊,以营呼吸。多具螺旋形壳,亦有壳退化甚至消失者。胚胎期中有厣,至成体时厣消失。侧神经索不交叉,各神经节集中于口球附近。头部有 1 对眼,1~2 对触角。多栖息于陆地或淡水。本亚纲现存约 5 000 种,按眼的位置不同分为基眼目和柄眼目,其中柄眼目有供药用的种类。

柄眼目（Stylommatophora）,头部有触角 2 对,可以翻转缩入,前触角作嗅觉用,后触角顶端有眼。大多具有发达的贝壳,也有一些种类贝壳退化或缺,发育期除个别种类,均不经过面盘幼虫。本目分 5 科,其中蛞蝓科（Limacidae）、巴蜗牛科（Bradybaenidae）,有一定的药用价值。

1. 蛞蝓科（Limacidae）　贝壳退化,通常被外套膜遮被,或为内壳,薄,常为一石灰质板,螺旋部短或无。中央齿具 3 个齿尖,侧齿有 1 或 2 个齿尖,缘齿尖锐。颚片平滑。雄性生殖输送管无指状腺,生殖孔开口在右触角下方。足部无黏液腺孔。野蛞蝓 *Agriolimax agrestis* Linnaeus（图 9-32）、黄蛞蝓 *Limax fiavus* Linnaeus 全体可供药用。

2. 巴蜗牛科（Bradybaenidae）　贝壳外形多变,呈盘形、球形或锥形,壳面常有彩色带,壳口无凸起。螺旋部发达,螺层 5~7 个,体螺层膨大。生殖器官特殊,有恋矢囊,内有石灰质恋矢,以及圆形或棒状的黏液腺。阴茎常有鞭状器。药用种类同型巴蜗牛 *Bradybaena similaris* Ferussac（图 9-33）、灰巴蜗牛 *Bradybaena ravida* Benson 等的贝壳或全体供药用。

● 图 9-32　野蛞蝓

● 图 9-33　同型巴蜗牛

三、头足纲 Cephalopoda

头足纲是软体动物中最高等的类群,身体左右两侧对称,头部发达,神经节集中成脑,有软骨保护,有完善的眼,足特化成口腕围于口周,8~10 条,故称头足类。仅少数种类具外壳,多为内壳或退化。心脏有 2 个或 4 个心耳。肌肉质外套膜肥厚发达,左右愈合成囊状外套腔。足的基部形成漏斗,是外套腔与外界相通的孔口。雌雄异体,直接发育。多数种类在内脏腹侧具墨囊。均为海产。依据腕和鳃的数量与形态特征,头足纲下分鹦鹉螺亚纲（Nautiloidea）和蛸亚纲（Coleoidea）2 个亚纲,其中蛸

头足纲

亚纲十腕目（Decapoda）乌贼科（Sepiidae）与八腕目（Octopoda）章鱼科（Octopodidae）所属种类有药用价值。

蛸亚纲 Coleoidea

蛸亚纲壳包藏于袋形外套膜中或退化，外套膜包被整个内脏团。腕具吸盘，8～10条。漏斗左右两片愈合，形成一完整的管子。眼球外具有薄膜或不具薄膜。鳃2对，具鳃心。有墨囊。分为十腕目和八腕目2个目。

1. 十腕目（Decapoda） 腕上具带柄的吸盘，10条，有触角，其中有两腕长，称触腕，一般仅在末端有吸盘。外套膜内含石灰质或角质内壳。躯体两侧大部具鳍。头部、躯干部、漏斗基部以闭锁器相连。雌体一般具缠卵腺。本目分为15科，其中乌贼科有药用价值。

乌贼科（Sepiidae），体型宽大，背腹扁平。具石灰质内壳，背楯发达。鳍窄狭，位于胴体两侧全缘。眼球外具薄膜，不与外界全面相通，角膜前方有泪孔。眼后方具嗅觉腺。腕吸盘常为4行，雄性左侧第4腕茎化，触腕能完全缩入眼基部的触腕缝内。闭锁槽具深的纵构，呈半月形或椭圆形。主要药用种类金乌贼 *Sepia esculenta* Hoyle、针乌贼 *Sepia andreana* Steenstrup（图9-34）、无针乌贼 *Sepiella maindroni* Rochebrune（图9-35）等的内壳、墨囊、缠卵腺等入药，金乌贼和无针乌贼的内壳即为中药海螵蛸。

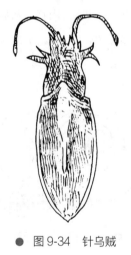

● 图 9-34　针乌贼　　　　　　　　　　● 图 9-35　无针乌贼

2. 八腕目（Octopoda） 腕8条，彼此间长短、粗细相似，长度长于体长，吸盘无柄，也无角质环与小齿。鳍小或缺，躯体多以闭锁器、皮肤凸起或凹陷与漏斗基部嵌合相连。雌体不具缠卵器。内壳退化。本目分为13科，其中章鱼科有药用价值。

章鱼科（Octopodidae），贝壳退化，体无鳍，腕长，彼此相似，腕间膜短小，腕吸盘2行或3行，少数单行，右侧第3腕末端呈匙状，茎化。鳃发育正常，具内外2半叶。漏斗器多呈"W"形或"几"形。嗉囊发达。有墨囊。海产。主要药用种类有短蛸 *Octopus ocellatus* Gray（图9-36）、长蛸 *Octopus variabilis* Sasaki（图9-37），以干燥全体入药。

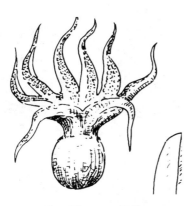

● 图 9-36　短蛸

● 图 9-37　长蛸

第三节　常见药用动物

软体动物门中有记载可供药用的动物 1 万余种,涉及本门的 10 目,16 科。

一、背角无齿蚌 *Anodonta woodiana* Lea

（一）形态构造

1. 外部形态　体形侧扁,两侧对称,外被 2 个瓣状贝壳,壳的后端稍尖,前端钝圆,腹缘分离,背面铰合,铰合部具角质韧带,壳顶位于壳近前端的背部,稍隆起,壳表面具有以壳顶为中心呈同心圆环纹的生长线,壳内含外套膜、鳃、足、内脏团 4 部分,两侧的外套膜紧贴贝壳,背面与内脏团皮肤相连,腹缘游离,生活时左右两侧的外套膜的腹缘紧靠,构成外套腔,外套腔后缘两外套膜囊部分封闭,形成出水管和进水管;鳃位于内腔团的两侧,外套膜的基部;斧状足位于体前端腹面,并可伸出壳外;各内脏藏于足背方的内脏团内。

2. 生殖　雌雄异体,同形。具葡萄状生殖腺 1 对,位于中肠管迂回部。生殖期间,精巢白色,卵巢黄色,以短管通至鳃上腔。雄蚌从生殖孔排出精子,经鳃上腔由出水管排出体外,随水进入雌蚌的鳃水管中,雌蚌排出的卵经鳃上腔至鳃水管与精子结合,在鳃中发育成钩介幼虫,翌年春季,随水流经鳃上腔、出水管,离开母体,用其倒钩和足丝挂附于鱼鳃或鳍上,行临时性寄生,继续发育一定程度后,从鱼体上脱落下来,在水底继续发育,成为营自由生活的河蚌。

（二）药用

以背角无齿蚌的壳、肉、分泌液、珍珠入药。珍珠囊中形成的珍珠为名贵药材。

1. 蚌粉　将背角无齿蚌贝壳洗净,刮去黑皮,研成粉末或煅灰供药用,称蚌粉。别名蚌蛤灰、蜃灰、蚌壳粉、蚌壳灰。出自《日华子本草》。味咸,性寒。具化痰消积,清热燥湿之功。主治痰饮,咳嗽,胃痛,呕逆,白带,肿痛,湿疮等症。现代临床用于治疗胃及十二指肠溃疡。主含碳酸钙、磷酸钙、碳酸镁等无机盐类成分,以及一些硬蛋白的贝壳素。背角无齿蚌具有集积锶的能力,本品尚含微量的锶。

2. 蚌肉　为河蚌的内脏团,出自《食疗本草》,捕得后去壳取肉,洗净,鲜用。味甘、咸,性寒。归肝、肾二经。具清热滋阴,明目,解毒之功。主治烦热,消渴,血崩,带下,痔瘘,目赤,湿疹等。

3. 蚌泪　为河蚌体内分泌液,别名活蚌水、蚌水、蚌清水。出自《本草纲目拾遗》。味甘,性寒。归肝、肾经。具止渴,明目,清热解毒之功。 主治消渴,赤眼,烫伤,鼻疔等。现代药理学研究结果表明,从蚌肉和蚌泪中提取的有效成分具有明显的抗小鼠腹水肝癌和艾氏腹水癌作用。

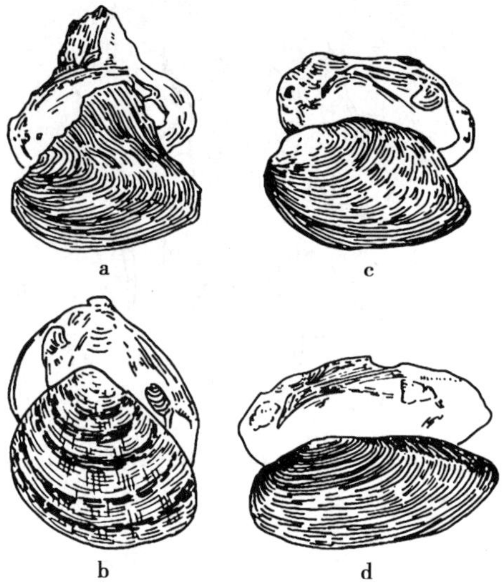

与背角无齿蚌同等入药的种类有褶纹冠蚌 *Cristaria plicata* Leach、三角帆蚌 *Hyriopsis cumingii* Lea、背瘤丽蚌 *Lamprotula leai* Gray、射线裂脊蚌 *Schistodesmus lampreyanus* Baird et Adams、圆顶珠蚌 *Unio douglasiae* Griffith et Pidgeon(图 9-38)。

● 图 9-38　几种药用蚌
a.三角帆蚌;b.背瘤丽蚌;c.射线裂脊蚌;
d.圆顶珠蚌

附: 蚌科主要药用种检索表

1. 贝壳的背缘铰合部具有绞合齿
 2. 绞合齿不很发达,无拟主齿,贝壳后缘向外伸展呈大型冠状 ……………………………
  …………………………………………………… 褶纹冠蚌 *Cristaria plicata* Leach
 2. 绞合齿发达,有拟主齿,贝壳的后背缘向上伸展成大型的帆,或不伸展成帆
  3. 贝壳后背缘向上伸展成大型帆 ……………… 三角帆蚌 *Hyriopsis cumingii* Lea
  3. 贝壳后背缘不向上伸展成帆
   4. 贝壳表面具有以壳顶为中心的宽大同心环脊 …………………………………
    ………………… 射线裂脊蚌 *Schistodesmus lampreyanus* Baird et Adams
   4. 贝壳的表面不具有宽大同心环脊
    5. 贝壳外形略呈椭圆形,壳面极粗糙,背部具瘤状结节,常与壳面的粗肋相连,成为人字形 ………………………………………………… 背瘤丽蚌 *Lamprotula leai* Gray
    5. 贝壳外形呈长椭圆形,壳面无瘤状结节,常与壳面的粗肋相连,成为人字形 …………
     ………………… 圆顶珠蚌 *Unio douglasiae* Griffith et Pidgeon
1. 贝壳背缘铰合部无绞合齿,贝壳不太膨胀,呈角突卵圆形 ……………………………………
  ………………………………………………… 背角无齿蚌 *Anodonta woodiana* Lea

二、金乌贼 *Sepia esculenta* Hoyle

（一）形态构造

1. 外部形态　身体分为头、足、躯干3个部分,两侧对称。头部发达,圆形,两侧有发达的眼各1个,前端中央有口;足特化为腕及漏斗,腕10条,生于口周围,其中2腕很长,腕内侧具圆形的吸盘,称触腕或触手,主司运动定向、捕食和感觉;雄乌贼左侧第5腕为生殖腕,生殖时有送精荚作用;头后较细小的部分为颈,将头部和躯干部联系起来,颈的腹面为一肌肉质的圆锥形的漏斗,为其特殊运动器官,也是排泄物、生殖产物、墨汁的出口;漏斗内有一瓣膜,内口大,外口小。躯干部宽大,背面颜色较深,腹面颜色较浅,左右两侧有鳍;躯干部外围为肥厚肌肉质的外套膜,外套膜与内脏团在背面及侧面相连,形成一大型的外套腔,开口于颈部下方,与外界相通;漏斗上有两个凹软骨,恰与外套膜上两凸软骨相嵌合,构成腹面闭锁器;外套腔水满后紧扣闭锁器,外套膜产生收缩,使水从外套腔通过漏斗急剧喷出,推动乌贼水中穿行,并通过改变漏斗水管方向调整乌贼向前或向后运动。乌贼体表皮肤薄而柔软,含有许多色素细胞,可随色素细胞的扩大或缩小而使身体颜色迅速变化,以保护自己,适应环境。胴部背面外套膜内含一石灰质内壳,质地疏松,又称海螵蛸,其间隙充满气体,以减轻身体比重,利于游泳。

2. 内部构造（图9-39）　雌雄异体,生殖腺1个。雄性乌贼具囊状精巢1个,位于外套腔末端,输精管由精巢发出,以生殖孔开口于外套腔,输精管上有贮精囊,其末端膨大成精夹囊。

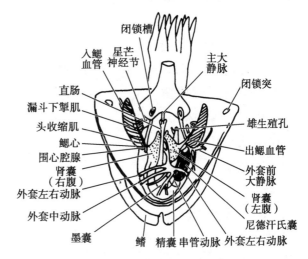

● 图9-39　雄性金乌贼外套腔中各器官

雌性有1个与输卵管相连接的囊状卵巢,输卵管末端为生殖孔,开口于外套腔,开口处具输卵管腺,帮助形成卵外膜。肾囊腹面具1对卵圆形附属腺体,亦开口于外套腔,称为缠卵腺,亦可帮助形成卵外膜,并将卵黏缀成团,黏附于他物之上。受精卵行盘状卵裂,无幼虫期,直接发育成小乌贼。

（二）药用

以石灰质内壳供药用,称海螵蛸,又名乌贼骨。此外,其肉、墨囊、缠卵腺亦可供药用。

1. 海螵蛸　别名乌贼骨、墨鱼骨,为金乌贼的干燥内壳。捕得后收集骨状内壳,洗净,干燥。味咸、涩,性微温。具收敛止血,涩精止带,制酸,敛疮之功。主治胃痛吞酸,吐血衄血,崩漏便血,遗精滑精,赤白带下,溃疡病等,亦可外治损伤出血,疮多脓汁等。现代临床主要用以治疗胃、十二指肠溃疡。例如,以本品粉末与白及粉等量混合,用于溃疡病出血。本品多为不规则形或类方形小块,类白色或微黄色,味淡。主含碳酸钙、壳角质、黏液汁等,并含有少量的氯化钠、磷酸钙、镁盐等。

2. 乌贼肉　为金乌贼去除内壳的肉。味咸,性平。归肝、肾经。具养血滋阴之功效。主治血虚经闭,崩漏,带下等。

3. 乌贼墨囊　为金乌贼墨囊,别名乌贼墨。出自《本草纲目拾遗》。味苦,性平。归肝经。具收敛止血之功效。主治消化道出血、肺结核咯血、功能性子宫出血等。主含乌贼墨黑色素,为一类多聚吲哚醌与蛋白质的结合物。

4. 乌贼的缠卵腺　为金乌贼缠卵腺,又名"乌鱼蛋"。具开胃利水之功效。

附: 乌贼属主要药用种检索表

1. 触腕吸盘大小几近一致
　2. 背部具斑纹
　　3. 背部具目状花纹 …………………………………………………… 拟目乌贼 *Sepia lycidas* Gray
　　3. 背部具点状或条状花纹 ………………………………………… 金乌贼 *Sepia esculenta* Hoyle
　2. 背部不具斑纹
　　4. 触腕吸盘角质环具齿
　　　5. 内壳横纹面单波峰状 ……………………………………… 罗氏乌贼 *Sepia robsoni* Sasaki
　　　5. 内壳横纹面双波峰状 ……………………………………… 神户乌贼 *Sepia kobiensis* Hoyle
　　4. 触腕吸盘角质环不具齿 …………………………………………… 椭乌贼 *Sepia elliptica* Hoyle
1. 触腕吸盘大小很不一致
　6. 背部具斑纹
　　7. 背部具点状斑纹 ………………………………… 白斑乌贼 *Sepia latimanus* Quoy et Gaimard
　　7. 背部具波状斑纹 ……………………………………… 虎斑乌贼 *Sepia pharaonis* Ehrenberg
　6. 背部不具斑纹
　　8. 触腕大,吸盘角质环具齿 …………………………………… 针乌贼 *Sepia andreana* Steenstrup
　　8. 触腕大,吸盘角质环不具齿 ………………………………… 珠乌贼 *Sepia torsa* Ortmann

三、泥蚶 *Arca granosa* Linnarus

(一) 形态构造

贝壳大,两壳相等,壳质极坚厚,呈卵圆形,背部两端呈钝角,相当膨胀,腹边圆,壳顶凸出,位置偏于前方,尖端向内卷曲,表面放射肋发达,有18~21条,肋上具极显著颗粒状结节,壳表面白色,被褐色薄皮,生长线略呈鳞片层,在膜缘明显,韧带面角质,黑色,呈箭头状,布满菱形沟。

(二) 药用

以贝壳与肉供药用。

1. 瓦楞子　为泥蚶除去肉之贝壳,经干燥、碾碎后可供药用,生用或煅用。别名蚶壳、瓦屋子、瓦垄子、蚶子壳、花蚬壳、瓦垄蛤皮、血蛤皮、毛蚶皮。煅瓦楞是将生瓦楞子放坩埚内,置无烟的炉火中煅至红透,取出放凉后碾碎用。味咸,性平。具消痰化痰,软坚散结,制酸止痛之功。主治瘰疬,瘿瘤,癥瘕,痞块,胃痛等。现代临床用于治疗胃及十二指肠溃疡。本品主含碳酸钙及少量有机质、磷酸钙、镁、铁、硅酸盐、硫酸盐和氯化物等。生品呈粗粉或细粉状,灰白色,较大碎块显有瓦楞线,无臭,味淡;煅制品形如瓦楞子,青灰色或深灰色,无臭无味。

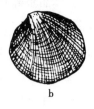

● 图9-40　毛蚶和魁蚶
a.毛蚶;b.魁蚶

2. 蚶肉　为泥蚶除去贝壳之内脏团,别名魁陆、魁蛤、复累、瓦屋子、蚶子、伏老、血蚶、毛蛤。出自《本草纲目拾遗》。味甘,性温。具补血,温中,健胃之功。主治血虚痿痹,胃痛,消化不良,下痢脓血等。

与泥蚶同等入药的同属动物尚有毛蚶 *Arca subcrenata* Lischke、魁蚶 *Arca inflata* Reeve 等(图9-40)。

附: 蚶属主要药用种检索表

1. 两壳相等,卵圆形,表面放射肋 18~21 条,有极显著的颗粒状结节 ………………………………
……………………………………………………………… 泥蚶 *Arca granosa* Linnarus
1. 两壳不相等,壳斜卵圆形或长卵圆形
　2. 放射肋 30 余条,有部分方形结节状凸起 ……………… 毛蚶 *Arca subcrenata* Lischke
　2. 放射肋 42~48 条,平滑无明显结节状凸起 ……………… 魁蚶 *Arca inflata* Reeve

四、紫贻贝 *Mytilus galloprovincialis* Lamarck

(一) 形态构造

贝壳楔形,中等大,前端尖细,后端宽广,壳质薄,壳顶在壳的最前端,具不发达的铰合齿 2~12个,前方具淡褐色菱形小月面,贝壳后缘宽而圆,腹缘较直,背缘与腹缘构成30°,背缘呈弧形,壳表面黑褐色,具光泽,有时壳顶及腹缘呈淡褐色。壳内面灰白色或淡蓝色,具珍珠光泽。外套肌痕及闭壳肌痕明显,后闭壳肌痕大,椭圆形,前闭壳肌痕小,半月形。足丝收缩肌和缩足肌痕迹互相愈合,呈狭长带与后闭壳肌痕相连。壳顶韧带深褐色,约为体长的二分之一。

(二) 药用

以干燥软体供药用,称淡菜,别名东海夫人、壳菜、海蜌、红蛤、珠菜、海红。出自孟诜的《食疗本草》。味甘,性温。具补肝肾,益精血,消瘿瘤之功。主治虚劳羸瘦,眩晕,盗汗,阳痿,腰痛,吐血,崩漏,带下,瘿瘤,疝瘕等。现代临床用以治疗高血压、耳鸣眩晕等。例如,以淡菜与陈皮配伍,蜂蜜为丸,可治头晕及睡中

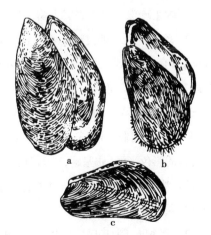

● 图9-41　几种与贻贝同等入药的同科动物
a.厚壳贻贝;b.偏顶蛤;c.寻氏肌蛤

盗汗。本品呈椭圆状楔形,后端两侧有大而圆的闭壳肌,足小呈棒状,外套膜发达,其间有明显深颜色的生殖腺,后端有一点愈合,为入水孔和出水孔,入水孔呈紫褐色,出水孔紫褐色,全体深棕色,可见深褐色的内脏团,气微腥,嚼之有海米样鲜腥气。

与贻贝同等入药的同科动物尚有厚壳贻贝 *Mytilus coruscus* Gould、偏顶蛤 *Modiolus modiolus* Linnaeus、寻氏肌蛤 *Musculus senhousei* Benson 等(图 9-41)。

附:贻贝科主要药用种检索表

1. 贝壳楔形,壳顶位于壳的最前端
   2. 壳质较薄,壳顶前方有淡褐色菱形小月面,壳顶具不发达绞合齿 2~12 个 ……………………
   ……………………………………………………………… 紫贻贝 *Mytilus galloprovincialis* Lamarck
   2. 壳质厚而长,壳顶尖细,顶部常被磨损而显露白色,壳顶具 2 个不发达主齿 …………………
   ……………………………………………………………………… 厚壳贻贝 *Mytilus coruscus* Gould
1. 壳非楔形,壳顶不位于壳最前端
   3. 壳较大,略呈卵圆形,坚厚,壳顶端、壳面从背侧至后端生有黄色粗壮的扁形毛 ……………
   ……………………………………………………………………… 偏顶蛤 *Modiolus modiolus* Linnaeus
   3. 壳较小,较薄而脆,壳面具淡褐色的放射线和褐色或淡褐色的波状花纹 …………………
   ……………………………………………………………………… 寻氏肌蛤 *Musculus senhousei* Benson

五、马氏珍珠贝 *Pteria martensii* Dunker

(一)形态构造

贝壳斜四方形,背缘略平直,腹缘弧形,前、后缘弓形。角质层灰黄褐色,间有黑褐色带,壳内面底层较厚,坚硬有光泽。

(二)药用

以内生珍珠与贝壳底层入药。

1. 珍珠 为珍珠贝科动物马氏珍珠贝 *Pteria martensii* Dunker 或蚌科动物三角帆蚌 *Hyriopsis cumingii* Lea、褶纹冠蚌 *Cristaria plicata* Leach 等双壳类动物受刺激形成的珍珠,自动物体内取出,洗净,干燥。味咸,性寒。归心、肝经。具安神定惊,明目退翳,平肝潜阳之功。主治惊悸失眠,头痛眩晕,目赤翳障,视物昏花等。《本草纲目》载"安魂魄,止遗精、白浊,解痘疗毒"。本品呈类球形、长圆形、卵圆形或棒形,表面类白色、浅粉红色、浅黄绿色或浅蓝色,半透明,光滑或微有凹凸,具特有的彩色光泽,质坚硬,破碎面显层纹,无臭,无味。现代药理学研究结果表明,珍珠具有抑制脂褐素,清除自由基,以及抗肿瘤作用。本品主含碳酸钙,尚含有少量的铝、铜、铁、镁、锰、钠、锌、硅、钛、锶等元素。

2. 珍珠母 为马氏珍珠贝、三角帆蚌、褶纹冠蚌的贝壳,别名真珠母、明珠母。味咸,性寒。归肝、心经。具平肝潜阳,安神定惊,明目退翳之功。主治头痛眩晕,惊悸失眠,目赤翳障,视物昏花。

六、近江牡蛎 *Ostrea rivularis* Gould

（一）形态构造

贝壳大型,壳质坚厚,外形丰富,主要有圆形、卵圆形、三角形和长形;右壳较左壳小,表面略扁平,环生黄褐色或暗紫色鳞片,鳞片平,层数少,无放射肋,但壳表面常有凹凸不平的凸起;左壳较大而厚,形状不规则,背部为附着面;壳内面白色或灰色;铰合部不具小齿;韧带紫黑色,韧带槽短而宽,闭壳肌痕卵圆形或肾脏形,甚大,位于壳中部背侧。

（二）药用

以贝壳入药,别名左牡蛎、海蛎子壳、左壳。出自《神农本草经》。全年均可采收,捕得后除去肉,将贝壳洗净,生用或煅用。煅牡蛎是取生品置无烟火上,煅至酥脆即得。生牡蛎,味咸,性微寒。归肝、胆、肾经。具重镇安神,潜阳补阴,软坚散结之功。主治惊悸失眠,眩晕耳鸣,瘰疬痰核,癥瘕痞块等。煅牡蛎具有收敛固涩之功。主治自汗盗汗,遗精崩带,胃痛吞酸等。现代临床用于治疗肺结核盗汗有效。主含碳酸钙、磷酸钙、硫酸钙,并含少量有机质、镁、铝、铁、硅酸盐、氯化物等,煅烧后碳酸盐分解,产生氧化钙等,有机质则被破坏。

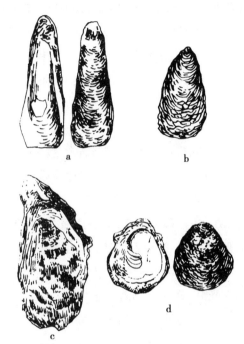

● 图 9-42　几种药用牡蛎
a. 长牡蛎;b. 大连湾牡蛎;c. 褶牡蛎;d. 密鳞牡蛎

同等入药的尚有长牡蛎 *Ostrea gigas* Thunberg、大连湾牡蛎 *Ostrea talienwhanensis* Crosse 等（图9-42）。

附：牡蛎属主要药用种检索表

1. 壳近圆形,大型,韧带槽较短
  2. 壳面有微弱的放射肋,鳞片细密,呈舌突状　………… 密鳞牡蛎 *Osttrea denselamellosa* Lischke
  2. 壳面鳞片不呈舌突状,粗大而稀,铰合部两侧无小齿………… 近江牡蛎 *Ostrea rivularis* Gould
1. 壳较长,韧带槽延长
  3. 壳大型
    4. 壳极长,背腹缘几乎平行 ……………………………… 长牡蛎 *Ostrea gigas* Thunberg
    4. 壳呈三角形,鳞片大,起伏呈波浪状,背腹缘呈"八"字形 …………………………………
    ………………………………… 大连湾牡蛎 *Ostrea talienwhanensis* Crosse
  3. 壳小型,前凹陷深,铰合部两侧无小齿,左侧的放射肋不突出壳缘 …………………………
    ………………………………………… 褶牡蛎 *Ostrea Plicatula* Gmelin

七、文蛤 *Meretrix meretrix* Linnaeus

（一）形态构造

贝壳略呈三角形，壳质坚厚，壳顶突出，位于背面稍靠前方，背缘呈角形，腹缘呈圆形；小月面矛头状，狭长；楯面卵圆形，宽大；韧带黑褐色，凸出壳面，短粗；壳表面光滑膨胀，被有一层黄褐色壳皮；同心生长线的轮脉明显，壳顶出常有环形褐色带；小型个体壳面花纹丰富，大型个体近背缘处有波纹状或锯齿状褐色斑纹，花纹较为恒定；壳内面白色，前后缘略带紫色，无珍珠光泽；铰合部宽，右壳有 3 个主齿及 2 个侧齿，左壳有 3 个主齿及 1 个前侧齿；外套窦短，外套痕半圆形，明显；后闭壳肌痕卵圆形，较大；前闭壳痕半圆形，较狭。

（二）药用

以壳入药。出自《神农本草经》。捕捉后去肉、取壳、洗净、晒干，打碎生用或煅用。煅文蛤是将生品置无烟火上煅红，取出放冷后碾碎即得。味苦、咸，性寒。具软坚散结、清热化痰之功。主治痰火咳嗽，胸胁疼痛，痰中带血，瘰疬瘿瘤，胃痛吞酸等，外治湿疹、烫伤。本品质坚硬而重，断面显层状，气无，味淡，以光滑、黄白色、无泥垢者为佳。

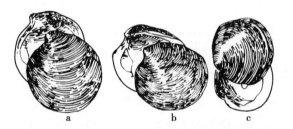

● 图 9-43　帘蛤科的几种药用蛤
a. 青蛤；b. 日本镜蛤；c. 薄片镜蛤

与文蛤同等入药的同科动物尚有青蛤 *Cyclina sinensis* Gmelin、日本镜蛤 *Dosinia japonica* Reeve、薄片镜蛤 *Dosinia laminata* Reeve 等（图 9-43）。

附：帘蛤科主要药用种检索表

1. 壳大型，三角形，壳质坚厚，小月面狭长，矛头状，壳面黄色，近背缘有锯齿状或波纹状褐色花纹，外套窦短，呈半月形 ················· 文蛤 *Meretrix meretrix* Linnaeus

1. 壳圆形、卵圆形或近圆形

  2. 壳圆形或近圆形

    3. 壳圆形，扁，壳质薄，小月面心脏形，壳面黄白色，生长线明显，在前后端较粗，有时突出成片状，外套窦深，呈舌状 ················· 薄片镜蛤 *Dosinia laminata* Reeve

    3. 壳近圆形，壳质薄或厚

      4. 壳质薄，小月面不显著，壳面无放射肋，同心生长线轮在腹面变粗呈肋状，壳面淡黄色或带棕色，生活标本黑色 ················· 青蛤 *Cyclina sinensis* Gmelin

      4. 壳质厚，小月面心脏形，壳面白色，无放射肋，同心生长线轮显著，外套窦呈尖锥状 ······ ················· 日本镜蛤 *Dosinia japonica* Reeve

  2. 贝壳卵圆形

    5. 小月面宽，椭圆形或略呈菱形，壳面放射肋细密，与环形生长轮交织成布纹状，外套窦宽而深，前端圆形 ················· 杂色蛤仔 *Ruditapes variegata* Sowerby

5. 小月面长方形,放射肋与同心环形生长轮交织成布纹状或帘子状,外套窦浅,呈三角形 ……
…………………………………………………………………… 江户布目蛤 *Protothaca jedoensis*

八、杂色鲍 *Haliotis diversicolor* Reeve

(一) 形态构造

杂色鲍又名九孔鲍,主要分布于广东、福建沿海。贝壳卵圆形,大小中等,壳质坚实,壳顶钝,螺层约 3 层,层间的缝合线不明显,螺旋部小,呈乳头状,贝壳绿褐色,壳顶磨损部显露粉红色。壳面被 1 条带,有 20 余个凸起,其中 6~9 个开孔组成的螺肋分成左右两部,左侧者较明显。壳面生长线层次明显,内面珍珠光泽强。壳口大,外唇薄,呈刀刃状,内唇有遮缘,呈狭长的片状,宽约 8mm。

(二) 药用

以贝壳入药,称石决明。出自《新修本草》。捕捉后去肉、取壳、洗净、晒干,生用或煅用。煅石决明是将刷净的生品置无烟炉火或坩埚内煅烧,煅至灰白色或白色,取出放凉后碾碎即得。味咸,性寒。具平肝潜阳,清肝明目之功。主治头目眩晕,目赤翳障,视物昏花,青盲雀目等。临床应用上生品之平肝潜阳,清热明目功力较强,善治肝火上炎所致目赤肿痛,头目眩晕;而煅石决明的寒凉之性减,收涩之功加强,多能平肝敛肝,用于骨蒸劳热,青盲内障,外伤出血等。本品主含碳酸钙,以及少量有机质、镁、铁、硅酸盐、硫酸盐、磷酸盐、氯化物和极微量的碘;煅烧后碳酸盐分解,产生氧化钙,有机质则被破坏。

与杂色鲍同等入药的同属动物尚有皱纹盘鲍 *Haliotis discus hannai* Ino.、羊鲍 *Haliotis ovina* Gmelin 等的贝壳。

附:鲍属主要药用种检索表

1. 壳大型,壳质厚,螺旋部大或小,无螺沟,壳形呈长卵形或圆形
  2. 壳近圆形,螺旋部大至壳面的一半,呼水孔开孔为 4~5 个 ………… 羊鲍 *Haliotis ovina* Gmelin
  2. 壳呈长卵形,螺旋部小,呼水孔开孔为 6~9 个 ………… 杂色鲍 *Haliotis diversicolor* Reeve
1. 壳质薄,沿呼水孔列的左侧有螺沟,呼水孔开孔为 3~5 个 …………………………………
…………………………………………………………… 皱纹盘鲍 *Haliotis discus hannai* Ino.

九、中国圆田螺 *Cipangopaludina chinensis* Gray

(一) 形态构造

贝壳较大,壳质薄而坚,呈圆锥形,壳顶尖,螺层 6~7 层,各螺层高、宽度增长迅速,缝合线明显,壳面突出,表面光滑无肋,具有细密的生长线。壳口呈卵圆形,周缘具有黑色框边,上方有一锐角。外唇简单,内唇部分或全部覆盖脐孔,上方贴覆于体螺层上。厣黄褐色,角质,呈卵圆形,有显著同心生长纹。雌雄异体,通常雄性成熟个体的右侧触角比左侧触角短且粗,外形弯曲,为辅助交配器官。

(二)药用

全体入药。别名黄螺、田中螺。出自《药性论》《本草经集注》。春、夏、秋三季可捕捉,捕后洗净,鲜用。味甘、咸,性寒。归肝、脾、膀胱经。具清热,利水,止渴,解毒之功。主治小便赤涩,目赤肿痛,黄疸,脚气,浮肿,消渴,痔疮,疔疮肿毒等。现代药理学研究结果表明,中国圆田螺具有利尿和生肌作用,用于治疗肾脏性腹水和宫颈癌放疗后坏死。 本品主含蛋白质、脂肪、碳水化合物、钙、磷、铁、维生素 B_1、维生素 B_2、烟酸、维生素 A 等成分。

与中国圆田螺同等入药的同属动物尚有中华圆田螺 *Cipangopaludina cathayensis* Heude 和乌苏里圆田螺 *Cipangopaludina ussuriensis* Grestfeldt(图 9-44)。

● 图 9-44　乌苏里圆田螺

附:田螺属主要药用种检索表

1. 壳较大,平滑,表面突出,螺层表面无螺旋形色带,一般不具环棱

   2. 壳质较厚,壳口周围无明显黑色边缘 …………… 中国圆田螺 *Cipangopaludina chinensis* Gray

   2. 壳质较薄,壳口周围有明显黑色边缘 ………… 中华圆田螺 *Cipangopaludina cathayensis* Heude

1. 壳较大,螺层表面有螺旋形色带,平滑,表面突出,不具环棱……………………………………

   …………………………………… 乌苏里圆田螺 *Cipangopaludina ussuriensis* Grestfeldt

十、其他药用动物

(一)海月 *Placuna placenta* Linnaeus

以肉入药。别名镜鱼、海镜、膏叶盘、蛎镜、石镜、窗贝。出自《本草纲目拾遗》。捕得后取肉鲜用。味甘,性平。归脾、胃经。具消食化痰,调中,利膈之功。主治痰结,食积,黄疸,消渴等。《食疗本草》载"主消痰,以生椒酱调和食之良。能消诸食,使人易饥"。

(二)河蚬 *Corbicula fluminea* Müller

以肉与壳供药用。

1. 蚬肉　出自《新修本草》。捕后沸水烫死,取肉晒干。味甘、咸,性寒。具清热,利湿,解毒之功。主治消渴,目黄,湿毒脚气,疔疮痈肿等。《新修本草》载"治时气,开胃,压丹石药及疔疮,下湿气。下乳,糟煮服良。生浸取汁,洗疔疮"。《日华子本草》载"去暴热,明目,利小便,下热气,脚气湿毒,解酒毒目黄,浸取汁服,主消渴"。

2. 蚬壳　别名扁螺,出自《本草经集注》。捕后入沸水烫死,取壳洗净晒干。味咸,性温。归肺、胃经。具化痰止嗽,祛湿和胃之功。主治痰喘咳嗽,反胃吐食,胃痛吞酸,湿疮,溃疡,脚气等。《本草纲目》载"化痰止呕,治吞酸心痛及暴咳。烧灰涂一切湿疮,与蚌粉同功"。

(三)长砗磲 *Tridacna maxima* Röding

以贝壳入药。别名车渠、海扇、蚵筋,出自《海药本草》。捕得后取壳晒干。味甘、咸,性寒。

归肾经。具安神,解毒之功。主治心神不安,失眠多梦,蜂虫蛰伤等。

(四) 四角蛤蜊 *Mactra veneriformis* Reeve

以肉入药。别名蛤刺、吹潮、沙蛤、沙蜊、白蚬子、白蚶子、布鸽头。出自《本草汇编》。捕得后用沸水烫过,剖壳取肉,鲜用或晒干。味咸,性寒。归胃、肝、膀胱经。具滋阴,利水,化痰,软坚之功。主治水肿,消渴,癖块,痰积,瘿瘤,崩漏,痔疮等。

(五) 缢蛏 *Sinonovacula constricta* Lamarck

以壳、肉入药。

1. 蛏肉　别名蛏肠,出自《食疗本草》。捕得后洗净,去壳取肉,鲜用或晒干。味咸,性寒。归心、肝、肾经。具补阴,清热,除烦之功。主治产后虚损,烦热口渴,盗汗。《嘉祐本草》载"补虚,主冷痢"。《本草从新》载"补阴,主热痢"。《医林纂要》载"解渴醒酒,除烦去热"。

2. 蛏壳　别名蛏子壳,出自《本草纲目拾遗》,捕得后,洗净泥沙,去肉收集贝壳,晒干。味咸,性凉。归肺、胃经。具有和胃,消肿之功。主治胃病、咽喉肿痛等。

(六) 黑凹螺 *Chlorostoma nigerrinma* Gmelin

壳入药,名为海决明,别名马蹄子。四季均可采捕,捕得后,去肉取壳,洗净,晒干。味咸,性寒。具平肝潜阳之功。主治高血压、头晕头痛、慢性肝炎等。

(七) 节蝾螺 *Turbo brunerus* Röding

以厣入药,名为甲香,别名水云母、催生子,出自《新修本草》与《本草图经》。四季均可采捕,捕得后将厣取下,洗净,晒干。味咸,性平。归肾经。具去痰火,清湿热,解疮毒之功。主治脘腹满痛,痢疾,淋病,高血压,头痛,头疮,痔瘘,疥癣等。

(八) 阿文绶贝 *Mauritia arabica* Linnaeus

以壳入药。出自《新修本草》。味咸,性平。归肝、心经。具镇惊安神,平肝明目之功。主治小儿高热抽搐,惊悸心烦,头晕目眩,目赤肿痛,热毒目翳,失眠多梦等。

(九) 脉红螺 *Rapana venosa* Valenciennes

以壳入药,别名海螺壳,捕得后,去肉取壳,洗净,晒干。味咸,性寒。归肝、胃经。具化痰,散结,解痉,制酸之功。主治淋巴结核,四肢拘挛,胃及十二指肠溃疡,神经衰弱,慢性骨髓炎等。

(十) 蛎敌荔枝螺 *Purpura gradata* Jonas

以壳入药。捕得后,沸水烫死,去肉取壳,洗净,晒干。味咸,性平。具清热解毒,软坚散结之功。主治淋巴结核,疮疡。

（十一）梳棘骨螺 *Murex pecten* Lightfoot

以壳入药,中药材名为骨螺,别名骨贝、蠕螺。捕得后,用沸水烫死,去肉取壳,洗净,晒干。味咸,性平。具清热解毒,活血止痛之功。主治中耳炎,疮痈肿毒,下肢溃疡等。

（十二）泥东风螺 *Babylonia lutosa* Lamarck

以肉、壳入药。肉,鲜用,味甘、咸,性微寒。具止血、润燥之功。主治鼻衄,大便燥结。壳,具中和胃酸,解毒之功。

（十三）管角螺 *Hemifusus tuba* Gmelin

以肉、厣入药。

1. 管角螺肉　鲜用。味甘,性平。具滋阴补气之功。主治腰痛、耳聋。

2. 管角螺厣　味甘、微咸,性平。具清热燥湿,滋阴补虚之功。主治白带过多,小儿头疮,中耳炎,下肢溃疡,阴虚潮热,体虚自汗,四肢酸软。

（十四）瓜螺 *Cymbium melo* Solander

别名油螺、红塔螺、红螺。以肉及卵群入药。

1. 瓜螺肉　鲜用。味咸,性平。归肺、胃经。具清火明目之功。主治眩晕,目昏。

2. 红螺塔　为瓜螺的卵群卵块。味甘,性凉。具制酸止痛,清凉解热之功。主治胃痛,胃酸过多,阴虚发热。

（十五）蓝斑背肛海兔 *Notarchus leachii cirrosus* Stimpson

以卵群入药。味甘、咸,性寒。归肺、肾经。具清热养阴,软坚消痰之功。主治瘿瘤,瘰疬,肺燥喘咳,鼻衄。

（十六）短蛸 *Octopus ocellatus* Gray

以肉入药。味甘、咸,性平。归肝、肾经。具养血通乳,解毒,生肌之功。主治产后缺乳,血虚经行不畅,疮疡久溃。

（**王厚伟**）

第十章 节肢动物门
Athropoda

节肢动物是动物界中最大的一个门类,种类繁多,现存种类已达100多万种,绝大多数种类已演化为真正的陆生动物。节肢动物的体型相差甚大,微小的螨类体长仅0.3mm左右,最大的巨螯蟹 *Macrocheira kaempferi* Temminck 步足伸展时可超过3m。在无脊椎动物中,节肢动物是登陆取得巨大成功的类群,几乎占据了陆地的所有生境,是原口动物中进化程度最高的类群。本门动物可分为3个亚门,7个纲。本门药用动物种类繁多,疗效卓著,常见的有少棘巨蜈蚣 *Scolopendra subspinipes mutilans* L. Koch、东亚钳蝎 *Buthus martensii* Karsch、黑蚱 *Cryptotympana pustulata* Fabricius、地鳖 *Eupolyphaga sinensis* Walker 及家蚕 *Bombyx mori* L. 等。本门动物在抗肿瘤方面具有很大潜力,国内外研究将本门动物特别是昆虫纲作为重要的新药筛选来源。

第一节 节肢动物门的主要特征

节肢动物门两侧对称,异律分节,身体分部,具有分节的附肢,体表覆盖几丁质外骨骼,生长过程中会定期蜕皮;开放式循环;水生种类的呼吸器官为鳃或书鳃,陆生的种类为气管或书肺或兼有;集中型链状神经系统,具有多种感觉器官;多雌雄异体,生殖方式多样。

一、身体分节

节肢动物身体两侧对称,在环节动物身体同律分节的基础上,体节进一步愈合、特化,各体节在外部形态、内部构造及生理功能上大不相同,称为异律分节(heteronomous segmentation)。不同部位的体节出现了形态的分化及功能的分工,形成了体部。昆虫的不同部位的体节愈合形成头、胸和腹三个部分(如蝗虫),或头部与胸部愈合为头胸部(如虾),或胸部与腹部愈合为躯干部(如蜈蚣)。身体分部使得生理功能上出现了分工,身体构造复杂程度增加,也提高了节肢动物的运动力和环境适应力。

二、附肢分节

节肢动物的附肢分节(图10-1)。与环节动物的疣足不同之处在于:环节动物疣足是体壁的中空凸起,本身及其与躯干部相连处无活动关节,疣足小而运动力不强。而节肢动物附肢是实心的,

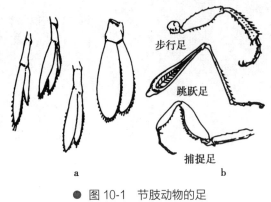

步行足

跳跃足

捕捉足

a

b

● 图 10-1　节肢动物的足
　a. 双肢型;b. 单肢型

内有发达的肌肉,本身及其与身体相连处有活动的关节,十分灵活而且有力,称为节肢。节肢分为两种类型,即双枝型(biramous)和单枝型(uniramous)。双枝型较为原始,如虾类腹部的游泳足。双肢型节肢由原肢(protopodite)及其顶端发出的内肢(endopodite)和外肢(exopodite)3 部分构成;单枝型节肢由双枝型演变而来,其外肢已完全退化,只保留了原肢和内肢,如蝗虫的 3 对步足。附肢的分节及着生部位的不同,形态和功能发生了高度特化,形成了触角、口器、足等结构,可见,附肢除了运动外,还具有呼吸、摄食、感觉及交配等多种生理功能。身体分节和附肢分节是节肢动物门的主要特征之一,也是动物进化的一个重要标志。

三、体表被几丁质外骨骼

节肢动物身体的外面覆盖有一层几丁质的坚硬的体壁,称为外骨骼(exoskeleton),又称表皮(epicuticle)或角质层(cuticle),具有保护身体、防止水分蒸发及运动杠杆作用,是节肢动物适应陆地生活的必要条件之一。外骨骼有三层,包括上表皮(upper epidermis)位于最外层,最薄,含蜡层(一般为陆生种类)和色素,不透水,可有效防止水分散失,是很多节肢动物适应极为干旱地区的主要原因;外表皮(outer epidermis),主要由几丁质(甲壳质)(chitin)和鞣化蛋白组成,几丁质为含氮的多糖类化合物,化学组成为醋酸酰胺葡萄糖($C_{32}H_{54}N_4O_{21}$),质地坚硬;内表皮(endocuticle),化学组成与外表皮相同,但内表皮的蛋白质尚未鞣化,所以质地柔软,有弹性,主要成分为蛋白质和几丁质(图 10-2)。外骨骼分片排列,骨片间的节间部分不含外表皮或外表皮不发达,故其身体较

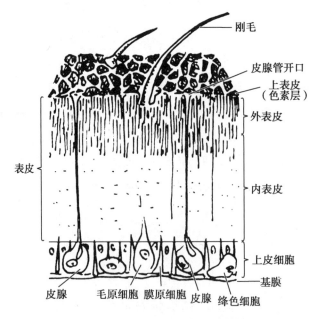

刚毛

皮腺管开口

上表皮
(色素层)

外表皮

表皮

内表皮

上皮细胞

基膜

皮腺　毛原细胞　膜原细胞　皮腺　绛色细胞

● 图 10-2　节肢动物的外骨骼结构图

柔软,不妨碍身体活动。甲壳纲动物外骨骼含有大量的钙,增加了坚硬程度,昆虫几乎不含钙。外骨骼大大增强了节肢动物对陆地生活的适应能力,是节肢动物的重要特征之一。

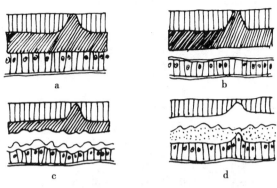

● 图 10-3 节肢动物蜕皮过程(a~d 为蜕皮进程)

在生长的过程中,外骨骼一旦骨化,便不能继续生长扩大,会限制了身体的生长,为了摆脱外骨骼的限制,节肢动物生长过程中,会出现定期蜕皮(ecdysis)现象(图 10-3)。蜕皮过程受激素调控。蜕皮时,上皮细胞分泌蜕皮液(ecdysis fluid),主要为几丁质酶和蛋白酶,然后旧的表皮被溶解,个体从背中线处钻出来,并重新形成外骨骼,在新的外骨骼未完全骨化之前,个体迅速生长。蜕皮次数与节肢动物的生长速度有关,昆虫在成熟后不再蜕皮,而甲壳动物需要终身蜕皮。

此外,外骨骼上常长有刚毛,并具有丰富的神经末梢,具有感觉功能。另外,表皮层中还有色素及其他代谢产物沉积,形成生物色;有的种类上表皮的表面还有条纹及凹刻等结构,经光的折射呈现闪耀的色彩,从而形成结构色(schemochromes),因此,动物的体色是生物色和结构色联合产生的。

四、强有力的横纹肌

节肢动物的肌肉均为强劲有力的横纹肌(striped muscle),并形成独立的肌肉束,其两端附着在外骨骼的内表面或内突上,靠肌肉束的收缩牵引骨板使身体运动。通过外骨骼的杠杆作用,增强了肌肉的运动能力。肌肉束往往按节成对排列,相互拮抗。每只附肢通常有 3 对附肢肌,可使附肢在前后、上下及内外 3 个不同方位活动(图 10-4)。从节肢动物开始形成横纹肌,使得其获得高度发达的运动功能。

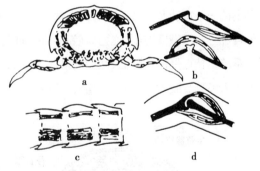

● 图 10-4 节肢动物的外骨骼与肌肉的关系
a. 节肢动物体节横切面,示骨骼和肌肉;b. 节肢动物附肢关节间肌肉附着形式;c. 节肢动物附肢关节和肌肉的附着形式;d. 脊椎动物附肢关节和肌肉的附着形式

五、多样性的呼吸器官

为了适应不同的生活环境,节肢动物的呼吸器官呈现多样性。简单种类无专门的呼吸器官,靠体表直接与外界环境进行气体交换,如剑水蚤、蚜虫等。水生种类通过鳃(gill)或书鳃(book gill)进行气体交换。鳃是体壁向外的凸起,非常薄,以便血液与外界进行气体交换,如虾的鳃;书鳃是体壁向外凸起折叠呈书页状,是水生节肢动物肢口纲特有的一种呼吸器官,如鲎。陆生种类通过气管(trachea)或书肺(book lung)进行气体交换。书肺是体壁内陷折叠如书页状,如蜘蛛。气管是由体壁内陷形成的管状结构,内壁有角质层成螺旋排列,以保持管壁的形状,气管分支

形成微气管,布满全身各处,并伸入组织间直接与细胞接触,运输 O_2 和排放 CO_2 并通过开在体表的气孔与外界相通。气管是节肢动物高效的呼吸器官,如蝗虫,有的种类气孔可开合,有效减少体内水分的散失,也是节肢动物对陆生环境适应的表现之一(图 10-5)。

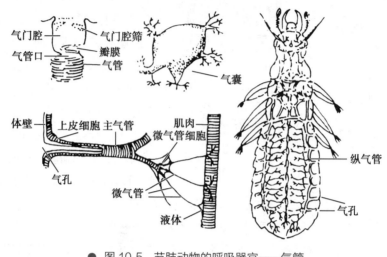

● 图 10-5　节肢动物的呼吸器官——气管

六、混合体腔与开放式循环系统

节肢动物为开放式循环。节肢动物的真体腔退化,胚胎发育过程中,体腔囊断裂解体,并与组织间残存的囊胚腔相互沟通,使最终形成的体腔既来自囊胚腔又来自真体腔,故为混合体腔(mixed coelom)(图 10-6)。节肢动物的循环系统的主要部分为管状、多对心孔的心脏,以及心脏前端发出的一条短动脉。这条短动脉末端开口,无微血管相连,血液通过这条动脉离开心脏,流泛在身体各部分的组织间隙中,称为血腔(hemocoele)或血窦(blood sinus),故为开管式循环。开放式循环系统的特点是血压降低,假如附肢折断,可以避免大量出血死亡。血液无色,多为血清蛋白。昆虫等大多数节肢动物的血液只输送养料,而氧气和二氧化碳等的输导则由气管完成。节肢动物

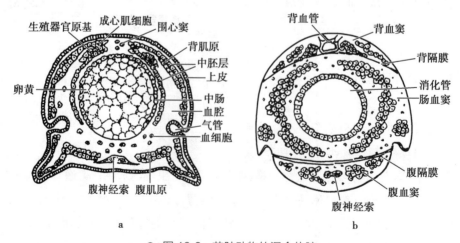

● 图 10-6　节肢动物的混合体腔
a.昆虫胚胎横切面;b.昆虫腹部横切面

循环系统的复杂程度与呼吸系统关系紧密,若呼吸器官仅局限在身体某一处,循环系统相对复杂,如虾;若呼吸系统遍布全身各处,循环系统就比较简单,如蝗虫;而一些小型低等的节肢动物通过体表呼吸,而它的循环系统几乎完全退化,如剑水蚤、蚜虫等。

七、比较完全的消化系统

节肢动物的消化系统主要分为 3 个部分,分别为前肠、中肠和后肠。前肠和后肠是由外胚层向内凹陷形成,因此,肠壁上也有几丁质的外骨骼,并形成齿和刚毛,用来滤过和碾磨食物。蜕皮时,消化管里的前肠和后肠的外骨骼也要脱落,再重新分泌形成。前肠包括口器、食管、嗉囊和前胃,具取食、磨碎、储存和初步消化的功能;中肠是由内胚层形成的,向体腔伸出数条盲管,增加消化面积,分泌消化酶对食物进行消化,是消化和吸收的主要场所;后肠是外胚层内陷形成,包括直肠和肛门,对离子和水分进行重吸收(图 10-7)。节肢动物的食谱非常广泛,特别是陆生昆虫,几乎包括自然界一切植物、微生物及它们产生的有机物质,如植物的汁液、木材、蜡质及腐烂的生物体。不同的取食方式及食物类型,有相应的取食口器(mouth parts),如蝗虫为咀嚼式口器,蚊类为刺吸式口器,蝶蛾类为虹吸式口器。

八、独特的排泄器官

节肢动物的排泄器官为腺体或马氏管。腺体与后肾管同源,由肾管特化形成的,开口于附肢基部,如甲壳动物的绿腺,包括触角腺(antennal gland)和颚腺(maxillary gland),腺体内的排泄产物是类似尿酸的绿色鸟氨酸;蛛形纲为基节腺(coxal gland),代谢产物为氨,一般水生种类也具有(图 10-8a)。马氏管(malpighian tubule)由中肠或后肠演化而来,开口于中后肠交界处,另一端游离在血腔中,收集大量尿酸等蛋白质的代谢废物,进入后肠回收水分、排出残渣,数量由几条到几百条不等(图 10-8b)。马氏管是节肢动物适应陆地生活的特征之一。

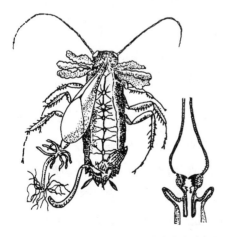

● 图 10-7 昆虫的消化系统内部解剖图

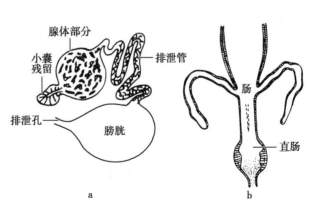

● 图 10-8 节肢动物排泄器官
a.绿腺;b.马氏管

九、神经与感觉器官

节肢动物具有集中型的链状神经系统,神经节相对集中。节肢动物异律分节,一些前后相邻的神经节愈合成较大的神经节或神经团。神经节的愈合提高了神经系统整合、传导信息等功能,更适应陆地生活。节肢动物头部位于消化管上方的前 3 对神经节愈合成脑,分为前脑、中脑和后脑。前脑是视觉和行为的神经中心,中脑是触觉的神经中心,后脑发出神经至上唇和前肠。脑是节肢动物的感觉和统一协调活动的主要神经中枢,但并非重要的运动中心,切除昆虫的脑,给以适当的刺激,仍能行走,但不能觅食。消化管下方的前 3 对神经节愈合形成咽下神经节。

节肢动物具有触觉、味觉、嗅觉、听觉、平衡和视觉等复杂多样的感觉器官。其中最特殊的是复眼,复眼(compound eye)是由数以千计的小眼组成,具有感知外界物体运动、距离、形状和适应光线强弱以及辨别颜色等功能(图 10-9)。

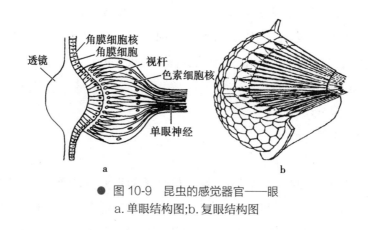

● 图 10-9　昆虫的感觉器官——眼
a. 单眼结构图;b. 复眼结构图

另外,节肢动物出现了内分泌系统(endocrine system),如蜕皮激素、保幼激素、脑激素等。在生殖、发育及代谢等方面起重要调节作用。目前,已在节肢动物体内发现了与哺乳动物类似的激素及其受体,如卵泡刺激素(FSH)、黄体生成素(LH)以及卵泡刺激素受体(FSHR)和黄体生成素受体(LHR)。因此,节肢动物可能具有与高等动物(哺乳动物)一样复杂的激素调节机制。

十、生殖与发育

节肢动物的生殖方式多种多样,有卵生、卵胎生、孤雌生殖、幼体生殖和多胚生殖等。卵生(oviparity)是雌雄成体经交配后,雌虫产出受精卵,卵在体外发育成幼虫。卵胎生(ovoviviparity)是受精卵不产出体外,而在母体子宫内发育成幼体再产出,胚胎发育所需营养由卵内的卵黄供给,受精卵与母体不发生营养关系。孤雌生殖(parthenogenesis)也称为单性生殖,是雌虫不经交配,或卵不经受精就能繁殖新个体,如蚜虫。多胚生殖(polyembryony)是一个卵在发育过程中分裂形成许多胚胎,形成许多幼虫,如小茧蜂。幼体生殖(paedogenesis)是幼虫体内生殖细胞提前发育形成后代,如童瘿蚊。胚后发育有直接发育和间接发育。间接发育的种类有不同阶段的发育期和不同形式的幼体期和蛹期。

节肢动物一般为雌雄异体,并且是雌雄异形,有外生殖器。生殖系统除生殖腺、生殖导管、附属腺体外,高级种类有体外交配和产卵的结构,称为"外生殖器(genitalia)",是由附肢特化形成的。陆生种类为体内受精,水生种类为体内和体外受精。

节肢动物由于适应不同的生活环境,除了基本结构相同外,在生活习性、形态功能、生殖方式及发育类型等方面呈现出多样性,从而构成了整个节肢动物的多样性以及在自然界中广泛的适应性,使其在种类和数量上属于优势地位。

第二节　节肢动物门的分类

根据节肢动物身体分区、附肢及呼吸器官等特征性结构,将其分为3个亚门7个纲,分别为有鳃亚门(Trilobitomorpha)、螯肢亚门(Chelicerata)、有气管亚门(Tracheata),其中昆虫纲(Insecta)就有100多万种,约占动物界总种数84%。

一、有鳃亚门 Trilobitomorpha

大多数水生,少数陆生,用鳃呼吸,有触角1对或2对。分为甲壳纲(Crustacea)和三叶虫纲(Trilobita)。

(一) 甲壳纲 Crustacea

1. 本纲动物特点　甲壳纲是节肢动物门比较原始的类群,体表被有一层比较坚硬的外壳。绝大多数为海洋生,为海洋浮游动物的重要成员,少数侵入淡水,有极少数进入陆地生活,但不能脱离潮湿环境。甲壳动物的头部和胸部部分或全部体节愈合形成头胸部,头部通常具有5对附肢,2对触角,1对大颚和2对小颚。胸部8对附肢,前3对形成颚足(maxilliped),为辅助摄食器官,用以呼吸、感觉及把持食物;胸部的后5对为步行足(ambulatorial leg),具步行、取食、呼吸及防卫的功能。腹部附肢有或无;腹肢扁平如桨,用以游泳,称游泳足(swimming leg)。雌性腹部的附肢可用以携卵,雄性的第1—2对附肢用以输送精子。第6对附肢与尾节合并成尾扇,具舵的功能。用鳃呼吸,排泄器官是腺体。甲壳类动物生活史中由卵孵出后为无节幼虫(nauplius),仅有3个体节,3对附肢,相当于成体的前3对附肢,即2对触角及1对大颚。经多次蜕皮不断地在肛门前部增加体节数,原始的种类体节可多达数十节,高等的种类体节减少并固定,体区划分清楚。

2. 种类和分布　现有的甲壳类动物有35 000多种,包括常见的水蚤、剑水蚤、丰年虫、对虾、螯虾及蟹等,主要的药用种类如下。

(1) 藤壶目(Balanomorpha):营固着或寄生生活,背甲为钙质或膜质,并包被躯体及全身。胸部有6对双枝型蔓足,腹部退化,一般雌雄同体。可药用的如藤壶科(Balanoidea)的布纹藤壶 *Balanus amphitrite* Communis(Darwi)及白脊纹藤壶 *Fistulobalanus albicostatus* Pilsbry。中药藤壶为藤壶科白脊藤壶的肉或壳。

(2) 等足目(Isopoda):体形较细小的甲壳类,体形变化较大,身体通常背腹平扁,头部短小,呈盾形,无头胸甲。腹部较胸部短,胸部附肢均无外肢,腹肢为双枝型。水生或陆生,有的营寄生,分布广泛。药用种类,如缩头水虱科(Cymothoidae)的张氏鱼怪*Ichthyoxenus tchangi* Yu、祁氏鱼*Ichthyoxenus geei* Boone 及中华鱼怪*Ichthyoxenus sinensis* Shen,平甲虫科(Armadillidium)动物平甲虫*Armadillidium vulgare* Latreille 或鼠妇*Porcellio scaber* Latreille,海蟑螂科(Ligiidae)的海蟑螂*Ligia exotica* Roux。

（3）十足目(Decapoda):是甲壳纲中最大的1目,共9 000多种。体分头胸部及腹部。胸肢8对,前3对形成摄食的双叉型颚足,后5对演变成强壮的单叉型步行足。大多数种类发育过程中有明显变态。包括各种虾蟹类,其中有许多是重要的食用种类,具有极大的经济价值。本目对虾科(Penaeidae)的中国对虾*Penaeus chinensis* Osbeck、长毛对虾*Penaeus penicillatus* Alcock、墨吉对虾*Penaeus merguiensis* de Man、斑节对虾*Penaeus monodon* Fabricius,以及长臂虾科(Palaemonidae)、龙虾科(Palinuroidea)、虾蛄科(Squilljda)和蝼蛄虾科(Upogebiidae)等大部分种类可供药用。

（二）三叶虫纲 Trilobita

三叶虫是距今约5.6亿年前(寒武纪)就出现的最有代表性的远古动物之一,无现存种类,仅存化石。全身明显分为头、胸、尾3个部分,背甲坚硬,背甲为两条背沟纵向分为大致相等的3片,即1个轴叶和2个肋叶,故名三叶虫,并经过漫长的历史长河,演化出繁多的种类,体长差异大,有的长达70cm,有的只有2mm。

二、螯肢亚门 Chelicerata

身体较大,分为头胸部和腹部。具螯肢而无触角,是本亚门动物的主要特征。口后第1对附肢为脚须(pedipalp),主要功能是爬行,兼有执握、感觉和咀嚼功能。用鳃、书鳃或用书肺、气管呼吸。最早出现于寒武纪,现代还有少数种类,海生或陆生。

（一）肢口纲 Merostomata

1. 本纲动物特点　身体分头胸部、腹部和尾剑三个部分,头胸部有6对附肢,其中第1对为螯肢,后5对为步行足;腹部附肢7对,后6对形成书鳃,着生在腹部的附肢内侧外肢形成的板状结构。生活在海洋中,化石种类有120种,现存5种,称鲎(图10-10)。本纲分为2目,仅剑尾目为药用种类。

2. 种类与分布　剑尾目(Xiphosura),是本纲现存唯一的目,通称鲎。头胸部背面为大而穹圆的马蹄形头胸甲,头胸部的腹面有6对附肢:前5对末端螯状,第1对较小,只有3节,位于口的前端,称为螯肢,用以捕捉蠕虫及薄壳的软体动物等;其他5对附肢围绕于口周围,其具有步行和进食功用,称为步足,每个步足

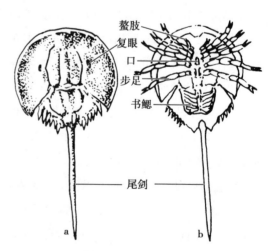

● 图 10-10　中国鲎的外形
a.鲎的背面观;b.鲎的腹面观

的基节内侧有长刺,用以剥离食物并将其滚入口中。最后一对步足基节后面有一对退化的附肢,称为唇瓣。腹部 8 对附肢,第 1 对左右愈合成盖状,称为生殖厣,覆盖生殖孔。第 2—6 对腹肢左右结合,构成书鳃,呈书页状。幼虫叫三叶幼虫。生活在浅海或潮间带沙滩。本目鲎科(Tatypleidae)的中国鲎 *Tachypleus tridentatus* Leach 可药用。我国沿海有中国鲎的分布。

(二) 蛛形纲 Arachnida

1. 本纲动物特点　身体分为头胸部和腹部,腹部无运动附肢。无触角,头胸部有 6 对附肢,第 1 对是螯肢,第 2 对是脚须,后 4 对为步足。呼吸器官用书肺和气管。排泄器官为基节腺和马氏管。大多生活于陆地,种类 60 000 余种,其中蝎目(Scorpionida)及蜘蛛目(Araneae)部分种类可药用。

2. 种类与分布

(1) 蜘蛛目(Araneae):身体分头胸部和腹部,以腹柄相连。头胸部有 6 对附肢,包括 1 对螯肢、1 对触肢和 4 对步足,螯肢 2 节,有毒腺开口于螯钳接近于其末端,触肢 6 节。腹部多为圆形或卵圆形。除少数原始种类的腹部背面保留分节的背板外,多数种类已无明显的分节痕迹。腹部腹面前半部有一胃外沟或生殖沟,中央有生殖孔。雄性的末端形成交接器官,可把精子注入雌性的受精囊里;雌性生殖孔周围有一些结构,统称为外雌器。书肺 2 个或 4 个。我国已知的蜘蛛有 1 000 余种。

螲蟷科(Ctenizidae)戴氏拉土蛛 *Latouchia davidi* Simon,圆网蛛科(Argiopodae)的大腹圆蛛 *Aranea ventricosa* L. Koch、横纹金蛛 *Argiope bruennichi* Scopoli,壁前科(Urocteidae)的北壁钱 *Uroctea limbata* C. L. Koch、华南壁钱 *Uroctea compactilis* L. Koch,以及跳蛛科(Salticidae)和草蛛科(漏斗蛛科,Agelenidae)的部分种可供药用。

(2) 蝎目(Scorpiones):身体分头胸部和腹部,腹部又分为前腹部和后腹部。前腹部和头胸部较宽并紧密相连,称为躯干,后腹部窄长,称作"尾",末端还有一袋形尾节,尾节末端为一弯钩状毒针。世界上已知约 1 500 种,中国记载约 15 种。其中钳蝎科(Buthidae)的东亚钳蝎 *Buthus martensii* Karsch 可供药用。

三、有气管亚门 Tracheata

大部分陆生,少数水生。气管呼吸,分为 3 个纲:原气管纲、多足纲和昆虫纲。

(一) 原气管纲 Prototracheata

原气管纲又称有爪纲(Onychophora),形似蠕虫,身体表面有环纹,没有明显分节。附肢有爪但不分节。具单眼无复眼,用气管呼吸。具有皮肤肌肉囊、后肾管、混合体腔、开管式循环。全身遍布气孔,气孔不能关闭,易失水分,必须生活在潮湿的地方。本纲动物形态介于环节动物和节肢动物之间,具这两个动物门特征。本纲动物种类稀少,几近于灭绝,已知约 70 种,我国仅在西藏有分布记录,代表种类为栉蚕(Peripatus)。

(二) 多足纲 Myriapoda

本纲动物大多数身体细长,体长 2~280mm。体形多样,体节从 11 节至几十节不等,分为头部和躯干部,头部触角1对,单眼若干对,无真正的复眼,口器由1对大颚和1片状的颚唇部组成。胸部4节,第1节,即颈节,无附肢,第2—4节各具步足1对。成体腹部的体节很多,除尾端1或2节都无步足外,其余每节各具步足2对。腹部占据虫体的大部分和体节基本相似是本纲动物的特点。雄性的1或2对步足转化成生殖肢。以气管呼吸,排泄器官为马氏管。分布在陆地潮湿的区域,已知约10 500种,主要有蚰蜒、蜈蚣、马陆等。蜈蚣与马陆比较,蜈蚣第1对附肢末节变为毒爪,每腹节有附肢1对;马陆无毒爪,每腹节有附肢2对。本纲药用种类仅有以下各目,唇颚目(Chilognatha)球马陆科(Glomeridae);带马陆目(Polydesmoidea)圆马陆科(Strongylosomidae)的宽附陇带马陆 *Kronopolites svenhedin* Verhoeff;山蛩目(Spirobolida)其中山蛩科(Spirobolidae)的燕山蛩 *Spirobolus bungii* Brandt;蟠形目(Sphaerotheriida)的蟠马陆科(Sphaerotheriidae);整形目(Epimorpha)蜈蚣科(Scolopendrida)的少棘巨蜈蚣 *Scolopendra subspinipes mutilans* L. Koch 和多棘蜈蚣 *Scolopendra subspenipes multidens* Newport 及蚰蜒目(Scutigeromorpha)蚰蜒科(Scutigelidae)的花蚰蜒 *Theteuonema tuberculata* Wood 等可供药用。

(三)昆虫纲 Insecta

昆虫纲是节肢动物门乃至动物界中数量和种类最多的一纲。目前,已知的昆虫有100多万种,约占动物种数的84%,还有很多种类尚待发现。昆虫纲分布广泛,几乎遍及整个地球。

1. 本纲动物特点　身体分为头、胸、腹3个部分。头部是胚胎发育时6个体节愈合形成,前方有1对触角,着生在复眼之间,具有感觉和嗅觉的功能,有的还有听觉作用,可以帮助昆虫进行通信联络、寻觅异性、寻找食物和选择产卵场所等活动。触角由1个柄节、1个梗节和多个鞭节组成。触角形状各异,常见的有:①丝状触角,细长如丝,鞭节各节的粗细大致相同,逐渐向端部变细,如蝗虫、天牛;②棒状触角,鞭节基部细长如丝,顶端数节逐渐膨大,全形像棒球杆,如蝶类;③刚毛状触角,短小,基部1~2节较粗,鞭节细如刚毛,如蝉、蜻蜓;④念珠状触角,鞭节各节大小相近,形如圆球,全体像一串珠子,如白蚁;⑤鳃状触角,端部3~7节向一侧延展成薄片状叠合在一起,状如鱼鳃,如金龟子;⑥芒状触角,一般仅3节,短而粗,末端一节特别膨大,其上有1刚毛,称触角芒,芒上有许多细毛,如蝇类;⑦羽毛状触角,鞭节各节向两侧突出,形如羽毛,如蛾类;⑧膝状触角,鞭节向外弯折,如蜜蜂;⑨环毛状触角,鞭节各节有1圈细毛,愈接近基部的细毛愈长,如雄蚊。

昆虫的头部一般有2个复眼(compound eye)和不同数目的单眼(ocellus),是感光器官。复眼由不定数量的小眼组成,复眼的小眼面一般呈六角形。小眼面的数目、大小和形状在各种昆虫中变异很大,能成像;单眼只能分辨明暗。

口器是感觉和取食的中心,由头部后面的3对附肢和一部分头部结构联合组成,主要有摄食、感觉等功能。由于昆虫的食性非常广泛,口器变化也很多,主要有4种类型:①咀嚼式口器(biting mouthparts),是最原始的口器形式,由上唇、上颚、下颚、下唇和舌5个部分组成,适用于取食、咀嚼固体食物,如蟑螂、蝗虫的口器;②刺吸式口器(piercing-sucking mouthparts),为取食植物汁液和动物体液的昆虫特有,能刺入组织吸取营养液,与咀嚼式口器的不同在于上、下颚特化成针状的口针,下唇延长成喙,前肠前端形成强有力的抽吸结构,如蝉和蚊的口器;③舐吸式口器(sponging mouthparts),为蝇类所具有,上下颚都退化,上唇和舌形成食物道,下唇延长成喙,末端特化为1对唇瓣,瓣上有许多环沟,两唇瓣间的基部有小孔,液体食物由孔直接吸收,或通过环沟的过滤进入食物道;④虹吸式口器(siphoning mouthparts),是蝶蛾类成虫特有的口器,大部分结构退化,仅下颚的外颚叶延长并左右闭合成管状,用时伸出,不用时盘卷成发条状,适于取食花蜜和水滴等液体食物。了解口器的类型不仅可以辨别昆虫的类别,还可以在害虫防治中根据植物的被害状,了解危害植物的昆虫,从而选择合适的农药。

胸部由 3 个体节组成,分为前、中、后胸,司运动。胸部 3 个体节各具 1 对足,相应地称为前足、中足和后足。足由基节、转节、腿节、胫节、跗节、前跗节组成,根据功能的不同,形态存在差异,分述如下。①步行足,各节都较细长,宜于行走,如蝗虫的前 2 对足;②跳跃足,一般为后足特化,腿节特别膨大,胫节细长,如蝗虫的后足;③开掘足,一般为前足特化,胫节宽扁,外缘具齿,似钉耙,适于掘土,如蝼蛄的前足;④游泳足,后足特化成桨状,扁平,边缘有毛,适于水中游泳,如龙虱;⑤携粉足,是蜜蜂用以采集和携带花粉的构造,由后足特化,胫节扁宽有长毛,构成花粉篮;⑥捕捉足,前足特化,腿节腹面有槽,胫节可以折嵌其内,形似一把折刀,用以捕捉猎物,如螳螂的前足;⑦攀缘足,生活在毛发上的虱类具有,前跗节为一大形钩状的爪,胫节肥大,外缘有指状凸起,两者结合时可牢牢抓住寄主的毛发。

大部分昆虫,中胸和后胸各有 1 对翅,依次为前翅和后翅。翅是中胸和后胸背板两侧体壁向外延伸而形成,最后上下两层膜紧密相贴,表皮细胞消失,其中有包含神经、气管及血液的骨化管状结构,称为翅脉腔,整条管状结构称为翅脉(vein)。不同种类的昆虫,翅脉变化复杂,也常用作昆虫分类的重要特征。翅的形态多样,常见的有:①膜翅(membranous wing),翅膜质,薄而透明,翅脉明显可见,如蜻蜓;②复翅(compound wing),质地坚韧如皮革,有翅脉,如蝗虫的前翅;③鞘翅(elytra),坚硬如角质,不用于飞行,起保护作用,如天牛、瓢虫的前翅;④半鞘翅(hemielytron),翅基半部为皮革质,端半部为膜质,如蝽象类;⑤鳞翅(lepidotic wing),膜质,翅上有许多鳞片,如蝶蛾;⑥毛翅(hairy wing),膜质,翅上有许多毛,如石蛾;⑦缨翅(tassel wing),前后翅狭长,翅脉退化,翅质地膜质,翅周缘缀有长毛,如蓟马类昆虫。有的昆虫后翅退化形成了一对棒状的结构,称为平衡棒(halter)。翅在发育的不同时期,形态结构也有所不同。

腹部一般由 11 体节组成,最多不超过 12 个体节,有些种类腹部的相邻体节愈合,通常可见的体节数相对较少,如青蜂 3~4 个体节,蝇类 5~6 个体节。第 11 个体节背板位于肛门上方,称为肛上板,腹板分为左右 2 片,称为肛侧板。在肛上板和肛侧板之间是 1 对须状附肢,称为尾须(cerci)。雌虫的外生殖器称为产卵器(ovipositor),雄性外生殖器称为交配器(copulatory organ),用以交配、授精及产卵等,主要由腹部的第 8 和第 9 两个腹节上的附肢演化形成的。腹部是内脏集中的部位,腹末有外生殖器,是新陈代谢和生殖中心(图 10-11)。

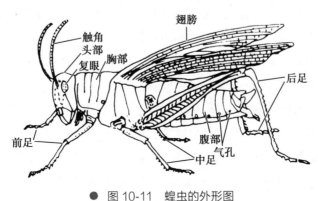

● 图 10-11　蝗虫的外形图

绝大多数的昆虫进行两性生殖,一般通过雌雄交配、受精,再产卵。绝大多数是卵生,少数卵胎生。还有一些卵不经过受精就能发育成新个体,这种现象统称为孤雌生殖(parthenogenesis)。昆虫在发育的过程中,幼虫和成虫形态相似,有的成虫和幼虫的外形相差极大,其间的形变被称为变态发育(metamorphosis)。变态发育分为完全变态(complete metamorphosis)和不完全变态(incomplete metamorphosis)。幼虫(童虫,larva)发育成为成虫(imago)之前,存在着一个静止状态——蛹(pupa),在蛹期,有的鳞翅目昆虫常吐丝作茧,以保护虫体,如家蚕等,称为完全变态发育。而幼虫与成虫相比,除身体较小和生殖器官发育不成熟之外,无其他差别,称为不完全变态发育,如蝗虫、蜻蜓。不完全变态分为渐变态(paurometamorphosis)和半变态(hemimetamorphosis)。渐变态是幼虫与成虫在体形、习性及栖息环境等方面都很相似,但幼体的翅发育还不完全,这种变态是逐步进行的。其幼虫称为若虫(nymph),其发育过程为:卵→若虫→成虫。半变态是幼虫在生活习性、体形、取食器官、呼吸器官以及行为等与成虫有着明显的分化。 幼虫时期通常称作稚虫(naiad),其发育过程为:卵→稚虫→成虫(图10-12)。

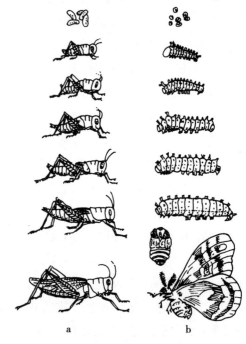

● 图 10-12　昆虫的发育
a. 蝗虫的不完全变态;b. 蛾类的完全变态

　　2. 种类与分布　一般将昆虫纲分为无翅亚纲(Apterygota)和有翅亚纲(Pterygota),以及 34 个目。主要的药用种类为以下 13 个目。

　　(1) 缨尾目(Thysanura):中小型昆虫,生活于室内黑暗潮湿处,在档案、图书、衣服、纸张等物品中均可发现。触角丝状,咀嚼式口器,无翅,腹末端有 2 条尾须和 1 条中尾丝。衣鱼科(Lepismatiae)的衣鱼 *Lepisma saccharina* L. 和毛衣鱼 *Ctenolepism villosa* 等可入药。

　　(2) 螳螂目(Manteidae):中至大型昆虫。头三角形且活动自如,前足为捕捉足,前翅皮质,后翅膜质,臀域发达,扇状;腹部肥大。渐变态。卵产于卵鞘内。螳螂科动物大刀螂 *Tenodera sinensis* Saussure、南方刀螂 *Tenodera aridifolia* Stoll、小刀螂 *Stalilia maculate* (Thunberg)、巨斧螳螂 *Hierodula patellifera* (Serville)及薄翅螳螂 *Mantis religiosa* L. 等可入药。

　　(3) 蜻蜓目(Odonata):大型昆虫。复眼大,触角刚毛状。咀嚼式口器。膜翅,翅脉网状,各翅均有 1 翅痣。稚虫水生,不完全变态。可供药用的种类主要有:蜓科(Aeshnidae)的大蜻蜓 *Anax parthenope* Selys,以及蜻科(Libellulidae)昆虫赤蜻蛉 *Crocothemis servilia* Drury、夏赤卒 *Sympetrum darwinianum* Selys、褐顶赤卒 *Sympetrum infuscatum* Selys、黄衣 *Plantala flavescens* Fabricius,还有马大头 *Anax parthenope* Selys、黄蜻 *Sympetrum flaveolum* L. 等。

　　(4) 直翅目(Orthoptera):中型到大型昆虫。种类较少,包括蝗虫、螽虫斯、蟋蟀和蝼蛄等常见的农牧业重要害虫。触角丝状,多节。咀嚼式口器。前翅为复翅,后翅为膜翅。后足为跳跃足。 常有听器和发声器。雌虫产卵器发达。不完全变态。入药的种类主要有:蝗科(Acrididae)昆虫亚洲飞蝗 *Locusta migratoria* L. 、中华稻蝗 *Oxya chinensis* Thunberg、稻叶大剑

角蝗 *Acrida lata* Motsch;螽斯科昆虫螽斯 *Gampsaocleis gratiosa* Brunner Wattenwyl. 纺织娘 *Mecopoda elongata* L.；蟋蟀科(Gryllidae)的蟋蟀 *Stenopelmatus fuscus* Walker、棺头蟋蟀 *Loxoblemmus doenitzi* Stein、油葫芦 *Cryllus testaceus* Walker、花生大蟋蟀 *Tarbinskiellus portentosus* Lichtensteim;蝼蛄科(Gryllotalpidae)的非洲蝼蛄 *Gryllotalpa africana* Palisot et Beauvois、单刺蝼蛄 *Gryllotalpa unispina* Sauss 及普通蝼蛄 *Gryllotalpa gryllotalpa* L.。另外荒地蚱蜢 *Acrida oxycephala* Pallas 亦可入药。

(5) 双翅目(Diptera):小型到中型昆虫,体长 0.5~50mm。体短宽或纤细,圆筒形或近球形,下口式。触角形状不一,差异很大,一般长角亚目为丝状,由许多相似节组成。口器为刺吸式及舐吸式等,仅有 1 对前翅,为膜翅,后翅特化为平衡棒,全变态。如蚊、蝇、虻等。可供药用的种类主要有:丽蝇科(Calliphoridae)的大头蝇 *Chrysomyia megacephala* Fabricius;虻科(Tabanidae)的牛虻 *Tabanus bivitatus*、雁虻 *Tabanus pleskei* Krober、斜纹黄虻 *Atylotus pulchellus* Karybenthinus(Szilady)、憎黄虻 *Atylotus miser* Szilady、黑灰虻 *Tabanus grandis* Szilady、柯虻 *Tabanus cordiger* Meigen、斐虻 *Tabanus filipjevi* Olsufjev、黑虻 *Tabanus leleani* Austen、亚沙虻 *Tabanus subsabuletorum* Olsufjev、双虻 *Tabanus geminus* Szilady、多声虻 *Tabanus bromius* L.、秋虻 *Tabanus autumnalis* L. 等;狂蝇科(Oestridae)的蜂蝇 *Eristalomyia tenax* L. 等。

(6) 脉翅目(Neuroptera):口器咀嚼式。触角长,呈丝状,多节。复眼发达。翅膜质透明,有许多纵脉和横脉,多分支,前后翅脉序相似,网状,翅脉在翅缘二分叉。无尾须。全变态。包括褐蛉、草蛉、蚁蛉及蝶角蛉等,是棉铃虫、蚜虫等害虫的重要天敌,其中蚁蛉被列为药用种类,如蚁蛉科(Myrmeleontidae)的中华东蚁蛉 *Euroleon sinicus* Navas 和黄足蚁蛉 *Hagenomyiu micans* Maclachlan 等。

(7) 半翅目(Heteroptera):俗称蝽。触角丝状。口器刺吸式。前翅为半鞘翅,后翅为膜翅。不完全变态。水生和陆生。蝽科(Pentatomidae)的九香虫 *Aspongopus chinensis* Dallas 和水黾科(Gerridae)的水黾 *Rhagadotarsus kraepelini*(Breddin)等可入药。

(8) 同翅目(Homoptera):昆虫中的一大类,其中蝉类常被列为药用昆虫。小型至大型。口器刺吸式,从头后方生出。前翅膜质或革质。如蝉、叶蝉、蚜虫等。蝉科(Cicadidae)的黑翅红娘子 *Huechys sanguinea* Geer 和黑蚱蝉 *Cryptotympana atrata* Fabricius;绵蚜科(Pemphigidae)角倍蚜 *Malaphis chinensis* Bell;胶蚧科(Lacciferidae)的白蜡虫 *Ericerus pela* Chavannes 等可入药。

(9) 鞘翅目(Coleoptera):昆虫纲中的第一大目,也是动物界的第一大目,约 30 万种。口器咀嚼式,触角 10~11 节,前翅为鞘翅,后翅为膜翅。有不少种类被列入药用种类。步行虫科(Carabidae)的虎斑步甲 *Pheropesophus jessoensis* Moraw;隐翅虫科(Staphylinidae)的黄胸青腰 *Paederus fuscipes* Lew;龙虱科(Dytisicidae)的侧缘真龙虱 *Cybister laterimarginalis* De Geer;芫青科(Meloidae)的四点斑芫菁 *Mylabris quadripunctata* L.、草原斑芫菁 *Mylabris frolovi* Germ.、苹斑芫菁 *Mylabris calida* Pallsa 变色斑芫菁 *Mylabris variabilis* Pall.、单纹斑芫菁 *Mylabris monozona* Wellm.、花斑芫菁 *Mylabris polymorpha* Pall.、西伯利亚斑芫菁 *Mylabris sibirica* Fischer、蚁形斑芫菁 *Mylabris quadrisignata* Fischer、腋斑芫菁 *Mylabris axillavis* Billberg、蒙古斑芫菁 *Mylabris mongolica* Dokht、绿芫菁 *Lytta caraganae* Pallas、眼斑芫青 *Mylabris cichorii* L.;拟步行虫科(Tenebrionidae)的洋虫 *Martianus dermetiodes* Chevrolata;天牛科(Ceramhycidae)的桑天牛 *Apriona germari* Hope;沟股天中科

（Lammidae）的星天牛 *Anoplophora chinensis* Forster；鳃金龟科（Melolonthidae）的棕色金龟子 *Holotrichia sauter* Moser；金龟子科（Scarabaeidae）的大蜣螂 *Scarabaeus sacer* L.；象虫科（Curculionidae）的竹象鼻虫 *Cyrtotrucheus longimanus* Fabr.；吉丁虫科（Biprestidae）的日本吉丁虫 *Chalcophora japomica*（Gory）等可入药。

（10）广翅目（Megaloptera）：是一个较小的类群，成虫是中至大型的昆虫，体长 8～65mm。头前口式，咀嚼式口器。鱼蛉科（齿蛉科）（Corydalidae）的东方巨齿蛉 *Acanthacorydalis orientalis* Mclachlan 等供药用。

（11）鳞翅目（Lepidoptera）：昆虫纲中的一大目，有不少昆虫被列为药用昆虫。口器虹吸式，2 对翅都为鳞翅。蝶类触角为棒状，蛾类触角多样但无棒状。刺蛾科（Cochlidiidae）的黄刺蛾 *Cnidocan paflavesceus* Walker；蝙蝠蛾科（Hepialidae）的虫草蝙蝠蛾 *Hepialus armoricanus* Oberhur；螟蛾科（Pyrakidae）的玉米螟 *Pyrausta nubilalis* Hubernn、欧洲玉米螟 *Ostrinia nubilalis* Hübner；家蚕蛾科（Bombycidae）的家蚕 *Bombyx mori* L. 天蛾蚕科（Saturniidac）的柞蚕 *Antheraea parnyi* Geurin Meneville；灯蛾科（Arctiidae）的豹灯蛾 *Arctia caja* L.；粉蝶科（Pieridae）的白粉蝶 *Pieris rapoe* L.、斑缘豆粉蝶 *Colias erate* Esper；凤蝶科（Papilionidae）的柑桔凤蝶 *Papilio xuthus* L.、金凤蝶 *Papilio machaon* L.；弄蝶科（Hesperiidae）的香蕉弄蝶 *Erionota thorax* L.，以及绢蝶科（Parnassius）、夜蛾科（Noctuidae）、蓑蛾科（Psychidae）和野螟科（Pyraustidae）的某些种类是可入药的。

（12）膜翅目（Hymenoptera）：2 对膜翅，后翅小于前翅。咀嚼式或嚼吸式口器。腹部第 1 节并入胸部称为并胸腹节，第 2 节常缩小成细腰。全变态。如胡蜂、蜜蜂、茧蜂、蚂蚁等。蜾蠃科（Eumenidae）的蜾蠃 *Eumenes petiolata* Fabr.、蜜蜂科（Apidae）的中华蜜蜂 *Apis cerana* Fabricius、意大利蜂 *Apis mellifera* L.；胡蜂科（Vespidae）的大胡蜂 *Vespa magnifica* Sonan、华黄蜂 *Polistes chinensis* Fabricius；蚁科（Formicidae）的双突多刺蚁 *Polyrhachis dives* F. Smith，以及为褐色林蚁 *Formica fusca* L.、棕色林蚁 *Formica rufa* L.、细头蚁 *Formica exsecta* Nyl.、凹唇蚁 *Formica sanguinca* Latr 等也可入药。

（13）蜚蠊目（Blattaria）：头后口式，口器咀嚼式。触角丝状。多数复眼发达。足发达，适于疾走。前翅复翅，后翅膜质，臀域发达，或无翅。入药的种类主要有：蜚蠊科（Blattidae）的澳洲大蠊 *Periplaneta australasiae*（Fabricius）、东方蜚蠊（黑蜚蠊）*Blatta orientalis*、美洲大蠊 *Periplaneta americana* L.；姬蠊科（Blattellidae）的东方后片蠊 *Opisthoplatia orientalis* Burm；地鳖蠊科（Polyphagidae）的地鳖 *Eupolyphaga sinensis* Walker（中药名苏土元）、冀地鳖（大土元）*Steleophaga plancyi*（Boleny），还有产于南疆喀什等地的黑冀地鳖 *Polyphaga obscura* Chopard 等。

第三节　常见药用动物

本门药用动物种类繁多，疗效卓著。据统计记载的可药用的种类约 311 种，涉及本门动物 6 纲 27 目 107 科。《本草纲目》中的虫部药大多是属于本门动物。临床常用的有蜈蚣、全蝎、蝉蜕、土鳖虫和僵蚕等。目前，国内外研究将本门动物特别是昆虫纲动物作为重要的新药筛选来源。主要的药用动物列举如下。

一、少棘巨蜈蚣 *Scolopendra subspinipes multilans* L. Koch

又称蝍蛆、蜈蚣、天龙、百脚、百足虫、千足虫,主要分布于江苏、浙江、湖北、湖南、四川等地。也可以人工养殖。

(一) 形态构造

1. 外部形态 体形扁平而细长,全体由 22 个同律体节构成,长 9~13cm,宽 0.5~1.1cm,除头部外,其他各体节均对生足 1 对。身体分为头部和躯干部。头部由 6 个体节愈合,头板扁平近圆形,呈金黄色,前端较窄而突出,长约为第 1 背板的 2 倍。头板最前端有 1 对长触须;头部腹面有 1 对颚肢,上有毒钩;颚肢底节内侧有 1 矩形凸起,上具 4 枚小齿,颚肢齿板前端亦具小齿 5 枚;背面两侧各有 1 对由 4 对单眼组成的集合眼,4 对单眼生长在触角基部,两侧触角 1 对分 17 节,基部 6 节少毛。头板和第 1 背板为金黄色,其余背板为墨绿色,腹面为黄褐色或黑褐色,背板自第 2—19 节各有 2 条不显著的纵沟,第 2、4、6、9、11、13、15、17、19 各节之背板较短。躯干部由 21 个同律体节构成,每一个体节的两侧各生 1 对步足,足的末端有爪,呈黑色,最末体节的足向后形成尾状,称为生殖肢。雄性生殖区前生殖节胸板两侧有细小的生殖肢。末节是一利爪的毒爪,爪的末端有一毒腺开口,可以用来毒杀小动物或作为防御的武器。步足多为黄色,末端步足多呈赤褐色。

● 图 10-13 少棘巨蜈蚣的外形图

体节两侧有 9 对呈黑褐色的三角状气门(图 10-13)。

2. 内部构造 蜈蚣的消化管分为前肠、中肠、后肠。前后肠很短,中肠的长度几乎与身体等长。前肠有 2~3 对唾液腺通入,具有消化作用。在中、后肠交界处有 1 对马氏管,起排泄作用。循环系统为开放式,较昆虫发达很多。心脏呈管状,很长,位于身体背面,每节具有 1 对心孔和侧血管。自心脏前方分出 1 支头动脉,通向头部的器官,也有 1 对血管向两侧沿着消化管至腹面,合并为神经上血管,这些血管皆有分支进入血腔。呼吸系统为具有几丁质内壁的气管分布至全身各处。神经系统包括:1 个脑神经节,有神经分支至触角及眼部;1 个咽下神经节,有神经分支至头部、其他附肢及颚足;1 个腹神经链,每节都有 1 对神经节。

雌雄异体,生殖腺通常不成对,位于消化管背面,通入 1 条生殖导管后,又分成 2 条围绕后肠并开口于肛门下方的生殖孔。另外,还有 2 对附属腺通入生殖管的后端,在雄性体内还有 2 个贮精囊,雌性体内有 2 个受精囊都通入生殖导管的后方(图 10-14)。

(二) 药用

为少棘巨蜈蚣或其近缘动物的干燥全虫。

蜈蚣始载于《神农本草经》,列为下品,距今已沿用 2 000 年。李时珍在《本草纲目》载:"蜈蚣春出冬蛰,节节有足,双须歧尾。"《本草衍义》亦载:"蜈蚣,背光黑绿色,足赤,腹下黄。"根据其产地、形态与生活习性,均与现今药用蜈蚣吻合。

● 图 10-14　少棘巨蜈蚣
的内部结构图
a. 雌性;b. 雄性

1. 药材性状　为干燥全虫,呈扁平长条形,长 9~15cm,宽 0.5~1cm。头部红褐色,背部黑绿色,有光泽,并有 2 条凸起的棱线。腹部棕黄色,瘪缩。足黄色或红褐色,向后弯曲,最后一节如刺。头部及尾部有加工时所穿的孔。断面有裂隙或空虚。气微腥,并有特殊刺鼻的臭气;味辛而微咸。以身干、条长、头红、足红棕色、身黑绿色及头足完整者为佳。

性温,味辛;有毒。归肝经。具有息风镇痉,通络止痛,攻毒散结的功效。主治小儿惊风,破伤风,风癣,疮疡,肿毒及烫伤等。

2. 成分与药效　蜈蚣全虫含两种类似蜂毒的有毒成分,即组胺(histamine)样物质及溶血性蛋白,另外还含脂肪油、胆固醇(cholesterol)、蚁酸及 δ-羟基赖氨酸等。现代研究表明,蜈蚣具有:①镇静、镇痛、解痉和抗炎作用;②免疫调节功能;③循环系统作用;④增强消化能力;⑤抗肿瘤。另外,还可用于糖尿病及其并发症,如高血压、冠心病,对脑血管、周围神经及视网膜病变和眼底出血均有明显疗效。

多棘蜈蚣在广西都安、四川盐源等地也被收购作药用,与少棘巨蜈蚣是两个近似的地理亚种。

二、东亚钳蝎 *Buthus martensii* Karsch

又名马氏钳蝎、远东蝎。全国各地均有分布,以长江以北地区为多。主产于河南、山东、湖北、安徽等地。穴居,喜栖息于石缝、石块下及墙缝等潮湿阴暗的地方。

(一) 形态构造

1. 外部形态　分为头胸部和腹部两部分,雌蝎约长 5.2cm,雄蝎约长 4.8cm,雌蝎较雄蝎大。头胸部短宽,近四边形,背面由 1 块坚硬的背甲包围。背甲上密布凸起或纵脊,中央部位有 1 对大的中眼,长在眼丘上。在背甲的两前侧缘(除一些生活在洞穴和落叶层中的种类外)各有 2~5 个小的侧眼排成 1 列(东亚钳蝎每侧 3 个,共 3 对)。腹面大部分为足的基节遮住,胸板很小。头胸部由 6 节组成,1 对螯肢、1 对触肢和 4 对步足。螯肢小,位于背甲前缘的前方,分为 3 节,触肢十分强大,着生于背甲前缘的两侧,用于捕食和御敌。4 对步足的基节互相密接形成头胸部的大部分腹壁。螯肢、触肢的基节和第 1、2 步足基节的颚叶(或称内叶)包围一个口前腔。口位于口前腔的底部,正对着第 2 足左右颚叶相接处,它的上方是位于口前腔中部的 1 个发达的上唇。第 3、4 基节有 1 个胸板(东亚钳蝎的胸板为五角形)。

蝎的腹部较长,分为前腹部和后腹部。前腹部一般分 7 节,各节短宽。背面有坚硬的背板。腹面在胸板后方有 2 片生殖口盖,打开后可见一个多褶壁的生殖孔。生殖口盖后方有一横孔。生殖口盖是由腹部第 1 节的附器演变而来。第 2 节的腹板呈短把状,两侧各连一栉状板,板的下方有成排的香蕉形齿。东亚钳蝎雌体栉状板有 16~20 个齿,雄体有 19~25 个齿。栉状板上有丰富的感觉器,与生殖有关。第 3—7 节腹板大,两侧有侧膜与背板相连,侧膜有伸缩性,与身体的肥瘦变化相适应。第 3—6 节腹板上各有 1 对气孔,共 4 对,内通书肺。

后腹部（即"尾部"）由6节组成,窄而长。前5节节背中线有一凹沟,最后1个腹节呈钩状,向上形成尾刺。内有1对白色毒腺,外面各包一层肌肉。毒腺通出细管,两管分别开口于毒针近末端上部的两侧。肛门开口于第5节腹面后缘的节间膜上(图10-15)。

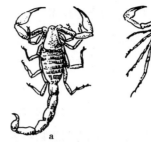

● 图10-15　东亚钳蝎的外形图
a. 背面观;b. 腹面观

2. 内部构造　具有消化、呼吸、循环、排泄、神经、生殖及内分泌等系统,分述如下。

消化系统主要由消化管和唾液腺组成。消化管分为前肠、中肠和后肠3个部分。前肠由咽喉和食管相连构成,食管下方有团葡萄状的唾液腺;中肠位于前腹部中央,肠壁的上皮细胞可分泌消化液与酶,能促进食物分解,为肠壁吸收,是消化和吸收的主要场所;后肠位于后腹部中央,有发达的肌肉层。蝎的呼吸系统主要靠书肺进行。蝎的循环系统为开管式,由心脏、血管和血腔组成。血液在输送氧气的同时,把各种养料输送到体内各器官组织。蝎的排泄系统由2对马氏管组成。马氏管细长、壁薄、腔小,且末端有小分支。蝎的神经系统主要由脑神经节、咽下神经节和腹神经索等组成。脑神经节,即咽上神经节,位于食管的背面,分支延伸到触肢和步足;咽下神经节由1对粗而短的围咽神经与脑神经相连,形成围咽神经环;腹神经索呈索状,是由咽下神经节向后伸出的纵神经,具有7个腹神经节。感觉器官包括眼、触毛、栉齿突。蝎有1对中眼和3对侧眼;蝎全身表面遍布触毛,以附肢表面最多;腹部各体节相接处的凹陷裂缝上都盖有一层薄膜,其表皮下有感觉细胞和毛状凸起,这些都是具有灵敏感觉的部位;蝎的栉状器有丰富的末梢神经,有触觉、识别异性和维持身体平衡的功能。

蝎为雌雄异体,生殖器官的开口位于前腹部第1节的腹面,外有生殖靥覆盖。雄蝎的生殖系统位于前肠中部和肠腺之间,由精巢、输精管、交配轴3个部分构成。而雌蝎的生殖系统比较简单,主要由卵巢和输卵管组成。

蝎的内分泌腺是由无管腺体组成,其分泌物直接进入血液,对蝎的新陈代谢、生长发育和生殖等重要生理功能起调节作用。

（二）药用

以干燥虫体入药,称"全蝎"或"全虫",是常用中药。

全蝎治病,始载于五代《蜀本草》,李时珍《本草纲目》曰:"蝎,足厥阴经药也,故治厥阴诸病。诸风掉眩、搐搦,疟疾寒热,耳聋无闻,皆属厥阴风木,故李杲云,凡疝气带下,皆属于风,蝎乃治风要药,俱宜加而用之。"

1. 药材性状　本品头胸部与前腹部呈扁平长椭圆形,后腹部呈尾状,皱缩弯曲,完整的全蝎药材体长5~6cm。头胸部呈黑棕色,前端有钳肢和螯肢各1对,背面覆有梯形背甲,呈棕褐色,腹面有足4对,前腹部具有环节,呈棕黄色;后腹部具环节,呈黄棕色,末节上有锐钩状毒刺。

气微腥,味咸;有小毒。入肝经。功效祛风止痉,通络解毒。用于治疗抽搐痉挛,小儿惊风,中风口喎,半身不遂,风湿痹痛,破伤风,蛇虫咬伤等。

2. 成分与药效　蝎毒是其主要的活性成分,主要由蛋白质和非蛋白质两部分组成。蝎毒的主要活性部分是蛋白质,多为20~80个氨基酸残基组成的多肽,包括毒性蛋白(蝎毒素)和酶。其中毒性蛋白对于蝎毒起决定性作用,毒素专一,含硫(S)量高;酶部分主要由磷酯酶 A_2、乙酰胆碱酯酶、透明质酸酶等组成。非蛋白质成分主要是脂类、有机酸及少量游离氨基酸。东亚钳蝎毒素含三甲胺、甜菜碱、牛磺酸、甘油酯、硬脂酸、胆固醇、软脂酸及胺盐等,并含有较少的透明质酸和游离己糖胺等,其作用与维持蝎毒素的稳定性及活性有关。蝎毒的结构中含有 4 对二硫键,其中 3 对构成环状的核心结构,对于维持结构稳定性以及发挥神经毒性有重要意义。

蝎毒的毒性仅次于蛇毒的生物毒素,因具有复杂的成分及性质而产生多种生理和药理活性。近年来,蝎毒的生理、药理作用成为研究热点,蝎子药理作用主要表现在以下几个方面:①对中枢神经系统具有抗惊厥、抗癫痫、镇痛等作用,目前已成功地从粗毒中分离纯化了镇痛活性肽 SV-Ⅳ,临床已验证其对多种急、慢性疼痛均有较强抑制作用,且具有较好的修复受损神经的功效。蝎毒活性成分的镇痛作用强于吗啡,无成瘾性,是具有极高潜力和应用价值的新型镇痛药。②对心血管系统具有降血压、扩张血管、抗血栓作用,其机制与血管内皮细胞释放纤溶酶原激活因子(plasminogen activator,PA)活性增加,进一步使得纤溶酶原转化为纤溶酶的途径增多有关。③抗肿瘤作用,高选择性杀伤多种肿瘤细胞,并减轻化疗的骨髓抑制等不良反应,提高正常组织的免疫力,增加抗放化疗辐射能力等。

另外,现已对东亚钳蝎的毒素组学进行了研究,成功地建立了蝎毒素多肽的表达和纯化系统,获得了高纯度的具有生物活性的重组蝎毒素蛋白,阐明了蝎毒素与离子通道相互作用的分子机制,并在蛋白质水平上解释了蝎毒素的生物多样性,为蝎毒素作为离子通道调节剂的分子设计和药物研发打下基础。目前,已完成对东亚钳蝎基因组、转录组测序,揭示了捕食、夜间行为、进食与解毒作用相关的遗传机制。

三、大刀螂 *Tenodera sinensis* Saussure

又名中华绿螳螂、中国螳螂、长螳螂等。全国大部分地区均有分布。

(一) 形态构造

大刀螂是昆虫中体型偏大的,体长一般为 5.5～10.5cm,头部三角形,较小;复眼大而突出,透亮,以黄绿色为主;触角细长丝状;颈部可 180° 转动,咀嚼式口器,上颚强劲。足 3 对,细长,前足腿节和胫节有利刺,胫节镰刀状,常向腿节折叠,锋利发达,基部有短棘,善于捕捉,也可用于保持平衡,中、后足适于步行。前翅革质,前缘呈现绿色,末端有较明显的褐色翅脉,后翅膜质,稍长于前翅,有深浅不一的褐色斑点散于其间。腹部肥大(图 10-16)。

(二) 药用

干燥全体入药,名螳螂。以螳螂所产卵鞘入药,称桑螵蛸。

1. 螳螂　螳螂科动物大刀螂 *Tenodera*

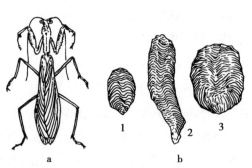

● 图 10-16　大刀螂与药材桑螵蛸的外形图
a. 大刀螂;b. 药材桑螵蛸(1. 团螵蛸;2. 长螵蛸;3. 黑螵蛸)

sinensis Saussure、南方刀螂 *Tenodera aridifolia* Stoll、小刀螂 *Stalilia maculate*（Thunberg）、巨斧螳螂 *Hierodula patellifera*（Serville）等的全体。味甘、咸,性温。入肝、心经。功效定惊止搐,解毒消肿。可用于治疗咽喉肿痛,疔肿,恶疮,脚气及小儿惊痫抽搐等。临床应用可以与其他药物配伍,治疗风湿性关节炎和类风湿关节炎等。

2. 桑螵蛸　螳螂科昆虫的卵鞘,主产于广西、云南、湖北、湖南、河北及辽宁等地。

始载于《神农本草经》,列为上品。《本草经疏》载:"桑螵蛸,桑树上螳螂子也。"《神农本草经》载:"桑螵蛸,以桑上者为好,是兼得桑皮之津气。"古时称螳螂卵鞘为螵蛸,因多见于桑枝,故把产于桑枝上者则称为桑螵蛸。目前临床应用之桑螵蛸也并非产于桑树上者。

桑螵蛸味甘、咸,性平。归肝、肾经。功效益肾,固精,缩尿,止带。主治遗尿,尿频,白带及遗精等。

大刀螂所产桑螵蛸药材习称"团螵蛸",药材呈圆柱形或半圆形,由多层膜状薄片叠成,长2.5～4cm,宽2～3cm。表面浅黄色,可见横断面,外层似海绵状物,内层为许多呈放射状排列的小室,小室内各有一个细小椭圆形的卵,深棕色,有光泽。气微腥,味淡或微咸。

与大刀螂同等入药的种类有:巨斧螳螂,也称为广腹螳螂,其所产卵鞘称"黑螵蛸",主产于河北、山东、河南、山西等地;小刀螂所产卵鞘称"长螵蛸",主产于浙江、江苏、安徽、山东、湖北等地;另外还有小刀螂、南方刀螂、华北螳螂及薄翅螳螂等。

四、南方大斑蝥 *Mylabris phalerata* Pallas

又名大斑蝥、大斑芫青、黄黑大芫青等。分布于云南、贵州、广西、广东、江西、台湾等地。目前国内人工养殖斑蝥已获成功。

（一）形态构造
体呈圆筒形,长1.5～2.5cm,宽0.5～1cm。体黑色,稍有光泽,全体密生细毛,胸腹部乌黑色,胸部有3对步行足。头黑色,三角形,表面高低不平,下口式,头部有复眼1对,略呈肾形。触角1对,分11节,先端数节膨大呈棒状,末节基部明显窄于第10节。前胸长稍大于阔,前端狭于后端;前胸背板密被刻点,中央具一条光滑纵纹,后缘前面中央有一凹陷,后缘稍向上翻,波曲形。鞘翅端部阔于基部,底色黑色,每翅基部各有2个大黄斑,个别个体中斑点缩小;翅中央前后各有1黄色波纹状横带;翅面黑色部分刻点密集,密生绒毛,黄色部分刻点及绒毛较疏;鞘翅下为1对透明的膜质翅,带褐色。足3对,有黑色长绒毛,前足和中足跗节均为5节,后足的跗节为4节,跗节先端有2爪;足关节处能分泌黄色毒液,接触皮肤,能起水疱。腹面亦具黑色长绒毛(图10-17)。

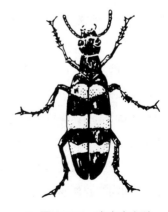

● 图10-17　南方大斑蝥

（二）药用
为芫青科昆虫南方大斑蝥 *Mylabris phalerata* Pallas 或黄黑小斑蝥 *Mylabris cichorii* L. 的干燥全虫入药,称为斑蝥,为次常用中药。

始载于《神农本草经》，列为下品。《本草纲目》称："斑言其色，蝥刺言其毒……俗讹为斑猫。"陶弘景曰"豆花时取之，甲上黄黑斑色，如巴豆大者是也"。《蜀本草》载"《图经本草》云：七月八月大豆叶上甲虫，长五六分，黄黑斑纹，乌腹尖喙"。据上所述，斑蝥古今来源一致。

1. 药材性状　呈长圆形，长1.5~2.2cm，宽0.5~0.8cm。头及口器向下垂，有1对较大的复眼及1对触角，每只触角通常11节，大多呈纤维状或念珠状，触角多脱落。背部具1对黑色革质鞘翅，有3条黄色或棕黄色的横纹；鞘翅下面有棕褐色薄膜状透明的内翅2片。胸腹部棕黑色，有光泽。胸部凸起，有足3对，长10~20mm，腹部呈环节状，有黑色绒毛。有特殊的臭气，刺激性强，味初辛后苦，不宜口尝。以个大、完整、颜色鲜艳、无败油气味者为佳。

本品味辛，性热；有大毒。归肝、胃、肾经。具有攻毒，破血，祛瘀，发泡的功效。临床一般以外用为主，适量，研末敷贴，或酒、醋浸涂，治疗皮肤病、白癜风及顽癣有特效。

2. 成分与药效　主要的化学成分是斑蝥素，以及脂肪油、树脂、蚁酸、色素等。斑蝥素是一种倍半萜类衍生物，化学名为六氢-3α，7α-二甲基-4，7-环氧异苯并呋喃-1，3-二酮，分子式为$C_{10}H_{12}O_4$，分子量为196.20Da。斑蝥素不溶于冷水，溶于热水，难溶于丙酮、三氯甲烷、乙醚及乙酸乙酯。黄黑小斑蝥含斑蝥素0.97%~1.3%，南方大斑蝥含斑蝥素1%~1.2%。

现代药理研究表明，斑蝥素对多种肿瘤细胞具有较强的杀伤和抑制作用，如胃癌、肺癌、食管癌、前列腺癌、宫颈癌和喉癌等。其抗癌机制主要表现在：①抑制蛋白磷酸酯酶1（PP1）和蛋白磷酸酯酶2A（PP2A）活性；②通过增强p53功能，诱导细胞凋亡；③抑制癌细胞蛋白质的合成过程。但由于斑蝥素本身是一种倍半萜烯毒素，其毒性剧烈。临床上，口服斑蝥素会导致严重的胃肠溃疡、泌尿器官小管的上皮内层溃疡以及腹膜内腔毛细管充血，还具有一定程度的肝、肾毒性。

因此，近年来，通过设计合成一些斑蝥素衍生物，如去甲斑蝥素、斑蝥酸钠、去甲斑蝥酸钠、甲基斑蝥胺等，毒性相对较低，疗效更为显著。

临床上，使用的去甲斑蝥素（norcantharidin，NCTD）是一种新型抗肿瘤药，与斑蝥素的作用相似，主要以片剂和注射剂为主，在治疗肿瘤方面有其独特的优势，如升高白细胞，调节免疫且不产生骨髓抑制，是治疗肝癌、食管癌、胃癌等多种消化道癌症的首选辅助药物。NCTD很大程度上减小了斑蝥素的毒性，但仍具有一定程度的泌尿系统毒性，为了更好地发挥NCTD抗肿瘤活性，降低毒性，改变其药动学及体内分布特性，采用先进的药物制剂新技术使其具有缓释特性和靶向性以实现肝脏较多药物分布，肾脏等泌尿系统较少分布，增强去甲斑蝥素的疗效的同时，也降低对泌尿系统的毒副作用。还通过新剂型的制备，如控（缓）释片（剂）、微球、微乳、脂质体、纳米粒及导向药物等，促进了NCTD的临床应用。

斑蝥酸钠（cantharidate sodium，SCA）也是斑蝥素的衍生物，较斑蝥素毒性明显降低，且药理作用更加明确，SCA具有抗肿瘤作用，还能改善放疗和化疗的毒副反应，提高肿瘤患者的机体免疫功能和生存质量。该药毒副作用小，可作为恶性肿瘤治疗的辅助药物，在临床推广使用。

另外，去甲斑蝥酸钠和甲基斑蝥胺这两种斑蝥素衍生物在临床应用上对中晚期肝癌有一定的疗效，对动物的实体瘤作用优于斑蝥素，肝脏毒性小，通过干扰肝癌细胞的核酸和蛋白质合成，增强巨噬细胞的吞噬作用，从而抑制和杀伤肿瘤细胞。同时，去甲斑蝥酸钠辅助治疗晚期肺癌效果较好。斑蝥素的另一种衍生物羟基斑蝥胺(hydroxycantharidimide)在临床主要是以片剂和针剂形式使用,目前主要试用于原发性肝癌。

由于斑蝥素衍生物虽然较斑蝥素毒性有所降低,但对人体器官仍有毒性,因此,研发高效低毒衍生物,将成为下一步研究的重点。

五、地鳖 *Eupolyphaga sinensis* Walker

又称䗪虫、土鳖虫、土元。全国各地均有分布,现人工养殖较为成熟。

(一)形态构造

雌成虫身体扁平,呈椭圆形,背部隆起似锅盖。体长 3.0~3.5cm,体宽 2.6~3.0cm。身体背面常呈黑褐色并有灰蓝色光泽,腹面为红棕色。1 对复眼,呈长肾形,相距较近;2 个单眼位于 2 个复眼之间。胸部 3 个体节,批短而密的绒毛,前胸背板前狭后宽,略呈三角形,上有绒毛。足 3 对,基节宽大,胫节有刺,5 节跗节,末端有爪,无爪垫。腹部生殖板后缘直,中间有一小切缝,腹末端有尾须 1 对。雌雄异型,雄有翅而雌无翅,雄成虫有 2 对发达的翅膀,前翅革质,脉纹清晰,后翅膜质,脉翅黄褐色,身体呈浅褐色,无光泽,披有纤毛(图 10-18)。

● 图 10-18　地鳖外形图

(二)药用

为鳖蠊科昆虫地鳖 *Eupolyphaga sinensis* Walker 或冀地鳖 *Steleophaga plancyi*(Boleny)的雌虫干燥体入药,为次常用中药。

陶弘景曰"形扁如鳖,有甲不能飞,小有臭气"。又曰"形扁如鳖,故名土鳖"。苏恭曰:"此物好生鼠壤土中,及屋壁下。状似鼠妇,而大者寸余,形小似鳖,无甲而有鳞。小儿多捉以负物为戏。"《图经本草》沿苏恭所云:"䗪虫生河东川泽及沙中,人家墙壁下土中湿处。状似鼠妇,而大者寸余,形扁如鳖,但有鳞无甲,故一名土鳖。"与今之地鳖相符。

1. 药材性状　呈扁平卵形,长 1.3~3cm,宽 1.2~2.4cm。前端较窄,后端较宽,背部紫褐色,具光泽,无翅。前胸背板较发达,盖住头部;腹背板 9 节,呈覆瓦扶排列。头部有丝状触角 1 对,易脱落,胸部有 3 对足,具细毛和刺。腹部有横环节,腹面红棕色。质松脆,易碎。

味咸,性寒;有小毒。归肝经。具有破血逐瘀,续筋接骨的功效。《伤寒论》记载"下瘀血汤中采用土鳖虫,可治疗产后干血内结,腹痛或有瘀块,血瘀经闭"。

2. 成分与药用　主要成分为挥发油、氨基酸、蛋白质、糖类、脂肪、甾族化合物、酚类、有机酸及生物碱等,亦含铁、锰、锌、铜等人体必需微量元素。

现代药理研究表明,土鳖虫:①对白血病、肝癌、胃癌、大肠癌等恶性肿瘤有抑制和改善症状的作用;②具有调节血压、血脂和溶栓作用;③具有抗炎、解毒、镇静功效;④与其他中药配伍对急性乙型肝炎、脑梗死、腰痛等顽症具有很好的治疗效果;⑤其水煎萃取物能提高机体的免疫功能;⑥能够促进骨折愈合;⑦其镇痛作用强于地龙,表明土鳖虫具有较好的镇痛疗效。

附: 3 种药用地鳖的检索表

1. 雌雄同体,均无翅,翅退化如鳞片,前胸背板前缘有金黄色镶边 ······························
··· 东方后片蠊 *Opisthoplatia orientalis* Burm
1. 雌雄异形,雄虫有翅,雌虫无翅;前胸背板略似三角形,黑色或暗黑色,前侧缘无金黄色镶边
   2. 雌虫腹端肛上板横向近长方形,其后缘平直,中央有小切口;雄体前胸呈波状,前翅革质,后翅
      膜质,前翅亚缘脉分支不明显 ······················ 地鳖 *Eupolyphaga sinensis* Walker
   2. 雌虫腹端肛上板后缘稍凸出,切口明显;雄体前胸前缘弓起,前翅亚缘脉分支明显 ············
··· 冀地鳖 *Steleophaga plancyi*(Boleny)

六、黑蚱 *Cryototympana pustulata* Fabricius

又名黑蚱蝉、知了、蝉等。分布于我国辽宁以南的大部分地区。

(一) 形态构造

    雄虫体长而宽大,长 4.4~4.8cm,翅展 12.5cm,雌虫稍短。黑色,有光泽。头部宽扁,复眼 1
对,椭圆状球形,单眼 3 个,位于复眼中央,排列呈三角形。触
角短小,位于复眼前方。中胸背板宽大,中央有黄褐色"X"形
隆起,体背金黄色绒毛。胸背部具膜质翅 2 对,透明有反光,
翅脉明显,前缘淡黄褐色,翅基室 1/3 为黑色,亚前缘室呈黑
色,并有一淡黄褐色斑点;后翅基部 2/5 为黑色。胸腹部上端
具足 3 对。雄虫腹部第 1—2 节有鸣器,雌虫没有,腹部较小,
有产卵器。尾端呈三角形钝尖(图 10-19)。

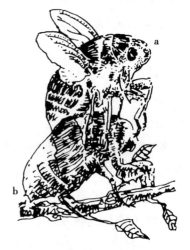

(二) 药用

    黑蚱 *Cryototympana pustulata* Fabricius 干燥全体入药,幼
虫羽化时脱落的皮壳入药,称为蝉蜕。

    1. 蚱蝉 为蝉科蚱蝉属昆虫黑蚱的干燥全体。始出
《神农本草经》。《本草衍义》载:"蚱蝉,夏月身与声皆大者

● 图 10-19 黑蚱
a.黑蚱成虫;b.蝉蜕

是。始终一般声,仍皆乘昏夜方出土中,升高处,背壳拆,蝉出。所以皆夜出者,一以畏人,二畏日
炙干其壳而不能蜕也。至时寒则坠地。"《本草纲目》载:"蝉,诸蜩总名也。夏月始鸣。大而色黑
者,蚱蝉也。"《诗经》载"五月鸣蜩者是也"。以上特征与现今的蝉科昆虫黑蚱相符。

    本品呈长圆形,长 4.0~4.5cm,宽 1.8~2cm。表面大部分黑色,腹面各部边缘呈淡黄褐色,有
光泽。头部宽扁,有 1 对椭球形复眼,呈半透明,黄褐色。胸背部具膜翅,翅脉为淡黄褐色,透明,
多已破损。胸腹部上端有 3 对足,多断落。雄虫下端有 1 对心形鸣器,雌虫无鸣器,腹部较小,有
产卵器。尾端呈三角形钝尖,背部和腹部皆具环节。体轻,质脆。

    性寒,味咸、甘。归肝、肺经。功能清热,息风,镇惊。主治小儿发热,惊风抽搐,癫痫,夜啼,偏
头痛。

2. 蝉蜕　为蝉科昆虫黑蚱的幼虫羽化时脱落的皮壳。首载于《名医别录》，原名蚱蝉壳，又名枯蝉，《药性论》始有蝉蜕之名。后世又称为蝉蜕、蝉衣。为较常用中药。主产于山东、河南、河北、湖北、江苏、四川、安徽等地。以山东产量较大（图10-19）。

（1）药材性状：本品略呈椭圆形而弯曲，长约3.5cm，宽约2cm。表面黄棕色，半透明，有光泽。头部有丝状触角1对，多已断落，复眼突出。额部先端突出，口吻发达，上唇宽短，下唇伸长成管状。胸部背面呈十字形裂开，裂口向内卷曲，脊背两旁具小翅2对；腹面有3对足，被黄棕色细毛。腹部钝圆，9节。体轻，中空，易碎。

性寒，味咸、甘。归肝、肺经。有疏散风热，利咽开音，透疹，明目退翳，息风止痉的功效。

（2）成分与药效：蝉蜕内含甲壳质（chitin）、蝶啶类色素、异黄蝶呤（isoxanthopterin）、赤蝶呤（erythropterin）、蛋白质、氨基酸、有机酸及酚类等化合物。

现代药理研究表明，蝉蜕具有如下作用：①强肝、降压、镇痛、止血、除菌及改善糖尿病症状；②促进消化；③促进生长发育，增强机体代谢，有利于体虚患者康复等；④具有神经节阻断作用，降低肌肉紧张度。

七、中华蜜蜂 *Apis cerana* Fabricius

又称中华蜂、中蜂、土蜂。全国均有分布。

为社会性昆虫，营群居性生活。雌蜂，1个，蜂王，专司产卵生殖，体最大。雄蜂，在一群体内可能近千个。雄蜂的唯一职责是与蜂王交配，交配时蜂王从巢中飞出，全群中的雄蜂随后追逐，只有获胜的一个才能成为配偶。交配后雄蜂也就完成了它一生的使命而死亡。那些没能与蜂王交配的雄蜂回巢后，只知吃喝，不会采蜜，成了蜂群中多余的"懒汉"，日子久了，众工蜂就会将它们驱逐出境。工蜂，体最小，一般2万~5万个，专司采集花粉、酿造蜜糖、筑巢、饲喂幼虫、清洁环境及保卫蜂群等（图10-20）。

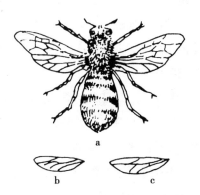

● 图10-20　中华蜜蜂及后翅外形图
a.中华蜜蜂；b.意大利蜂后翅；c.中华蜜蜂的后翅

（一）形态构造

蜜蜂是一种营群体生活的昆虫。中华蜜蜂有三种形态。工蜂体型小，体色暗褐色，头、胸及背面密生灰黄色细毛。头略呈三角形，有复眼1对，单眼3个，头前端有1对膝状触角；口器发达，适于咀嚼及吮吸。胸部有3个体节，中胸最大；2对翅，膜质透明，后翅中脉分叉；有9对足，股节、胫节及附节等处均有采集花粉的构造。腹部圆锥状，背面黄褐色，第1—4节有黑色环带，末端尖锐，有毒腺和螫针；腹下有蜡板4对，内有蜡腺，分泌蜡质。雄蜂一般为黑色。南方蜂种一般比北方的小，工蜂体长1.0~1.3cm，雄蜂体长1.1~1.3cm，雌蜂体型最大，长1.3~1.6cm。

（二）药用

主要是以中华蜜蜂酿造的蜂蜜、蜂乳、蜂毒、蜂胶、蜂蜡等供药用。介绍如下。

1. 蜂蜜　又称蜂糖，为蜜蜂科昆虫中华蜜蜂等所酿的蜜糖。《神农本草经》载"主心腹邪气，诸惊痫痉,安五脏诸不足,益气补中,止痛解毒,除众病,和百药,久服强志轻身,不饥不老"。《本草纲目》载:"蜂蜜,其入药之功有五:清热也,补中也,解毒也,润燥也,止痛也。"

(1) 药材性状:带光泽的半透明浓稠液体,橘黄色至黄褐色或白色至淡黄色,久置或遇冷逐渐有白色颗粒结晶析出。气芳香,味极甜。本药材相对密度较大,如有结晶析出,新鲜时半透明,放置稍久,一部分葡萄糖结晶析出,则变为不透明。气芳香而特殊。

本品味甚甜。具有补中缓急,润肺止咳及滑肠通便的功效。用于治疗肺燥咳嗽,肠燥便秘,胃脘疼痛,鼻渊,口疮,汤火烫伤,解乌头毒等。

(2) 成分与药效:本品主要含葡萄糖和果糖(70%~80%)、挥发油、蜡质、有机酸、泛酸、烟酸、乙酰胆碱、维生素、抑菌素、酶类及微量元素等多种成分。

现代药理研究表明,蜂蜜具有:①缓泻;②增强体液免疫功能,对多种细菌有抑杀作用;③解毒;④减轻化疗药物的毒副作用;⑤加速肉芽组织生长,促进创伤组织愈合;⑥保肝和抗肿瘤等作用。

2. 蜂乳 又称"蜂王浆"。为工蜂咽腺分泌的乳白色或淡黄色、半透明的乳状物。

(1) 药材性状:为乳白色至淡黄色或带有红色的胶状液体。以乳白色至淡黄色者为佳,色泽发红者较次。

本品味甘、酸,性平。具有滋补,强壮,益肝,健脾等功效。用于治病后虚弱、小儿营养不良、老年体衰、传染性肝炎、高血压、风湿性关节炎、十二指肠溃疡等。

(2) 成分与药效:蜂乳含丰富的维生素,其中维生素 B_1 含量稳定,又含游离及结合的生物素,丰富的泛酸(pantothenic acid)、叶酸(folic acid),肌醇(inositol)及腺嘌呤核苷酸类似物质。

现代药理研究表明,蜂乳药理与临床作用与蜂蜜相似,而滋补强壮作用比蜂蜜强。可加强机体抵抗力及促进生长;可使胸腺萎缩,有促肾上腺皮质激素样作用;降压;增加血小板数;还具有抗癌抗菌作用。

3. 蜂毒 为工蜂毒腺和副腺分泌的具有芳香气味透明液体。

(1) 药材性状:新鲜的蜂毒药材为透明液体,具芳香气,味苦。但室温下很快干燥成类白色或淡黄色结晶体,微透明而闪亮,气微香,刺激性较强。

本品味辛、苦,性平;有毒。具有祛风除湿,止痛等功效。用治风湿性关节炎、神经痛、癌瘤疼痛等。

(2) 成分与药效:主要成分为磷脂酶 A_2(phosphatidase A_2)、透明质酸酶、蜂毒肽、蜂毒明肽、肥大细胞脱粒肽和镇静肽等毒蛋白,其中亦含蚁酸等酸类物质;蜂毒又含组胺 1.0%~1.5%。

现代药理研究表明,蜂毒具有:①强心、降血压;②抗炎;③溶血和抗凝血;④镇痛,可用于各种神经痛;⑤抗菌;⑥脱敏及免疫抑制等药理作用。

目前,在生物工程研究中,蜂毒也是一种重要的原料。蜂毒中的多肽成分为研究各种受体、离子通道、钙调蛋白作用机制,以及生物膜的研究提供了一个理想模型。另外,蜂毒的主要成分蜂毒肽及磷酸酯酶 A_2(PLA$_2$)等对动物、植物和微生物都会产生一系列反应。

4. 蜂蜡 为工蜂腹部 4 对蜡腺分泌出来的一种蜡质,用来筑巢。蜂蜡的采集多在春、秋二季来完成。将取去蜂蜜后的蜂巢,放入水锅中加热熔化,除去上层茧衣、蜂尸、泡沫等杂质,趁热过滤,放冷,蜂蜡即凝结成块,浮于水面,取出,即为黄蜡。黄蜡再经熬炼、脱色等加工过程,即成白蜡。

药用的黄蜡多为不规则的团块状,大小不等,呈黄色或黄棕色,不透明或微透明,表面光滑。体轻,蜡质,能浮于水面,冷时质软脆,碎断面颗粒性,用手搓捏,能软化。有蜂蜜样香气,味甘性平,嚼之细腻而黏。以色黄、纯净、质较软而有油腻感、显蜂蜜样香气者为佳。蜂白蜡,为白色块状。质较纯,气味较淡,其他均与黄蜡同。

本品味甘,性微温。具有解毒,生肌,止痛功效。主治痢疾,外用治疮疡破溃,痈肿,刀伤和烫火伤等。另外,可作蜡丸药的壳和油膏基质等医药材料。

蜂蜡的主要成分是高级脂肪酸和一元醇所合成的酯类、脂肪酸和糖类。

5. 蜂胶 为蜜蜂从植物芽孢或树干上采集的树脂,混入其上腭腺、蜡腺的分泌物加工而成的一种具有芳香气味的黄褐色胶状固体物。一个 5 万~6 万只的蜂群一年只能生产蜂胶 100~150g,被誉为"紫黄金"。

蜂胶味甘、性平。归脾、胃经。内服补虚弱,化浊脂(高脂血症),止消渴(糖尿病);外用解毒消肿,用于皮肤皲裂、烧烫伤。

主要成分为树脂树香复合物、多酚类、多糖类、蜂蜡、杂质(含花粉)等。各类蜂胶中已知的化学成分达 300 余种。同时,蜂胶中含有微量的维生素 B 族以及丰富的矿物质与微量元素。

现代药理研究表明,蜂胶具有如下作用:①降低胆固醇和甘油三酯水平,防止动脉粥样硬化,抗血栓;②抗肝脏毒性;③抗炎及提高机体免疫力;④雌激素样作用;⑤抗菌及抗病毒;⑥清除自由基、抗氧化;⑦其他,包括止咳、祛痰、平喘以及中枢神经调节等作用。另外,蜂胶可抑制多种细菌和病毒,如葡萄球菌、链球菌、链霉菌、大肠埃希菌、沙门菌、黑曲霉、灰色葡萄孢霉、疱疹病毒、马铃薯病毒及流行性感冒病毒等。

与中华蜜蜂有相应入药部位功效相似的还有同科属的意大利蜂 *Apis mellifera* L.,是我国引进的外来蜂种,外形与中华蜜蜂相似,但个体较大,产蜜量高。

八、家蚕 *Bombyx mori* L.

主要分布于江苏、浙江、四川、广东等省。均为家养,主以桑叶为食。

(一) 形态构造

成虫长 1.6~2.3cm,展翅宽 3.9~4.3cm,灰白色。头小,有复眼 1 对,黑色,口器退化,下唇有小细须。胸部有 2 对翅,呈白色,前翅顶角及外缘突出,为三角形,较大,有 3 条横纹,前翅反面中室端横脉明显;后翅较小,略呈圆形,有 2 条平行线,腹部及背部中央有较长的白色丛毛。雌蛾触角灰色,较长;雄蛾的触角黑色,长于雌蛾,足部有黑褐色爪。雌蛾腹部粗壮,末端钝圆;雄蛾腹部瘦窄,末端较细小。

家蚕的卵呈椭圆形,略扁平,一端较小。卵在刚产下时表面隆起,以后逐渐出现凹陷,俗称卵涡。幼虫呈圆筒形,腹部腹面有雄、雌性生殖芽。刚孵化时为黑褐色,似蚂蚁,俗称蚁蚕。以后逐渐长为小蚕或稚蚕,继续成长为大蚕,体色逐渐变为灰白色,有暗色条纹,疏生黄褐色短毛。幼虫除头部外,由 13 个体节组成。其头部小而坚硬,有单眼和触角、唇颚及吐丝管。成长发育至末龄期,逐渐停食,躯体收缩,渐呈透明,变成"熟蚕",开始吐丝结茧。到大蚕期,可从生殖芽来区别雌雄。成熟的幼虫,体长6~7cm,通体白色。蚕茧外部形态因蚕品种不同差异很大,如球形、纺锤形、椭圆形及束腰形等,表面呈棕黄色至棕褐色(图10-21)。

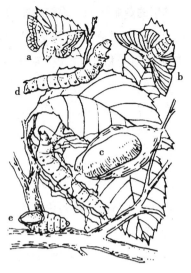

● 图10-21　家蚕
a. 雄蛾;b. 雌蛾;c. 蛹;d. 蚕;e. 茧

(二) 药用

主要是僵蚕、僵蛹及蚕沙,介绍如下。

1. 僵蚕　为家蚕4~5龄幼虫因感染(或人工接种)白僵菌 *Beauveria bassiana*(Bals.)Vuillant 而致死的干燥体,又名白僵蚕、天虫、僵虫、白僵虫,为常用中药。僵蚕主要产于四川、广西、江苏、浙江、安徽、山东、甘肃等地,以四川产质量最佳。

僵蚕入药始载于《神农本草经》,列为中品。《名医别录》载:"白僵蚕,生颍川平泽,四月取自死者,勿令中湿,湿有毒不可用。"陶弘景曰:"人家养蚕时,有合箔皆僵者,即暴燥,都不坏。今见小白色,似有盐度者为好。"

(1) 药材性状:本品略呈圆柱形,多弯曲而皱缩,长2~5cm,直径4~7mm。表面灰白色或黄白色,多被有白色粉霜(气生菌丝和分生孢子)。头部较圆,节1对,呈黄棕色;体腹两侧有1对单眼,体腹面两侧共有8对短足,尾部略成二分歧状。质硬而脆,易折断,断面平坦,外层为白色,显粉性,中间棕黑色,多光亮,习称"胶口镜面",内有4个亮圈(丝线),微有腥气,味微咸。以条粗、质硬、色白、断面光亮者为佳。 过去僵蚕均为自然死亡,近年来进行人工接种培养,在蚕4次蜕皮后接种,蚕陆续发病死亡,及时拣出,摊放,保持相同温度,待其充分发僵变白后,置于通风处,风干或弱光下晒干。

本品味咸、辛,性平。归肝、肺、胃经。功能为息风止痉,祛风止痛,解毒散结。用治抽搐惊痫,头痛目赤,咽喉肿痛,牙痛等。

(2) 成分与药效:僵蚕中含蛋白质、脂肪、草酸铵,并含赖氨酸(lysine)、亮氨酸(leucine)、天冬氨酸(aspartic acid)等17种氨基酸,镁、钙、锌等28种元素,以及变态活性刺激素、促脱皮甾酮和一种色素3-羟基犬尿素(3-hydroxy kynurenine),6N-羟乙基腺嘌呤(6N-hydroxy ethyl adenine)等。白僵菌素是僵蚕药用的极重要且特有的有效成分,也是僵蚕抑菌的主要活性成分之一。

现代药理研究表明,僵蚕具有抗惊厥、镇静、抗凝血、降血糖、抑菌(对革兰氏阳性菌、革兰氏阴性菌、真菌都有中等强度的抑制)、抗癌、催眠及美容等药理作用。但临床研究发现:①服僵蚕发生过敏反应,可能由白僵菌中的异性蛋白引起,故对虫类药物过敏者慎用;②抗凝作用,但会导致血小板减少,故凝血机制障碍患者应慎用;③抗惊厥作用,主要为草酸铵代谢易生成氨,肝性脑病患者应慎用;④僵蚕大剂量服用时易引起腹胀,可能与其解痉缓解支气管平滑肌痉挛作用有关,僵蚕剂量应控制在20g以内。

2. 僵蛹　为家蚕的蛹经白僵菌感染后的僵化虫体,用作僵蚕的替代品,是常用中药。

(1) 药材性状:本品呈不规则块状。表面白色或黄白色。质轻脆,易碎。有霉味及特异的腥气。本品性味、功能及主治与僵蚕近似。

（2）成分与药效：化学成分包含蛋白质、脂肪、羟基促蜕皮固醇（ecdysterone）、色素 3-羟基犬尿素（3-hydroxykynurenine）及维生素 A、维生素 B 等。

现代药理研究表明，僵蛹具有：①抗惊厥；②抑菌（对金黄色葡萄球菌、大肠埃希菌、铜绿假单胞菌等都有抑制作用）；③抗肿瘤（对小鼠肉瘤 S180 的抑制作用）；④降低血中胆固醇的含量等作用。

3. 蚕沙　为家蚕幼虫干燥粪便。又名蚕屎、晚蚕沙。出自《本草纲目》。

（1）药材性状：本品呈颗粒状六棱形，长 2~5mm，直径 1.5~3.0mm。表面灰黑色或黑绿色，粗糙，具有 6 条明显的纵沟及横向浅沟纹。气微，味淡。

本品味甘、辛，性温。归肝、脾、胃经。功效祛风燥湿，和胃化浊，活血定痛。用治关节疼痛，手足不随，皮肤风疹瘙痒，吐泻转筋，闭经，崩漏。

（2）成分与药效：蚕沙含蛋白质、18 种氨基酸、叶绿素衍生物（chlorophyll derivatives，CPD）和维生素 A、维生素 B、维生素 E 等。

现代药理研究表明，蚕沙具有抗癌及抗光敏，抗牛凝血酶，可显著延长人血纤维蛋白的凝聚时间等作用。

（童芯锌）

实验二　校园动物多样性与昆虫的采集、鉴定及标本制作

一、实验目的

1. 掌握生物多样性的基本内容。
2. 掌握动物标本制作的基本方法。

二、实验器材与试剂

捕虫网、蜡盘、麻醉剂、标本针、标本瓶、镊子。

三、实验步骤与方法

（一）校园生物多样性观察（地面、空中、土壤）

1. 观察划定区域。

2. 捕捉空中昆虫、土壤昆虫、地面昆虫。

3. 根据外部形态初步鉴别昆虫。

4. 采集记录。

（二）昆虫类动物标本的制作

1. 常用工具

（1）捕虫网：①捕网，用于捕捉空中飞动的昆虫，如蝶类、蛾类、蜻蜓等。捕网由网袋和网柄

组成。网袋宜用薄柔的细纱（如罗纱或蚊帐纱），颜色以白色或淡色为好，也可用尼龙纱巾改制。②扫网，用来捕捉栖息在低矮植物上或行株距间、邻近地面或地上善于飞跳的小型昆虫。制作方法和捕网大致相同，但串网带的铅丝要比捕网略粗，网柄可适当短些。③水网，用于捕捞水栖昆虫的工具，为了减少水的阻力，网袋应选用透水性较强的材料（如马尾纱或金属纱等），以方便操作，不折断网柄。

（2）毒瓶：采集到的昆虫需要及时放入毒瓶内，否则其附肢易因挣扎或互相攻击而损坏。常用毒瓶一般选用内质较好的磨砂广口玻璃瓶，瓶口不易脱落，密封性好。也可以用罐头瓶自制，最下面用脱脂棉加毒剂铺好，上盖一层有孔硬纸板或塑料板。昆虫体积不大的话用试管也可，加脱脂棉和毒剂后加软木塞密封。毒剂可采用三氯甲烷、氨水、乙醚、乙酸乙酯。乙酸乙酯效果最佳，虽然大甲虫毒杀的有点慢，但是乙酸乙酯味道不重，对人刺激性较小。

（3）三角纸袋：一般用来装鳞翅目昆虫，其他也可。用长方形纸裁成长宽比为 3∶2 的纸块，纸的材料要薄，最好用绘图纸或硫酸纸。另外有条件的可买三角包，专门装三角纸袋的。装大蛇皮袋也行，不要压到标本，袋里放樟脑防虫蛀，回来以后再整理。

2. 捕虫方法

（1）捕虫网捕：不可操之过急，摸清昆虫飞动的规律，包括飞动的高度、速度、方向等，等其飞近，手握网柄瞄准方位，待其进入有效距离后顺势举网一挥。一旦昆虫入网，要立刻翻转网袋，把网底甩向网口，封住网口。用手捏紧网口，摇晃网袋（把昆虫晃晕），鳞翅目的捏住虫胸致其死亡，其他种类可用毒瓶套住，隔网盖盖子或用手捂住，死亡后即可。注意鞘翅目的一些昆虫不要和其他有翅膀的虫子放一个毒瓶，因为它们挣扎会踩烂其他昆虫的翅膀。

（2）巴氏罐诱：用一次性塑料水杯（高 9cm，口径 7.5cm）作为巴氏罐诱法容器，每块样地内设诱杯 100~220 个，3 个杯子为一引诱点，引诱点间隔 1m。每块样地平均设大约 150 个诱杯，累计达 3 392 个。引诱剂为醋、糖、医用酒精和水的混合物，重量比为 2∶1∶1∶20，每个诱杯内放引诱剂 40~60ml。放置诱杯时间平均为 11 天左右，由于气温、人为干扰、交通环境等因素影响，最长诱虫时间可达 14 天，最短为 2 天（至少间隔 1 夜）。

（3）灯诱：波长 330~400nm 的紫外光对蛾类的引诱力最强。紫外灯管能产生波长为 253nm 对人体有害的紫外光。比较理想的是选用功率 250W 的自整流型高压汞灯。夜晚挂一盏高压汞灯，在灯后张挂一块长 2m、高 1m 的白布。从节能的角度考虑，20W 的黑光灯也是很好的选择。诱捕场地选择植物种类丰富的林场或农田。

（4）振落法：将白布铺在树下，敲击树枝振落在枝叶上的昆虫。

（5）搜集法：偏湿的草堆也可能有一些步甲或蝼蛄，迅速抱起草堆放到白布上，层层拨开草堆，在白布上寻找昆虫。石块下面可能有甲虫，土层有金龟的幼虫。若树干有大洞则可能有天牛、锹甲或是独角仙。

3. 标本制作

（1）还软：从野外采集的昆虫，在制成干燥标本以前，常已存放了一段时间，其虫体已干硬发脆，在制成标本前必须经过还软，才不致折断破碎。建议用还软器还软，简单方便，也不会损坏标本。如果用干燥器还软，先在干燥器内底部铺上潮湿的细沙，再将装有昆虫的三角纸包放在干燥器内瓷盘上，为了防止标本发霉，应在沙面上滴几滴苯酚或甲醛溶液，盖严。小的昆虫可使用广口瓶自制还软器,在瓶内潮湿细沙土上放一张滤纸,滤纸上再放置装有昆虫的三角包。如果需要还软的昆虫不多,也可将三角纸包放在潮湿的净土层中,外面罩个玻璃罩进行还软。无论使用什么容器,夏季一两天,冬季两三天即可使昆虫还软如初。

(2)昆虫针:有5种型号,1号最细,5号最粗,视昆虫大小而选择,大昆虫用粗针,小昆虫用细针。夜蛾类一般用3号针;天蛾等大蛾类用4号针或5号针;盲椿象、叶蝉、小蛾类用1号或2号针。整型时可用大头针固定。

(3)展翅:蛾蝶、蜻蜓、蜂等昆虫,针插后需展翅。展翅用展翅板,是用较软的木料制成,长约0.33m,两边的木条宽0.1m,略微向内倾斜,其中一条可活动,以便调节板间缝的宽度。两板间的槽沟底部装软木条。展翅时,把已插针的标本插在槽底软木板上,使中间的空隙与虫体相适应,然后用小号昆虫针,插在较粗的翅脉上,将左右前翅向前拉。鳞翅目,使两翅后缘稍向前倾。蝇类和蜂类以前翅的尖端与头相齐为准。把前翅暂时固定在展翅板上,再拉后翅,蛾蝶类的后翅前缘压在前翅后缘下,左右对称,充分展平。最后用光滑的纸条压住,经大头针固定后,放通风处,等标本完全干燥后取下。

微小昆虫如飞虱、米象、寄生蜂等,一般采用三角纸点胶法,将卡片纸剪成长5.5mm的小角纸片,尖端沾少许白乳胶或万能胶贴在虫体的中足与前足间,再用普通昆虫针从小三角形的底边插入,使它达到与昆虫一样的高度。小三角纸的尖端向左,虫体的前端向前。

(4)插针位置:鳞翅目、蜻蜓目、双翅目昆虫,要将针向中胸背板中央稍偏右些插入,留出完整的背中线。鞘翅目昆虫要将针插在右侧鞘翅的左上角,使昆虫针正好穿过腹面的中后足之间,这样就不会破坏鞘翅目昆虫分类特征的基节窝。半翅目昆虫要将针插在小盾片的中央偏右方,这样就可以完整地保留腹面的口器槽。螳螂目和直翅目昆虫,要将针插在中胸基部上方偏右侧的位置上。膜翅目昆虫则要插在中胸的正中央部位。插针高度,昆虫到针的顶端约占针长的1/3。插针和整型可在泡沫板上完成,用大头针固定好位置,待标本变硬后取下,放标本盒里保存。标本盒可在植保器材店购买,注意标本盒内要放樟脑,防止虫蛀。

四、注意事项

生物多样性观察注意全面性和代表性。

五、作业

1. 撰写校园动物生物多样性报告。
2. 制作一种昆虫标本。

第十一章　棘皮动物门
Echinodermata

棘皮动物门是一类分布较广的海洋无脊椎动物,是一个相当特殊的类群。幼体呈两侧对称,成体又呈辐射对称;骨骼不同于其他无脊椎动物,是由中胚层产生,并突出体表成棘;一部分体腔演变成水管系统和围血系统;辐射型卵裂,内陷法形成原肠胚,再经腔肠法形成中胚层和真体腔,原胚孔发育为成体肛门,原胚孔相对的一端形成口,为后口,属于后口、肠体腔动物。这些特征与无脊椎动物不同,而与脊索动物相似,因此被认为是进化等级最高的无脊椎动物。

棘皮动物现存有6 000多种,我国分布有500种左右,化石种类多达20 000种。现存的棘皮动物共分为2个亚门5个纲,即海百合纲、海星纲、蛇尾纲、海胆纲和海参纲。它们多生活在温带、亚热带和热带海洋中,从浅海到数千米的深海都有广泛分布。除少数为浮游生活外,大多是缓慢移动的底栖种类。

棘皮动物门常见的药用动物有海盘车、海燕、海胆、刺参等。

第一节　棘皮动物门的主要特征

棘皮动物成体为次生性五辐射对称,幼体是两侧对称;体壁具有真皮层;内骨骼由中胚层形成,常突出体表形成棘、叉棘或刺而粗糙,故称棘皮动物;具有发达的次生体腔,一部分形成独有的水管系统、血系统和围血系统;神经系统由中胚层形成(动物界仅棘皮动物可见),分散,无神经节和中枢神经系统;无专门的呼吸、排泄系统,呼吸、排泄靠皮鳃、管足和体表进行;生殖多雌雄异体,海水中受精。本门动物是最高等的无脊椎动物,也是无脊椎动物中唯一的后口动物。

一、外形

棘皮动物是海洋中生活的一类无脊椎动物,具有适应海洋生活的身体结构,其外部形态因受海洋栖息深度和生活方式的影响,差异较大,现存的棘皮动物体型大致可分为如下四种(图11-1)。

1. 海星状　体扁平,呈五角星形或多角星形,背面略拱起,有疣、棘、颗粒状凸起突出体表。如阳遂足、海星等。

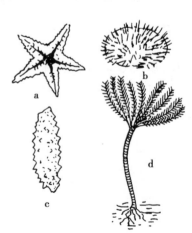

● 图11-1　棘皮动物代表种
a.海星;b.海胆;c.海参;d.海百合

2. 海胆状　体呈类球形、卵形或盘状，表面具由骨板相互嵌合而成的"骨壳"，有许多小孔和长短粗细不一的棘刺。如紫海胆、马粪海胆等。

3. 海参状　体呈圆柱形，无棘无腕，有长短大小不等的疣足和肉刺遍布体表，口周有触手。如梅花参、刺参等。

4. 海百合状　体呈树枝状，形似植物，腕羽状分支。如海洋齿、海齿花等。

棘皮动物无论体形属于哪一种类型，都可分为腕和体盘。其腕多细长，呈辐射状排列，其数目、长短、粗细随种类不同而异。腕的腹面有呈"V"字形的纵沟，为步带沟。沟内具管足2~4行，是棘皮动物多数种类的运动器官。体盘是主体，也为消化系统、循环系统、神经系统、水管系统等主要部分的所在地。体盘中央有口、肛门和筛板。口所在的面，为口面，位于体盘腹面；与口面相对的面为反口面。肛门位于反口面，附近有筛板。筛板上有许多小孔，是海水出入体内的门户。

棘皮动物体表除了具长短粗细不等的棘状凸起之外，还有许多膜质泡状凸起，其内腔连于次生体腔，具呼吸、排泄功能，称皮鳃。

二、骨骼系统

棘皮动物的骨骼是内骨骼，由中胚层的初级间质细胞形成。但与脊椎动物由中胚层的次级细胞形成的内骨骼不同，更不同于其他无脊椎动物由外胚层发育而成的外骨骼。棘皮动物的骨骼是由许多骨板或骨片组合而成。骨板或骨片是分类的重要依据，其形状、大小和排列方式随种类不同而异。如海星的骨板较大，与肌肉或软骨相连，可自由活动；海胆的骨板较小，互相嵌合成"骨壳"；海参的骨片细小，埋在肌肉组织之中。

三、体腔与水管系统

棘皮动物真体腔发达，包括围脏腔、水管系统和围血系统。体腔内壁上有许多纤毛，借助纤毛的摆动，使体腔液不断流动。水管系统为棘皮动物所特有，由次生体腔演变而成。主要由筛板、石管、环水管、辐水管、侧水管、管足和坛囊相互连接而成(图11-2)。

1. 筛板　筛板是一石灰质圆板，表面具有许多沟道，沟底部有许多小孔及管道，并进入下面的一个囊内，由囊再连到石管。水管系统借筛板上的小孔，使其中的水与外界水、体腔液不断循环流动。

2. 石管　石管是由于管壁有钙质沉积而得名，壁管有凸起伸入管腔，而将管腔不完全地隔开，以允许管内液体向口面及反口面同时流动，并由反口面垂直向下与口周围的环水管相连。

3. 环水管　环水管位于口面骨板的内面，在间辐区有4~5对褶皱形成的囊状结，称贴氏体。另外相当多的海星类环水管上还有1~5个具管的囊，称波里氏囊，是储水

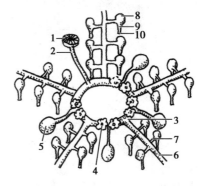

1.筛板; 2.管足; 3.环水管; 4.帖氏体;
5.波里氏囊; 6.辐水管; 7.侧水管;
8.坛囊; 9.管足; 10.吸盘。

● 图11-2　海星的水管系统

的结构,有调节体内水压的功能。海盘车没有波里氏囊。

4. 辐水管和侧水管　辐水管位于步带沟中腕骨板外面,由环水管向每个腕的末端辐射,沿途向两侧伸出成对的侧水管,左右交替排列。

5. 管足和坛囊　侧管末端膨大,穿过腕骨片向内进入体腔形成坛囊。坛囊的末端成为管足,进入步带沟内,许多种类管足末端扁平形成吸盘。管足肌肉的收缩控制其弯曲或延伸。当坛囊收缩时,它与侧管交界处的瓣膜关闭,囊内的液体进入管足,管足延伸,其末端的吸盘附着地面。反之,管足缩短,液体又流回坛囊。棘皮动物依靠管足的协调收缩以完成运动,而水管系统的其他部分仅用来维持管内的压力平衡。罗氏海盘车等便借此缓慢移动。

管足除运动功能外,还具呼吸和排泄功能。蛇尾纲动物的管足退化,无运动功能,只司呼吸、排泄和感觉。

四、围血系统与循环系统

棘皮动物没有专门的循环器官,循环功能由次生体腔执行。发达的真体腔内充满体腔液,靠体腔膜细胞纤毛的摆动致体腔液的流动,以完成营养物质运输。循环系统十分退化,仅具有一特殊的围血系统及血系统。

1. 围血系统　围血系统是由一部分次生体腔分化而成的管状结构,位于水管系统下方,呈辐射状排列。围血系统由口面和反口面的环围血窦、辐围血窦及连通它们的轴窦组成。包围在循环系统的外面。

2. 血系统　血系统是一系列与水管系统相应的管道,也是由口面和反口面的环血窦(环血管)、辐血窦(辐血管)及连通它们的轴器组成。血窦是由许多不规则的葡萄状的空隙构成。该空隙相当于其他动物的血管,其中的体液含游离细胞(海参类含的是血红细胞)。轴器和轴窦是连接口面和反口面的血系统、围血系统的桥梁。反口面辐围血窦、辐血窦又通入生殖腺(图11-3)。

本门动物的围血系统和循环系统,主要以海胆和海参类的较为发达,其他种类的常退化。

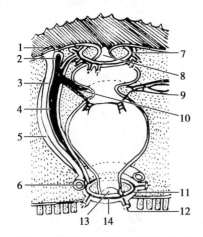

1.筛板;2.背囊;3.石管;4.轴器;5.轴窦;
6.环水管;7.反口血环;8.肛门;9.幽门盲囊
血窦;10.胃血环;11.围口血环;12.辐血窦;
13.口;14.口血环。

● 图11-3　海星的围血、循环系统

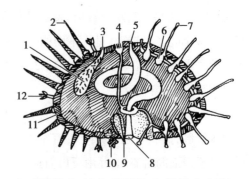

1.生殖腺;2.刺;3.生殖孔;4.筛板;5.肛门;
6.坛囊;7.管足;8.口;9.齿;10.鳃;11.体腔;
12.叉棘。

● 图11-4　海胆口面和反口面的切面

五、消化与排泄系统

棘皮动物的消化系统常由口、食管和消化管组成。消化管的形状因种类不同而异。蛇尾、海星等的消化管呈囊袋状,消化后的残渣则由口排出;海胆、海参的口附近有捕食的触手或咀嚼器(亚里士多德提灯),消化管呈长管状,消化后的残渣由肛门排出。同时海参的一部分消化管末端伸入体腔,然后在体腔中不断分支,形成的树状结构,称呼吸树或水肺,为海参特有的呼吸和排泄器官(图 11-4)。

棘皮动物无肾等专门排泄器官,排泄主要靠体腔内的变形细胞来完成。其排泄物先变成固体颗粒,再由变形细胞搬运到体外。

六、神经系统

棘皮动物的神经系统是分散的,与上皮细胞紧密相连,不形成神经节或神经中枢。棘皮动物成体有 3 个神经系统,即外神经系统、内神经系统和下神经系统。

1. 外神经系统　外神经系统是最重要的神经结构,由围口神经环、5 条辐神经干及其分支组成,来源于外胚层,位于围血系统的下方。

2. 内神经系统　内神经系统位于反口面的体壁上,由辐神经干及其分支组成。

3. 下神经系统　下神经系统位于围血系统的管壁上,其组成与外神经系统相同。

内、下 2 个神经系统均起源于中胚层,中胚层细胞形成神经系统为本门动物所特有。3 个神经系统与水管系统相平行,均与上皮细胞未分开。整个表皮中的大量感觉神经细胞除司触觉外,还能够对光、化学刺激作出反应。一般是外神经系统较发达,其他 2 个神经系统因种类而异。如海百合类的内神经系统特别发达,而海参类却完全退化。

七、生殖与发育

绝大多数棘皮动物为雌雄异体,少数种类为雌雄同体。生殖腺通常有 5 对或为 5 的倍数,由体腔上皮形成,位于间步带区。生殖腺在生殖期常充满整个体腔,卵巢橙色,精巢白色,是辨别雌雄的最常用方法,每个生殖腺都有 1 个生殖孔位于反口面腕基部。成熟的生殖细胞经生殖管由反口面排出体外,在水中受精。

1. 个体发育过程　受精卵多进行均等全裂,经多次分裂到桑椹期,再到囊胚期。囊胚内陷形成原肠胚,再由肠体腔法进一步发育形成中胚层和左右成对体腔囊,该对体腔囊随之不断延长,并由前到后依次裂为前、中、后 3 对体腔囊。原口在后方形成肛门,并由外胚层内陷和内胚层的外凸形成幼虫的口。此时前端的口前叶成为幼虫器,用以附着他物。除海百合类的幼虫器具柄且永不消失之外,其他种类的幼虫器均随之消失。此时形成左右对称的幼虫,再经变态就发育成辐射对称的幼体(图 11-5)。

2. 发育中体腔囊的分化　变态发育过程中,左侧各体腔囊发育良好,右侧部分则多退化消失。左前体腔囊分化成中轴体;左中体腔囊演变成水管系统;左后体腔囊的一部分分离,形成围血系统。一对后体腔囊愈合,发育成成体的次生体腔,其他的右前体腔囊和右中体腔囊都退化。随着胚胎延长,右侧的原口移至腹面形成幼体的肛门;与此同时,在左侧环水管中央,外胚层的内陷和消化管壁的外凸成为后口。进入幼虫期后,幼虫的口、食管、肛门、肠等退化消失,仅消化管中间一段发达。随着水管系统的发育,体型逐渐由两侧对称变成辐射对称,原来胚的左侧成为成虫的口面,右侧成为反口面,退化的器官重新形成(图 11-6)。故这样形成辐射对称体型是一种次生现象,与腔肠动物的原始辐射对称体型有很大不同。

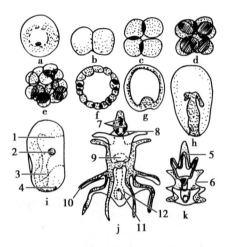

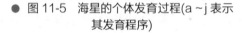

1.纤毛带;2.口;3.胃;4.肛门;5.反口纤毛带;6.围口纤毛带;7.3 个小腕;8.吸盘;9.口;10.幼虫的腕;11.肛门;12.胃。

● 图 11-5　海星的个体发育过程(a~j 表示其发育程序)

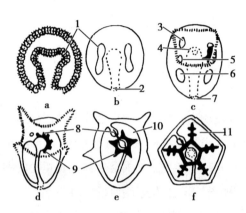

1.体腔囊;2.原口;3.右前囊;4.后口;5.右中囊;6.右后囊;7.原口;8.石管;9.步管囊;10.体腔;11.体腔。

● 图 11-6　海星的早期胚腔发育中体腔囊的分化(a~f 表示其分化过程)

　　本门动物的体型由两侧对称变成辐射对称,是为适应固着生活。现在移动生活种类的幼虫仍要过短期的固着生活,因它们也是从固着生活的种类演变而来。

　　此外,本门动物具很强的再生能力,也是为适应固着或缓慢移动的生活。身体任何一部分被损伤后,很快就会再生一个完整的新个体。如海星的体盘或腕受损后,过一段时间,受损的部分就再生,成为一个完好的整体。

第二节　棘皮动物门的分类

　　棘皮动物依其生活过程中固着柄的有无可分为有柄亚门和游走亚门(无柄亚门)2 个亚门。其中有柄亚门只有海百合纲现存,游走亚门又有海星纲、蛇尾纲、海胆纲和海参纲 4 个纲。

一、有柄亚门 Pelmatozoa

　　有柄亚门动物幼体具柄,营固着生活。口面向上,反口面向下,肛门和口均位于口面,骨骼发达,骨板愈合成一完整的壳,主要的神经系统在反口面,消化管完整。有 5 纲,现存仅海百合纲

（Crinoidea），其余 4 纲均为化石种类。

1. 海百合纲动物特点　体呈杯状，似植物；腕呈羽状分支，分支从 5 腕基部开始，并可伸屈自如；具步带沟，管足无吸盘，无运动功能；个体发育有桶形的樽形幼虫；再生能力极强。

2. 分布与代表动物　海百合纲是现有棘皮动物中最古老、最原始的一类，分为 4 个亚纲。化石种有 6 000 余种，分别属游离海百合亚纲（Inadunata）、可曲海百合亚纲（Flexibilia）和圆顶海百合亚纲（Camerata）3 个亚纲。现存种类仅 650 余种，均属有关节亚纲（Articulata），分为 2 个类型。

（1）海百合类（stalked crinoids）：体形似植物，终身有柄，营固着生活，多分布在 100~600m 深海。如日本寻常海百合 *Democrinus japonicus* T. Gislén。

（2）海羊齿类（comatulids）：成体无柄，营自由生活或暂时性固着生活，主要栖息于沿岸浅海岩礁底或硬底。如须羽真海羊齿 *Eumetra aphrodite* A. H. Clark。

现本亚门无药用种类。

二、游走亚门 Eleutherozoa

游走亚门又称无柄亚门，自由生活；口面向下，反口面向上，口位于口面或体前端，肛门位于反口面或体后端，主要的神经系统位于口面体壁内。包括海参纲（Holothuroidea）、海胆纲（Echinoidea）、海星纲（Asteroidea）和蛇尾纲（Ophiuroidea）4 个纲。

（一）海星纲 Asteroidea

1. 本纲动物特点　体扁平，多五辐射对称，星形或五角形，体盘和腕分界与蛇尾纲相比不明显。描述海星类形态时，自体盘中心到腕端的距离称为辐径，用 R 表示；自体盘中心到间腕部边缘的距离称为间辐径，用 r 表示。辐径（R）与间辐径（r）的比例大小是分类的重要依据。

（1）腕：海星类的腕呈辐射排列，其数目、长短、粗细随种类不同而异，是分类的重要特征。腕数一般是 5 或 5 的倍数，最多有 50 个。每腕腹面中央有 2 行骨板，为步带板，呈"Λ"形排列，构成步带沟。沟内有 2~4 行管足，是其运动器官。步带板上具许多小孔，是管足伸出的地方。步带沟的两边各具一列侧步带板，腕缘的上、下分别有上缘板和下缘板。一些种类在侧步带板与下缘板之间还有一至数列排列规则的腹侧板。各种骨板以结缔组织相互连接，柔韧可曲，因此各腕均可活动。同时，除步带板外，各骨板上有短棘、叉棘或颗粒状凸起的皮鳃，其数目在各骨板上也略有差异，是分类的特征。各腕端腹面还有一个能感光的红色眼点。

（2）体盘：海星类的中央盘一般呈类盘状，口面向下，口位于腹面中央，通过短的食管与胃相连。胃呈囊状，大型，由幽门胃与贲门胃两部分构成。反口面（背面）向上，肛门靠近背面的中央，小而不用，未消化的食物残渣仍由口排出体外。筛板大而圆，位于背面两腕基部之间，通常 1 个，多可有 2~5 个或 5

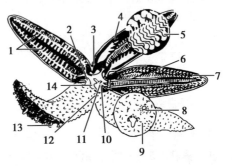

1.幽门盲囊；2.贲门胃；3.生殖孔；4.生殖腺；5.坛囊；6.收缩肌；7.骨片；8.棘钳；9.皮鳃；10.直肠盲囊；11.肛门；12.筛板；13.管足；14.幽门胃。

● 图 11-7　海星

个以上(图11-7)。

(3) 生殖和发育:一般为雌雄异体,生殖腺常分支成丛生状,于腕基部每侧1个。卵在水中受精,发育过程常经两侧对称的羽腕幼虫期和短腕幼虫期。

2. 分布与代表动物　海星纲全世界有1600余种,化石种类300种。我国已知有100余种,主要分布在渤海以南海域。分为以下3目。

(1) 显带目(Phanerozonia):生活在软质海底,没有皮鳃,腕具2行明显的边缘板,管足无吸盘,在步带沟中排成2列,有利于在泥沙穴居或爬行。大部分深海海星属于此目,如单棘槭海星 *Astropecten monacanthus* Sladen、砂海星 *Luidia quinaria* von Martens 等。

(2) 有棘目(Spinulosa):叉棘简单或缺乏,边缘板很小。常见种类有陶氏太阳海星 *Solaster dawsoni* Verrill、贝氏海燕 *Asterina bather* Goto 及鸡爪海星 *Henricia leviuscula* Stinpson 等。

(3) 钳棘目(Porcipulata):边缘板不显著,具剪状叉棘。常见种类有异色海盘车 *Asterias versicolor* Sladen、尖棘筛海盘车 *Coscinasterias acutispina* Stimpson、网海星 *Retaster insignis* Sladen 等。

3. 本纲药用动物　药用种类较大部分归属于有棘目(Spinulosa)的海燕科(Asterinidae)和钳棘目(Porcipulata)的海盘车科(Asteriidae),以及显带目(Phanerozonia)的槭海星科(Astopectinidae)、角海星科(Goniasteridae)。常见药用种类如罗氏海盘车 *Asterias rollestoni* Bell、骑士章海星 *Stellaster equetris* Retizius、海燕 *Asterina pectinifera* Müller et Troschel、林氏海燕 *Asterina limboonkengi* G. A. Smith、多棘海盘车 *Asterias amurensis* Lütken 和镶边海星 *Craspidester Hesperus* Müller et Troschel 等(图11-8、图11-9)。

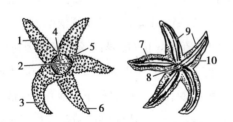

1.棘;2.肛门;3.腕;4.体盘;5.筛板;6.触手;7.步带沟;
8.口;9.腕;10.管足。

● 图11-8　海盘车

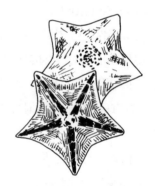

● 图11-9　海燕

(二) 蛇尾纲 Ophiuroidea

1. 本纲动物特点　体扁平,星状,体盘小,腕细长,两者分界明显,有很强的伸屈能力。口面由咀嚼板组成,中央为口,口两侧密生小齿向口内及反口方向延伸,筛板位于口面,消化管退化,食管短,连于囊状的胃,无肠,无肛门。中央盘小,呈扁圆形或五角形,直径为1~3cm,最大的为12cm,反口面没有皮鳃,光滑或具颗粒状,或盖有钙质骨板或小刺。腕一般5个,细长灵话,活动自如,中央有一系列腕椎骨,骨间有可动关节,肌肉发达。每1腕节由4块腕板组成,上下左右各1块。常被有明显的鳞片,无步带沟,沟处被腕下板掩盖而形成了神经外管。管足2行,末端无吸盘,只可感觉和呼吸,无运动功能。多为雌雄异体,个体发育中经蛇尾幼虫期。

2. 分布与代表动物　蛇尾纲又称海蛇尾纲,是现存棘皮动物中最大的一个纲,约有2 000 种及200 化石种,多分布于深海软质海底。本纲分2 个目和8 个科,包括蔓蛇尾目(Euryalae)的始椎蛇尾科(Eospondylidae)、爪星蛇尾科(Onychasteridae)、衣笠蔓蛇尾科(Asteronychidae)、星蔓蛇尾科(Asteroschematidae)、筐蛇尾科(Gorgonocephalidae)和蔓蛇尾科(Euryalidae)和蛇尾目(Ophiurae)的栉蛇尾科(Ophiocomidae)、阳遂足科(Amphiuridae)。

(1) 蛇尾目(Ophiurae):腕不分支,中央盘及腕常覆盖有骨板。如金氏真蛇尾 *Ophiura kinbergi* Ljungman、滩栖阳遂足 *Amphiura vadicola* Matsumoto 等。

(2) 蔓蛇尾目(Euryalae):腕分支,常缠绕成团,中央盘及腕上不具骨板。世界现存约120 种,我国有15 种,多分布在南海,黄海只有海盘 *Astrodendrum sagaminum* Dōderlein。

本纲药用种类少,归属于蛇尾目。

3. 本纲药用动物　药用种类如滩栖阳遂足 *Amphiura vadicola* Matsumoto、围网阳遂足 *Amphiura acrystata* H. L. Clark、排异阳遂足 *Amphiura dejecta* Koehler、小指阳遂足 *Amphiura digitula* H. L. Clark 等。

(三) 海胆纲 Echinoidea

1. 本纲动物特点　体呈球形、盘形或心脏形,是由各腕向反口面相抱愈合而成。内骨骼互相愈合,形成一个坚固的壳,分三部。第一部最大,由20 多行多角形骨板排列成10 带区,5 个具管足较狭长的步带区和5 个无管足较宽阔的间步带区相间排列,骨板上的许多小孔供管足伸出,步带板的小板数目随种类而异,1~12 个,是分类的重要特征。第二部称顶系,位于反口面中央,由围肛部(periproct)和5 个生殖板及板眼(ocular plate)组成。生殖板在间步带区,生殖板上各有一生殖孔,有一块生殖板多孔,形状特异,兼作筛板的作用;眼板上各有一眼孔,辐水管末端自孔伸出,为感觉器;围肛部上有肛门。第三部为围口部,位于口面,有5 对口板,排列规则,各口板上有一管足,口周围有5 队分支的鳃,为呼吸器官。多数种类口内具复杂的咀嚼器,称亚里士多德提灯(Aristotle's lantern),其上具齿,可咀嚼食物,咀嚼器后接食管,食管后接细长盘曲的肠管,肠管末端与肛门相通。消化管长管状,盘曲于体内。骨壳表面还有许多大小不一的疣状凸起和如关节一样可活动的长棘。疣状凸起依大小分为大疣、中疣和小疣。疣上连有形状、大小不等的棘和叉棘。 这些棘或叉棘也可分成大棘、中棘和小棘,其大小与相连疣一致。棘的形状、大小和排列在分类上具有重要意义,其中叉棘的形状更是分类的重要特征(图11-10)。海胆类大多为雌雄异体,具生殖腺2~5 条,发育过程中经海胆幼虫期(长腕),后变态成幼海胆,经1~2 年才达性成熟。

2. 分布与分类　现存900 余种,化石有7 000 多种,分布在从潮间带到几千米深的海底,多集中在滨海带的岩质海底或沙质海底,或有广泛的分布,或局限在特定的海域,因种而异。可分为规则海胆亚纲(Endocyclica)、不规则海胆亚纲(Exocyclica)2 亚纲,22 目。如规则海胆亚纲的巨紫球海胆 *Strongylocentrotus franciscanus* A. Agassiz、刺冠海胆 *Diadema seto-*

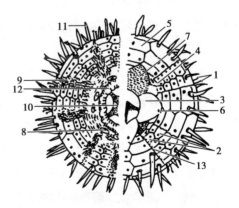

1. 管足;2. 步带板;3. 生殖板;4. 眼板;5. 间止步带;6. 生殖孔;7. 筛板;8. 口部管足;9. 鳃;10. 咀嚼器的齿;11. 棘;12. 胃口膜;13. 皮鳃伸出的孔。

● 图11-10　海胆

sum Leske，不规则海胆亚纲的马铃薯海胆 *Echinocardium cordatum* Pennant 、薄饼干海胆 *Laganum depressum* Lesson 等。

3. 本纲药用动物　本纲药用种类较多，大部分归属于拱齿目（Camarodonta）的刻肋海胆科（Temnopleuridae）、球海胆科（Strongylocentrotidae）和长海胆科（Echinometridae）。常见的药用种类如球海胆科动物马粪海胆 *Hemicentrotus pulcherrimus* A. Agassiz、光棘球海胆 *Strongylocentrotus nudus* A. Agassiz、长海胆科动物紫海胆 *Anthocidaris crassispina* A. Agassiz、刻肋海胆科动物细雕刻肋海胆 *Temnopleurus toreumaticus* Leske 及哈氏刻肋海胆 *Temnopleurus hardwickii* Gray。

（四）海参纲 Holothuroidea

1. 本纲动物特点

（1）外部形态：体呈圆柱形或蠕虫状，两侧对称，通常有前、后、背、腹之分，背腹略扁。口在前端，肛门在后端。无腕、棘和叉棘。步带区 5 个，2 个在背面，背侧常有棘状疣足（parapodium），为一种肉质的变形管足，只司感觉和呼吸，无运动功能；3 个在腹面，管足排列不规则，仍有运动功能。间步带区 5 个，2 个在腹面，3 个在背面。有的种类管足少或无管足。口周围的管足演变成触手，8～30 个，一般为 20 个，成 5 行环列在口的周围。形状多样，有楯状、羽状、指状和枝状等。触手的形状、数目及其排列是分类的重要依据。

（2）骨骼：海参类动物的内骨骼不发达，其骨片的形状、大小常随种类而异，并且十分稳定，也是分类的重要依据，常见的形状有桌形体、杆状体、扣状体、锚形体、轮形体、C 形体以及 X 形体等。而极少数海参类体壁内没有骨片。

（3）水管系统：海参类动物的水管系统也呈辐射对称，其中心是位于咽邻近部，石灰环稍后方的环水管，水管系统发达，开口于体腔内。

（4）消化、呼吸与排泄：消化管细长盘曲，后端膨大成泄殖腔。泄殖腔的部分腔壁凸向体腔伸出一对分支的树状管，有呼吸和排泄功能，称为呼吸树或水肺（图 11-11）。呼吸树是海参类特有的呼吸器，但仅见于枝手目、楯手目和芋参目，受刺激时可从肛门排出，能再生。

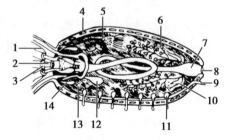

1.触手;2.口;3.石灰环;4.筛板;5.生殖腺; 6.呼吸树;7.直肠;8.肛门;9.末端触手; 10.居维尔氏器;11.坛;12.波氏囊;13.环水管;14.触手坛。

● 图 11-11　海参的内部构造

（5）生殖与发育：绝大多数海参类为雌雄异体，从外形难以区别雌雄。少数雌性具有育儿囊。另有一些是雌雄同体。海参类的生殖系统不呈五辐射对称，和其他棘皮动物很不同。只有一个生殖腺，通常由许多管构成，在基部连成一簇或两簇。卵在水中受精，发育过程中经耳状幼虫和桶状幼虫期。

2. 分布与代表动物　海参纲动物种类甚多，全世界有 1 100 多种，仅 40 种左右可供食用。我国约有 140 种，其中约 20 种可食用。分布在潮间带及大洋海底广大海域，其中热带海域种类丰富。本纲根据触手形状、管足和呼吸树的有无可分为 3 亚纲 6 目：枝手海参亚纲（Dendrochirotacea）包括指手目（Dactylochirotida）、枝手目（Dendrochirotida）；楯手海参亚纲（Aspidochirotacea）包括楯手目（Aspidochirotida）、平足目（Elasipodida）；无足海参亚纲（Apodacea）包括芋参目（Molpadida）、无足目（Apodida）。

（1）指手目：属原始种类，触手指状，身体被包在一个可变形、由覆瓦状构成的壳内。如双手高球参 *Ypsilothuria bitentaculata* Ludwig。

（2）枝手目：手（或口管足）树状分支，不具坛囊，腹面步带沟中有管足，或管足在腹面及背面均有分布，有呼吸树。如我国特有的柯氏瓜参 *Cucumaria chronhjelmi* Théel、中华赛瓜参 *Thyone fusus chinensis* Yang 等。

（3）楯手目：触手叶状或盾形，身体腹面有时具发达的管足，有呼吸树。如梅花参 *Thelenota ananas* Jaeger 等。

（4）平足目：大多数为深海种，触手叶状，管足少，口在腹面，无呼吸树。如强壮幽灵参 *Deima validum* Théel 等。

（5）芋参目：具 15 个指状触手，管足乳突状，仅存在肛门附近，有呼吸树，身体后端成尾状。包括芋参科（Molpadiidae），如广东芋参 *Molpadia guangdongensis* Pawson et Liao、张氏芋参 *Molpadia changi* Pawson et Liao 等；尻参科（Caudinidae），如浙江尻参 *Caudina zhejiangensis* Pawson et Liao、海棒槌 *Paracaudina chilensis* J. Müller、纤细海棒槌 *Paracaudina delicate* Pawson & Liao、海地瓜 *Acaudina molpadioides* Semper 等。

（6）无足目：触手 10～20 个，指状或羽状，无管足，无呼吸树。如棘刺锚参 *Protankyra bidentata* Woodward et Barrett、粘细锚参 *Leptosynapta inhaerens* O. F. Muller 等。

3. 本纲药用动物　药用种类多归属于楯手目的刺参科（Stichopodidae）和海参科（Holothuriidae）。常见的药用种类：刺参科花刺参 *Stichopus variegatus* Semper、绿刺参 *Stichopus chloronotus* Brandt、松刺参 *Stichopus flaccus* Liao、梅花参 *Thelenota ananas* Jaeger；海参科子安辐肛参 *Actinopyga lecanora* Jaeger、棘辐肛参 *Actinopyga echinites* Jaeger 等（图 11-12）。

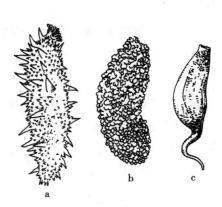

● 图 11-12　海参纲习见种类
a. 刺参；b. 梅花参；c. 海棒槌

第三节　常见药用动物

我国利用棘皮动物入药历史悠久，历代本草均有记载。海参、海燕、海胆的性味、功能、主治等药用情况分别记载于《药性论》《本草纲目》和《本草原始》，沿用至今，药用价值大。棘皮动物在我国有 500 余种，供药用的有 50 余种。

一、罗氏海盘车 *Asterias rollestoni* Bell

为海盘车科（Asteriidae）动物，又名海盘车、海星。常栖息于潮间带和浅海中，多生活在沙滩、泥沙滩或砾石海底。喜以幼贝为食。国内分布于辽宁、山东沿海。

（一）形态与构造

1. 外部形态

（1）形态：身体呈扁五角星形，体盘略宽，腕 5 个，辐径约 12cm，间辐径约为 3cm。体盘的反口面中部略隆起,中央有肛门,肛门旁具圆形筛板。背板结合成不规则网状,其上有皮鳃。背棘短而稀,尖锥形,或较宽而钝,顶端截断形,无纵沟槽;龙骨板(步带板)上的棘排列整齐而较规则;上缘棘 3~5 个,下缘棘 2 个。生殖孔 5 个于两腕间。口面平坦,具五角形的口。腕基部略缩,末端渐细且翘起,边缘很锐。各腕的"V"形步带沟内有管足 4 行,管足末端有吸盘(图 11-8)。

(2)体色:生活时反口面为蓝紫色,腕缘、棘、皮鳃为浅黄色至黄褐色,口面为黄褐色。

2. 内部构造

(1)骨骼:按一定顺序在各腕两侧和整个口面排列成两行。沿腕的中线具两行步带板,呈"∧"形排列,形成步带沟。步带板上下分别有疣和管足;侧步带板位于步带板下面两侧,每一侧步带板外侧有腹侧板,腹侧板的上方有上缘板,上缘板下方有下缘板。各骨板间由结缔组织与肌肉相连(图 11-13)。

(2)体腔:自中央盘直伸到各腕末端,较宽阔。内有水管、消化、围血系统等。在纤毛打动下,体腔液中的蛋白质、变形细胞不断流动,将蛋白质等营养物质运至全身,同时变形细胞把收集的代谢产物排出体外。

(3)水管系统:其结构和功能与一般棘皮动物无本质区别,仅它具 19 个帖窦曼氏体。

(4)围血系统:主要由双层的环口围血窦、反口围血管、辐围血窦、反口辐围血管及轴体组成。连接环口围血窦与反口围血管的管道为中轴体。口面的环口围血窦与辐围血窦相连;反口围血管与反口辐围血管相连。罗氏海盘车的循环系统分布在围血系统的隔膜内,不发达。由中轴器、环血窦、辐血管组成。中轴器位于中轴体内,是连接环血窦和反口环血管的通道。围血、循环系统的走向、分布与水管系统相同。血管中的血液似淋巴组织,不含色素(图 11-3)。

(5)消化系统:由口、食管、贲门胃、幽门胃、幽门腺等构成。幽门盲囊(pyloric caeca)周围的幽门腺分泌消化液至胃中消化食物。而未消化的残渣复由口排出。幽门胃末端具一短的直肠通到反口面,幽门胃旁有一对分瓣的直肠盲囊。肛门在反口面的中央(图 11-14)。

1.龙骨板;2.背侧骨板;3.上缘板;4.下缘板;
5.止带板;6.侧止带板;7.可动棘刺。

● 图 11-13 罗氏海盘车腕横切(示骨板的排列)

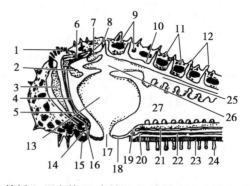

1.筛板;2.胃血管;3.中轴器;4.中轴窦;5.石管;6.生殖腺血管;7.肠盲囊;8.肛门;9.骨板;10.体腔膜;11.棘刺;12.皮鳃;13.贲门胃;14.环血窦;15.围血神经环;16.环水管;17.管足;18.围口膜;19.环水管;20.环血窦;21.辐水管;22.辐血窦;23.辐神经;24.管足;25.幽门盲囊;26.幽门胃;27.体腔。

● 图 11-14 罗氏海盘车的消化系统

（6）神经系统：包括外神经系统（表皮神经系统）和下神经系统两部分，以前者较为发达，由围口神经环和辐神经干及其分支组成。走向、分布与水管系统相同。感觉器官为各腕末端的眼点，有感光作用。

（7）生殖和发育：为雌雄异体，生殖腺5对，位于间步带区基部。有小管开口于背面生殖脊处。成熟的精、卵排出体外，并在水中受精。受精卵经等裂，以内陷法形成原肠胚，以腔肠法形成中胚层和体腔，再发育成细小的羽腕幼虫。幼虫浮游生活一定时期，沉入海底，变态成幼体，再发育为成体。罗氏海盘车的再生能力极强，若将其体盘切成两半抛回海中，经一段时间后可再生出另一半体盘，成为两个新个体。

（二）药用

罗氏海盘车去内脏的干燥全体供药用，为海星。载于《中国药用动物志》。其味咸，性平。能平肝和胃，止痛，镇惊。主治胃脘疼痛，反胃吐酸，耳内肿痛，癫痫痉挛等。

1. 药材性状　药材呈五角星形，腕5个，较长，辐射状排列，从基部向顶端渐细，顶端微弯曲，具吸盘。反口面略隆起，具紫红色花纹，口面平坦，浅黄色，表面粗糙，有许多疣状凸起和棘刺。质硬而脆，易折断。气微腥，味咸。

2. 成分与药效

（1）成分：海星体内含皂苷、固醇、多糖、胰岛素类、胡萝卜素类、维生素、蛋白质、多肽、氨基酸、糖苷类、生物碱、神经酰胺等生物活性成分。最早对海星开展化学研究是从海星皂苷的分离纯化开始，海星的所有组织中都含有皂苷，胃中皂苷含量最高，体壁、生殖腺和幽门盲囊中的皂苷含量相近。海星皂苷为3种结构类型的甾体皂苷，即硫酸酯甾体皂苷、环状甾体皂苷和多羟基甾体皂苷。大部分海星皂苷与糖蛋白和脂蛋白结合，只有3%左右是以游离状态存在。其甾体皂苷具有多种生物活性，如细胞毒性、溶血、抗菌、抗炎、抗病毒、抗肿瘤以及神经系统活性。

（2）药效：现代药理研究表明，海星具有抗病毒、抗真菌、抗肿瘤、抗细菌、抗炎、溶血、降压、抗动脉粥样硬化等活性。水溶性海星皂苷具有强抗真菌活性，尤其对白念珠菌和裂殖酵母菌两种真菌有强的抑制作用。海星水提物对豚鼠皮肤红色毛癣菌感染的皮损有明显的改善。海星中的多羟基甾类糖苷、硫酸酯甾类糖苷、多羟基固醇等天然化合物，对支气管肺癌细胞（NSCLC-N6）也有抑制作用。海星体内的固醇具有抗真菌活性，并对海参受精卵的发育也有影响。海星的胍生物碱类化合物抗病毒、抗真菌的活性非常显著。海星的甾类糖苷有细胞毒性、溶血、抗病毒、抗炎、鱼毒素等活性；脂类有抗肿瘤活性。酸性黏多糖具有抗凝血、降低血清胆固醇、改善微循环等作用，是治疗冠心病、脑血栓及微循环障碍的良好药物来源。此外，海星多糖（NRP-1）具有抗癌活性；蛋白质具有免疫和促细胞生长活性。

3. 同等入药　与罗氏海盘车同等入药的同属动物有多棘海盘车 *Asterias amurensis* Lütken。

二、海燕 *Asterina pectinifera* Müller et Troschel

为海燕科（Asterinidae）动物，又名海星、海五星。多生活于潮间带的浅水中，常栖息于岩礁底处或破碎的贝壳或砂石下。国内分布于辽宁、河北、山东等省沿海。

(一) 形态构造

身体呈扁平短五角星形,一般腕 5 个,辐径 7.5~11cm,间辐径 5~6cm。反口面略隆起,口面平坦。背板呈覆瓦状排列,各板有很多小棘,无叉棘。每侧步带板有棘 2 行。腹侧板为不规则多角形,或覆瓦状排列,接近步带板者较大。口板大而明显,各有棘 2 行。筛板大,圆形,一般 1 个。生活时体色艳丽,反口面常为深蓝色,体盘中央杂以丹红色斑块;口面橘黄色。

(二) 药用

除去内脏的干燥全体供药用,为海燕,载于《本草纲目》。本品味咸,性温。能补肾壮阳,祛风除湿。主治阳痿,腰腿疼痛,胃痛等。

1. 药材性状 药材呈扁平钝五角形,中央盘称体盘,体盘隆起的一面称为反口面,颜色多变,有覆瓦状排列的骨板,具 1 个或 2~3 个筛板,呈粉白色。腹面称口面,呈橘黄色,中央有口。体盘外周有辐状短腕 5 条,有时有 4~9 条者。各腕反口面具棱,边缘尖锐,口面具步带沟,沟内列生管足,管足上有吸盘。质硬而脆,气微腥,味微咸。以个大、质坚硬、完整者为佳。

2. 成分与药效 海燕含有海燕皂苷、酸性黏多糖、不饱和脂肪酸等多种生物活性物质,以及丰富的蛋白质、脂肪、氨基酸、矿质元素等营养成分。海燕皂苷具有显著的祛痰、镇咳、平喘作用;抗炎活性明确;抗肿瘤谱广,如肝癌、胃癌、肺癌、宫颈癌、前列腺癌、结肠癌、食管癌、神经胶质瘤和白血病等;同时对脑缺血损伤有显著的保护作用。海燕内脏脂质具有一定的抗氧化活性。作为一种潜在的药食两用海洋生物资源,海燕具有巨大的开发利用前景。

3. 同等入药 与海燕同等入药的同属动物有林氏海燕 *Asterina limboonkengi* G. A. Smith。

三、马粪海胆 *Hemicentrotus pulcherrimus* A. Agassiz

为球海胆科(Strongylocentrotidae)动物,又名海胆。常栖息于潮间带到水深 4m 左右的海藻繁茂的岩礁或沙石底部或缝隙之内。国内主要分布于辽宁、河北、山东等省沿海。

(一) 形态构造

骨壳为低半球形,直径为 30~40mm,最大可达 60mm。反口面低,略隆起;口面平坦。步带区与间步带区幅宽相等,且间步带区膨起程度比步带区略高,壳形自口面观察为接近圆形的圆滑正五边形。壳面的疣状凸起密集,着生有许多长 5~6mm 的棘刺。壳面暗绿色或灰绿色,棘的颜色不一,多为暗绿色,有的带紫、灰褐、赤褐灰或灰白乃至白色。每片止带板有 1 个大疣,5~6 个中疣,另外散生着多数小疣。顶系隆起较低,第 1 眼板和第 5 眼板与围肛部相接。管足孔每 4 对排列成一个弧形,管足内常有 C 形骨片。

(二) 药用

马粪海胆的干燥石灰质骨壳供药用,为海胆,载于《本草原始》。本品味咸,性平。能软坚散结,化痰消肿。主治瘰疬,痨咳,积痰不化,胸胁胀痛等。民间亦有用于治疗胃溃疡,心绞痛,中耳炎,痰积,胸肋胀痛等症。

1. 药材性状　药材呈中空的扁球形,大小不一,直径一般为 2.8~4cm,厚 1.5~3cm,较扁平的一面为黄棕色,中央具圆形口孔,围口部稍向内凹下,口内边缘着生 5 个 "U" 字形互相连接的薄片状齿。背面隆起,棕色,其中心有一个十角星状的孔,为"顶状系统"脱落后形成,从"顶状系统"至口孔有石灰质骨板,颇有规则地呈辐射状排列成 10 带。其中 5 带较狭,疣状凸起较小,其外侧具无数细孔的为步带区,另有较大疣状凸起的 5 带与步带区间隔排列,而无细孔的则为间步带区。质硬,体轻,不易折断,横断面为淡蓝色。气微,味辛。

2. 成分与药效

(1) 成分:海胆的主要成分有色素、类脂、固醇、脂肪酸、鞘糖脂、海胆毒素、维生素及无机盐等。生殖腺中含有多种蛋白质、氨基酸、色素、脂类、糖类和其他生理活性物质。

(2) 药效:现代研究表明,海胆提取物具有雄激素样作用,能增强免疫功能及运动耐力,促进血红蛋白合成;海胆生殖腺中所含的二十碳五烯酸(EPA)是预防心血管疾病的有效药物。海胆多糖具有抗癌作用;海胆中多种蛋白质及肽类能抑制细胞增殖,尤其对于白血病作用明显。海胆在实验胚胎学、细胞结构、受精机制的基础理论研究方面也是近年来最好的实验材料之一。此外,海胆生殖腺不仅有良好的药用价值,亦可供食用,且营养价值很高,是开发保健品的重要资源。

3. 同等入药　与马粪海胆同等入药的动物尚有细雕刻肋海胆 *Temnopleurus toreumatcus* Leske、哈氏刻肋海胆(北方刻肋海胆)*Temnopleurus hardwickii* Gray、紫海胆 *Anthocidaris crassispina* A. Agassiz、石笔海胆 *Heterocentrotus mammillatus* Linnaeus)、光棘球海胆 *Strongylocentrotus nudus* A. Agassiz 等。

附: 常见药用海胆分种检索表

1. 骨壳上具刻肋
　　2. 刻肋细,大棘上有 3~4 条紫红色横斑 ············· 细雕刻肋海胆 *Temnopleurus toreumatcus* Leske
　　2. 刻肋较粗,大棘上无横斑 ····················· 哈氏刻肋海胆 *Temnopleurus hardwickii* Gray
1. 骨壳不具刻肋
　　3. 壳厚,呈长球形,大棘粗壮或细长,顶端尖锐或扁平,口面大棘常带斑纹
　　　　4. 大棘细长,末端尖锐,大疣或小疣顶端常带浅紫色 ·······························
　　　　················· 紫海胆 *Anthocidaris crassispina* A. Agassiz
　　　　4. 大棘粗壮,末端扁平,大疣或小疣顶端不带紫色 ·······························
　　　　················· 石笔海胆 *Heterocentrotus mammillatus* Linnaeus
　　3. 壳较薄,呈球形,无大棘或大棘末端平截,口面大棘不带斑纹
　　　　5. 无大棘,棘短小而多,棘尖带白色 ·········· 马粪海胆 *Hemicentrotus pulcherrimus* A. Agassiz
　　　　5. 有大棘,棘粗壮,末端钝截,表面具不规则的纵痕 ·····························
　　　　················· 光棘球海胆 *Strongylocentrotus nudus* A. Agassiz

四、刺参 *Stichopus japonicus* Selenka

为刺参科（Stichopodidae）动物，又名海参、刺海参。刺参常生活在水流静稳、海藻茂盛的岩礁底部，国内主要分布于山东、辽宁、河北沿海海域。

（一）形态构造

身体呈圆柱状，长 20~40cm，宽 3~6cm，背面隆起，具有 4~6 行圆锥形大小不等的肉刺，管足沿腹面排成不规则的 3 条纵带。前端为口，肛门在后端。口偏于腹面，周围具盾状触手 20 个。口背有 1 个乳突。体壁的骨片以桌形体为主，变形的杆状体为次；疣足的骨片为扣形体，不规则；管足内有端板和穿孔板。体内的水肺发达。体色多变，背面一般为栗褐色，腹面为黄褐或赤褐色，常具深浅不一的斑纹（图 11-12）。

（二）药用

刺参除去内脏的腌制干燥体供药用，为海参。明代《食物本草》载其有主补元气、滋益五脏六腑及祛虚损之功。清代《本草纲目拾遗》亦记载"海参性温补，足敌人参，故名海参；味甘咸，补肾经，益精髓，摄小便，消痰涎，壮阳疗痿，杀疮虫。"本品味咸，性温。能补肾壮阳，养血润燥。主治精血亏损，虚弱劳怯，阳痿，梦遗，神经衰弱，小便频数，血燥便秘，肺结核等。

1. 药材性状　药材呈筒状，长 3~30cm，直径 1.5~3cm。表面棕褐色或灰褐色，具灰白色盐霜。背面稍隆起，有 2~3 条大小不等的肉刺于两侧，腹面略平坦，有一纵裂口，腹面具许多黑色泥沙。气腥，味咸。

2. 成分与药效

（1）成分：海参含有多糖、刺参苷、甾体皂苷、海参素等多种生物活性成分，其中海参皂苷有羊毛甾烷型皂苷和海参毒素 A、B、C。多糖主要分为糖胺聚糖（黏多糖）和岩藻多糖两类：黏多糖为分支杂多糖，由氨基半乳糖、葡糖醛酸、岩藻糖构成，酸性黏多糖还含有硫酸酯基；岩藻多糖是直链多糖，由 L-岩藻糖组成。海参的脂质成分主要是皂苷、糖脂、磷脂等。此外，还含有糖蛋白、活性肽及活性钙等其他活性成分。

（2）药效：海参提取物具有抗肿瘤、抗真菌、抗凝血、抗病毒、降血脂、免疫调节、延缓衰老、抗疲劳等多种药理作用。海参皂苷是人类历史上从动物界找到的第一种抗真菌皂苷，其可阻断神经的传导，抑制小鼠肉瘤 S180 和腹水瘤生长，抑制多种真菌生长及对脑卒中性麻痹有效，目前临床已用于脚气病和白癣菌感染。海参黏多糖钾注射液对肿瘤生长具有明显抑制作用，对心脑血管等栓塞性疾病的疗效不亚于肝素，对弥散性血管内凝血（DIC）有较理想效果，而海参黏多糖是一种新型抗凝剂，在凝血过程的不同环节显示多重作用。海参脂质有鞘磷脂、磷脂、神经节脂、脑苷脂，具有抗肿瘤、抗炎、降血糖、健脑、增强记忆力、抗菌等作用，在预防心脑血管疾病、防止血液凝固、消除疲劳等方面亦具有重要作用。

此外，刺参的内脏和肠亦作药用。

3. 同等入药　与刺参同等入药的刺同科动物尚有绿刺参 *Stichopus chloronotus* Brandt、花刺参 *Stichopus variegatus* Semper、梅花参 *Thelenota ananas* Jaeger 及海参科（*Holothuriidae*）黑乳海参 *Holothuria nobilis* Selenka。

附: 常见药用海参分种检索表

1. 背面仅具少数小疣,生活时全体为黑色 ······················ 黑乳海参 *Holothuria nobilis* Selenka
1. 背面具多数肉刺,生活时全体不为黑色
  2. 全体呈方柱形或凹方柱形
    3. 全体呈方柱形,背面的肉刺在背两侧排列成行。生活时全体黑绿色或浓绿色···············
    ··· 绿刺参 *Stichopus chloronotus* Brandt
    3. 全体呈凹方柱形,背面肉刺排列不规则,生活时全体通常为深黄色。带有橄榄色斑纹 ···
    ··· 花刺参 *Stichopus variegatus* Semper
  2. 全体呈长圆形
    4. 体长 20~40cm,背面有 4~6 行肉刺,肉刺基部不连成花瓣状······························
    ··· 刺参 *Stichopus japonicus* Selenka
    4. 体长 60~120cm,背而肉刺每 3~11 个基部连成花瓣状,形似梅花 ························
    ··· 梅花参 *Thelenota ananas* Jaeger

此外,本门动物供药用的尚有骑士章海星 *Stellaster equestris* Retzius、镶边海星 *Craspidaster Hesperus* Müller et Troschel、真五角海星 *Anthenea pentagonula* Lamarck、蔷薇海星 *Rosaster symbolicus* Sladen、赭色海星 *Pisaster ochraceus*、砂海星 *Luidia quinaria* von Martens、芮氏刻肋海胆 *Temnopleurus reveesii* Gray、糙海参 *Holothuria scabra* Jaeger、黑海参 *Holothuria atra* Jaeger、丑海参 *Holothuria impatiens* Forskal、玉足海参 *Holothuria leucosplilota* Brandt、黄疣海参 *Holothuria hilla* Lesson、蛇目白尼参 *Bohadschia argus* Jaeger、二斑布氏参 *Bohadschia bivittata* Mitsukuri、图纹白氏参 *Bohadschia marmorata* Jaeger、阿氏辐肛参 *Actinopyga agassizi* Selenka、白底辐肛参 *Actinopyga mauritiana* Quoy et Gaimard、白肛海地瓜 *Acaudina leucoprocta* H. L. Clark、棘刺瓜参 *Pseudocnus echinatus* Marenzeller、非洲异瓜参 *Afrocucumis Africana* Semper、海棒槌 *Paracaudina chilensis* J. Müller 和紫轮参 *Polycheira fusca* Quoy et Gaimard 等。

(吴红梅)

第十二章 脊索动物门
Chordata

脊索动物门是动物界中进化最高等的一门,包含脊椎动物,即无颌类、鱼类、两栖类、爬行类、鸟类、哺乳类,也包含一些海产的无脊椎骨而具有脊索的动物,如文昌鱼、海鞘等。现在世界上已知的脊索动物 7 万余种,现存的约 5 万种,分 6 类:圆口纲、鱼类(纲)、两栖纲、爬行纲、鸟纲和哺乳纲。除无颌类外,其他五类脊椎动物均有较大的药用价值,如鱼纲的海龙、海马;两栖纲的蟾蜍(蟾酥)、中国林蛙(哈蟆油);爬行纲的蛤蚧、蕲蛇;鸟纲的乌骨鸡;哺乳纲的麝(麝香)、梅花鹿(鹿茸、鹿角)等。

第一节 脊索动物门的主要特征

本门动物种类繁多,形态复杂,生活方式多样,差异很大,但作为同一门的动物,它们所具有的共性特征也很显著。其主要特征如下。

一、脊索

脊索(notochord)是位于消化管背部的一条支持身体纵轴的棒状结构,来源于胚胎期的原肠背壁,经加厚、分化、外凸,最后脱离原肠而成。脊索是由含胶质的脊索细胞所组成,分布于消化管的背方,神经索腹侧。脊索的外面围有一层或两层结缔组织的膜状物,称为脊索鞘(notochordal sheath)。无椎骨的脊索动物,大多终身具有脊索或仅幼体时有脊索;脊椎动物只在胚胎时期出现脊索,成长时即由分节的脊柱(vertebral column)取代了。脊索动物构造如图 12-1 所示。

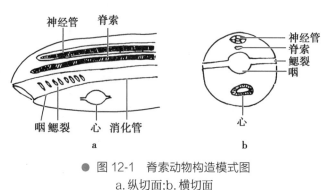

● 图 12-1 脊索动物构造模式图
a. 纵切面;b. 横切面

二、背神经管

背神经管(又称管状背神经索,dorsal tubular nerve cord),系脊索动物神经系统的中枢部分,呈中空管状,由胚胎期的外胚层加厚下陷卷褶而形成。背神经管位于动物体的背中线上,脊索或脊柱位于背神经索的下面。在高等动物的种类中如脊椎动物,其背神经管前端膨大并分化成为脑,脑后的部分形成脊髓,神经管腔在脑内形成脑室,在脊髓中形成中央管,而无脊椎动物(非脊索动物)神经系统的中枢部分呈索状,位于消化管的腹面。

三、咽鳃裂

咽鳃裂(pharyngeal gill slits)是呼吸器官,位于消化管前端,咽部两侧有成对排列、数目不等的裂孔,直接或间接与外界相通。在低等动物的类群中,如水生脊索动物终身存在咽鳃裂;而高等脊椎动物类群中仅在动物幼体(如蝌蚪)和胚胎时期有咽鳃裂,以后退化消失,改用肺呼吸。

脊索动物除具有脊索、背神经管、咽鳃裂三大特征外,还有其他一些特征。例如:心脏腹位,即心脏位于消化管腹面,循环系统大多为闭管式,但尾索动物及头索动物除外;肛后尾(post-anal-tail),即在肛门的后方出现了尾部;骨骼系统属于生活的内骨骼(endoskeleton),起源于中胚层,而不是非脊索动物那样的死物质外骨骼(exoskeleton)。

此外,脊索动物和某些高等的非脊索动物也有一些共同的特征。如身体两侧对称,三胚层结构(即外胚层、中胚层、内胚层);同是后口动物,即胚胎时的胚孔发展为成体的肛门,在消化管的另一端形成口;次生体腔,部分或全部分节现象等。

由于两侧对称、三胚层、后口和分节现象等特征,也分别见于环节动物、棘皮动物等无脊椎动物,所以脊索动物与非脊索动物之间有一定的亲缘关系。

第二节 脊索动物门的分类

目前世界上现存的脊索动物约有 5 万种,分 3 个亚门,即尾索动物亚门、头索动物亚门和脊椎动物亚门,其中尾索动物亚门和头索动物亚门合称原索动物(Protochordate)或无头类,是脊索动物中低等的类群;脊椎动物亚门则称为有头类,是脊索动物中高等的类群。

一、尾索动物亚门 Urochordata

本亚门动物是无椎骨的脊索动物,因为其脊索只局限在尾部,故称为"尾索动物"(图 12-2)。尾索动物为海栖动物,最常见的是各种海鞘,普遍见于世界各地。

尾索动物主要特点:①无椎骨脊索动物的一大类群,海产,营自由生活或附着生活,单体或群体;②脊索与神经管只存在于幼体,后消失;③成体被包围在被囊(tunic)内;④多为雌雄同体,异体受精。

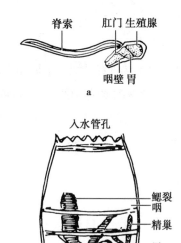

● 图 12-2 尾索动物及结构
a. 住囊虫;b. 柄海鞘

尾索动物亚门分为 3 个纲:尾海鞘纲、海鞘纲、樽海鞘纲。

1. 尾海鞘纲(Appendiculariae) 又称幼形纲(Larvacea),是原始类型的尾索动物,体形小,体长不超过 15mm,形如蝌蚪,背索和神经管终身存在,具尾,腮裂 1 对,成体包在胶质的被囊内。现存 60 多种,在沿岸浅海中营自由生活,代表动物是异体住囊虫 Oikopleura dioica Mertens。

2. 海鞘纲(Ascidiacea) 形状大小不等,营单体或群体的固着生活,有变态,幼体似尾海鞘,成体无尾,被囊厚,多鳃裂。海鞘纲约有 1 250 种,代表动物是柄海鞘 Styela clana Herdman。

3. 樽海鞘纲(Thaliacea) 身体呈桶形或樽形,单体或群体生活。大小不等,被囊透明,囊外有环状排列的肌肉带,成体有尾。雌雄同体,有世代交替现象。樽海鞘纲约有 65 种,代表动物有樽海鞘 Doliolum deuticulatum Quoy & Gaimard 和磷海鞘 Pyrosoma atlanticum Peron。

二、头索动物亚门 Cephalochordata

本亚门动物种类较少,均为海栖,现存约有 25 种。营固着生活,经常隐藏在沙里,多为雌雄同体。头索动物终身具有脊索动物的 3 个典型特征,即脊索、背神经管和咽鳃裂。因其脊索纵贯身体全长,并一直达到身体最前端,故称头索动物。

头索动物亚门只有 1 个纲,即头索纲(Cephalochorda),又名狭心纲(Leptocardii)。本纲动物体形呈鱼状,脊索有鞘包围,口位于身体前端的腹面,多鳃裂,肛门位于尾鳍腹面的左侧,皮肤由单层细胞的表皮和冻胶状的真皮构成,体节明显。代表动物文昌鱼 Branchiostoma belcheri Gray (图 12-3)。

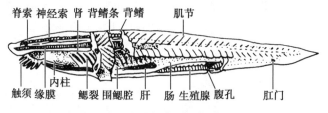

● 图 12-3 文昌鱼全形及部分纵剖面图

三、脊椎动物亚门 Vertebrata

脊椎动物是脊索动物门中分布最广、数量最多、结构最复杂、进化地位最高的一大类群,并且也是动物界中最进步、最重要的一个亚门。现存的约 5 万种脊索动物中,脊椎动物占 4.8 万余种。目前生存的大型及中型动物,几乎均为脊椎动物。本亚门动物与人类关系十分紧密。

脊椎动物种类繁多,生活环境多样,生活方式迥异,其形态结构也彼此悬殊。但它们都具有脊索动物的共性特征,即在胚胎发育的早期都要出现脊索、背神经管和咽鳃裂。

脊椎动物亚门的主要特征如图 12-4 所示。

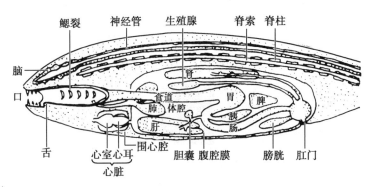

● 图 12-4　脊椎动物的主要结构模式图

1. 体为左右对称。全身可分为头、躯干及尾三部分。头部明显,神经管的前端分化成脑、眼、耳、鼻等重要的感觉器官,后段分化成脊髓。由于有头部的出现,脊椎动物又有"有头动物"之称,有别于其他脊椎动物。除少数种类外,均具有成对的附肢。

2. 绝大多数种类的脊索一般只出现在胚胎期,以后逐渐退化,为脊柱所代替。脊柱由一枚一枚脊椎(vertebra)连接组成的,所以这类动物得名脊椎动物。脊柱的形成,是脊椎动物典型的特征。

3. 背神经管位于消化管的背侧。脊椎动物的中枢神经系统高度发达,背神经管的前端分化成为构造复杂的脑,并有颅骨保护,后端分化成脊髓。

4. 消化系统位于脊索的腹面,并具有肝脏和胰等消化器官。脊椎动物除无颌类外,都具有上、下颌,因此增强了对口部的支持和主动摄食作用。其下颌上举,使口闭合,是脊椎动物所特有的特征。

5. 脊椎动物中,其低等的水生类群,有咽鳃裂,用鳃呼吸;而高等的类群只在胚胎时期或幼体时出现咽鳃裂,后咽鳃裂退化,成体则改用肺呼吸。

6. 完全的循环系统。脊椎动物的运动能力强,出现了肌肉构成的具有收缩功能的心脏,位于消化管的腹侧;在其高等类群中,心脏的多氧血与缺氧血已完全分开,收缩有力,体温恒定。

7. 排泄器官由构造复杂的一对肾脏代替了简单的肾管,肾脏能够高效地排泄出代谢废物,因此脊椎动物的代谢水平较高。

8. 脊椎动物中,只有少数种类为雌雄同体,绝大多数为雌雄异体,并且是有性生殖。

脊椎动物亚门分为 6 个纲,各纲之间在特征上虽有显著差别,但其动物体的器官系统和它们的功能则基本一致。因此各纲脊椎动物,可根据其不同的体型、胚膜的有无、颌的有无等特征,进行综合分类命名如下(表 12-1)。

表 12-1　脊椎动物各纲的综合分类

纲别	体形	颌	体温	胚膜
圆口纲	鱼形类	圆口类	变温动物 （即冷血动物）	无羊膜动物
鱼纲		颌口类		
两栖纲				
爬行纲	龙形类		恒温动物 （即温血动物）	羊膜动物
鸟纲				
哺乳纲	兽形类			

（邸　学）

第十三章　鱼纲
Pisces

　　鱼纲动物也叫鱼类,是一类体表被鳞、用鳃呼吸、以鳍作为运动器官的水生变温脊椎动物。世界上现存的鱼类 2 万余种,其中 60% 的鱼类生活在海水中,其余 40% 生活在淡水中。我国共有鱼类 2 000 余种,其中可供药用的超过 100 科 400 余种,常用的药用动物有鲨鱼、鲤鱼、海马、海龙、带鱼、大黄鱼、鲫鱼等。

第一节　鱼纲动物的主要特征

一、外形

　　鱼类由于生活习性和栖息环境不同,分化成各种不同的体型。一般为左右对称,分为头、躯干和尾三部分。鳃部最后一对鳃裂前为头部,肛门之后为尾部,中间为躯干部(图 13-1)。

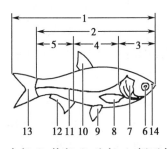

1. 全长;2. 体长;3. 头长;4. 躯干长;5. 尾部长;6. 眼;7. 鳃盖;8. 胸鳍;9. 腹鳍;10. 背鳍;11. 侧线;12. 臀鳍;13. 尾鳍;14. 鼻孔。

● 图 13-1　鱼类外形结构示意图

　　鱼类的体轴分为以下 3 种:主轴,从头到尾贯穿鱼体的轴线;横轴,即横穿鱼体左右与主轴交叉且垂直的轴线;矢状轴,即从鱼体最高部穿过鱼体背腹部与主轴和横轴交叉且垂直的轴线。根据体轴长短可将鱼类体型分为以下 4 种(图 13-2):①纺锤型,也称基本型,是一般鱼类的体型,是适于在水中游泳的体型,这种体型头尾轴最长,背腹轴次之,左右轴最短,使整个身体呈流线型,有利于在水中游泳时减少阻力,如鲤鱼、草鱼、鲨鱼等;②侧扁型,整个体型扁而宽,这种体型左右轴最短,头尾轴和背腹轴相差不多,形成左右两侧对称的扁平型,这类体型的鱼类游泳速度较慢,较少作长距离迁移,如蝴蝶鱼、鳊鱼、燕鱼等;③平扁型,这种体型左右轴特别长,而背腹轴很短,使体型呈上下扁平,这类鱼适于底栖生活,如魟、鳐、鲛鳒和鮟鱇等;④棍棒型,又称鳗鱼型,这种体型头尾轴特别长,而左右轴和腹轴几乎相等,都很短,使整个体型呈棍棒状,这类鱼适于穴居或擅长在水底礁石岩缝间穿梭,如黄鳝、鳗鲡及多种海鳗。

　　此外,一些鱼类由于适应特殊的生活环境和生活方式,而呈现出特殊的体型,如箱鱼、海龙、海马、河鲀、翻车鲀、比目鱼等(图 13-3)。

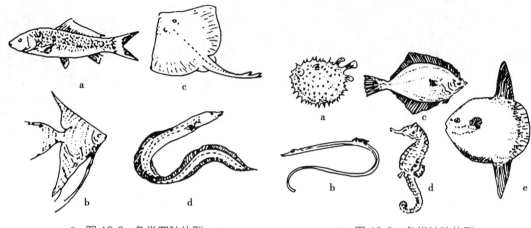

● 图 13-2　鱼类四种体型
a.纺锤型(草鱼);b.侧扁型(燕鱼);c.平扁型(鲅鲼);d.棍棒型(黄鳝)

● 图 13-3　鱼类特殊体型
a.刺鲀;b.海龙;c.比目鱼;d.海马;e.翻车鲀

二、皮肤及衍生物

鱼类的皮肤由表皮和真皮组成。皮肤的主要功能是保护身体,还有辅助呼吸、感受外界刺激和吸收少量营养物质的功能。表皮由数层上皮细胞和生发层组成,表皮中含有丰富的单细胞黏液腺,能分泌大量的黏液,可润滑和保护鱼体,减少游泳时与水的摩擦,提高运动能力;还可以保护鱼体免受细菌和污物的侵袭。真皮位于表皮的下方,厚度大于表皮,由纵横交错的纤维结缔组织组成,其中分布有丰富的血管、神经、皮肤感受器,还有色素细胞、光彩细胞以及脂肪细胞(图 13-4)。色素细胞有 3 种,即黑色素细胞、黄色素细胞、红色素细胞,鱼类呈现丰富多彩的颜色就是由于各种色素细胞互相配合而形成。其中,黑色素细胞和黄色素细胞普遍存在于鱼类的皮肤中,红色素细胞多存在于热带奇异的鱼类局部皮肤中。光彩细胞有强烈的反光性,因为其中的晶体含鸟粪素而不含色素,因而使鱼类能显示出银白色闪光,光彩细胞因此又称反光体。有些鱼类生活在海洋深处或黑暗水层,还有另一种皮肤衍生物——发光器(luminous organ),可分泌一种含磷的荧光素,在荧光酶的作用下,能被血液中的氧所氧化,成为氧化荧光素而发出不同颜色的荧光,用于照明、寻觅食物或识别同类等,如深海蛇鲻、龙头鱼和角鮟鱇中的一些种类。有些鱼类的皮肤中具特化的能分泌毒液的腺体,称毒腺(venomous gland),毒液可通过棘沟或棘管注入其他动物体内,达到自卫、攻击、捕食的目的。

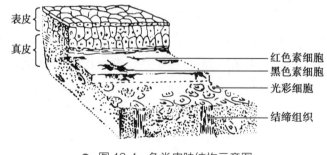

表皮
真皮
红色素细胞
黑色素细胞
光彩细胞
结缔组织

● 图 13-4　鱼类皮肤结构示意图

大多数鱼类全身或部分被有鳞片(scale),是鱼类的主要特征之一,具有保护作用,只有少数鱼类无鳞或少鳞。鱼鳞是鱼类特有的皮肤衍生物,由钙质组成,被覆在鱼类体表全身或一定部位,并在游泳运动中起辅助作用。鱼鳞主要有以下几种类型(图13-5)。

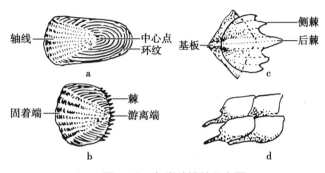

● 图 13-5　鱼类种鳞片示意图
a.骨鳞-圆鳞;b.骨鳞-栉鳞;c.盾鳞;d.硬鳞

1. 骨鳞(bony scale)　鱼鳞中最常见的一种,是真皮层的产物,类圆形,前端插入鳞囊中,后端露出皮肤外呈游离态,前后相邻的鳞片呈覆瓦状排列。骨鳞可分为两种,一种为鳞面光滑的圆鳞,如多数硬骨鱼类和肺鱼的鳞;另一种为鳞面有小棘的栉鳞,它的后缘呈栉齿状,多见于海产洄游性的鲥鱼、鲈鱼等。鱼体周期性有规律地生长,在鱼鳞表面形成同心圆的环纹称年轮,可依此推测鱼的年龄、生长速度及生殖季节等。

2. 硬鳞(ganoid scale)　存在于少数硬骨鱼类,是硬骨鱼中最原始的鳞片,由真皮演化而来,鳞质坚硬,成行排列,在一定程度上影响了鱼体活动的灵活性。硬鳞表面有一层钙化的具特殊亮光的硬鳞质,叫作闪光质。如雀鳝和鲟鱼的鳞片属于硬鳞。

3. 盾鳞(placoid scale)　软骨鱼类所特有,平铺于体表互成对角线排列。盾鳞由圆形或菱形的基板和附生在基板上的鳞棘(齿质)组成,鳞棘表面有珐琅质被覆,构造类似牙齿,中央为髓腔,血管、神经可穿过基板孔进入到髓腔内。

一般在鱼体两侧都有一条或数条带小孔的鳞片称侧线鳞(lateral line scale)(图13-6),侧线鳞有规律地排列形成一条线纹即侧线(lateral line),为鱼类所特有,可感受水的低频率振动。侧线鳞的数目以及侧线的形状,不同种类的鱼类是不同的,因此,侧线鳞可作为鱼类分类依据。

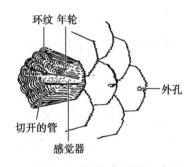

● 图 13-6　鲈鱼侧线鳞示意图
(表面观)

三、骨骼系统

鱼类的骨骼按功能和部位,可分为中轴骨骼(skeleton axiale)和附肢骨骼(skeleton appendicular)两部分(图13-7)。中轴骨骼包括头骨和脊柱,附肢骨骼包括带骨和鳍骨。

鱼类的骨骼按性质分软骨和硬骨两类。软骨鱼类的骨骼系统是软骨,而硬骨鱼的骨骼系统为硬骨。

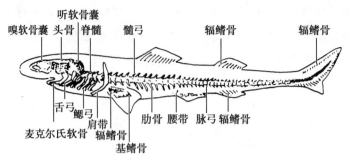

● 图 13-7　软骨鱼骨骼示意图

标注（自上方）：听软骨囊、嗅软骨囊、头骨、脊髓、髓弓、辐鳍骨、辐鳍骨

标注（自下方）：舌弓、鳃弓、肩带、辐鳍骨、麦克尔氏软骨、基鳍骨、肋骨、腰带、脉弓、辐鳍骨

（一）中轴骨骼

1. 头骨（skull）　鱼类的头骨分为包含脑及感觉器官的脑颅（neurocranium）和左右两边包含消化管前段的咽颅（splanchnocranium）两部分。鱼类具有完整的脑颅,由一块箱状的软骨(软骨鱼)或许多骨片合成(硬骨鱼),其中硬骨鱼头骨结构复杂,构成脑颅的骨块数目是脊椎动物亚门中最多的一类动物(图 13-8)。

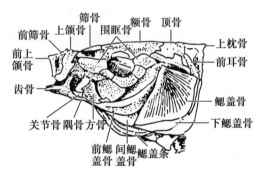

● 图 13-8　硬骨鱼头骨示意图

标注：筛骨、前筛骨、上颌骨、前上颌骨、围眶骨、额骨、顶骨、齿骨、关节骨、隅骨、方骨、前鳃盖骨、间鳃盖骨、鳃盖条、上枕骨、前耳骨、鳃盖骨、下鳃盖骨

鱼类的咽颅是 7 对分节的弧形软骨,第一对为颌弓（mandibular arch）,构成软骨鱼的上、下颌,这是脊椎动物最早出现和最原始的颌,称为初生颌（primary jaw）。硬骨鱼类和其他脊椎动物上、下颌包括前颌骨（premaxilla）、上颌骨（maxilla）和齿骨（dentary）,称为次生颌（secondary jaw）。第二对咽弓为舌弓（hyoid arch）,由两侧舌颌软骨、角舌软骨和中央的基舌软骨组成,主要为舌的支持物,也协助支持上、下颌。第三至第七对咽弓为鳃弓（branchial arch）,支持鳃和鳃隔,让鳃裂彼此分开,利于呼吸。

2. 脊柱（columna vertebralis）　脊柱紧接于脑颅之后,由许多块软骨或硬骨的椎骨（vertebrae）从头到尾连接而成,取代了部分或全部的脊索,成为支撑身体、保护脊髓的结构。椎骨两端凹入,是脊椎动物中最原始的双凹型（amphicoelous）椎体。相邻的两个椎骨之间彼此以前、后关节突关联,因而加强了椎骨的坚韧性和灵活性。在相邻的两个椎体间隙及贯穿椎体中的小管内可见残存的脊索。脊柱的分化程度低,分躯椎和尾椎两部分。躯椎和尾椎的每一个椎骨都由椎体（centrum）、髓弓（neural arch）、髓棘（neural）、脉弓（hemal arch）和脉棘（hemal spine）等构成,两者在椎体上的构造完全相同,但躯椎具有肋骨（rib）,硬骨鱼类的肋骨从两侧包围体腔起着保护内脏的作用。

（二）附肢骨

鱼类的附肢骨包括鳍骨和悬挂鳍骨的带骨,鳍骨又分为奇鳍骨和偶鳍骨。

1. 鳍骨　奇鳍骨是一系列深埋于体肌中的支鳍骨（辐鳍骨）,每个支鳍骨分为上、下 3 节,上节为鳍条,包括背鳍（dorsal fin）、臀鳍（anal fin）和尾鳍（caudal fin）。偶鳍骨包括胸鳍（pectoral fin）和腹鳍（pelvic fin）各 1 对。大多数鱼的尾鳍上、下叶对称,称为正尾;有的鱼类尾鳍上叶小、下叶大,称为歪尾。

2. 带骨 悬挂胸鳍的带骨为肩带(shoulder girdle),由伸向后面的肩胛骨(scapula)、腹面的乌喙骨(coracoid)及匙骨(cleithrum)、上匙骨(supracleithrum)、后匙骨(postcleithrum)等组成,并通过上匙骨与头骨相连。软骨鱼类肩带只包括肩胛骨和乌喙骨并且不与头骨或脊柱相连。连接腹鳍的带骨为腰带(pelvic girdle),构造非常简单,位于泄殖孔前方,腰带两端通过关节面与腹鳍的鳍骨相连(图 13-9)。

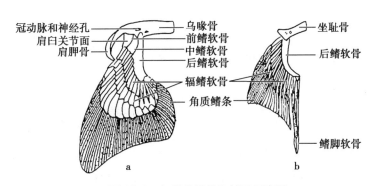

● 图 13-9 鱼类的带骨和鳍骨示意图
a.鱼的肩带和胸鳍;b.鱼的腰带和腹鳍

背鳍和臀鳍的基本功能是维持身体平衡,控制运动方向;腹鳍具有稳定身体和辅助升降的作用;而尾鳍在鱼的运动中起着舵和推进作用。一般常见的鱼类都具有上述的胸鳍、腹鳍、背鳍、臀鳍、尾鳍等 5 种鳍,但也有少数例外,如黄鳝无偶鳍,奇鳍也退化,鳗鲡无腹鳍,电鳗无背鳍等。许多鲇科和鲑鱼类还长有一种脂鳍(adipose fin),与一般具有鳍条和鳍棘的鳍不相同,它是一种由皮肤和脂肪构成的鳍状凸起,位置在背鳍与尾鳍间。不同鱼类鱼鳍的组成、结构和鳍条的类别、数目等各不相同,一般以鳍式(fin formula)表示,可以作为鱼类的分类标准。

四、消化系统

鱼类的消化系统包括消化管和消化腺。

(一) 消化管

包括口、咽、食管、胃、肠和肛门等。鱼类口腔和咽没有明显的界线,统称为口咽腔,内有齿、舌、鳃等。口内有单细胞黏液腺,但是没有消化腺和消化酶。口咽腔内有真正的牙齿,包括颌齿、梨齿、腭齿、舌齿、咽齿等。鱼类由于食性的不同,导致牙齿的形状各异,一般肉食性鱼类的牙齿呈圆锥形和犬齿形,也有臼齿形或门齿形;杂食性鱼类的牙齿呈切割形和磨形等。舌位于口腔底部,只有游离端具有肌肉,可作不同程度的上、下方向的活动,有些鱼类舌面有味蕾,具有味觉器官的作用。鱼类的牙齿和鳃耙的形态、着生部位及数目等,常作为分类的依据之一。鱼类的食管短而环肌发达,有味蕾,对摄入的食物有选择功能。胃是消化管中最膨大的部分,前、后以贲门和幽门分别与食管和肠相通。肠管分化不明显,很难区分小肠大肠,其长度随鱼种、食性和生长特性而不同。肠的内壁有不同形式的凸起称螺旋瓣(spiral valve),可增加吸收营养的面积并延缓食物的移行速度。

（二）消化腺

包括胃腺、肠腺、肝脏和胰腺,可分泌多种消化酶。胃液中所含有的消化酶的种类因鱼种类、食性差异而不同。鱼类没有真正的肠腺,进行肠内消化的主要消化腺是肝脏和胰腺,因此,肠是食物进行消化的主要场所。

五、呼吸系统

鱼类生活在水中,用鳃进行呼吸,鳃位于口咽腔两侧对称排列。有些鱼类除用鳃呼吸外,还有辅助呼吸的器官,如皮肤(鳗鲡、弹涂鱼、鲇鱼等)、肠管(泥鳅)、口腔(黄鳝等)、褶鳃(乌鱼、胡子鲇等)、鳔(肺鱼等)等。

（一）鳃

主要由鳃弓(branchial arch)、鳃隔(gill septum)、鳃瓣(gill lamella)等几部分组成(图13-10)。鱼类一般具有5对鳃弓,在咽部两侧各有5个鳃裂。鳃弓内侧着生鳃耙,进出鳃的血管都从鳃弓上通过,外侧是鳃隔,鳃隔前后凸起形成鳃丝(gill filament),无数鳃丝紧密排列成鳃瓣,鳃丝上的无数小凸起称鳃小叶(branchial lobule),鳃小叶上布满毛细血管,是血液与水环境气体交换的场所。

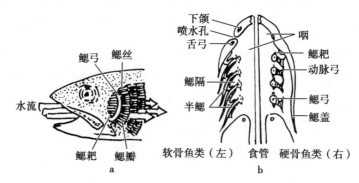

● 图13-10　鱼鳃基本构造与排列方式
a.硬骨鱼类左侧鳃外观与水流方向;b.鱼头部额切面

硬骨鱼类的鳃裂内、外分别开口于咽部及鳃腔,外侧有鳃盖(gill cover)保护,以一个总鳃孔向后开口于体外。鳃盖后缘延伸有柔软的鳃盖膜,能将鳃孔紧紧地封住。软骨鱼类鳃裂直接开口于体表,无鳃盖。

鱼类的呼吸主要依靠口和鳃盖的运动完成,是一个连续进行的过程,主要运用下颌鳃部肌肉的收缩及口腔的协同动作,改变口咽腔和鳃腔的压力,使水从口流入,通过鳃时进行气体交换,再由鳃孔流出,完成呼吸过程。

（二）鳔（air bladder）

大多数鱼类有鳔,少数种类(如软骨鱼类)无鳔,是位于体腔背面消化管与肾脏之间的一膜状囊,其形状据鱼种类而异,基本形状如图13-11所示。鳔是鱼体比重的调节器官,因此其主要功能是借助放气或吸气来调节鱼体比重,使鱼类悬浮在限定的水层中,以减少鳍的运动而降低能量消

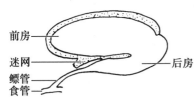

前房——

迷网——

后房——

鳔管——
食管——

● 图 13-11　鱼鳔基本形状示意图

耗。但鳔只能帮助升降，鱼的升降运动主要靠鳍和肌肉。鳔内有许多小气室，其又分为许多小泡，可直接呼吸空气，如肺鱼、多鳍鱼、弓鳍鱼的鳔都有呼吸的功能。

鱼鳔壁的四周分布着许多神经末梢，能感知声波及气体压力、水压的变化，并引起相适应的运动。如鲤科鱼类依靠鳔与内耳间的韦伯氏器（Weber's organ）联系，具有特殊的感觉功能，当外界声波传到鱼体时，鳔能加强这种声波的振幅，通过韦伯氏器使鲤形目鱼类感受到高频率、低强度的声音。此外，鱼在受到压力变化时，鳔中气体压缩或减少，鳔能起到测压计或水中传声器的作用。另有一些鱼如大黄鱼、小黄鱼具有特殊的发音肌，当发音肌收缩时，使鳔发出咕咕声，具有集群意义。

六、循环系统

（一）心脏

心脏由一静脉窦、一心房和一心室组成，位于鳃弓下方的围心腔（pericardium cavity）内，紧靠肩带，肩带从两侧和腹面包围心脏，使心脏得到很好的保护。软骨鱼类心室前方有一动脉圆锥，能有节律地搏动；硬骨鱼类腹大动脉基部膨大成动脉球，不能搏动。动脉圆锥和动脉球的作用在于使血液均匀地流入腹大动脉，以减轻心脏强烈搏动而对鳃血管所产生的压力。心脏很小，仅占体重的1%左右；血量少，仅为体重的1.5%~3.0%，血流速度慢。

（二）血液循环

鱼类的血液循环方式为单循环（single circulation），与鱼类的心脏构造简单及用鳃呼吸密切相关。鱼的血液从心脏出来后，首先注入腹大动脉，再往前向两侧进入入鳃动脉，入鳃动脉处有微血管网，气体交换在此处进行。微血管网连接出鳃动脉，血液经由出鳃动脉汇入背大动脉，由此发出许多动脉，将血液分流到身体各部。头部流回心脏的血液通过前主静脉，身体后部及肾脏的血液通过后主静脉共同组成总主静脉；另外，消化器官的血液都注入肝门静脉，肝门静脉内的血液和肝动脉血都经过肝毛细血管，最后汇入肝静脉，肝静脉血又和总主静脉血都进入静脉窦，最后流回心脏，从而完成血液循环（图13-12）。

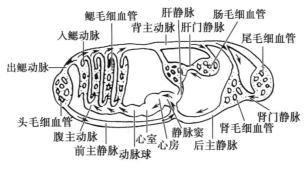

● 图 13-12　硬骨鱼血液循环途径示意图

七、排泄系统与渗透调节

鱼体内大部分代谢废物都以尿的形式由肾脏滤出,并通过输尿管排出体外。排泄系统由一对肾脏和输尿管组成,肾脏的功能除了排泄尿液外,在维持体内体液浓度和渗透调节方面也有重要的作用。

(一) 排泄系统

鱼类的肾脏紧贴腹腔背壁,属于中肾,由许多肾小体构成,肾小体包括肾小球和肾小管。血液通过肾小球的过滤,再经肾小管的吸水作用,形成尿液汇集到输尿管。尿在肾脏中的生成过程是连续不断的,生成后经输尿管进入膀胱,积累到一定量时,再经泌尿孔一次性排出体外。除肾以外,鳃也进行氮化物和盐分的排泄,如排泄氨和尿素。

(二) 渗透调节

鱼类的肾脏除有泌尿功能外,还能调节体内水盐的渗透。海水中盐浓度高达3%左右,淡水中盐分浓度在0.3%以下,而生活在两种不同浓度水域中的鱼类体液的盐浓度却都能维持0.7%左右,主要是依靠肾脏的调节,以及鳃部一些特殊细胞来进行补偿和调节。

淡水鱼体液浓度高于外界环境,体外的水分会不断地进入体内,这时肾脏借助众多肾小球的泌尿作用不断地向外排出大量尿液,以保持体内水分的恒定,同时,肾小管对尿液中盐分的重新吸收以及鳃上的吸盐细胞从外界吸收的盐分,又都重新补充到血液中,维持了鱼体内渗透压的平衡;海洋鱼类体内浓度低于外界环境,体内水分将不断地向外渗出,为了保持体内水分,鱼类会大量吞入海水,吞入海水的结果又造成了鱼体内盐分的积累,这时由鳃上的排盐细胞将体内多余的盐分排出而把水分截留下来,以维持鱼体内的水盐平衡,海洋鱼类肾脏的肾小体很少甚至消失,以达到节缩泌尿量和水分消耗的目的。

八、生殖系统

鱼类的生殖系统由生殖腺(gonad)和生殖导管(reproductive duct)组成。生殖腺包括精巢和卵巢,生殖导管由输精管和输卵管组成。多数鱼类体外受精,进行体内受精的鱼类,其雄性具有特殊的交配器。

(一) 两性异形

大多数鱼类是雌雄异体,鲱鱼、鳕鱼、黄鲷等少数几种鱼是雌雄同体,具有自体受精的能力。通常,鱼类的雌雄两性在形态上无显著差异,在外形上能够区别雌雄的只有软骨鱼类,如鲨鱼雄鱼腹鳍内侧具有鳍脚,食蚊鱼雄性具有交配器(由臀鳍鳍骨特化而成)。此外,黄鳝、剑尾鱼等具有性逆转现象,即生殖腺的发育从胚胎到性成熟期都是卵巢,只产生卵子,经第一次繁殖后,卵巢内部产生了变化,逐渐转化为精巢,产生精子,从而变成雄性。

（二）生殖器官

雄鱼的生殖腺为精巢,在性成熟时为乳白色,称为鱼白,而在一般情况下为淡红色。输精管是脊椎动物中从鱼类开始出现的结构。硬骨鱼类的输精管由精巢外膜往后延续形成,与肾脏没有联系,左右输精管在后段结合,精子排入水中完成体外受精;软骨鱼类输尿管兼有输精管的作用,精子排入泄殖腔,再通过鳍脚上的沟进入雌鱼生殖导管进行体内受精。

雌鱼的生殖腺为卵巢,未成熟时呈透明的条状,成熟后变为长囊形而充满整个腹腔,颜色变为黄色,有的呈现绿色或橘红色。鱼类的卵巢有游离卵巢和封闭卵巢两种类型,软骨鱼类卵巢表面裸露,没有卵囊膜,为游离卵巢;硬骨鱼类的卵巢外面有腹膜形成的卵囊膜包围,为封闭卵巢(图13-13)。

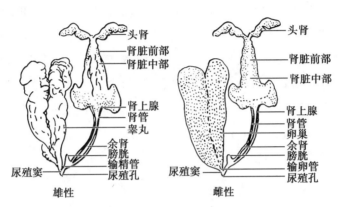

● 图 13-13　鱼生殖系统示意图(鲤鱼)

九、神经系统与感觉器官

鱼类的神经系统主要由两部分组成,即中枢神经系统和外周神经系统。鱼类虽有属自主神经系统的交感神经系统(sympathetic nervous system)和副交感神经系统(parasympathetic nervous system),但是相当原始,可见鱼类在脊椎动物中仍是很低等的。

（一）中枢神经系统

由脑和脊髓组成,分别位于软骨或硬质的脑颅内及椎骨的髓弓内。

1. 脑　鱼类的脑由端脑(telencephalon)、间脑(diencephalon)、中脑(mesencephalon)、小脑(cerebellum)和延脑(medulla oblongata)五部分组成,但结构比较简单,脑的体积也比其他脊椎动物要小很多,较原始。除软骨鱼类和肺鱼外,绝大多数鱼类的大脑背壁都很薄,没有神经组织,主要由嗅神经组成,称为古脑皮。

2. 脊髓　扁圆形的柱状管,包藏在椎骨的髓弓内,前面与延脑相连,往后延伸到最后一枚椎骨。脊髓由前向后逐渐变细,是中枢神经系统的低级部位,分节明显,每节都发出传出和传入神经,以脊神经与机体的各部分相联系。

（二）外周神经系统

由中枢神经系统发出的脑神经和脊神经组成,通过外周神经将皮肤、肌肉、内脏器官所带来的感觉冲动传递到中枢神经,或由中枢神经向这些部位传导运动冲动。

1. 脑神经　鱼类有由脑部发出的脑神经共 10 对,其名称和分布部位在无羊膜各纲动物中大致相同,分别为嗅神经(olfactory nerve)、视神经(optic nerve)、动眼神经(oculomotor nerve)、滑车神经(trochlear nerve)、三叉神经(trigeminal nerve)、外展神经(abducens nerve)、面神经(facial nerve)、听神经(auditory nerve)、舌咽神经(glossopharyngeal nerve)和迷走神经(vagus nerve)。其中,嗅神经、视神经和听神经为纯感觉神经;动眼神经、滑车神经和外展神经是纯运动神经;三叉神经、面神经、舌咽神经和迷走神经为混合神经,兼有感觉和运动两种神经纤维。

2. 脊神经　脊髓每节发出一对左、右对称的脊神经与外周相联系,包括一个背根(dorsal root)和一个腹根(ventral root)。背根与脊髓背面相连,主要包括感觉神经纤维,也叫感觉根,负责传导周围部分的刺激到中枢神经系统;腹根发自脊髓的腹面,主要含有运动神经纤维,也叫运动根,将来自中枢神经系统的冲动传导至周围各反应器。背根和腹根在穿出椎间孔之前合并,在椎间孔外分为 3 支,第一支为背支(dorsal ramus),分布在鱼体背部的肌肉及皮肤;第二支为腹支(ventral ramus),分布在腹部的肌肉及皮肤上,这两支都兼有感觉及运动神经纤维,各自支配鱼体背、腹肌肉的感觉和运动;第三支为内脏支(visceral ramus),分布在胃、肠和血管等内脏器官上,同时含有两种神经纤维,支配其感觉和运动。

(三)感觉器官

鱼类的感觉器官主要包括侧线器官、嗅觉器官、听觉器官、视觉器官、味觉器官等。

1. 侧线器官　鱼类特有的皮肤感受器,是一系列侧线孔穿过头骨及鳞片连接成与外界相通的管状或沟状侧线器官,分布在头部和身体两侧。支配头部侧线的是面神经和舌咽神经,而支配躯干侧线的是迷走神经。侧线能感受低频率的震动,具有控制趋流性的定向作用,同时还能协助视觉器官测定远处物体的位置,在鱼类生活中有重要的生物学意义。

2. 听觉器官　鱼类的听觉平衡器官是一对内耳,结构复杂。内耳中有听斑和耳石,听斑与听神经的末梢相联系,听斑能感受声波,通过听神经将外界的声波传到脑,产生听觉。耳石主要作用是调节平衡。

3. 视觉器官　多数鱼类没有活动性眼睑,因此鱼眼经常是张开的不能闭合。鱼眼呈球状,内有晶状体,外面包括最外层的巩膜、巩膜向前方形成的角膜以及最内层的视网膜。晶状体大而圆,无弹性,紧挨于角膜后方,只能看到较近处的物体,视力较弱。

十、内分泌系统

鱼类的内分泌系统为内分泌腺,是指能分泌各种激素而没有分泌管的腺体,分泌的激素不通过导管,而是由血液和体液将其输送到全身各器官、组织和细胞,调节鱼类的生理活动。鱼类的内分泌腺及组织有脑垂体、肾上腺、甲状腺、胸腺、胰岛、后鳃腺、性腺及尾垂体等(图 13-14)。

内分泌腺在功能上有的是单司一职的,如甲状腺只产生甲状腺激素;有的是复合型的,由不同组织合在一起,如生殖腺,一方面产生性细胞,另一方面又分泌激素。脑垂体更为突出,产生多种

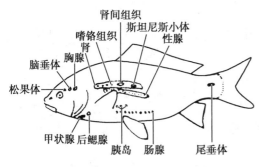

● 图 13-14　鱼内分泌系统示意图

激素,几乎与体内任何一个内分泌腺都有关系,起着重要而又全面调节的作用。这里简要介绍 3 种研究较深入的内分泌腺。

(一) 脑垂体

位于间脑腹面,是最重要的内分泌腺。脑垂体分泌的激素种类很多,如生长激素、促性腺激素、促甲状腺激素等,可以调节鱼的生长、体色,还可以控制性腺、甲状腺和肾上腺的发育等。

(二) 甲状腺

硬骨鱼类的甲状腺多为弥散性的,主要分布在腹主动脉及鳃区的间隙组织里,有时也随着入鳃动脉进入鳃。少数鱼类有结实的甲状腺。板鳃鱼类的甲状腺位于基舌骨腹面的凹陷内。甲状腺分泌甲状腺激素,在生长及器官形成方面有明显的作用。甲状腺激素在渗透调节上也可能起若干作用。

(三) 胰岛

硬骨鱼类的胰岛组织存在于胆囊、脾脏、幽门盲囊及小肠的周围,与胰腺是分开的,而板鳃鱼类的胰岛埋藏在结实的胰腺组织内。胰岛产生胰岛素(insulin),具有调节碳水化合物、脂肪和蛋白质代谢的功能,是调节体内糖代谢的重要激素,它能维持正常的血糖含量。

第二节　鱼纲动物的分类

现存鱼类约 22 000 种,分为软骨鱼类(Chondrichthyes)和硬骨鱼类(Osteichthyes)两大类群,我国鱼类共 2 000 余种。

一、软骨鱼类 Chondrichthyes

内骨骼全为软骨的海生鱼类,体被盾鳞;鳃间隔发达,无鳃盖;歪尾型;无鳔和"肺";肠内具螺旋瓣;生殖腺与导管不直接相连;雄鱼鳍脚,体内受精。全世界约有 800 多种,我国有 190 多种,绝大多数分布于热带及亚热带海洋,包括两个亚纲。

(一) 板鳃亚纲 Elasmobranchii

鳃间隔特别发达,鳃裂 5~7 对,不具鳃盖。上颌不与颅骨愈合。雄性具鳍脚。共 2 目,鲨目和鳐目。

1. 鲨目(Selachoidei)　又称鲨鱼或鲛,体呈梭形或盘形,鳃孔开口于头部两侧,又称侧孔类。鲨鱼类的肝脏是制鱼肝油的主要原料之一。有些鲨鱼的胆、卵、肝、肉、鱼胎等可药用。此目约有300种,我国海域中有130多种。

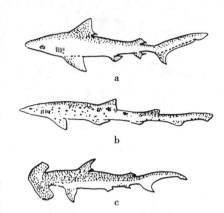

● 图 13-15 鲨目代表动物
a. 灰星鲨;b. 扁头哈那鲨;c. 锤头双髻鲨

(1) 六鳃鲨科(Hexanchidae):鳃裂6~7对,背鳍单个。如扁头哈那鲨(又称扁头七鳃鲨)*Heptranchias platycephalus* Tenore(图13-15),为黄海主产的经济鱼类,肉食用,皮制革,肝能提鱼肝油,鲨胎入药能养血调经。

(2) 皱唇鲨科(Triakidae):普通鱼头形。瞬膜相当发达。鳃裂5对。背鳍2个,无棘。近海栖息,我国沿海一带有产。供药用的有灰星鲨*Mustelus griseus* Pietschmann、白斑星鲨*Mustelus manazo* Bleeker等(图13-15)。

(3) 双髻鲨科(Sphyrnidae):头呈丁字形,似双髻而得名。瞬膜发达。鳃裂5对。背鳍2个,无棘。近海栖息,我国沿海一带有产。有锤头双髻鲨*Sphyrna zygaena* Linnaeus可药用,也是我国重要的经济鱼类。(图13-15)。

鲨目的须鲨科、真鲨科、猫鲨科、多鳃鲨科等也有部分药用品种。

2. 鳐(魟)目(Rajiformes) 体型扁平。鳃裂5对。鳃孔腹位,又称下孔类。胸鳍前部与头侧相连;背鳍位于尾上;无臀鳍;尾鳍或有或无。是一类营海底栖生活的软骨鱼类,游泳能力不强,以贝壳或其他底栖动物为食。全世界约430种,我国约80种。

(1) 魟科(Dasyatidae):身体扁平菱形或扁圆盘形。背鳍单个或缺失,胸鳍向身体前部延伸,但是不分化为吻鳍或头鳍。尾上具锯齿状长棘,内有毒腺,能刺伤人。平时伏于水底或埋于泥沙中。世界性分布,三十余种,我国十余种,沿海均有分布。供药用的有花点魟*Dasyatis uarnak* Forskal、赤魟*Dasyatis akajei* Muller et Henle(图13-16)。

(2) 锯鳐科(Pristidae):吻狭长而平扁,似剑状凸出,边缘具尖利的吻齿。分布于热带和亚热带沿岸。供药用的有尖齿锯鳐*Pristis cuspiatus* Latham。

(二) 全头亚纲 Holocephali

上颌骨与脑颅互相愈合而得名全头类,是一原始的、为数不多的深海鱼类群。体表光滑无鳞或偶有盾鳞。鳃裂4对,有鳃盖。背鳍2个。雄性有鳍脚、腹前鳍脚及额鳍脚。全世界约30种,我国仅有黑线银鲛*Chimaera phantasma* Jordan et Snyder(图13-17)。

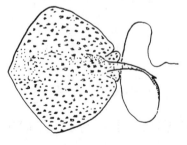

● 图 13-16 花点魟

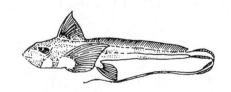

● 图 13-17 黑线银鲛

二、硬骨鱼类 Osteichthyes

骨骼大多由硬骨组成;体表被骨鳞或硬鳞,有的鱼类鳞片有次生性退化现象;鳃间隔退化,鳃腔外有骨质的鳃盖,头的后缘每侧有一外鳃孔;通常有鳔;大多为正尾型;肠内具螺旋瓣;生殖腺外延成生殖导管;无泄殖腔和鳍脚,体外受精。包括 2 个亚纲,即内鼻孔亚纲(Choanichthyes)和辐鳍亚纲(Actinopterygii)。其中辐鳍亚纲有多数种类可供药用。

辐鳍亚纲鱼类体被硬鳞、圆鳞或栉鳞,或裸露无鳞;无内鼻孔;种类极多,占现有鱼类总数的90%以上,包括古鳕总目(Palatonisci)、多鳍总目(Brachiopterygii)、硬鳞总目(Chondrostei)、全骨总目(Holostei)和真骨总目(Teleostei)。药用种类主要分布在真骨总目,这里主要介绍真骨总目的种类。

(一) 真骨总目 Teleostei

辐鳍亚纲中最高等的种类,也是当今世界上现存鱼类中数量最多、经济价值最高的一总目,全世界约 20 000 种,占到整个鱼纲鱼类数量的 90%。体被圆鳞或栉鳞;肠内不具螺旋瓣;有鳔;正尾型。下面介绍其中具有药用价值的主要目。

1. 鲱形目(Clupeiformes)　体被圆鳞,无侧线;背鳍 1 个,腹鳍腹位;多数分布在热带及亚热带地区,主要为海生,其中也有淡水生活的,是很有经济价值的种类,其中药用的主要有以下科。

(1) 鲱科(Clupeidae):体侧扁,鳞片易脱落;口较小,口裂不超过眼的后缘;大多数是集群性的中上层鱼类;主要分布在印度洋及太平洋的热带水域,其次是北大西洋,以及非洲淡水域中。可供入药的有鳓鱼 *Ilisha elongata* Bennett、青鳞鱼 *Harengula zunasi* Bleeker、中华青鳞鱼 *Harengula nymphaea* Richardson、太平洋鲱鱼 *Clupea pallasi* Cuvier et Valenciennes(图 13-18)等。

(2) 鳀科(Engraulidae):上颌骨后延超过眼的后缘,吻凸出,覆于口上;臀鳍大多较长。我国沿海一带和长江中下游以及近湖泊中均有分布。可供入药的有刀鲚 *Coilia ectenes* Jordan et Seale、凤鲚 *Coilia mystus* Linnaeus(图 13-18)等。

(3) 鲑科(Salmonidae):口裂大,齿锥形;有脂鳍,侧线完全。重要的世界性经济鱼类之一,分布在北半球的淡水和海水中。可供入药的有大麻哈鱼 *Oncorhynchus keta* Walbaum(图 13-18)。

2. 鳗鲡目(Angviliformes)　体呈鳗形;腹鳍腹位或缺失;背鳍和臀鳍基底长,与尾鳍相连,鳞极细或退化;个体发育有变态。是栖息于热带和亚热带水域中的海洋鱼类,有 100 多种。我国主产在南海。

(1) 海鳝科(Muraenidae):体长,无鳞;无胸鳍。为温热带珊瑚丛、涧中生活的近海浅水鱼类。入药的有波纹裸胸鳝 *Gymnothorax undulatus* Lacepede、网纹裸胸鳝 *Gymnothorax reticularis* Bloch 等(图 13-19)。

(2) 鳗鲡科(Anguillidae):体呈蛇形,鳞小,埋于皮肤

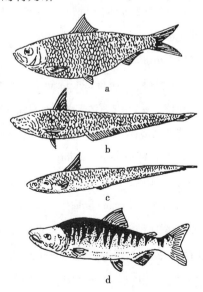

● 图 13-18　鲱形目代表动物
a. 青鳞鱼;b. 刀鲚;c. 凤鲚;d. 大麻哈鱼

下呈席纹状排列;胸鳍发达。主要分布在温热带海域。入药的有日本鳗鲡*Anguilla japonica* Temminck et Schlegel 等(图 13-19)。

3. 鲤形目(Cypriniformes) 比较低等的硬骨鱼类。腹鳍腹位;鳔有管与食管相通,具有连接鳔和内耳的韦伯氏器,有保持鱼体平衡的作用;广泛分布于世界各洲,大部分生活在温带和热带淡水域,全世界约有 5 000 种,我国约有 600 种。

(1) 鲤科(Cyprinidae):是鱼类中最多的一个科,有 2 000 多种;口小,下位;体被圆鳞;上颌口缘由前颌组成,咽齿 1~3 行;无脂鳍。分布在世界各地淡水中。可供药用的有草鱼*Ctenopharyngodon idellus* Cuvier et Valenciennes、青鱼*Mylopharyngodon piceus* Rich、鲤鱼*Cyprinus carpio* Linnaeus、银白鱼*Anabarilius albumops* Regan 等(图 13-20)。

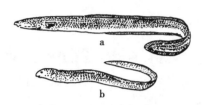

● 图 13-19 鳗鲡目代表动物
　　a.鳗鲡;b.网纹裸胸鳝

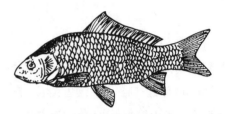

● 图 13-20 鲤鱼外形图

(2) 鳅科(Cobitidae):体大多呈圆筒形;鳞细或退化;胸鳍与腹鳍均不向左右平展;口须 3~5 对。药用种类有泥鳅*Misgurnus anguillicaudatus* Cantor、大鳞泥鳅*Misgurnus mizolepis* Gunther、滇泥鳅*Misgurnus mohoity yunnan* Nichols 等(图 13-21)。

(3) 胡子鲶科(Clariidae):背鳍和臀鳍长,与尾鳍相连;无脂鳍;口须 4 对,鳃腔内有辅助呼吸器官。主产热带和亚热带地区。我国分布 1 属 2 种。如胡子鲶*Clarias fuscus* Lacepede 可供药用。

● 图 13-21 泥鳅

(4) 鲇(鲶)科(Siluridae):背鳍单个,臀鳍长,与小型的尾鳍相连;体无鳞,富黏液腺;口须 2~3 对;普遍分布在我国各地,为食肉性底层鱼。可入药的有鲇鱼*Parasilurus asotus* Linnaeus。

4. 合鳃目(Symbranchiformes) 体型似鳗,光滑无鳞;无胸鳍和腹鳍,奇鳍彼此相连;无鳔;左右鳃孔位于头的腹面合二为一,因此称为合鳃目;鳃小不发达,主要由咽腔内壁表皮营呼吸作用;具有性逆转现象。可入药的如黄鳝*Monopterus alba* Zuiew,也可食用。

5. 刺鱼目(Gasterosteiformes) 吻大多呈管状,许多种类体被骨板;背鳍 1~2 个,第一背鳍常为游离的棘组成。本目为体型特殊的小型海鱼。可药用的只有海龙科。

海龙鱼科(Syngnathidae)体长形,全体被环状骨板;口前位,鳃孔小;无腹鳍;尾鳍小或消失。雄鱼常由尾部下方或腹部皮褶形成育儿囊,容纳雌鱼产卵和受精卵发育,幼鱼孵化后,囊即张开,幼鱼游出体外。为名贵中药,如刺海马*Hippocampus histrix* Kaup.、克氏海马*Hippocampus kelloggi* Jordn et Snyder、刁海龙*Solenognathush ardwickii* Gray、拟海龙*Syngnathoides biaculeatus* Bloch、粗吻海龙*Trachyrhamphus serratus* Temminck et Schlegel 等。

6. 鲈形目(Perciformes) 体被栉鳞;鳔无鳔管;腹鳍胸位或喉位;背鳍 2 个,无脂鳍。为鱼纲中种类最多的一个目,有 8 000 多种,我国产并入药的常见以下科。

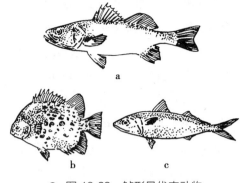

（1）鲈科（Serranidae）：下颌通常长于上颌,颌齿绒毛状或杂有犬牙;头和颈部被鳞,鳃盖骨上有棘。我国 60 余种,多产于温热带海域。药用的有鲈鱼 *Lateolabrax japonicus* Cuvier et Valenciennes（图 13-22）。

● 图 13-22　鲈形目代表动物
a. 鲈鱼;b. 金线鱼;c. 鲐鱼

（2）鲭科（Scombridae）：体呈纺锤形,被小圆鳞;口大,两颌具细齿;鳃盖骨光滑无棘;背鳍 2 个,相距较远,尾鱼深叉形。如日本鲭（鲐）*Scomber japonicus* Houttuyn. ,可入药也能食用（图 13-22）。

（3）金线鱼科（Scatophagidae）：全体均被细小的栉鳞,仅眼前无鳞;侧线完全而隆起;头小、口小、前位。广布于印度洋、太平洋及各大河口中。可药用的如金线鱼 *Scatophagidus argus* Linnaeus（图 13-22）。

（4）石首鱼科（Sciaenidae）：我国最重要的经济鱼类。头上有发达的黏液腔;颌齿细小,间或有犬牙;鳔结构复杂,常有多对侧支;下颌不具触须,或间有 1 单独短须。药用的有大黄鱼 *Pseudosciaena crocea* Richardson、鮸鱼 *Miichthys miiuy* Basilewsky、黄姑鱼 *Nibea albeflora* Richardson 等（图 13-23）。

（5）带鱼科（Trichiuridae）：体呈带状,尾部细如鞭梢;无鳞,有侧线;口大,下颌突出;背鳍很长,胸鳍短小,腹鳍消失或退化成一对鳞片状凸起。我国 4 种,分布在暖海域,是我国最重要的经济鱼类之一。能入药的有带鱼 *Trichiurus haumela* Forskal、小带鱼 *Trichiurus multicus* Gray、沙带鱼 *Trichiurus savala* Guvier et Valenciennes 等（图 13-24）。

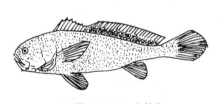

● 图 13-23　大黄鱼

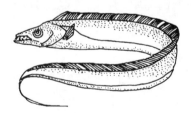

● 图 13-24　带鱼

7. 鳢形目（Ophicoephaliformes）　头似蛇形;鳍无棘,若有腹鳍则为前腹位;有鳃上器,可因缺水钻进泥里呈蛰伏状态,靠呼吸氧气生活。其中乌鳢（乌鱼）*Ophicephalus argus* Cantor（图 13-25）,既可入药亦可食用。

8. 鲀形目（Tetraodontiformes）　体短粗;皮肤裸露或被有刺、骨板、粒鳞等;上颌骨常与前颌骨愈合;鳃孔小;腹鳍胸位或连带骨一起消失;有些种类具气囊,能使胸腹部充气和膨胀,用以自卫和漂浮水面。全世界有 200 多种,我国产 60 多种。分布于温带及热带的海域或河里。

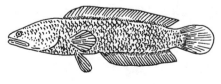

● 图 13-25　乌鳢

（1）兰子鱼科（Siganidae）：体被细小圆鳞;腹鳍

具外棘与内棘各一;尾柄形细而稍圆。为印度洋、太平洋的暖水区域的食草鱼类。我国产10种。药用的有黄斑兰子鱼 *Siganus aramin* Bloch et Schneider(图13-26)。

（2）三刺鲀科(Triacanthidae):体被细小而粗糙的鳞,鳞上多少有小刺;腰带不具活动性。药用的有短吻三刺鲀 *Triacanthus brevirostris* Temminck et Schlegel、尖吻三刺鲀 *Triacanthus strigilfer* Cantor 等(图13-26)。

（3）鲀科(河鲀科 Tetraodontidae):体短粗,皮肤光滑或被小刺;背鳍1个,与臀鳍相似且对生,无腹鳍;有鳔,气囊发达;本科鱼类肝脏和生殖腺均含有河豚毒素,可致人死亡。药用的有黑鳃兔头鲀(光兔鲀) *Lagocephalus inermis* Temminck et Schlegel、月兔头鲀 *Lagocephalus lunaris* Bloch et Schneider、棕斑兔头鲀 *Lagocephalus spdiceus* Richordson 等(图13-26)。

（4）翻车鱼科(Molidae):体侧扁而高;尾鳍短,背鳍和臀鳍高,且同形相对,无腹鳍;无鳔和气囊。为大海中漂流生活的鱼类。供药用的有矛尾翻车鱼 *Masturus lanceolatus* Lienard、翻车鱼 *Mola mola* Linnaeus 等(图13-26)。

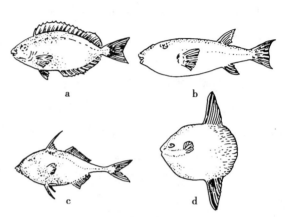

● 图 13-26　鲀形目代表动物
a. 黄斑兰子鱼;b. 短吻三刺鲀;c. 黑鳃兔头鲀;d. 翻车鱼

第三节　常见药用动物

鱼纲在我国分布有2 800余种,其中药用种类为400余种。其中常用的药用种类有如下几种。

一、灰星鲨 *Mustelus griseus* Pietschmann

为鲨目皱唇鲨科动物,又名灰皮鲨、白布鲨、鲛鱼。栖息于近海,主要分布于我国黄海、东海、南海的近海水域。

（一）形态与结构

身体呈细长扁圆形。头扁平;口小,上颌长于下颌;具瞬膜;鼻孔宽大;喷水孔小,横椭圆形,两端尖,位于眼角下后方;鳃孔狭小,5个;背鳍2个,第一背鳍大;胸鳍中等大;腹鳍内具鳍脚,臀鳍小;尾鳍短,尾椎轴稍翘。体背侧面灰褐色,腹面白色,各鳍紫褐色,后缘较浅淡,体无白色斑点(图13-15)。卵胎生。以甲壳类动物为食,兼食小型鱼类。灰星鲨其体长一般为1m左右,体重1~2kg,大的个体重达3kg。

（二）药用与功效

灰星鲨的入药部位为肉、肝、皮等。

1. 鲨鱼肉　载于《食疗本草》，味甘、咸，性平。归脾、肺经。补虚，健脾，利水，祛痰消肿。用于治疗久病体虚，脾虚浮肿，创口久不愈合，痔疮。

2. 鲨鱼肝　味甘，性温。健脾补气，养肝明目，解毒敛疮。用于治疗眼结膜干燥，夜盲症，软骨病，烫火伤，皮肤溃疡，外伤创面久不愈。

3. 鲨鱼皮　载于《名医别录》。味甘、咸，性平。解鱼毒，消食积，杀痨虫。用于治疗食鱼中毒，食鱼成积不消，肺痨。

二、扁头哈那鲨 *Heptranchias platycephalus* Tenore

为鲨目多鳃鲨科动物，又名扁头七鳃鲨、哈那鲨。栖息于海底。分布于地中海、印度洋及太平洋西北部。我国产于东海和黄海。

（一）形态与结构

体长；头宽扁，口宽大，上下颌具齿；喷水孔小，圆形，鳃裂 7 个；背鳍 1 个，位于体后方，与腹鳍等大；胸鳍发达；臀鳍小；尾鳍长。体灰青色；具许多不规则深色斑；腹部白色（图 13-15）。卵胎生，每胎产 10 余仔。主要以中、小型鱼类及甲壳类为食。成鱼体长达 2～3m，体重达 250kg以上。

（二）药用与功效

扁头哈那鲨的入药部位为肝脏中的脂肪油、肉、鳍等。

1. 鱼肝油　扁头哈那鲨的肝脏中的脂肪油。味甘，性温。滋补强壮，明目，壮骨。用于治疗佝偻病、软骨症、营养不良、结核病、病后恢复、夜盲症、干燥性眼炎。

2. 鲨鱼肉　味甘、咸，性平。归脾、肺经。补虚，健脾，利水，祛痰消肿。用于治疗久病体虚，脾虚浮肿，创口久不愈合，痔疮等。

3. 鲨鱼翅　为扁头哈那鲨的鳍。载于《本草从新》。味甘，性平。补肺气，托疮毒，消痰，健胃。

另外，扁头哈那鲨雌性鲨鱼的胎，称为鲨鱼胎，也可以入药，具有补虚，养血，调经等功效。

三、鲤鱼 *Cyprinus carpio* Linnaeus

为鲤形目鲤科动物，又名赤鲤鱼，世界性的重要养殖对象。多栖息于江河、湖泊、水库、池沼的松软底层和水草丛深处。适应能力强。除西藏以外，各地均有分布。

（一）形态与结构

鲤鱼身体呈侧扁纺锤形，分头、躯干及尾 3 部分（图 13-20）。体被圆鳞，覆瓦状排列；口位于头部的最前端呈马蹄形;口两侧有颌须 2 对;外鼻孔 1 对,与口不相通;无眼睑和瞬膜;鳃裂 5 个,有鳃盖;胸鳍和腹鳍各 1 对,背鳍、尾鳍及臀鳍各 1 个;有鳔,具韦伯氏器。适应性强,幼体肉食性,成体杂食性,主要以螺、蚌、昆虫的幼虫及水草和丝状藻类为食。大者重达 15~20kg,长 1~1.3m。

(二) 药用与功效

鲤鱼入药,始载于《神农本草经》,其性平,味甘。具有开胃健脾,利水消肿,清热解毒,化痰止咳,安胎通乳等功效。可用于水肿胀满,咳嗽,气逆,乳汁不通等症。

鲤鱼的入药部位为肉或全体、脑髓、皮等。

1. 鲤鱼肉　多用鲜鱼入药。具有降血脂、抗血栓、降低血液黏度等作用。

2. 鲤鱼脑　为鲤的脑髓。味甘,性温。归肝、肾经。治耳聋或耳内化脓不瘥等。

3. 鲤鱼皮　治胎动不安,胎漏,骨鲠等。

四、克氏海马 *Hippocampus kelloggi* Jordn et Snyder

为海龙目海龙科动物,又名水马、龙落子、马头鱼等。多栖息于藻类繁茂的海洋中,游泳时头部向上,靠背鳍和胸鳍的扇动,作直立游泳。分布于我国东海和南海,广东、广西、福建、台湾等沿海地区为主要产区。

(一) 形态与结构

身体侧扁,头部形似马头故名海马(图 13-27)。全体无鳞,外被骨质环;头冠短小,吻呈直长管状;口小,端位,无牙;外鼻孔 2 对;眼较大,微隆起或平坦;鳃盖凸起;胸鳍基部下前方各具 1 短钝棘,具背鳍和臀鳍,无腹鳍和尾鳍,尾端卷曲;雄性有育儿囊。栖止时常以尾端缠附于海藻的茎枝上。以小型甲壳动物为主食。

(二) 药用与功效

大海马药用部位为干燥全体。始载于《本草经集注》,海马之名称始载于《本草拾遗》。其气微腥,味微咸。补肾壮阳,活血化瘀。用于治疗肾阳虚衰所致的腰膝酸软,阳痿,遗尿,虚喘,难产以及癥瘕痞块,疔疮肿毒,跌扑损伤等。

● 图 13-27　四种药用海马
a. 刺海马;b. 大海马;c. 斑海马;
d. 管海马

其他药用品种:斑海马 *Hippocampus trimaculatus* Leach、大海马 *Hippocampus kuda* Bleeker.、刺海马 *Hippocampus histrix* Kaup 等。

五、刁海龙 *Solenognathus hardwichii* Gray

为海龙目海龙科动物,又名海龙、杨枝鱼、钱串子等。栖息于南海水域的藻类繁茂的浅海中。

常利用尾部缠在海藻上,吸食浮游小型甲壳动物,广东、海南等沿海为主要产区。

(一)形态与结构

身体侧扁细长;全体被以钝花纹的骨环及细横纹;头部前方具一管状长吻,口小,无牙,两眼圆而深陷;躯干部五棱形;头与体轴成一大钝角或直角;无尾鳍,尾端卷曲,位于尾部的背鳍基部不隆起;雄性具育儿囊(图13-28)。

(二)药用与功效

海龙药用部位为干燥全体。始载于《本草纲目拾遗》,列于介部,气微腥,味微咸。治疗阳痿,遗尿,不育,虚喘及神经系统疾病等。海马素有"南方人参"之美誉。

其他药用品种:拟海龙 *Solenognathush biaculeatus* Bloch、尖海龙 *Solenognathush acus* Linnaeus、粗吻海龙 *Trachyrhamphus serratus* Temminck et Schlegel。

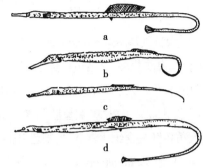

● 图13-28 四种药用海龙
a.尖海龙;b.刁海龙;c.拟海龙;d.粗吻海龙

六、带鱼 *Trichurus savala* Cuvier et Valenciennes

为鲈形目带鱼科动物,又名沙带鱼。为中上层结群性洄游鱼类。主要分布于西太平洋和印度洋,在我国的黄海、东海、渤海一直到南海都有分布。

(一)形态与结构

身体带状,侧扁。鳞退化,全体银白色,尾部深黑色。背鳍极长,侧线在胸鳍上方下延至腹面,向后沿腹缘延伸至尾,无腹鳍(图13-24)。性凶猛,主要以毛虾、乌贼为食。

(二)药用与功效

带鱼入药部位为带鱼肉、带鱼油及全体刮下的银白色细鳞。

1. 带鱼肉　其味甘,性平。对心血管系统有很好的保护作用,有利于预防高血压、心肌梗死等心血管疾病。

2. 带鱼鱼鳞　具有降低胆固醇、防止动脉硬化、预防冠状动脉心脏病、抗癌等作用。

七、其他药用动物

1. 鲫鱼 *Carassius auratus* Linnaeus　为鲤形目鲤科动物,又名鲋鱼、鲫瓜子等(图13-29)。全国各地水域常年均有生产。鲫鱼药用始载于《本草纲目》,其味甘,性平。具有健脾利湿,和中开胃,活血通络,温中下气之功效。用于治疗脾胃虚弱,水肿,溃疡,气管炎,哮喘,糖尿病等。民间用鲫鱼炖汤给产后妇女,可补虚通乳。

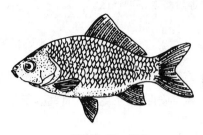

● 图 13-29　鲫鱼

2. 泥鳅 *Misgurnus anguillicaudatus* Cantor　为鲤形目鳅科动物（图 13-21），又名鱼鳅。分布于长江中下游江、河、渠附近的湖泊中。全体洗净入药。泥鳅有"水中人参"之称，具有补中气，祛湿邪的功效，可作为治消渴，阳痿，时疫发黄，小儿盗汗，痔疾，疥癣等症的辅助品。

以泥鳅入药的还有同属大鳞泥鳅 *Misgurnus mizolepus* Gunther、滇泥鳅 *Misgurnus mohoity yunnan* Nichols。

3. 大黄鱼 *Pseudosciaena crocea* Richardson　为鲈形目石首鱼科动物（图 13-23）。分布于黄海南部至台湾海峡北部，又名黄鱼、大王鱼等，是我国主要经济鱼类。鱼肉、鱼鳔和耳石入药。黄鱼肉味甘咸，性平。入肝、肾二经。具有和胃止血，益肾补虚，健脾开胃的功效。鱼鳔晒干可制成名贵食品"鱼肚"，又可熬制"黄鱼胶"；黄鱼胶焙制后称为"鱼鳔胶珠"；黄鱼耳石入药名"鱼脑石"。另外，大黄鱼肝脏含维生素 A，为制鱼肝油的好原料。

4. 乌鳢 *Ophicephalus argus* Cantor　为鳢形目鳢科动物（图 13-25），又名乌鱼、黑鳢鱼等。主要分布于长江流域以及北至黑龙江一带。全体或肉入药，具有祛瘀生新，滋补调养，健脾利水的功效，病后、产后以及手术后食用，有生肌补血、加速愈合伤口的作用，也可治疗水肿，湿痹，脚气，痔疮，疥癣等症。此外，乌鳢肉质细嫩，且营养价值颇高，因而在国内外市场深受欢迎。

（李　娜）

13章_同步练习

第十四章　两栖纲
Amphibia

两栖纲动物是脊椎动物中最先登陆到陆地生活的物种类群。两栖纲动物既保留着水中生活的特性,也经变态后获得了一系列陆栖脊椎动物的特征。因此,两栖纲动物的地理和生态分布均受到限制,它们必须生活在温暖的淡水附近,这也是造成它们在脊椎动物中种类与数量均为最少、分布地区最狭窄的重要原因。

两栖纲动物是脊椎动物亚门中种类较少的一类,全世界现存有 2 500 余种,我国分布有 200 种左右。两栖类动物共分为 3 个目,即无尾目、有尾目和无足目。它们大多生活在热带和温带地区。因两栖类动物代谢水平较低,保温与调温机制不完善,因此,它们为变温动物,并具有冬眠与夏眠的特性。

两栖纲常见的药用动物有:中华蟾蜍、中国林蛙、山溪鲵等。

第一节　两栖纲动物的主要特征

一、外形

两栖纲动物是从水生开始向陆生过渡的一个类群,具有初步适应陆地生活的躯体结构,其外部形态因受栖息环境和生活方式的影响差异较大,现存的两栖动物体型大致可分为如下三种。

1. 鱼状　水栖种类常见的状态,多作鱼形运动。其具有较长的身体和发达的尾部,前、后肢的发育大致相同。如大鲵(又称“娃娃鱼”)等。

2. 蛙状　半水栖的种类,体型如蛙,是适应跳跃生活的特化类群。这类动物身体粗、短,后肢长、强大有力,无尾部。如各种的蛙类。

3. 蠕虫状　专营穴居生活的种类,借躯体的屈曲蜿蜒前进。动物体外形似蠕虫,四肢已完全退化,几乎无尾部。如蚓螈等。

两栖纲动物无论体型属于哪一种类型,一般都有头、颈、躯干和尾部(或无尾)。其头部宽大,常有一对凸出的眼,并具有眼睑与半透明的瞬膜;头的吻端具一对外鼻孔,与内鼻孔相通,连接口腔,通入肺内;口裂宽大,颌缘通常着生细小牙齿。颈部不明显,已经分化成一个颈椎,较无颈的鱼类更进了一步,也增加了头部的灵活性。躯干较粗,前、后各有一对附肢,极少数无附肢或仅有前肢,大多为四指五趾(或四趾)。

二、皮肤

现存两栖类动物的皮肤,其最显著的特征是裸露并富有腺体。仅有无足目的少数动物,皮下还残存有鳞片。

(一) 两栖类动物的皮肤组成

两栖类动物的皮肤由表皮和真皮构成。

1. 表皮　主要由角质层和生发层构成。其中角质层位于最外侧,可随时脱落,形成蜕皮现象;生发层可不断替代旧的角质层。

2. 真皮　真皮由纤维结缔组织构成,外层为疏松层,内层为致密层。真皮中具有大量的腺体和丰富的血管。从而使皮肤适于气体交换,成为辅助呼吸器官,并具有呼吸功能。

(二) 两栖类动物皮肤的呼吸功能

皮肤呼吸功能对两栖类动物生理活动具有重要意义。某些水生种类,以及具有冬眠期的两栖类,几乎全靠皮肤呼吸。陆栖种类因要耐受干燥的环境,故其角质层的角化程度稍高,肺也相应比较发达。

(三) 两栖类动物皮肤的其他结构

1. 色素细胞　表皮和真皮相接部分尚有成层分布的色素细胞(一种带有色素的间充质细胞),在表皮层与真皮层中均有分布。色素细胞具三种不同的颜色,它们的配合以及色素细胞的变形,能产生多种颜色,构成保护色,并能防止光线过量的射入(图 14-1)。

2. 皮肤腺　两栖类动物的皮肤腺主要是遍布全身的黏液腺。某些黏液腺变性成为毒腺(图 14-2)。

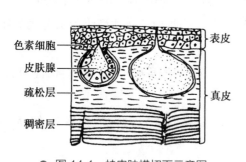

● 图 14-1　蛙皮肤横切面示意图

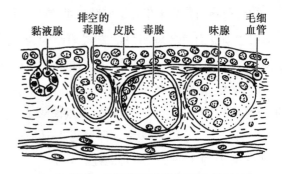

● 图 14-2　两栖类皮肤横切面(示皮肤腺)

(1) 黏液腺:一般为多细胞腺体(泡状腺),与单细胞腺(鱼类)不同,多细胞腺下沉于皮肤深层。其分泌的黏液经由输出管通向体表,防止皮肤干燥和体外水分过多的侵入。这对于陆生的种类减少水分蒸发是一种显著的进步。

黏液腺的基本功能为保持动物皮肤湿润,以及空气和水的可渗透性,使两栖类动物的体温总是低于环境的温度,这也是两栖类动物调节体温的一种途径。

(2) 毒腺:有的两栖类动物为防止食肉动物的吞食,于身体和四肢背部分布有毒腺,如蟾蟆等。

此外,真皮中还分布有丰富的血管与淋巴管。

两栖类动物的皮肤除了允许空气和水分渗透之外,对于化合物的渗透也具有选择性。如钠可以顺利地进入体表,但尿素则不能通过皮肤。这对于调整其体内渗透压十分重要,并有助于陆生的种类从外部环境向体内摄取水分。

三、骨骼系统

两栖类动物的骨骼除使其躯体保持一定的形态外,还能保护其体内重要而柔软的器官。两栖类动物的骨骼主要由硬骨组成,也有部分的软骨(图 14-3)。

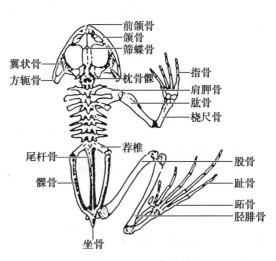

● 图 14-3　蛙骨骼示意图

(一)头骨

两栖类动物的头骨大致可归纳为以下几类。

1. 头骨　宽而扁平,脑腔狭小,枕骨具有一个枕骨髁,为侧枕骨所形成。两栖类的头骨骨化程度不高,还有很多部分处于软骨阶段。头骨顶部由前至后为:成对的鼻骨、额骨、顶骨和鳞骨。无尾类的额骨和顶骨常愈合成一对额顶骨;有尾类的脑上方有些无硬骨覆盖。软骨在头骨的后面有两块外枕骨,每一块外枕骨都有一个关节突,叫"枕髁"。头骨与枕髁、颈椎相连形成活动关节,这是所有陆生脊椎动物的共同特征。

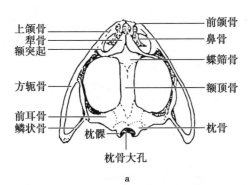

2. 眼、鼻骨　眼眶周围的膜性硬骨多消失。脑腔背侧膜骨只有额骨、顶骨(无尾类的青蛙额骨和顶骨常愈合成一对额顶骨)和鳞骨。眼眶前通常有一块骨化的环形蝶筛骨,环绕着眼部,并向前伸展成鼻腔的长形骨管;鼻骨包被鼻囊。脑颅腹面的膜骨有额顶骨、鼻骨、副蝶骨、犁骨等(图 14-4)。

3. 颌弓与脑颅　为自联式联结。颚方软骨趋于退化,由其外所包的前颌骨、颌骨、腭骨、翼状骨等执行上颌功能。其前颌骨、颌骨及鼻囊腹方的犁骨常带有牙齿。下颌(麦克氏软骨)软骨大部分趋于退化,主要为其外包的硬骨(齿骨和隅骨)执行功能。齿沿口分布是四足动物的特征。

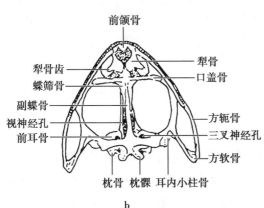

● 图 14-4　蛙颅骨示意图
a. 背面观;b. 腹面观

4. 耳柱骨　由舌颌骨转化的听骨。

5. 鳃弓骨骼退化　相对于鱼类，两栖类的鳃弓骨骼退化，其残余部分转化为支持喉和气管的软骨。

此外，现存的两栖类的牙齿很小或没有，牙齿通常是着生在前额骨、上颌骨、颚骨、犁骨、副蝶骨和齿骨上。犁骨齿的着生方式为两栖纲分类的重要依据之一。总之，现代两栖类动物头骨骨化程度较鱼类更高，并趋于愈合，头骨的重量有所减轻。

（二）脊柱

两栖类动物的脊柱是由颈椎、躯干椎、荐椎和尾椎四部分组成。具有颈椎和荐椎是陆生动物的特征。

1. 颈椎　一枚，略呈环状，故又名"寰椎"。颈椎与头骨的枕骨踝相关节，从而使两栖类动物的头部有了上下运动的可能性（但仍不能转动）。

2. 荐椎　也仅一枚，具有长的横突。荐椎与腰带的髂骨连接，使其后肢获得了稳固的支持，增加了身体的稳定性。

3. 躯干椎　两栖类动物的脊椎骨的数目在不同种类间变异很大，从无尾类的 10 枚到无足类200 枚左右。一般来说，陆栖种类的脊椎进化规律是趋向变短的，这是由于水栖类躯体波浪状摆动的运动方式被陆栖四肢运动所代替的缘故。

4. 尾椎　蛙类适应于陆生跳跃生活，其脊柱极度缩短，尾骨腰带及肢骨均有较大变形，最后一个椎骨变为长形的尾杆骨，此为一种特化现象，不代表一般陆生脊椎动物总的进化趋势。

两栖类动物的脊椎骨除少数低等两栖类（水生种类）为双凹型（类似鱼类的锥体）外，高等两栖类（无尾类）多为后凸椎或前凹椎，增大了椎体间的接触面积，提高了支持体重的效能。椎弓的前后方具有前、后关节突，加强了脊椎的牢固性和灵活性，这是四肢动物的特征。

由于两栖类的颈椎和荐椎都各仅有一枚，其活动范围和支持功能与真正陆生脊椎动物相比较还是很原始的，它们的功能尚处于不完善的水平。

（三）带骨与肢骨

1. 带骨　两栖类的肩带不连头骨，腰带借荐椎与脊柱连接，构成了对躯体重力的主要支撑和推进，这是四足动物与硬骨鱼类的重要区别。现代两栖类的肩带包括单块的上肩胛骨、肩胛骨、前乌喙骨和乌喙骨。无尾类的前乌喙骨常为膜性的锁骨取代，在肩带的腹侧还有上乌喙骨，肩胛骨和乌喙骨之间形成肩臼，与前肢相关节。大多数两栖类有胸骨，胸骨为陆生脊椎动物特有。两栖类由于肋骨不发达，胸骨的两侧与肩带密切关联，形成了一个由硬骨和软骨组成的弧形结构。膜性硬骨在水生种类已经消失，陆生种类尚有锁骨。腰带由髂骨、坐骨及耻骨构成骨盆（但耻骨大多并未骨化），这三块骨头的联结处叫"髋臼"（图 14-5），与后肢相关节。

2. 肢骨　两栖类两对附肢，均为五趾型结构，这种结构的特点不仅增强了四肢的支持力量，而且使得四肢具有多支点的杠杆运动的关节。五趾型四肢的出现使登陆成为可能。由于无尾类为跳跃的运动方式，肢骨构造发生了一些次生性变化。如两根前臂骨和两根小腿骨各合并为一根，腕骨和附骨也有愈合现象。

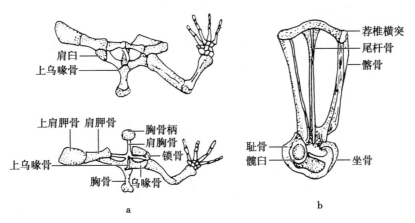

● 图 14-5 蛙带骨示意图
a. 肩带和胸骨；b. 腰带和尾杆骨

四、肌肉系统

由于两栖类动物的运动方式不同，其肌肉各具特点。

（一）躯干肌肉

在水生种类中，躯干肌肉特化不太显著，还保留着分节特点；而陆生种类的原始分节现象已经不存在，变为纵行或斜行的长肌肉群，制约头骨及脊椎运动。腹侧肌多成片状，并具分层现象，分有外斜肌、内斜肌和横肌。由于各肌纤维层的走向不同，使陆生四足动物的内脏得到了有力的支持。

（二）四肢肌肉

两栖类具有比鱼类更为发达的四肢肌肉，四肢肌环绕骨及肢骨四周分布，因而运动功能大为复杂，运动能力大大增强。从两栖类开始，这些肌肉明显地保留在脊椎动物门的各类中。

（三）腹直肌

两栖类的腹直肌位于腹中线的两侧，它们与由结缔组织所构成的腹线相互联合。腹直肌上具横行的腱划，是分节现象的残迹（图14-6）。

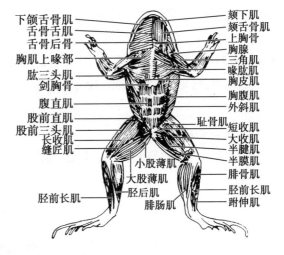

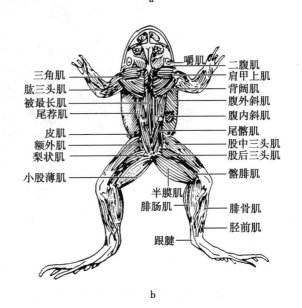

● 图 14-6 蛙肌肉系统示意图
a. 腹面观；b. 背面观

（四）头部肌肉

头部肌肉可分为头部腹面、背面及侧面肌肉，眼球周围的肌肉，面部肌肉。变态后的鳃退化，少数鳃肌节制咀嚼、舌和喉的运动。

五、消化系统

（一）口咽腔

两栖类动物的口咽腔结构比较复杂，反映了陆生动物与鱼类的重大区别。

1. 口咽腔结构　两栖类的口咽腔宽阔，具有内鼻孔、耳咽管孔、声门、食管和颌间腺导管等开口。口咽腔与很短的食管直接连接。

2. 共鸣器　蛙类在口咽腔两侧或底部有时具有一对或单个的声囊开口，声囊为蛙类发声的共鸣器。

3. 吞咽方式　两栖类开始有肌肉质的舌，蛙类还用特殊的分叉舌捕食（图14-7），眼部肌肉参与吞食，在吞食的时候，眼球被压入眼眶突入口咽腔，此为两栖类特殊的吞咽方式。

● 图 14-7　蛙捕虫方式示意图

（二）消化管与消化腺

两栖类的消化管和消化腺与鱼类没有本质的区别（图14-8）。

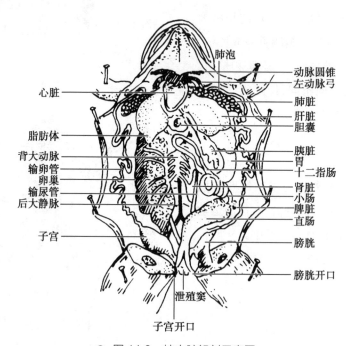

● 图 14-8　蛙内脏解剖示意图

1. 消化管　两栖类的食管通至胃，胃的贲门较粗大，幽门部较细小，与小肠相连。小肠分十二指肠及回肠两段。直肠较粗，前端接小肠，后端直通泄殖腔。食植物性食物的无尾两栖类幼体消化管长而盘曲。

2. 消化腺 两栖类开始有分泌黏液的唾液腺。肝脏很大,分为三叶。胆囊介于左、右叶之间,胆管注入十二指肠。胰腺狭长,常位于十二指肠和胃之间,胰管与胆管相连。

六、呼吸系统

两栖类动物与外界的气体交换有两种方式:无尾类的幼体和水生有尾类是以鳃和皮肤为主要呼吸器官。陆生两栖类的呼吸器官为一对囊状的肺和喉腔。

(一) 鳃和皮肤呼吸

无尾类幼体(蝌蚪)和水生有尾两栖类(蝾螈类)成体以鳃和皮肤为主要呼吸器官(亦有终身无鳃的蝾螈类主要依靠皮肤进行气体交换)。青蛙蝌蚪生有带分支的外鳃,在发育过程中被舌弧上向后生长的皮肤褶(鳃盖)所覆盖,随后又着生几排短的内鳃,至变态为成体时消失。有尾类鳃的对数及形态也有很大变异,一般营洞穴生活的动物鳃孔数目趋于减少,有的完全消失。

(二) 囊状的肺与咽式呼吸

陆生两栖类的囊状肺和喉腔为其呼吸器官,这也是陆生脊椎动物的重要特征。

1. 肺结构 陆生两栖类的肺结构还十分简单(图 14-8),为肺囊状的肺,其内壁仅有少数皱褶,呼吸表面积不大。低等有尾类的肺为空囊,囊内布满毛细血管和着生纤毛。有些有尾类的肺基部为薄层蜂窝状组织。无尾类较复杂,内壁分为多数间隔,隔间充满蜂窝状组织,两肺基部分开。

2. 咽式呼吸 由于两栖类无肋骨和胸廓,故肺呼吸是采取特殊的咽式呼吸完成(图 14-9)。吸气时口底下降,鼻孔张开,空气进入口腔。然后鼻孔关闭,口底上升,将空气压入肺内。当口底下降时,则肺的弹性回收将气体压入口腔。可以如此反复多次,以充分利用空气中的氧气并减少水分的流失。呼气时鼻孔张开而排出气体。

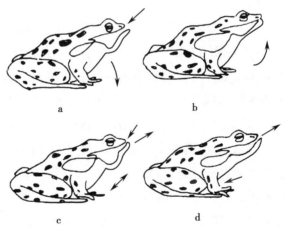

a   b

c   d

● 图 14-9 蛙的咽式呼吸示意图(a~d 为咽式呼吸过程)

七、循环系统

两栖类动物的循环系统也是处于从水生到陆生的中间地位,其幼体为单循环,成体为不完善的双循环。不完善的双循环和体动脉中含有混合血液,是两栖类循环最显著的特征。肺呼吸导致双循环的出现。双循环提高了血液循环的压力和速度。

（一）心脏

1. 心脏的组成　两栖类动物的心脏由静脉窦、心房、心室和动脉圆锥四部分组成（图 14-10）。脊椎动物从两栖类开始，心房出现分隔，形成左心房和右心房。

2. 循环方式　两栖类动物的循环方式为不完全双循环。即左心房通过肺静脉窦接受来自肺内含有丰富氧气的肺静脉血液；而静脉带回的身体各处含二氧化碳多的血液汇集于静脉窦，再由静脉窦将血液转送入右心房。左、右心房血液通过共同的房室（间）孔进入心室，心室内的肌柱可减少从左、右心房流入的动、静脉血液在心室中大量的混合。动脉圆锥从心室的右侧发出，远端又分出肺动脉、体动脉和颈动脉，分别把含氧量不同的血液输送到相应的器官。动脉圆锥腹侧有一游离的螺旋瓣，它可随动脉圆锥的收缩而转动，以起到辅助分配含氧量不同血液的作用。

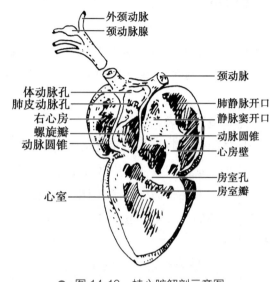

● 图 14-10　蛙心脏解剖示意图

而无肺的有尾两栖类因房间隔不完善，没有肺静脉进入左心房。

（二）血管

1. 动脉　肺动脉血管由动脉圆锥伸长形成，输送血液至肺。肺循环的出现和鳃循环的被放弃（水生种类尚保留鳃血管），使原有的鳃动脉弓发生重大变革：相当于原始鱼类的第 1、2、5 对动脉弓消失，仅保留了第 3、4、6 对动脉弓。其中第 3 对动脉弓形成颈动脉，输送血液到头部；第 4 对动脉弓构成动脉，输送血液到全身；第 6 对动脉弓构成肺皮动脉输送血液到肺和皮肤。从而开始出现了肺循环和体循环，成为"双循环"，形成了四足脊椎动物血液循环系统的基本模式。

2. 静脉　肺静脉血管进入左心房，前大静脉血管汇集头部、前肢体、皮肤等静脉血液，肝静脉血管汇集消化管静脉血液，后大静脉血管汇集肾脏、躯干和后肢体的静脉血液。然后，前大静脉、后大静脉和肝静脉的静脉血液汇集一起注入静脉窦，流回心脏。两栖类的腹静脉也收集后肢、腹壁以及膀胱血液注入肝门静脉。因而，后肢血液经过肾门静脉和肝门静脉才能流回心脏（图 14-11）。

（三）淋巴

两栖类的淋巴系统很发达，可分为有尾类与无尾类。

1. 有尾类　具有两个系，一个是与大动脉平行，将淋巴送入锁骨下静脉；另一个分布在皮下，将淋巴液送入主动脉和皮静脉。

2. 无尾类　其淋巴系统的显著特点是具有很多大型的淋巴腔隙，淋巴心的搏动推动淋巴由分散的淋巴管回到静脉系统。

蛙类有两对淋巴心：一对为前淋巴心，位于肩带下；另一对为后淋巴心，位于尾杆骨尖端的两侧。

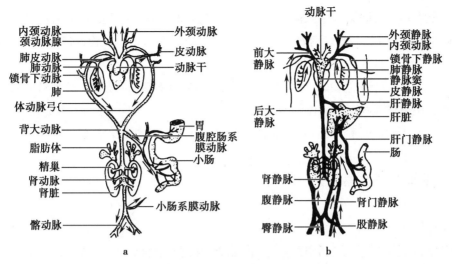

● 图 14-11 蛙循环系统示意图

a.动脉系统;b.静脉系统

此外,有一个圆形的深红色的小脾脏,位于直肠前端的腹侧,也属淋巴器官。两栖类不具淋巴结。

八、排泄与生殖系统

两栖类动物的排泄与生殖系统,其发生与结构上有着密切的关系。

1. 排泄系统 两栖类动物的排泄器官包括肾、肺、皮肤等,并以肾的功能最为重要。两栖类动物具有一对肾脏。

(1) 有尾类的肾:为一对长带状的器官,从体腔的前半部背侧伸展到体腔的后端。

(2) 无尾类的肾脏:为成对较坚实的卵圆形器官,其腹侧有一条橙色的肾上腺。

肾脏产生的尿液经输尿管进入泄殖腔,然后到膀胱,再排出体外。肾脏连接输尿管和膀胱,共同组成排泄系统(图 14-12)。

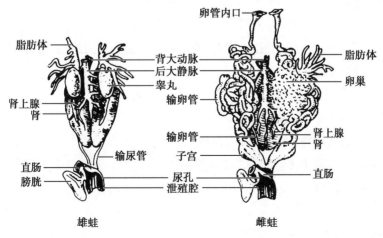

● 图 14-12 两栖类动物的排泄与生殖系统示意图

2. 生殖系统

（1）雄性：具一对精巢。生殖器官有一对黄白色卵圆形的睾丸连接输精小管,睾丸排放的精子经过输精小管经肾脏、输尿管到泄殖腔将精液排出体外。雄性的输尿管具有输尿和输精双重的作用。

（2）雌性：有一对囊状卵巢。卵成熟后经腹腔进入输卵管喇叭状开口。输卵管末端开口于泄殖腔。成熟的卵子经泄殖腔排出体外,与精子结合。

两栖类动物是体外受精：受精卵在水中发育,幼体经过变态才能发育成为成体。

九、神经系统与感觉器官

（一）神经系统

两栖类动物的神经系统包括中枢神经、周围神经和感觉器官。

1. 中枢神经系统　分为脑和脊髓。

（1）脑：两栖类动物的脑分为五部分,即大脑、间脑、中脑、小脑、延脑(图 14-13)。它们依次排列在一个平面上,但两栖类动物的大脑半球分化较明显,顶壁出现了一些零散的神经细胞,称原脑皮,主司嗅觉。中脑发达,构成高级神经中枢。小脑不发达,其能动性是自发而短暂的,运动方式也较简单。延脑是生命活动和听觉的重要中枢。

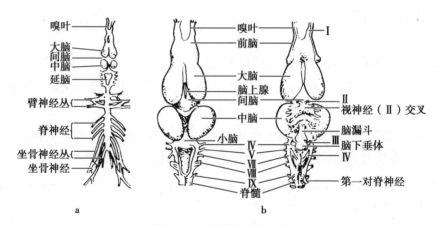

● 图 14-13　蛙神经系统示意图
a.脊神经与自主神经;b.脑

（2）脊髓：前接延脑,后达身体末端。两栖类动物的脊髓有缩短的趋势,另外,由于出现了四肢,其肩及腰部脊神经集聚成神经丛。

2. 周围神经系统　包括脑神经、脊神经和自主神经系统。

（1）脑神经：两栖类动物的脑神经为 10 对。

（2）脊神经：两栖类动物的脊神经对数随种类的不同而异。

（3）自主神经系统：两栖类动物的自主神经系统,可分为交感神经系统和副交感神经系统。交感神经由位于脊柱两旁的特殊神经节构成,副交感神经很不发达。

（二）感觉器官

1. 视觉器官　两栖类动物为适应水陆两栖生活,视觉器官较鱼类有了更复杂的调节功能,表现出以下特征。

（1）眼球：角膜呈凸形，没入水中时变成扁平形。

（2）晶状体：在陆生种类（如蛙）已略呈凸透镜状的扁圆形（图14-14）。晶状体与角膜之间的距离比鱼类稍远，有助于把较远的物体聚焦，从而扩大视物的范围，看到更多的物体。

（3）晶状体牵引肌：能将晶状体前拉聚光，有利于看近物；同时眼的脉络膜与晶状体之间尚有一些辐射排列的肌肉，可协助晶状体牵引肌的调节，相当于高等四足动物的睫状肌。

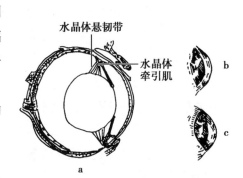

● 图 14-14　两栖类动物眼肌调节示意图
a.眼球纵剖面；b.眼肌收缩与水晶体前移；
c.眼肌松弛

（5）虹膜：具环状肌和辐射状肌，可调节瞳孔的大小，控制眼球内进光的多少。

（6）泪腺与瞬膜腺：陆生动物必须具有保护眼球、防止干燥的结构。于是，两栖类开始出现不发达的泪腺和瞬膜腺。青蛙具有可动的下眼睑，以及泪腺和瞬膜腺。瞬膜腺分泌一种油状的分泌物，以减少眼球表面水分的蒸发，与泪腺共同对眼起保护作用。

2. 听觉器官　两栖类为能够适应陆地的生活，听觉器官逐渐适应了声波在空气中的传播，构造趋于完善。无尾类在内耳的基础上产生了中耳、中耳腔（鼓室）、鼓膜。中耳接耳咽管与咽管腔（欧氏管）连通。鼓膜即中耳腔的外膜，属于体表，直接接受声波的刺激。耳柱骨是鼓膜与内耳卵圆窗之间的听骨。鼓膜接受外来声波而振动，此振动的声波由耳柱骨经耳囊上的椭圆窗传入内耳，耳咽管通过咽腔可以平衡鼓膜内外压力（图14-15）。

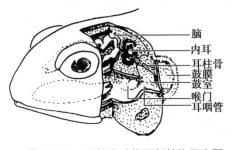

脑
内耳
耳柱骨
鼓膜
鼓室
喉门
耳咽管

● 图 14-15　两栖类动物耳部结构示意图

3. 嗅觉　两栖类动物的嗅觉尚不完善，鼻腔内嗅黏膜平坦，位于背面。神经纤维从嗅黏膜连接大脑，当嗅黏膜感知外来气味后，立即通过神经纤维传到大脑。另外，嗅黏膜的一部分伸长变形成为犁鼻器，是一种味觉感受器，为四足动物所具有的感官。有尾类的犁鼻器仅为鼻囊外侧的一个沟，开口在内鼻孔与口腔的交界处。无尾目与无足目的犁鼻器已经趋于独立，与鼻囊分开。

4. 侧线器官　仅水生两栖类和幼体，以及少数无尾类具有侧线器官。侧线器官能感觉水压的变化，其在头部及躯体两侧成对称排列，有助于对物体的方向和大小鉴别，体现出过渡类群的特征。

十、休眠

（一）休眠

通常是与暂时的或季节性的（周期性的）环境条件的恶化相关。根据休眠的特点可分为：冬眠、夏眠、日眠。

休眠,是动物有机体对外界不良环境进行适应的一种现象。当环境恶化时,动物则通过降低新陈代谢率进入麻痹状态,待外界条件有利时再苏醒活动。除了两栖类以外,很多昆虫、甲壳类、某些鱼类、爬行类以及少数鸟类和哺乳动物也都具有休眠现象。因而,它是动物界中较常见的生物学现象。但更普遍见于陆生低等动物,如无脊椎动物的很多种类、两栖类和爬行类。这是由于它们代谢水平低,缺乏调温与保温机制的缘故。

(二) 动物的体温

1. 变温动物　动物的体温是由产热与散热条件所决定的,尽管所有的动物都在不停地产热,但低等动物所能产生的热不足以抵消其所丢失的热量,因而体温随环境温度而变化,并主要借吸收太阳热能来提高体温,所以称为变温动物,俗称"冷血动物"。

2. 恒温动物　体温不受环境条件影响而相对保持恒定的动物称恒温动物或内温动物,又称"热血动物"。

3. 异温动物　在恒温动物中,个别种类虽然在正常情况下体温是恒定的,但在食物及气候条件不利时,也有程度不同的休眠,这时,它们的体温及代谢率虽也下降,但与变温动物不同,因而称之为异温动物。

两栖类由于产热和散热的调节机制不完善,体温会随环境温度的变化而改变,故属于第一类。

(三) 两栖类动物的休眠

最适宜两栖类动物正常生活的温度是 10~15℃。

1. 冬眠　当温度降到 7~8℃时,两栖类动物大都进入冬眠状态。此时,无尾类隐藏在树根、石块、洞穴或土层中,或沉入河、湖底层的淤泥中度过不良季节;有尾类则潜入水流缓慢而深的溪流石穴中。这期间动物不食不动,心脏跳动、呼吸、血液循环及新陈代谢都降到最低限度,靠贮积的脂肪来维持生命。等到环境条件改善后重新出来活动。除冬季的严寒气候外,热带的盛夏和干旱地区也不适合两栖动物生活。

2. 夏眠　当温度升到 37~39℃时,两栖类动物也会失去平衡能力,开始进入夏眠状态,直到避过炎热的酷暑,故夏眠的时间可长达 5~6 个月。如爪哇等地的两栖类。

由此可知,低温是冬眠的诱因,炎热和干旱是夏眠的诱因。

第二节　两栖纲动物的分类

两栖纲动物依其运动与生活方式,可分无尾目、有尾目和无足目(亦称裸蛇目或蚓螈目),分别代表着向陆生跳跃、水生和穴居三种特化方向。这些动物中以无尾目和有尾目动物在我国分布较广,部分动物可以入药。各类动物的主要特征及代表药用动物如下。

一、有尾目 Caudata

本类动物具有长尾。体表裸露无鳞,腺体不发达。身体分头、躯干、尾三部分。体呈圆锥形,终身具发达的长尾或全缺,一般有 2 对或 1 对较细弱而短的附肢,体侧常具有 10 条肋沟。头部稍宽扁,头骨膜性硬骨比无尾目消失的少,但头骨边缘不完整。头骨的成对额骨与顶骨不愈合。椎骨在低等种类的为双凹型,较高等种类为后凹型,具肋骨、胸骨和分离的尾椎骨。营水栖或潮湿地生活。一般不具眼睑或具上、下不活动的眼睑。无鼓膜和鼓室。上、下颌均有细齿及犁骨齿。大多为体内受精,仅小鲵科和隐鳃鲵科尚为体外受精。体内受精为对流水中生活的一种适应。蝾螈体内受精的方式是:雄性产出精囊,雌体以后腿将其送入自己的泄殖腔内。很多种类的受精卵在母体内发育,长成幼体后产出。

有尾目共 8 科,约 230 种。主要分布于北半球,少数种类分布在热带。我国有 3 科,即小鲵科(Hynobiidae)、隐鳃鲵科(Cryptobranchidae)、蝾螈科(Salamanadridae),共计 69 种。

(一) 小鲵科 Hynobiidae

1. 本科动物特点　体型较小。成体不具外鳃。肺有或无。头部扁平,有活动的眼睑,具颌齿及犁骨齿,犁骨齿排成两纵列,成 "V" 形。椎体双凹型。躯干多圆柱形,皮肤多光滑,体侧有肋沟。体外受精,雌鲵不具受精器。

● 图 14-16　两栖纲小鲵科药用动物山溪鲵

2. 分布与代表动物　本科动物主产于亚洲的北温带。我国有 8 属 29 种。代表动物中国小鲵 *Hynobius chinensis* Guenther。

3. 本科药用动物　山溪鲵 *Batrachuperus pinchonii* (David)(图 14-16)。

(二) 隐鳃鲵科 Cryptobranchidae

1. 本科动物特点　为现存有尾目中体型最大的一类,体长可达 1m 以上。成体不具外鳃。具肺,主要用肺呼吸。头和躯干宽扁,尾侧扁,眼小,不具活动的眼睑。犁骨齿长弧形,与上颌平行排列。椎体双凹型。前肢 4 指,后肢 5 趾。体外受精,雌鲵不具受精器。

2. 分布与代表动物　本科有 2 属 4 种,分布在亚洲东北部和美洲东部。我国产 1 属 1 种,即大鲵 *Megalobatrachus davidianus* Blanchard,俗称 "娃娃鱼",为本科代表。其体长可达 2m,为两栖纲中最大者。主产于湖北、湖南、四川、贵州等省的山溪岩窟中,夜间觅食鱼、蛙、蚯蚓等。野生大鲵为国家二级重点保护野生动物。

3. 本科药用动物　大鲵 *Megalobatrachus davidianus* Blanchara。

(三) 蝾螈科 Salamanadridae

1. 本科动物特点　成体无鳃,有肺。有活动的眼睑。躯干肥胖,头和躯干稍扁平。上颌具齿,犁骨具多行纵列齿,后端岔开。椎体后凹型。体内受精,雌蝾螈具一个受精器,为泄殖腔外翻的囊构成。

2. 分布与代表动物　本科有 16 属 50 余种,广泛分布于亚洲、欧洲、北美、北非西部等北半球的温带地区,亚洲亚热带和热带地区也有分布。我国产 8 属 31 种和亚种,华南所产的东方蝾螈

Cynops orientalis David 和黑斑肥螈*Pachytriton brevipes* Sauvage 为本科的代表动物。

3. 本科药用动物　红瘰疣螈*Tylototriton verrucosus* Anderson、中国瘰螈*Trituroides chinensis* Gray、东方蝾螈*Cynops orientalis* David、黑斑肥螈*Pachytriton brevipes* Sauvage。

二、无尾目 Anura

无尾目动物顾名思义,其特点是成体无尾。体表裸露,光滑无鳞,具丰富的腺体。体形宽短,颈部不明显,眼大,具有可动眼睑和发达瞬膜。耳具鼓室及鼓膜,有的隐于皮下或缺。下颌无齿,犁骨齿两短列或无犁骨齿。头骨骨化不完全,额骨和顶骨愈合成额顶骨,椎骨前凹、后凹、变凹或参差型,数目7～8个,具尾杆骨。一般不具肋骨或肋骨短。胸骨发达。陆栖或半陆栖。在水中产卵,体外受精。一般产卵量较大。某些种类有特殊的繁殖适应以及保护后代的行为,产卵数较少。

无尾目类动物的幼体似鱼,名"蝌蚪"。鳃呼吸,变态后成体无尾是其主要特征。同时也无鳃和鳃孔。

无尾目是现存两栖纲中较高级的类群,种类也最多,大约有2 000种和亚种,分别隶属于10科240余属。分布在全球五大洲,其中在温差小、湿度大的热带和亚热带种类最多,只有个别种类分布到北极圈内。我国产9科:铃蟾科(Bombinatoridae)、角蟾科(Megophryidae)、蟾蜍科(Bufonidae)、雨蛙科(Hylidae)、蛙科(Ranidae)、叉舌蛙科(Discoglossidae)、浮蛙科(Occidozygidae)、树蛙科(Rhacophoridae)和姬蛙科(Nicrohylidae)。以下几科与药用有关。

(一)铃蟾科 Bombinatoridae

1. 本科动物特点　本科动物第2—4椎骨具有肋骨。椎体后凹型。肩带为弧胸型。舌盘状,不能伸出口外。

2. 代表动物与分布　本科动物我国仅有1属5种,代表动物为东方铃蟾*Bombina orientalis* Boulenger,分布于我国华北及东北地区。其特点是腹部具橘红色与黑色相间的花纹,背部褐色,具有疹状小刺疣,能分泌毒液。当其遇惊时常将四肢翻起,木然不动,为著名的"警戒色"的代表动物。

3. 本科药用动物　东方铃蟾*Bombina orientalis* Bougentur。

(二)蟾蜍科 Bufonidae

1. 本科动物特点　身体短而粗壮,背部皮肤极其粗糙,具有大小不等的瘰疣。不具自由的骨质肋骨。椎体前凹型。具有耳后腺,能分泌毒液。两颌无齿,舌长椭圆形,无缺刻,后端游离。瞳孔水平。肩带为弧胸型。营陆栖生活。

2. 种类与分布　本科有250种以上,隶属于13属。除个别地区外,全球多有分布。我国有7属23种。常见的代表动物为大蟾蜍,陆生性较强,体色暗褐,腹面乳黄具黑褐色花斑。

3. 本科药用动物　中华大蟾蜍*Bufo bufo gargarizans* Cantor、华西大蟾蜍*Bufo bufo andrewsi* (Schmidt)、西藏蟾蜍*Bufo tibetanus* Zarevski、黑眶蟾蜍*Bufo melanostictus* Schneider、花背蟾蜍*Bufo raddei* Strauch 等(图14-17)。

（三）雨蛙科 Hylidae

1. **本科动物特点**　身体较细瘦，腿较长。常具齿。不具自由的骨质肋骨。椎体前凹型。指（趾）末端扩大成指垫。瞳孔垂直、水平或三角形。肩带为弧胸型。吻圆，短而高，耳后无腺体，上颌具齿，也有犁骨齿；舌呈卵圆形，后端分叉。多营树栖生活。

2. **种类与分布**　本科有 20 余属 400 种以上，主要分布在大洋洲、美洲中部和南部。我国有 1 属 11 种，分布在东北、华中、华南、华北以及西南地区。我国常见种类为无斑雨蛙 *Hyla immaculate* Boettger，背嫩绿色，腹白色。常栖于草茎或矮树上。雄性口底具单个的内声囊，鸣声尖而清脆。

3. **本科药用动物**　无斑雨蛙 *Hyla immaculate* Boettger、中国雨蛙 *Hyla chinensis* Guenther、华西雨蛙 *Hyla annectans* Geraon 等（图 14-18）。

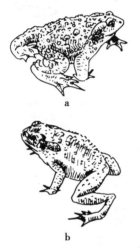

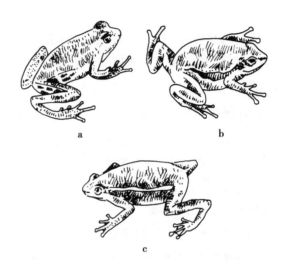

● 图 14-17　两栖纲蟾蜍科药用动物
　　a. 中华大蟾蜍; b. 黑眶蟾蜍

● 图 14-18　两栖纲雨蛙科药用动物
　　a. 华西雨蛙; b. 无斑雨蛙; c. 中国雨蛙

（四）蛙科 Ranidae

1. **本科动物特点**　躯体较长，各种个体大小和色泽差异很大。前肢显著短小，后肢长而发达。不具自由的骨质肋骨。脊柱的第 1 至第 7 椎骨的椎体为前凹型，第 8 椎骨为双凹型，荐椎为双凹型，横突圆锥形或稍扩大，有两骨踝与尾杆骨相关节。舌后端分叉或不分叉，能自由地迅速伸出捕食。上颌具齿，一般具犁骨齿。筛骨常为单个。瞳孔水平或垂直的椭圆形。鼓膜明显。肩带为固胸型。趾间具蹼，趾端形直，或末端趾骨呈丁字形。

2. **种类与分布**　蛙科是两栖纲中最大的一个科，有 30 余属 500 余种和亚种。全世界除南美洲、大洋洲、南极以外，均有分布。我国蛙科动物 98 种，分属 15 属，分布在我国各地。常见种类有：黑龙江林蛙 *Rana amurensis* Boulenger、中国林蛙 *Rana chensinensis* David（尚分 4 个亚种，即中国林蛙长白山亚种 *Rana chensinensis changbaishanensis* Wei et Chen, subsp. now.、中国林蛙指名亚种 *Rana chensinensis chensinensis* Wei et Chen、中国林蛙兰州亚种 *Rana chensinensis lanzhouensis* Wei et Chen, subsp. now.、中国林蛙康定亚种 *Rana chensinensis kangdingensis* Wei et Chen, subsp. now.）。

此外，黑斑侧褶蛙 *Pelophylax nigromaculata* Hallowell、金线侧褶蛙 *Pelophylax plancyi* Lataste、沼水蛙 *Hylarana guentheri* Boulenger、粗皮蛙 *Rugosa emeljanowi* Nikolsky 等，民间均习称为"青蛙"。

3. 本科常用药用动物　中国林蛙 *Rana chensinensis* David、黑龙江林蛙 *R. amurensis* Boulenger 等(图14-19)。

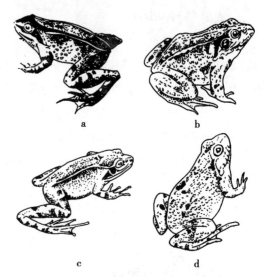

● 图14-19　两栖纲蛙科药用动物
a.黑龙江林蛙;b.青蛙;c.中国林蛙;d.沼水蛙

（五）树蛙科 Rhacophoridae

1. 本科动物特点　本科动物的肋骨、椎骨、肩带以及筛骨等骨骼的主要特征与蛙科相似,不同之处是树蛙科动物前后肢的指(趾)端膨大形成足垫,趾间均具有半蹼,最后两趾节间有间介软骨。多为树栖。

2. 分布与代表动物　本科动物主要分布在非洲撒哈拉沙漠以南、亚洲东部和南部热带地区。本科有10余属400多种。我国有11属共68种,分布在西南和东南一带。云南产的大树蛙 *Rhacophorus dennysi* Blanford,为本科的代表动物。

3. 本科药用动物　斑腿树蛙 *Rhacophorus leucomystax* Gravenhorst。

（六）姬蛙科 Microhylidae

1. 本科动物特点　肋骨、椎骨及肩带骨特征似蛙科,亦为参差型椎体,荐椎横突扩大,但筛骨成对。肩带固胸型。体型较小。头尖细。瞳孔常垂直。鼓膜不明显。口狭小,上颌无齿,亦无犁骨齿(少数例外);舌卵圆形,不分叉。指(趾)间几无蹼,指(趾)端无节间板,末节骨的末端成T形或Y形。

2. 分布与代表动物　本科有50余属,约200种。主要分布在北美洲、非洲、东南亚等地区。我国有5属16种,主要是分布在华北、华中、华东、华南和西南等地。我国广布花姬蛙 *Mircrohyla pulchra* Hallowell。

3. 本科药用动物　花姬蛙 *Microhyla pulchra* Hallowell。

三、无足目 Apoda

（一）动物特点

无足目动物是营钻穴生活的特化类型。四肢及带骨均退化。体呈蠕虫状,尾极短。头骨膜性硬骨数目多,但有很多的特化现象。椎骨双凹型。多具长肋骨。体表富黏液,皮下具来于真皮的鳞片。眼多埋于皮下。繁殖期间雌螈以躯体将卵缠绕保护,待孵出后,幼体入水发育。

（二）分布与代表动物

无足目动物约有160种,分布于南美洲、非洲及南亚洲的热带森林中。版纳鱼螈 *Ichthyophys glutinosa* Yang 为本目的代表动物,主要产于亚洲热带地区。我国仅有1属11种,如版纳鱼螈。

第三节 常见药用动物

两栖纲动物属水、陆两栖,但只能生活在淡水地区,是脊椎动物中分布最狭窄、数量最少的一个类群。在我国仅有 200 余种,供药用的有 30 余种。

一、中华大蟾蜍 *Bufo bufo gargarizans* Cantor

为无尾目蟾蜍科动物,又名"癞蛤蟆""疥蛤蟆"(图 14-17a)。除生殖季节外,多穴居在泥土中,或隐匿在石块下或草丛中,冬季多在水底泥中。以夜间活动的小动物为食。除新疆、云南、西藏等地外,我国其他地区均有分布。

(一)形态与构造

1. 外部形态

(1)形态:体长约 10cm。全体皮肤极其粗糙,除头顶外,背部及四肢密布大小不等的圆形瘰疣,上眼睑疣小密集,枕后在背中两侧各有一纵行排列规则的大圆疣。胫部大瘰粒显著,体侧者较小;腹部有许多小疣粒。雄性形体略小,皮肤松弛而色深,瘰粒圆滑,未角质化。雌蟾皮肤呈灰绿色,皮肤的每一个黄色瘰疣上生有黑色的角质刺。

雄体在下颌皮肤与淋巴间隙中间有单咽下内声囊,声囊多在右侧为长裂形。第 1、2 指基部内有黑色婚垫,繁殖过后自行消失;无声囊。

(2)头:宽大于长,口阔,口中无齿。吻端圆,吻棱显著,先端有一对小鼻孔。眼大外凸,上眼睑宽约为眼间距的三分之二。靠眼的下后方有椭圆形而略小于上眼睑的鼓膜。头部的前缘成钝角形,其主干由吻端起沿吻棱和上眼睑内侧直到眼后角上方尤其明显而突出,而且在眼的前方、鼓膜上及前方均有。头顶部显著下凹,皮肤与头骨紧密相连。头顶两侧眼的正后方各有一个大而呈椭圆形的耳后腺。

(3)四肢

1)前肢:较细而短,指稍扁而略具缘膜。指长顺序(由内向外)为 3、1、4、2,指关节下瘤成对;圆形棕色掌突 2 个,外侧者较大,内侧略小。

2)后肢:长而粗壮,胫跗关节前达肩部,左右跟部互不相遇,足比胫短。

3)趾:略扁,趾端圆,趾有侧缘具膜,在基部相连成半蹼,缘膜的边缘上有成行的棕黑色角质刺,关节下瘤不明显,内外蹠突相距较远,色黑而较小。

中华大蟾蜍的幼体为蝌蚪,体色黑,尾鳍色浅。常集合成群,早期的蝌蚪在浅水处,大蝌蚪多在深水处。

2. 内部构造 中华大蟾蜍皮肤中含有大量的多细胞腺体,以毒腺最为特殊而发达,如耳后腺及体表的多数瘰疣。

(1)骨骼:大部分是硬骨,少部分为软骨,分头骨、躯干骨和四肢骨三部分(图 14-3、图 14-5)。

1）头骨：主要包括腭骨、上下颌骨、前颌骨、犁骨、额顶骨、翼状骨、方轭骨、鳞骨、前耳骨等。

2）躯干骨：由1个颈椎、7个躯干椎、1个荐椎和尾杆骨组成，全部椎骨都是前凹型的。其中荐椎后面有两个凸起与尾杆骨相连。

3）四肢骨：由带骨和肢骨组成。前肢骨的肩带包括上肩胛骨、肩胛骨、锁骨、乌喙骨、上乌喙骨等。其中上乌喙骨骨化，形成两条互相重叠呈弧形弯曲的骨骼，在分类上归并为弧胸类。两根锁骨连成人字形，上肩胛骨呈长方形。前肢骨包括趾骨、桡尺骨、腕骨、掌骨、指骨等。其中肱骨的三角肌发达，此为适应爬行生活的结果，后肢骨包括腰带骨和肢骨，腰带由3对骨组成，即髂骨、坐骨和耻骨，以及三骨愈合的髋臼。肢骨由股骨、腓胫骨、跗骨、蹠骨、趾骨等组成。

中华大蟾蜍的附肢骨和陆栖脊椎动物一样为典型的五指型。

（2）肌肉：分纵行或斜行的肌肉群。骨骼肌数目很多，肌肉间的膜和肌隔都较蛙的发达，按位置分为头部肌肉、躯干部肌肉、四肢肌肉（图14-6）。

1）头部肌肉：包括头部腹面、背面及侧面肌肉，眼球周围肌肉，面部的颌面间肌和鼻侧肌。其中下颌间的下颌间肌明显地分为前后左右四个部分。

2）躯干部肌肉：分腹部和背部肌肉。其中胸肌的前中后三部分分隔明显，尤以它的后部与腹直肌的界限分得很清楚，腹直肌上的腹白纹长而显著。

3）四肢肌肉：分前肢肌肉与后肢肌肉两种类型。前肢肌肉包括肩胛上肌、背阔肌、斜方肌、肱三头肌、三角肌等。后肢肌肉短而发达，包括臀肌、梨状肌、股三头肌、股二头肌、缝匠肌、大股薄肌、小股薄肌、大收肌、长收肌、腓肠肌、胫前肌、胫后肌等，其中股三头肌中的股内肌和股外肌分离成独立的"Y"字形肌肉，末端只有1个终点。

（3）消化管：包括口咽腔、食管、胃、大肠、小肠、泄殖腔等。其中口咽腔很大，舌软厚而多肉，舌前端附着于下颌骨，后端游离，舌尖不分叉，能伸出口腔捕食昆虫，上颌边缘无齿，犁骨下也无犁骨齿。口咽腔内有内鼻孔、耳咽管孔、声门、颌间腺导管等开口。

（4）消化腺：包括肝、胆、胰腺等（图14-8）。

（5）呼吸：主要是靠肺完成，为咽式呼吸，空气由鼻孔进入口咽腔经过喉腔到肺，在肺部进行气体交换，肺壁较厚，增大了气体交换的接触面。皮肤的角质层较厚，皮脂较少，影响了皮肤辅助呼吸的功能（图14-9）。

（6）血液循环：为不完善的双循环，蟾蜍与蛙不同的是前者腹静脉前端没有1条新静脉通到心脏的主动脉干上（图14-11）。

（7）排泄：中华大蟾蜍和两栖类其他动物一样，幼体前肾有泌尿功能，变态后前肾消失。中肾一对，呈长形，由中肾分出许多小输出管，汇成左右输尿管，最后左右输尿管相互合并成总管，再以一个的单独的孔开口到泄殖孔边缘。

（8）生殖：中华大蟾蜍的生殖腺1对，悬于肾脏前部内侧。雄体是睾丸，表面光滑，睾丸与肾脏有小管连接，故雄体的输尿管又是输精管，因此称尿精管；雌体是卵巢，成葡萄状，卵巢与肾脏无管相通，左右输卵管汇合成总管，开口于泄殖腔。（图14-12）。

（9）脑与神经系统：中华大蟾蜍的脑分嗅叶、大脑、松果体、荐脑、中脑、小脑、延脑等部分。其中中脑的视叶发达，大脑半球分化明显，小脑不发达。脑神经为10对（图14-13）。

（二）药用与功效

蟾蜍的耳后腺和背部皮肤腺的分泌物经过加工的干燥品，以及蟾蜍的干燥全体或除去内脏的干燥全体，蟾蜍的肝、胆、舌、头等均供药用，分别为中药蟾酥、干蟾、蟾皮、蟾蜍肝、蟾蜍胆、蟾蜍舌、蟾蜍头。

1. 蟾酥　为中华大蟾蜍的耳后腺和背部皮肤腺的分泌物经过加工的干燥品。原名"蟾蜍眉脂"。始载于《药性论》。本品味辛，性温；有毒。有解毒，止痛，开窍醒神的功效。主治痈疽疔疮，咽喉肿痛，中暑神昏，痧胀腹痛吐泻等。临床上用于治疗呼吸与循环衰竭、肿瘤、结核病、皮肤疾病。本品对局部有一定刺激作用（使黏膜部位分泌物增多）。

药材上有"团蟾酥""片蟾酥"之分。

2. 干蟾蜍　为中华大蟾蜍的干燥全体。原名"苦蠪"，始载于《名医别录》。本品味辛，性温；有毒。归心经。具有破癥结，行水湿，化毒，杀虫，定痛，解毒，止痛，开窍醒神之功。主治疔疮，发背，阴疽瘰疬，恶疮，癥瘕癖积，膨胀，水肿，小儿疳积。临床上用于治疗白喉、慢性气管炎、炭疽病、恶性肿瘤、腹水、麻风、脚癣、痛症、骨结核、疔毒等疾病。

3. 干蟾皮　为中华大蟾蜍除去内脏的干燥全体。又称"蟾皮"，首见于《本经逢原》。本品味辛，性凉；有毒。具有清热解毒，利水消肿的功效。主治痈疽，肿毒，瘰疬，肿瘤，疳积腹胀，慢性气管炎等。临床上用于治疗慢性气管炎、肿瘤、流行性腮腺炎、痈疽、疮疡等疾病。

此外，"蟾蜍胆"具有祛痰止咳之功，主治气管炎。"蟾蜍肝"具解毒，消肿，透疹的功效。主治疔疮，麻疹不透等症。"蟾蜍舌"和"蟾蜍头"也供药用，分别用于治疗"鱼肚疔"；小儿奶疳，体瘦烦热等症。

与中华大蟾蜍同等入药的同属动物尚有：黑眶蟾蜍 *B. melanostictus* Schneider（图 14-17b）。

二、中国林蛙 *Rana chensinensis* David

无尾目蛙科动物，又名"哈士蟆""田鸡""雪哈"等（图 14-19c）。栖息于山坡、树林、农田、草丛中，以潮湿的山林背坡居多。主要分布在东北地区。

（一）形态与构造

1. 外形　较小而修长，雌体长 7~9cm，雄体长 5cm 左右。头部扁平，头宽略大于长；口阔，吻端钝圆，稍突出于下颌之上，吻棱较明显；鼻孔圆形，位于吻、眼之间，鼻间距大于眼间距并与上眼睑等宽；鼓膜圆形，明显，位于眼后方，其直径约为眼长的一半，上有三角形黑斑；雄蛙有 1 对咽侧下内声囊。

2. 四肢　前肢较短粗壮，4 指，指细长，末端钝圆；关节下瘤、指基下瘤及内外掌突均甚显著；雄蛙前肢较粗壮，拇指内侧有发达的黑色婚垫。后肢长而细弱，约为前肢的 3 倍；胫长超过体长的一半，胫跗关节前伸可达或超过眼部；左右脚跟互相重叠，足长于胫；趾细长，趾间蹼发达，除第四指外，均达指端，蹼缘缺刻较大；关节下瘤明显。

3. 皮肤　背侧皮肤略显粗糙，体侧有细小痣粒（皮肤小凸起），口角后端颌腺十分明显；背侧褶在颞部形成曲折状，鼓膜上方略向外斜，旋即折向中线，再往后方延伸直达胯部；腹部皮肤光滑呈乳白色,并分布有许多的小红点。皮色随季节而变化,秋冬为褐色。

(二)药用与功效

中国林蛙或黑龙江林蛙除去内脏的干燥全体、输卵管、卵、皮、肉、骨、脑、内脏等部位均可入药使用。其中中国林蛙的全体和干燥输卵管入药使用最为名贵。药材上分别称之为"哈士蟆""哈蟆油"。

1. 哈蟆油　为中国林蛙除去卵子的干燥输卵管。又名"林蛙油""田鸡油""蛤蚂油""蛤蟆油""哈士蟆油""哈什蟆油"。哈蟆油历代本草均未收载,其首见于《药材资料汇编》;但"蛤士蟆"一名始见于《饮片新参》。本品味甘、咸,性平。归肺、肾经。具有补肾益精,养阴润肺功效。主治病后体弱,神疲乏力,心悸失眠,盗汗,痨嗽咳血。

2. 哈士蟆　中国林蛙或黑龙江林蛙除去内脏的干燥全体。原名"山蛤",首见于《本草图经》,列于虾蟆项下。本品味咸,性凉;无毒。归肺、肾经。具有滋补强壮,养肺滋肾,清热解毒,利水消肿的功效。主治虚劳咳嗽,小儿劳瘦,疳积。临床上蒙医用于治疗水肿、结核等病症。

3. 其他用药部位　中国林蛙卵、皮、头等部位也入药使用。与中国林蛙同等入药的同属动物尚有黑龙江林蛙 *Rana amurensis* Boulenger,又名"红肚田鸡"(图 14-19a)。

4. 蛙科其他用药动物　黑斑侧褶蛙 *Pelophylax niromaculata* Hallowell、金线侧褶蛙 *P. plancyi* Lataste、沼水蛙 *Hylarana guentheri* Boulenger(图 14-19d)、粗皮蛙 *Rugosa rugosa* Nikolsky(又名"癞皮蛙")。

附:蛙科药用动物检索表

1. 背面或全体具疣粒 ……………………………………………… 粗皮蛙 *Rugosa rugosa*(Nikolsky)
1. 背面或全体均无疣粒
　　2. 背部具有 1 对背侧褶
　　　　3. 背侧褶色泽淡金黄色或淡棕色 ……………… 黑斑侧褶蛙 *Pelophylax niromaculata* Hallowell
　　　　3. 背侧褶金黄色 ……………………………………………… 金线侧褶蛙 *P. plancyi* Lataste
　　2. 背部无成对的背侧褶
　　　　4. 背部具有黑纵纹或不规则黑斑 ……………………… 沼水蛙 *Hylarana guentheri* Boulenger
　　　　4. 四肢均具有横环纹
　　　　　　5. 腹面有红色于深灰色花斑 ……………… 黑龙江林蛙 *Rana amurensis* Boulenger
　　　　　　5. 腹面灰白色 ………………………………………… 中国林蛙 *R. chensinensis* David

三、其他药用动物

(一)山溪鲵 *Batrachuperus pinchonii*(David)

为有尾目小鲵科动物,别名"秉氏鲵""衫木鱼"(图 14-16)。生活于高山的溪流中或林下阴湿处,以昆虫、软体动物、蚯蚓及小鱼等为食。主要分布在甘肃、西藏、四川等地。

1. 形态　体呈圆柱形或而略扁,长 12~16cm。头部略扁平,头顶较为平坦,头长、宽几乎相等;吻端圆阔;鼻孔近吻端。眼大,约与吻等长或略短,上下颌有细齿;舌大,长椭圆形。四肢的指(趾)扁平,末端钝圆,基部无蹼;尾长为身体全长的一半或略长。周身皮肤光滑,掌指(趾)底部覆以棕色角质鞘,指末端具黑色的角质爪状物。体侧有肋沟 12 条左右。体色变化大,一般为橄榄绿色,背面有深色细点交织成麻斑。腹面色浅,麻斑少。雄性肛孔小而略成一短横缝,雌性的为一纵裂缝。

2. 药用　山溪鲵的全体药用,名"羌活鱼"。首载于《四川中药志》。本品味辛、咸,性平;无毒。主入肝、胃二经。具有续断接骨,行气止痛之功。主治跌打损伤,骨折疼痛,肝胃气痛及血虚脾弱,面色萎黄等症。临床用于治疗跌打损伤,骨折,肝胃气痛等症。

(二) 大鲵 *Megalobatrachus davidianus* Blanchard

为有尾目大鲵科动物,别名"大娃娃鱼""鲵""鰟鱼"。多生活在水流湍急清晰的山涧河流中,以小鱼、水生昆虫等为食。主要分布在山西、陕西、河南、浙江、湖南、福建、广东、广西、云南等地,大鲵是我国特有品种,为古老的两栖类动物,我国已将其列为二级保护动物。

1. 形态　体型大而扁平,大者全长可达 180cm。头宽而扁圆,躯干粗壮而扁,尾后端侧扁,尾梢钝圆。头长宽约相等;吻长,吻端钝圆;鼻孔极近吻端;眼小,位于头的背方,无眼睑;口大,在眼后方,上下颌有细齿;舌扁圆。四肢极短而肥壮;前肢 4 指,第 2、3 指略大于 1、4 指;后肢 5 趾,其大小趾序为 3、4、2、5、1,指、趾端相距甚远,极宽扁而短,末端钝圆,外侧第 4、5 趾的外侧膜发达,四趾基部微具蹼;尾为体长的 1/3。肛孔短小成短裂缝状。皮肤光滑多黏液。全身背面棕褐色有很多不规则的大而深色的块斑。

2. 药用　大鲵全体药用,名"大鲵",首载于《本草拾遗》,名"鲵鱼"。本品味甘,性平。具有补气,截疟之功。主治病后虚弱,疟疾等症(《本草纲目》载"食之无痴疾")。临床用于治疗神经衰弱,病后体虚,贫血,痢疾,身冷等症。

(三) 东方蝾螈 *Cynops orientalis* David

为有尾目蝾螈科动物,别名"四脚鱼""鰟鱼""水龙"。生活在清冷的静水池内。主要分布在湖北、安徽、江苏、浙江、江西和云南等省份。

1. 形态　体型小,全长 70cm。头扁平,躯干浑圆,尾部侧扁,尾梢钝圆。头顶平坦,头长大于宽;吻端钝圆;鼻孔极近吻端;眼径约与吻等长或稍短;口裂恰在眼后角的下方,上下颌有细齿;舌小而厚,卵圆形,前窄后宽,前后端粘连于口腔底,左右两侧游离。四肢较弱而长,指、趾略扁平而细长,末端较尖圆,基部无蹼;前肢 4 指,长短顺序为 3、2、4、1,后肢 5 趾,其趾序为 3、4、2、5、1,内侧指、趾均短小。尾长略小于体长的 1/2。背腹鳍褶较平直,在尾端会合而成圆钝的尾梢。肛孔为一短纵裂缝,雄性的裂缝长。皮肤较光滑。头、背部、体侧、尾两侧布满小痣粒,于两侧的横细沟纹交织成不平滑的表面;腹面皮肤光滑,有横细沟纹,在浅色区可透视黄色的小腺体;枕部略显"V"形隆起;咽部颈褶清晰,绕至耳后腺后端。

2. 药用　东方蝾螈全体药用,名"东方蝾螈"。首载于《本草纲目拾遗》,名"四足鱼"。本品具有除湿,止痒,镇痛之功。主治病后虚弱皮肤痒疹,烫火伤等症。临床用于治疗小儿疳积,烧伤、烫伤等症。

（四）中国雨蛙 *Hyla chinensis* Guenther

　　为无尾目雨蛙科动物，又名"金蛤蟆"（图14-18c）。多栖息于池塘、水田周围，或路边的灌木丛中，白天多隐居于石隙间，或树根下的洞穴内，数十至数百黏成一堆。主食昆虫等。分布在浙江、江苏、江西、福建、台湾、河南、湖北、湖南、广东、广西等地。

　　1. 形态　体形瘦小，体长2~4cm。头宽大于头长；吻宽圆而高，吻端平直向下；吻棱明显，颊部几近垂直，微向外侧倾斜；鼻孔在吻上方，眼间距大于鼻间距或上眼睑之宽；鼓膜圆而清晰。舌大，较圆厚，后端游离，微有缺刻。

　　2. 四肢

　　（1）前臂：几乎为体长的一半；指端均有吸盘及横沟，第3指吸盘略大于鼓膜；第2、4指几乎等长；指端有缘膜，基部微具蹼；第4指的关节下瘤成堆或成凹形，掌部小疣粒多。

　　（2）后肢：长，胫跗关节前达鼓膜，左右跟部重叠，足比胫短。

　　（3）趾：趾端与指端同，但吸盘略小；第3、5趾等长，达第4趾的第3关节下瘤部；除第5趾外，蹼均以缘膜达趾端，外侧3趾的蹼甲内侧的发达，蹠间无蹼；关节下瘤小而显著，蹠部有小疣粒，内蹠突卵圆形，无外蹠突。

　　（4）皮肤：背部皮肤光滑，腕部有横沟；腹面及股腹面密布扁平疣；咽部略光滑；雄蛙咽部皮肤极松薄。背面绿色，体侧及腹面白色；一条清晰的深棕色细纹，自两眼前角沿吻棱绕至吻端相连，自眼后角至肩上方为深棕细线纹所包绕，极为清晰；体侧有黑色斑点或相连成粗黑线。

　　3. 药用　中国雨蛙的全体可入药使用，名"金蛤蟆"。首载于《陕西中草药》，为民间习用药材。本品味淡，性平。具活血生肌，止痛止血的功效。主治跌打损伤，骨折，外伤出血。与中国雨蛙同等入药的同属动物尚有华西雨蛙 *Hyla annectans*（Jerdon）（图14-18a）。

附：雨蛙科药用动物检索表

1. 体背无花斑 ……………………………………………… 无斑雨蛙 *Hyla arborea immaculate* Boettger

1. 体背有花斑

　2. 四肢具有横花斑 ……………………………………… 东北雨蛙 *Hyla japonica* Guenther

　2. 四肢不具有横花斑

　　3. 背侧有一细线纹 …………………………………… 中国雨蛙 *Hyla chinensis* Guenther

　　3. 背侧无细线纹 ……………………………………… 华西雨蛙 *Hyla annectans* Geraon

（五）斑腿树蛙 *Rhacophorus leucomydtax* Gravenhorst

　　为无尾目树蛙科动物，又名"树蛙""三角上树蛙""变色树蛙""青足蛙""游蛙"。斑腿树蛙除去内脏的干燥全体可供药用。首载于《陆川本草》，具有化瘀止血，止痛，续筋接骨之功。主治外伤出血，跌打损伤，骨折等症。亦可治小儿疳积。临床用于治疗外伤出血，小儿疳积等疾病。

（六）花姬蛙 *Microhyla pulchra* Hallowell

　　为无尾目姬蛙科动物，又名"犁头蛙""三角犁头"。花姬蛙的全体供药用，名"花姬蛙"，首载于《广西药用动物》，具祛痰生新，祛风，活血，强筋壮骨等功效。主治风湿骨痛，腰扭伤痛，跌扑扭伤及骨折等症。临床用于治疗风湿痹痛,跌打损伤。

(李　峰)

实验三　两栖动物蟾蜍的形态分类及蟾酥的基源鉴别

一、实验目的

1. 通过对蟾蜍外形、皮肤和肌肉系统的观察,了解脊椎动物由水生到陆生的过渡,两栖类在结构和功能上所表现出的初步适应陆生的特征,从外部形态上首先对两栖纲动物蟾蜍进行分类。

2. 学习蟾蜍的双毁髓处死方法。

3. 学习蟾酥的获取方法。

4. 掌握蟾酥的薄层分析方法,通过不同成分对蟾蜍进行分类。

二、仪器、试剂和材料

1. 仪器　解剖盘、解剖器、显微镜、蜡盘、解剖镜、鬃毛、大头针、层析缸、玻璃板。

2. 试剂　硅胶 G、10%硫酸乙醇溶液、环己烷、丙酮、三氯甲烷、乙醇。

3. 材料　黑眶蟾蜍、中华大蟾蜍、花背蟾蜍(均为活体),蟾蜍皮肤切片。

三、实验内容

1. 对各种蟾蜍进行外部形态及内部构造的观察。

2. 制备蟾酥。

3. 对所获得的蟾酥进行薄层鉴别。

4. 通过蟾蜍的形态观察和蟾酥的化学成分分析,对蟾蜍进行分类。

四、实验操作及观察

(一) 外形观察

将蟾蜍静伏于解剖盘内,观察其身体,可分为头部、躯干、四肢 3 部分。

1. 头部　蟾蜍头部扁平,略呈三角形,吻端稍尖。口宽大,横裂,由上下颌组成。上颌背部前端有一对外鼻孔,外鼻孔外缘具鼻瓣,观察鼻瓣如何运动,思考鼻瓣的运动与口腔底部的动作有何关系。眼大而突出,生于头的左右两侧,具上、下眼睑;下眼睑内侧有一半透明的瞬膜。轻触眼睑,观察上、下眼睑和瞬膜是否活动及怎样活动。当眼闭合时,眼球位置有何变动? 两眼后各有一圆形鼓膜(较小),在眼和鼓膜的后上方有 1 对椭圆形隆起称耳后腺,即毒腺。

2. 躯干　鼓膜之后为躯干。

3. 四肢　前肢较短,由上臂、前臂、腕、掌、指组成。4 指,指间无蹼。生殖季节雄蟾蜍第一指基部内侧有一膨大凸起,称婚垫,为抱对之用。后肢长而发达,分为股、胫、跗、跖、趾 5 部分,5 趾,趾间有蹼。

(二) 皮肤观察

蟾蜍体表极其粗糙,有大小不等的瘰疣,但头部背面无瘰疣。背部皮肤暗黑色,体侧和腹部浅黄色,间有黑色花纹。

1. 用手抚摸蟾蜍的皮肤,有黏滑感,其黏液由皮肤腺所分泌。保持皮肤的湿润对蟾蜍的生活有何意义?

2. 在显微镜下观察蟾蜍的皮肤切片,由表皮和真皮组成。表皮由角质层(扁平细胞)和生发层(柱状细胞)组成。真皮由结缔组织组成,真皮中有许多色素细胞、多细胞腺、血管和神经末梢等。

3. 皮肤与皮下肌肉的连接程度如何,为什么? 皮肤内分布的血管丰富吗? 有什么意义?

(三) 心脏及其周围血管的观察

观察外形后,用双毁髓处死法将蟾蜍处死。用左手食指按压其头部前端,右手自两眼间的中线向后划,触到凹陷的枕骨大孔,将解剖针从枕骨大孔插入,向上搅动毁脑,拇指按住背部使头前俯,向后搅动毁脊髓,直到蟾蜍后肢及肌肉完全松弛。

首先剪开腹部皮肤,然后剪开腹面左、右肢皮肤,最后剪开腹部肌肉,即可看到蟾蜍内部构造。心脏位于体腔前端胸骨背面,被包在围心腔内,其后是红褐色的肝脏。在心脏腹面用镊子夹起半透明的围心膜并使心脏暴露出来,从腹面观察心脏及其周围血管。

1. 心房 为心脏前部的 2 个薄壁有皱壁的囊状体,左右各一。

2. 心室 1 个,连于心房之后的厚壁部分,圆锥形,心室尖向后。在两心房和心室交界处有明显的冠状沟,紧贴冠状沟有黄色脂肪体。

3. 动脉圆锥 由心室腹面右上方发出的一条较粗的肌质管,色淡,其后端稍膨大,与心室相通。其前端分为两支,即左右动脉干。用镊子轻轻提起心尖,将心脏翻向前方,观察心脏背面。

4. 静脉窦 在心脏背面,为一暗红色三角形的薄壁囊。其左右两个前角分别连接左右前大静脉,后角连接后大静脉。静脉窦开口于右心房,在静脉窦的前缘左侧,有很细的肺静脉注入左心房。

5. 心脏的内部结构 在心房和心室之间有房室孔,以沟通心房与心室。在房室孔周围可见有 2 片大型和 2 片小型的膜状瓣,称房室瓣。在心室和动脉圆锥之间也有 1 对半月形的瓣膜,称半月膜。可用镊子轻轻提起瓣膜观察。此外,在动脉圆锥内有 1 个腹面游离的纵形瓣膜,称螺旋瓣。这些瓣膜各有何作用?

在左右心房背壁上寻找肺静脉通入左心房的开口和静脉窦通入右心房的开口。用鬃毛分别从这两个开孔探入肺静脉和静脉窦进行观察。

(四) 蟾酥的制备

取活蟾蜍,用玻璃板刮蟾蜍的耳后腺及皮肤,可得白色分泌物,在玻璃板上晾干即得蟾酥。

(五) 蟾酥的薄层鉴别

1. 样品溶液制备 取蟾酥粉末 0.1g,加甲醇 10ml,超声提取 15 分钟,滤过,滤液蒸干,残渣加三氯甲烷 1ml,即得。

2. 薄层条件　硅胶 G 薄层板,点样量 5μl,丙酮∶三氯甲烷∶环己烷(3∶3∶4)作为展开剂,10%硫酸乙醇溶液显色后,365nm 波长下观察荧光斑点。

(六) 蟾蜍的分类

1. 根据外部形态特征

(1) 黑眶蟾蜍:个体较大,雄蟾体长平均 6.3cm,雌蟾为 9.6cm。头部吻至上眼睑内缘有黑色骨质脊棱。皮肤粗糙,除头顶部无疣,其他部位满布大小不等的疣粒。耳后腺较大,长椭圆形。腹面密布小疣柱。所有疣上有黑棕色角刺。体色一般为黄棕色,有不规则的棕红色花斑。腹面胸腹部的乳黄色上有深灰色花斑。

(2) 中华大蟾蜍:皮肤极粗糙,背面密布大小不等的圆形瘰粒。有耳后腺。头部无骨质棱,腹面黑斑极显著。体长 7.9~12cm。

(3) 花背蟾蜍:雄性皮肤粗糙,头部、上眼睑及背面密布不等大的疣粒,雌性疣粒较少,耳后腺大而扁。雄性背面多呈橄榄黄色,有不规则的花斑;雌性背面浅绿色,花斑酱色,疣粒上也有红点。两性腹面均为乳白色,一般无斑点。

2. 根据化学成分的不同　可通过蟾酥的薄层鉴别。

五、实验报告

1. 绘出蟾蜍的皮肤切片图。

2. 画出薄层鉴别图。

3. 回答实验中的问题。

4. 两栖动物哪些方面表现出对陆地生活的适应性和不完善性?

(李　娜)

第十五章　爬行纲
Reptilia

爬行动物是体表被角质鳞片、在陆地繁殖的变温羊膜动物，是一支从古两栖类在古生代石炭纪末期分化出来的产羊膜卵的类群。它们不但继承了两栖动物初步登陆的特性，而且在防止体内水分蒸发，以及适应陆地生活和繁殖等方面，获得了进一步发展。爬行类不仅是真正的陆栖脊椎动物，而且也是鸟类和哺乳类等更高等的恒温羊膜动物的演化原祖，因此，本纲动物在脊椎动物进化中具有承上启下的重要意义。

目前世界现存爬行动物 6 300 余种，我国有 462 种。大多数营陆栖生活，少数营水栖生活。主要分布于温带、亚热带和热带，我国多分布于南方各地。

第一节　爬行纲动物的主要特征

爬行动物起源于古代两栖动物，并已演化为真正的陆生脊椎动物，获得了一系列适于陆地生活的特征。主要特征如下。

1. 皮肤角质化程度加深，表皮有角质层分化，体表外被角质鳞片、角质盾片等，能有效防止体内水分蒸发。

2. 皮肤缺少腺体，体表干燥，以减少水分散失，适应干旱陆栖环境。结束了皮肤呼吸，出现胸式呼吸，使得呼吸功能进一步完善。

3. 头骨具单一枕髁，两侧有颞孔。

4. 骨骼坚硬，骨化程度高，硬骨比重大。脊柱分化完善，第 1、2 颈椎分别特化为寰椎和枢椎，躯椎分化为胸椎、腰椎，荐椎数量增多。

5. 五趾(指)型附肢及带骨进一步发达和完善；指、趾端具爪，适于陆栖爬行。

6. 心脏具两心房一心室；心室中出现了不完全的室间隔，使心室成为不完全的左右两室，血液循环虽然是不完全双循环，但多氧血和缺氧血分得更加清楚。

7. 出现后肾，有泌尿功能，尿中代谢物质以尿酸为主。

8. 出现新脑皮，神经系统进一步发展。

9. 体内受精，雄性通常具交配器，卵生或卵胎生，直接发育，产羊膜卵。

爬行纲虽然是真正的陆生脊椎动物，但是还存在一些原始特征，如心脏的室间隔不完整，保留了两个体动脉弓，体温调节能力低，体温不恒定，属变温动物等。

一、外形

爬行纲具有陆栖四足动物的基本形态,以适应陆地生活。本类动物的生活方式和栖息环境各不相同,有地栖的、树栖的、穴居的、水栖的,因而外形差别较大。身体形状大都呈圆筒状,体表被有鳞片。除蛇类外,身体可分为头、颈、躯干、四肢和尾部。头部灵活,颈部明显,躯干或扁或圆而细长,四肢强健有力,前后肢均为五指(趾),指(趾)端具爪,善于攀爬、疾驰和挖掘活动。一般按体形可分为以下3种类型。

1. 蜥蜴形　身体呈长圆柱形,尾部发达,多数种类易断尾,能再生,如蛤蚧等。
2. 蛇形　身体呈细长圆筒形,四肢退化,能蜿蜒爬行,如乌梢蛇等。
3. 龟鳖形　身体呈扁圆形,背腹具甲,头、颈和四肢均可不同程度地缩入甲内,如乌龟等。

二、皮肤

爬行动物皮肤由表皮和真皮组成。

(一) 表皮

爬行动物的皮肤因缺乏皮脂腺而干燥。由于皮肤的表皮层沉积了大量的角蛋白而被各式各样的角质化物。爬行动物的分类依据之一就是角质物的形状、大小和数目。蜥蜴类和蛇类的角质层为鳞片,呈粒状或覆瓦状排列,并可不断加厚;有些角质层为凸起,呈小刺或棘状,在指(趾)端的角质层为爪。鳄类的躯干部和蛇类头部的角质层为盾片,因极度加厚而大。龟鳖类的角质层与皮下真皮骨板结合为甲板。

表皮的角质化阻止了爬行动物身体的生长,因此爬行动物的背鳞必须定期更换。这一生理现象称为蜕皮。蜕皮的次数与动物的生长速度有关。快速生长的蛇类,每2个月就蜕皮一次。

(二) 真皮

爬行动物的真皮比较薄,由致密的纤维结缔组织构成。鳄类在背部角质鳞下面有真皮的骨板;鳖类真皮的骨板外被皮肤;龟类具有表皮形成的盾片及来源于真皮的骨板。真皮的上层有发达而丰富的色素细胞。色素细胞在日光和外界温度的作用下,通过自主神经和内分泌产生的激素进行调节以改变动物的体色。如素有变色龙之称的避役 *Chamaeleo chamaelron Linnaeus*。

三、骨骼系统

爬行动物的骨骼系统发育良好,分化程度高,大多数都是硬骨。它们的脊柱分区明显,而且颈椎有寰椎和枢椎的分化;躯干部有发达的肋骨和胸骨;头骨具单一枕骨髁,并出现了颞孔和眶间隔。

（一）头骨

爬行动物的头骨具有下列特点。

1. 头骨的膜性硬骨与软骨性头颅骨化良好，骨膜成分明显增加。

2. 头部骨骼比两栖纲高而隆起，属于高颅型，反映了脑腔的扩大。

3. 眼窝之间具由薄骨片形成的眶间隔。

4. 具有颞孔。颞孔是爬行动物分类的重要依据。它是头骨两侧眼眶后的 1 个或 2 个孔洞。根据颞孔的有无及其位置，爬行动物分为无颞孔类（如龟鳖类）、双颞孔类（如鳄类）、合颞孔类（如兽齿类）和上颞孔类（如楯齿龙类）四类（图 15-1）。

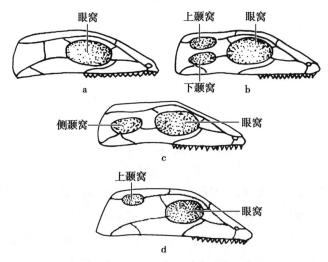

● 图 15-1　爬行类颞孔主要代表类型
a. 无颞孔类；b. 双颞孔类；c. 合颞孔类；d. 上颞孔类

5. 具次生腭。次生腭是自爬行纲首次出现的特征。位于颅骨底部，口腔底壁处。次生腭是由前颌骨、颌骨、腭骨的腭突和翼骨愈合而成。完整的次生腭使内鼻孔位置后移，口腔与鼻腔完全隔开，气体通道与食物通道分开。

蜥蜴类和蛇类的头骨结构与龟鳖类、鳄类不同，其头骨的膜性硬骨后缘骨消失，方骨（软性硬骨）露出。方骨与下颌骨形成关节，且周围无膜性硬骨的束缚，具较大的活动性，使口腔张得很大，有的蛇类口腔可张开 130° 左右。因此，蜥蜴类和蛇类可捕获较大的动物（图 15-2）。

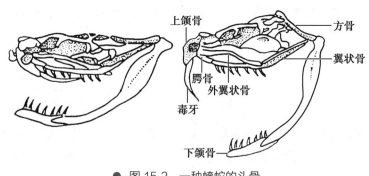

● 图 15-2　一种蝰蛇的头骨

（二）脊柱、肋骨和胸骨

脊柱分区明显，有颈椎、胸腰椎（躯干椎）、荐椎和尾椎的分化。

1. 颈椎　爬行动物数目增多，前两枚颈椎特化成寰椎和枢椎。寰椎下部有一个关节面与头骨单一的枕髁相关节，能同头骨一起在枢椎的齿突上转动，增大了头部的灵活性。椎骨的结构和关节方式似两栖纲，高等种类为前凹型或后凹型，低等种类为双凹型。

2. 胸腰椎　具发达的胸骨和肋骨，并一起构成了胸廓，胸廓为羊膜动物所特有。胸廓使肺呼吸功能大大增强，保护内脏的功能也进一步完善。

3. 荐椎　爬行纲具两枚荐椎，较粗大，以宽阔的横突与腰带相连，荐椎的加强提高了后肢的承受体重能力。

4. 尾椎　其数目随种类而异，外形由粗渐细。多数蜥蜴类在遭到拉、压、挤等机械刺激时能自残断尾逃遁。断落的部分能再生。

此外，蛇类不具胸骨，但可通过肋骨支配腹鳞完成特殊的爬行运动。

（三）带骨和肢骨

爬行动物的带骨和肢骨更为坚强。肩带包括乌喙骨、肩胛骨、上肩胛骨，其中以肩胛骨和乌喙骨最为稳定。腰带包括髂骨、坐骨和耻骨。耻骨和坐骨之间分开，形成一个大孔，称耻坐孔；左右坐骨和耻骨在腹中线联合，称耻骨联合，这样的腰带结构可以减轻骨块的重量，而支持身体的力量并不减小。爬行类多具典型的五趾型四肢，指（趾）端具爪，适应于陆栖生活，且其后肢踝关节不在胫骨、腓骨与跗骨之间。蛇及某些蜥蜴为适应穴居生活，带骨和肢骨均有不同程度退化或完全消失，而在两列跗骨之间，形成了所谓的跗间关节。

四、肌肉系统

爬行纲的肌肉比两栖纲有了更复杂的分化，出现了皮肤肌和肋间肌。

1. 皮肤肌　皮肤肌能调节鳞片的活动，蛇的皮肤肌尤为发达，腹鳞在皮肤肌的调节下不断起伏，改变身体与地面的接触面积，从而完成特殊的蜿蜒运动。

2. 咬肌　始于颞部及上颌后部而止点位于下颌的颞肌和咬肌，均为闭口肌，起止于舌弓及下颌骨腹面的二腹肌为开口肌，是前两块肌肉的拮抗肌。咬肌因颞孔的出现，收缩时肌腹可以容纳在窝内，使咬肌得到加强而变得有力。翼肌使下颌可作前后左右各个方向的运动，增强了捕食能力。

3. 肋间肌　肋间肌位于肋骨之间，由胸肋肌分化而来，能调节肋骨的升降，协同腹壁肌完成呼吸运动。

4. 轴上肌和轴下肌　从爬行纲开始由原始的轴上肌分化出三组肌肉。第 1 组是最发达的背最长肌，位于横突上面。第 2 组是背肌在两侧还分化出的一层背髂肋肌，止于肋骨基部。龟鳖类的轴上肌由于甲板的存在而大大退化。背最长肌和背髂肋肌均起自颅骨枕区后缘，肌肉收缩和头颈部的转动有关。第 3 组是头长肌，沿着颈部的两侧走向头骨的颞部。轴下肌分层情况与两栖纲相同，即分化为腹外斜肌、腹内斜肌和腹横肌 3 层。除此以外，从爬行纲开始，由于椎骨的棘突、横突及关节突都很发达,在腹中线两侧还有腹直肌,这些凸起可供肌肉附着。

5. 四肢肌肉　四肢肌肉发达,前臂肌大多起自背部、体侧、肩带,包括背阔肌、三角肌和三头肌等,收缩时可前举和伸展前肢;后肢肌有位于腰股之间的耻坐骨肌、髂胫肌及腿部的股胫肌和臀部肌肉等,主要功能是把大腿拉向内侧和使膝关节闭合,将身体抬离地面并向前爬行。

五、消化系统

爬行动物的消化系统有更多的分化。

1. 口腔　口腔内的齿、舌和腺体等结构进一步复杂化。口腔与咽有明显的界线,即当口腔中食物充塞时,并不妨碍呼吸作用的进行。同时口腔腺发达,包括有腭腺、唇腺、舌腺和舌下腺。这些腺体的分泌液,不但可润湿食物,帮助吞咽,而且还具有粘捕猎物的功能。毒蛇的毒腺是变态的唇腺,腺导管通到毒牙的沟或管中。毒蜥的毒腺是变态的舌下腺,腺导管通到下颌前方毒牙的沟中。爬行动物口腔底部有发达的肌肉舌质,除具吞咽功能外,还特化成捕食和感觉器官。如避役的舌极为发达,为特殊的捕食器官。捕食时,能迅速地将舌射出,其舌的长度大于或者等于体长。蛇的舌尖多分叉,具化学感受器小体,经常伸出口外,把外界的化学性刺激传送到口腔顶部的锄鼻器,起着特殊感觉器官的作用。

2. 牙齿　爬行纲的牙齿依据着生位置的不同分为端生齿、侧生齿和槽生齿 3 种类型(图15-3)。牙齿着生在颌骨顶端表面的,称端生齿,如蛇类;牙齿着生在颌骨边缘内侧表面的,称侧生齿,如蜥蜴类;齿根着生在颌骨齿槽的,称槽生齿,如鳄类。其中槽生齿最牢固,哺乳纲的牙齿皆属此种类型。毒牙是由前颌、上颌牙齿特化而成,可分为管状牙和沟状牙。毒牙基部通过导管与毒

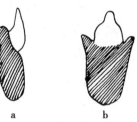

● 图 15-3　爬行纲三种牙齿着生方式
a.侧生齿;b.端生齿;c.槽生齿

腺相连。咬噬时,毒液通过毒腺管注入咬噬物的体内,达到捕食或抗敌自卫的目的(图15-4)。

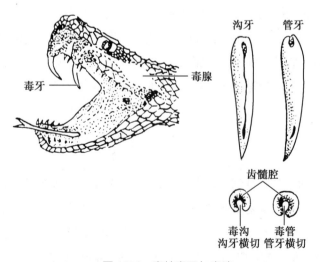

● 图 15-4　毒蛇毒牙与毒腺

3. 盲肠　是从爬行纲开始出现的消化器官,与它们消化植物纤维有关。植食性的陆生龟类盲肠很发达,而肉食性种类则盲肠很不发达。

4. 大肠　开口于泄殖腔。其大肠、泄殖腔和膀胱都有重吸收水分的功能。

六、呼吸系统

爬行动物的肺呼吸进一步完善,气体交换主要在肺内进行。爬行纲的肺是囊状肺,肺内小腔增多,近似蜂窝状,大大增加了气体交换的面积。有些种类如避役和某些蜥蜴的肺后部伸出了若干个薄壁的气囊,插到内脏之间,有贮藏气体的作用,并有明显的气管与支气管的分化,气管的后端分成左右两支气管。支气管是从爬行纲才开始出现的,其长度大体随颈的长度而异。

爬行纲除保留咽式呼吸外,还发展了羊膜动物所特有的呼吸方式,即借助于胸廓,出现了靠肋间肌和腹壁肌伸缩的胸腹式呼吸。这对增强肺的呼吸功能有重要意义。水生种类的咽和泄殖腔壁富有毛细血管,也可辅助呼吸。

七、循环系统

爬行动物的循环系统正向完善的双循环发展。心室出现了不完全分割,其高等种类的心室已分隔为左右两部分,血液循环已经接近于完全的双循环。

(一) 心脏

心脏由静脉窦、心房和心室组成。静脉窦开始退化,成为心房的附属部分。心室内出现了不完全分隔,富氧血与缺氧血进一步分开。高等种类如鳄的心室已完全分隔,仅有潘氏孔相通,成为较完善的双循环体系。

(二) 血管

爬行动物的血液循环为不完全的双循环,从心脏发出 3 条独立的血管:肺动脉、左体动脉弓和右体动脉弓。这 3 条主干分别由心室发出,每个主干血管的基部都有半月瓣,其中肺动脉和左体动脉弓是由心室的右侧发出,右体动脉弓是由心室的左侧发出,进入头部的颈动脉即由此支发出,左体动脉弓和右体动脉弓在背面愈合成背大动脉,再向后走。传统的观点认为,心室隔的产生和 3 条动脉弓发出的部位,使进入肺脏的血是缺氧血,进入头部的血是多氧血;左体动脉弓内主要是混合血,而背大动脉中的血液是以多氧血为主的混合血(图 15-5)。

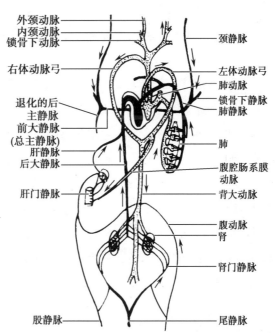

外颈动脉
内颈动脉
锁骨下动脉
颈静脉
右体动脉弓
左体动脉弓
肺动脉
锁骨下静脉
退化的后主静脉
肺静脉
前大静脉(总主静脉)
肝静脉
肺
后大静脉
腹腔肠系膜动脉
肝门静脉
背大动脉
腹动脉
肾
肾门静脉
股静脉
尾静脉

● 图 15-5　爬行纲循环系统示意图

近年的研究表明,体动脉弓内全是多氧血,并不存在传统观点认为的混合血。在左体动脉弓和右体动脉弓发出处,正是心室间隔不完整的地方,而这是由肉柱形成的一个腔,由心室左部来的多氧血直接进入该腔,由该腔再流入左体动脉弓和右体动脉弓,只有由心室右部发出的肺动脉内含有缺氧血。

爬行纲的静脉系统中,肾门静脉趋于退化,后大静脉和肺静脉显著发展。

八、排泄系统

排泄系统包括肾脏、输尿管、膀胱和泄殖腔。

爬行纲开始出现后肾,但在胚胎发育中也要经过前肾和中肾阶段,成体的肾脏属于后肾。后肾肾单位数目多,因而泌尿能力强,并通过输尿管将尿液送到泄殖腔再排出体外。有些种类如龟、鳖等在泄殖腔腹面还具专门贮存尿液的膀胱。这也是随着爬行动物登陆后生活环境的复杂、肺的呼吸效能提高、五趾型四肢的强健、脊椎的分化、神经系统等新陈代谢水平的提高而出现的脊椎动物中最高级的排泄器官。

多数爬行纲体内都需要保持一定量的水分,一方面是皮肤的保水功能和膀胱、大肠、泄殖腔对水的重吸收功能,另一方面是栖息在多盐环境和干旱条件下的蜥蜴、龟、蛇等还具肾外排盐的结构——盐腺,能将含盐的体液高度浓缩到鼻腔前部的鼻道排出。所以盐腺对维持体内水、盐和酸碱平衡都有重要意义。

此外,把尿液的尿素变为尿酸也是一种重要的保水措施。尿酸是一种浆质黏稠的含氮物质,比尿素在水中的溶解度小,故尿中的水分被肾小管回收的量较多。

九、神经系统与感觉器官

大脑开始出现大脑皮质,感觉器官发达,是爬行动物的又一特征。

(一) 神经系统

爬行纲的脑较发达,大脑半球增大,并已开始出现了由灰质构成的大脑皮质。间脑较小,顶部的松果体发达,很多种类保留着古爬行纲的一种痕迹器官——顶眼,具感光作用。体温不恒定的爬行纲,利用顶眼来调节自身在阳光下暴晒的时间,对合理利用阳光热能有重要意义。中脑的视叶发达,为高级中枢。从爬行纲开始,已有少数的神经纤维自丘脑伸至大脑,集中把神经活动从中脑向大脑转移。小脑也较发达,延脑具有作为高等脊椎动物特征的颈弯曲。脑神经12对,但蛇和蜥蜴11对,前10对与无羊膜动物相同,第12对脑神经为舌下神经,也是运动神经,分布到颈部肌肉和舌肌。同时脊髓延长,达于尾端,在前、后肢基部神经丛相连部分,已形成了明显的胸膨大和腰荐膨大(图15-6)。

(二) 感觉器官

爬行纲的感觉器官较发达,有些种类还具特殊的红外线感受器。

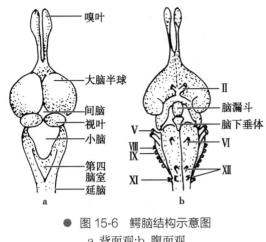

图 15-6　鳄脑结构示意图
a.背面观;b.腹面观

图中标注（背面观）：嗅叶、大脑半球、间脑、视叶、小脑、第四脑室、延脑

图中标注（腹面观）：Ⅱ、脑漏斗、脑下垂体、Ⅴ、Ⅷ、Ⅸ、Ⅵ、Ⅺ、Ⅻ

1. 听觉　爬行纲耳中具有内耳和中耳及 1 块听小骨,内耳司听觉的瓶状囊明显加长。鼓膜在表面或者凹陷,这是形成外耳道的开端。中耳腔的后壁上除卵圆窗外,还新出现了正圆窗,使内耳中淋巴液的流动有了回旋余地。蛇和少数蜥蜴的中耳腔、鼓膜及耳咽管全部退化了,耳柱不能直接通过空气接收声波,但蛇对声波却极为敏感,这是因为蛇贴地面,声波沿地面固体物质传导的速度比空气快得多,而且地面的声音是通过方骨经耳柱骨出入内耳的。这使得内耳瓶状囊有了小凸起,所以蛇类对地面的微弱震动感觉十分敏感。

2. 嗅觉　爬行纲的嗅觉器官发达,鼻腔和鼻黏膜都扩大。蜥蜴和蛇的锄鼻器极为发达。锄鼻器是鼻腔前面的一对盲囊,开口于口腔顶部,与鼻腔无关,通过嗅神经与脑相连,由于锄鼻器不与外界相通,通过舌尖搜集空气中的各种化学物质,当舌尖缩回口腔时,则进入锄鼻器的 2 个囊内从而产生嗅觉,并可判断出所处的环境条件。

3. 视觉　除了蛇和蜥蜴类中的蛇蜥,爬行纲的视觉发达,具有能活动的上眼睑、下眼睑和瞬膜。爬行纲眼的构造与其他脊椎动物无本质的区别。但与其他羊膜动物一样,眼球的调节较完善。睫状肌由横纹肌构成(同鸟纲而不同于哺乳纲),不仅可以调节晶状体的前后位置,而且也能改变晶状体的凸度,因此爬行纲能看清不同距离的物体,较准确地捕食或避敌,这对于生活在陆地环境的动物来说很重要。

4. 红外感受器　是现存蛇类中蝰科(蝮亚科)和蟒科多数种类特殊的热能感受器,如颊窝和唇窝。颊窝是长在蝮亚科蛇类鼻孔与眼睛之间的一个陷窝,窝内有一布满神经末梢的薄膜,把窝腔分为内外 2 室。内室有一小管开口于皮肤,可以调节内外室的温度与压力。薄膜末端呈球形膨大,其内充满线粒体。电子显微镜研究表明,当有关神经末梢接受刺激后,薄膜上的线粒体的形状迅速发生改变。颊窝是一种极灵敏的热能检测器,在 $8×10^{-5} J/cm^2$ (单位面积上的功)的微弱热能下就能激活,并在 35 毫秒内产生反应;对周围环境温度的变化极为敏感,能在数米的距离内感知 0.001℃的温度变化。因此,这类蛇能在夜间准确判定附近恒温动物的存在及其位置远近。唇窝为蟒科蛇类所具有,呈裂缝状,其位置在唇鳞片处,其作用和颊窝相同。

十、生殖系统

(一) 雄性

雄性具有精巢 1 对,以盘旋的输精管达泄殖腔背面。爬行动物均为体内受精,除楔齿蜥外,雄性皆有交配器。蛇和蜥蜴的交配器称为半阴茎,是由泄殖腔后壁伸出的一对可膨大的囊状物。有的种类如蛇和蜥蜴类交配器成对,有的种类如龟和鳄类为泄殖腔壁单个凸起(与哺乳纲的交配器同源)。雄性借交配器把精子输入到雌性的泄殖腔内(图 15-7)。

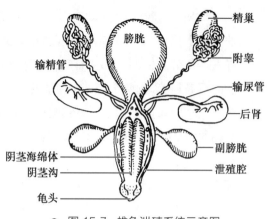

● 图 15-7 雄龟泄殖系统示意图

图中标注：精巢、附睾、输尿管、后肾、副膀胱、泄殖腔；膀胱；输精管、阴茎海绵体、阴茎沟、龟头

（二）雌性

产羊膜卵是爬行纲适应陆栖生活的重要特征。雌性具 1 对卵巢。爬行纲产生羊膜卵，受精作用在雌性卵管的上端进行。受精卵沿输卵管下行，在下段陆续被管壁分泌的蛋白质和卵壳包裹，一般产出后借阳光的照射或植物腐败后所产生的热量孵化。少数种类有孵卵行为。某些蛇和蜥蜴具卵胎生的生殖方式，即受精卵留在母体的输卵管内发育，直至胚胎完成发育成为幼体时产出，胚胎发育时的营养主要是依靠卵内贮存的卵黄。这种生殖方式进一步提高了陆地繁殖后代的成活率，有利于生活在高山或寒冷地区的种类繁衍后代。近年研究证实，一些卵胎生种类，在胚胎发育后期，不仅能与母体交换水分和气体，还能交换含氮物质。这一发现不但改变了传统的看法，划清了卵生与胎生的界限，而且提高了对爬行纲生殖方式的认识。认识到卵胎生是卵生向胎生发展的过渡生殖方式，从而为哲学上的认识论提供了新的证据。

此外，爬行纲的一些种类还具有冬眠的习性，为了渡过外界不良环境条件的影响，蛇类等都要进行冬眠。其冬眠的时间、地点与两栖纲基本相同。

第二节　爬行纲动物的分类

世界上现存的爬行动物有 6 300 多种。分为喙头目、龟鳖目、有鳞目和有鳄目。我国有 462 种，除喙头目外，都有分布，主要药用动物集中在龟鳖目、有鳞目。

一、龟鳖目 Chelonia

龟鳖目是爬行纲中最特化的一类。一般营水栖，少数营陆栖。身体宽短而扁，背腹具甲。头骨不具颞孔，方骨不能活动，具眼睑；上颌和下颌无齿而具坚硬的角质鞘，舌不能伸出口外。硬甲壳的内层为骨质板，来源于真皮；外层或为角质甲或为厚的软皮，均来源于表皮。大多数种类的头、颈、四肢和尾都可不同程度地缩进坚固的甲内。胸廓不能活动。泄殖孔呈圆形或纵裂，雄性具单个交配器。一般寿命较长，可活数十年至上百年。多分布在热带和温带地区。我国目前记载的有 38 种，分属 4 个科。

（一）龟科 Testudinidae

为本目中最大的一科，营陆栖、半水栖或水栖生活。龟壳坚固，无下缘甲，背甲和腹甲直接相连，其甲板都按一定的顺序排列。甲板外被以角质盾片，头、颈、尾和四肢都可完全缩入甲内。四肢较扁平，指（趾）间具蹼。全国多有分布。常见的药用动物有黄缘闭壳龟 *Cuora flavcomar ginata* Gray、平胸龟 *Platyternon Megaephalum* Gray 和乌龟 *Chinemys reeuesii* Gray 等。

（二）棱皮龟科 Dermochelidae

营海栖。背甲由许多小盾片和骨板构成，成体在甲外覆以革质皮肤。背甲上有 7 条纵行的棱。四肢成浆状。前肢约为后肢长的 2 倍，无爪。分布于热带和亚热带。我国仅有棱皮龟 *Dermochelys coriacea* Linnaeus。

（三）鳖科 Trionychidae

为营淡水生活的中、小型类群。头颈能缩入甲内，呈"S"形。有长而灵活的管状吻。骨板外没有角质盾甲，而外被柔软的革质皮肤，腹甲各骨板退化缩小，不互相愈合。四肢具发达的蹼，内侧 3 指（趾）具爪。分布于非洲、亚洲南部和北美洲等地。我国各地均有分布。常见的药用种类有中华鳖 *Trionyx sinensis* Wiegmann。

二、有鳞目 Squamata

有鳞目为现存爬行纲中最多的类群。营水生、半水地栖、树栖或穴居生活。身体一般长形，体被角质鳞片，一般无骨板，方骨能活动，椎体一般为前凹型，少数低等种类也有双凹型的，上下颌具端生齿或侧生齿，泄殖孔横裂，雄性具成对交配器，锄鼻器（贾氏器）十分发达。几乎遍布全球。全世界约有 5 500 种，我国有 371 种，分为两个亚目，即蜥蜴亚目和蛇亚目。

（一）蜥蜴亚目 Lacertilia

蜥蜴亚目为中、小型类群体。营陆地生活、半树栖生活，极少数营水栖生活。身体长形，有较长而活动的尾，多数的尾部能自断，断后可再生。一般都具有发达的前肢和后肢，少数种类四肢退化，外形似蛇，但仍保留着肩带，也保留着胸骨，肋骨与胸骨相连接，腹鳞方形或圆形。具有能活动的眼睑，鼓膜明显，有外耳道。舌扁，无舌鞘。一般具膀胱。分布广泛，但以热带地区为主，我国所产蜥蜴类主要分布在华南地区。全世界约 3 000 种，分属 20 个科。我国有 156 种，分属 9 个科。其中有药用价值的主要有鬣蜥科、壁虎科、石龙子科、蜥蜴科和蛇蜥科。

1. 鬣蜥科（Agamidae）　本科为较原始种类，身体被覆方形鳞，多呈覆瓦状排列，背鳞具棘刺。头顶无对称排列的盾片，口内有宽而厚的肉质舌，颌上具端生齿，具活动眼睑，尾细长柔软，不易折断。四肢发达，指（趾）长而具爪。营树栖或地栖生活。约有 300 种，分布于热带及亚热带，我国以南方分布较多。药用种类如斑飞蜥 *Draco maculatus* Gray 等。

2. 壁虎科（Gekkonidae）　本科为较原始的小型种类。体小而皮肤柔软，被粒状角质鳞。眼大，无活动眼睑，瞳孔呈垂直状。指（趾）端具吸盘。善于攀岩，可以在岩石、墙壁上爬行，全国多有分布。常见的药用种类有无蹼壁虎 *Gekko swinhonis* Gunther、多疣壁虎 *Gekko japonicuus* Dumeril et Bibron、蹼趾壁虎 *Gekko subpalmatus* Guenther 和大壁虎（蛤蚧）*Gekko gecko* Linnaeus 等（图 15-8）。

3. 石龙子科（Scincidae）　本科为中、小型类群，体被覆瓦状排列的光滑圆形鳞片，鳞下承以骨板，头顶有对称排列的盾片，舌尖端分叉，具鳞片状凸起。具正常的五趾型四

● 图 15-8　无蹼壁虎

肢,也有四肢退化的种类,营树栖或地栖生活。全球几乎都有分布,但主要在东半球。国内主要分布于东北或长江以南各地。常见的药用种类有石龙子*Eumeces chinensis* Gray、蓝尾石龙子*Eumeces elegans* Boulenger、蝘蜓*Lygosoma indicum* Gray、铜楔蜥(铜石龙子)*Sphenomorphus indicus* Gray 等(图15-9)。

4. 蜥蜴科(Lacertidae) 本科身体中型或小型,头部大多具对称的大型盾片,腹鳞较大,多呈方形,纵横成行排列,与侧鳞有显著区别,四肢发达,各具五指(趾),尾长而尖,易断易再生。舌扁平而宽,具鳞片状凸起。多生活于山坡岩石缝隙之中。全国多有分布。主要药用种类有丽斑麻蜥*Eremias argus* Pters(图15-10)、山地麻蜥*Eremias brenchleyi* Guenther、北草蜥*Takydromus septentrionalis* Guenther 等。

● 图 15-9 铜楔蜥

● 图 15-10 丽斑麻蜥

5. 蛇蜥科(Anguidae) 本科动物体细长形,四肢消失,似蛇,体侧有纵沟,头顶具大型而对称盾片,尾长,易折断,能迅速再生,眼小,有活动眼睑,具侧生齿。营穴居生活,夜间活动。国内主要分布在长江以南各地。常见的药用种类如细蛇蜥*Ophisaurus gracilis* Gray 和脆蛇蜥*Ophisaurus Harti* Boulenger。

(二)蛇亚目 Opnidia Serpentes

本亚目是一支特化为穴居的、腹部贴地爬行的类群。大部分营地栖穴居生活,也有半水栖和树栖的种类。体呈细长圆筒形,四肢退化,无肩带和胸骨,眼睑不能活动,无外耳孔和外耳道,鼓膜、鼓室均已萎缩,但有耳柱骨埋于鳞下。左、右下颌骨前端以韧带连接,方骨可活动,口能张大至130°;舌细长,尖端分叉,伸缩性很强。除南极洲外,广布全球,但以热带分布最多。国内主要分布在南方各地区。

全球现有蛇类约2 500 种,分属13 个科;国内已知有209 种,隶属8 个科。其中毒蛇约50 种。归属4 个科。药用价值大的有游蛇科、眼镜蛇科、蝰蛇科和海蛇科。

1. 游蛇科(Colubridae) 为蛇亚目中最大的科,包括约1 500 种,占蛇类总数的2/3。上、下颌全具齿,具毒牙的种类,属于后沟牙。背鳞小,腹鳞宽大,头顶被少数大型对称盾片,无腰带和后肢的残余。卵生或卵胎生。营地栖、水栖、半水栖或树栖生活。分布广泛,几遍全球。国内均有分布。具药用价值的有20 多种,常见的有赤链蛇*Dinodon rufazonemtum* Cantor(图15-11)、中国水蛇*Enhydris chinensis* Gray、乌梢蛇*Zaocys dhumnades* Cantor 等。

2. 眼镜蛇科(Elapidae) 本科为毒蛇类群之一,上颌骨短,前部有沟状毒牙1 对,粗短直立,属前沟牙。尾圆形。卵胎生。营地栖或树栖生活。分布于亚洲、非洲、美洲等地区。在我国主要

● 图 15-11　赤链蛇

分布在华南地区。常见的药用种类有眼镜蛇 *Naja naja* Linnaeus（图 15-12）、金环蛇 *Bungarus fasciatus* Schneider（图 15-13）和银环蛇 *Bungarus multicinctus* Blyth 等。

3. 海蛇科（Hydrophiidae）　本科为海栖的有毒类群。头小，鼻孔位于吻的背面或侧面。腹鳞多退化或消失。有特殊的盐腺或舌下腺。全世界有 49 种，15 个属。我国已知有 15 种，9 个属。国内主要分布于东南沿海。常见的药用种类有青环海蛇 *Hydrophis cyanocinctus* Daudin 等。

● 图 15-12　眼镜蛇

● 图 15-13　金环蛇

4. 蝰蛇科（Viperidae）　本科动物的上颌骨宽短，而且能活动，张口时呈竖立状态。上颌的前面具 1 对管状牙。头较大，体粗壮，尾短。营陆生、树栖、半水栖和穴居生活。根据颊窝的有无分 2 个亚科，即蝰亚科和蝮亚科。

（1）蝰亚科（Viperinae）：主要分布于非洲，在眼与鼻孔之间不具颊窝。

（2）蝮亚科（Crotalinae）：主要分布在美洲，在眼与鼻孔之间具有颊窝。我国多分布于长江以南。常见的药用种类有尖吻蝮蛇 *Deinagkistrodon acutus* Gunther 、蝮蛇 *Agkistrodon halys* Pallas（图 15-14）和竹叶青 *Trimeresurus stejnegeri* Schmidt 等。

● 图 15-14　蝮蛇

第三节　常见药用动物

在传统中医药领域，许多爬行动物全体或其部分组织器官为中药材。我国供药用的爬行纲共涉及 17 科 43 属 116 种。现将主要药用动物分述如下。

一、乌龟 *Chinemys reevesii* Gray

为龟鳖目龟科动物。又名龟、山鬼、金钱龟等。乌龟喜群居,常栖于河流、山川、湖泊和池塘中。中国各地几乎均有乌龟分布,但以长江中下游各地的产量较高。广西、山东各地也都有出产,尤以桂东南、桂南等地数量较多。国外主要分布于日本、巴西和朝鲜。

(一)形态与结构

乌龟头部前端光滑,后端被覆细粒状小鳞,上下颌无齿而具角质鞘,鼓膜明显。躯干部的背、腹两面均被硬甲,背面为角质板,腹面为骨质板。颈角板,略呈梯形,后端较前端宽;椎角板5块,第一块五边形,长宽相等或长略大于宽,第二至第四枚六边形,宽大于长;肋角板两侧对称,各4块;缘角板每侧各11块;臀角板2块,近矩形。雌龟背面中央及两侧具3条明显的纵棱,雄龟则不明显,副角板及鼠蹊板显著。腹甲有角板组织6对:颐角板呈三角形,2块;肱角板2块,外缘较宽;胸角板2块,腹角板2块,且较其他角板大;股角板2块,外缘较中线略宽;肛角板后缘凹陷,2块,成倒"V"字形。背腹甲在体侧由甲桥相连,构成体腔。四肢稍扁平,除后肢第五趾外,皆具爪,指(趾)间有蹼。尾较短小。受惊时头、尾和四肢都可立即缩入甲内(图15-15)。

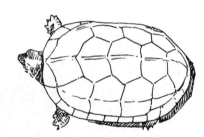

● 图 15-15　乌龟

(二)药用与功效

乌龟的背、腹甲,肉,血,胆汁,以及龟甲熬制的胶块均可供药用。

龟甲载于《神农本草经》,列为上品。本品气微腥,味微咸。归肝、肾、心经。具有滋阴潜阳,益肾强骨,养血补心,固经止崩功效。用于阴虚潮热,骨蒸盗汗,头晕目眩,虚风内动,筋骨痿软,心虚健忘,崩漏经多。

龟甲胶为龟甲经水煎煮、浓缩制成的固体胶。气微腥,味咸、甘,性凉。归肝、肾、心经。具有滋阴,养血,止血功效。用于阴虚潮热,骨蒸盗汗,腰膝酸软,血虚萎黄,崩漏带下。

龟肉为乌龟去内脏、甲壳的全体。味甘、咸,性平。具有补血益阴的功效。用于病后阴虚血弱,筋骨疼痛,久咳咯血等症。尤其对小儿生长虚弱,妇女产后体虚、脱肛、子宫下垂等有疗效。

二、中华鳖 *Trionyx sinensis* Wiegmann

为龟鳖目鳖科动物。又名甲鱼、王八、团鱼等。水栖性爬行动物,多生活于江河、湖泊、池塘中。以鱼、虾为食。广泛分布于全国各地,尤以长江中下游为最多,主产于湖北、湖南、安徽、江苏、江西、浙江等地。已有人工养殖。

(一)形态与结构

体呈扁椭圆形或卵圆形。头尖吻长,吻突呈短管状,鼻孔开口于吻端。口较大,有骨质牙,两颌有力善咬,是觅食和自卫的武器。眼小,颈长,头、颈可缩入甲壳内。角质皮肤,骨板不发达,背腹边缘有裙边,即较厚的结缔组织。背部具纵列小疣和黑斑,呈橄榄色或黑棕色。两侧及腹面肉黄色,有浅绿色斑点。前后肢均具五指(趾),内侧 3 指(趾)端有爪,指(趾)间有发达的蹼。雄性较雌体扁平,尾稍长,雌体尾一般不达裙边外缘,雄体大都伸出裙边外(图 15-16)。

● 图 15-16 中华鳖

(二) 药用与功效

以背甲入药,名鳖甲,始载于《神农本草经》,列为中品。其气微腥,性微寒,味咸。归肝、肾经。具有滋阴潜阳,退热除蒸,软坚散结功效。用于阴虚发热,骨蒸劳热,阴虚阳亢,头晕目眩,虚风内动,手足瘛疭,经闭,癥瘕,久疟疟母。

鳖甲胶为中华鳖的背甲熬制的干燥固体胶块。具有滋阴补血,退热,消瘀功效。用于阴虚潮热,虚劳咯血等症。鳖肉为中华鳖去内脏、甲片的全体。味甘,性平。具有滋阴凉血功效。用于骨蒸劳热,久疟,久痢,崩漏带下等症。

三、大壁虎(蛤蚧)*Gekko gecko* Linnaeus

为有鳞目壁虎科动物。又名仙蟾,台湾名为大守宫。多栖息在悬崖石壁缝隙、石洞或树洞中,主食昆虫。主要分布在亚洲北回归线附近的亚热带,包括中国、越南、泰国和老挝。我国主要分布在广西、广东、台湾、云南等地,以广西最多,为国家二级保护动物,现已实现家养,药用部分可再生。

(一) 外部形态和内部构造

1. 外部形态 略呈扁长圆形,全身分为头、颈、躯干、尾和四肢五部分,全长 22~30cm。尾长与头体长相等或略长。皮肤干燥,密被鳞片。体色能随外界环境的光度、温度的变化而有所改变。但基本体色有黑褐色、灰褐色、灰青色等,全身散有砖红色、橙黄色或灰白色的圆形斑点(图 15-17)。

● 图 15-17 蛤蚧

(1) 头:大,略呈三角形,吻端凸圆。鼻孔靠近吻端,眼较大,无活动眼睑,瞳孔纵置。颚的边缘有角质细齿。耳孔呈椭圆形。吻鳞略呈五角形,1 片,不接鼻孔;上唇鳞第一片达鼻孔,每侧 11~14 片;颏鳞位于下颌缘前端中央,1 片;下唇鳞每侧 11~12 片;头部背面鳞片细小,呈多角形。颈部粗短,能转动。

(2) 躯干:背部具散布的粒状疣鳞,成行地镶嵌在细胞中,多为 12~14 纵列;胸腹鳞呈覆瓦状排列,较大。躯干前后两侧各有 1 对附肢,腹侧各有 1 条皮肤皱褶。躯干部与尾部交界处有横裂的泄殖孔,是生殖和排泄的出口。

（3）尾:呈细长鞭状,有白色环纹6~7条。尾背面的疣鳞排成6行,侧面有3对隆起的鳞片。遇险时尾易断,能再生。但与原来的尾巴相比,显得短而粗,且不具环纹。雄性泄殖孔前有两个凸起的肛后囊,囊内有交配器。而雌性的肛后囊不明显,仅有两个细小的鳞突。这是从外形上鉴别雌雄的重要特征之一。

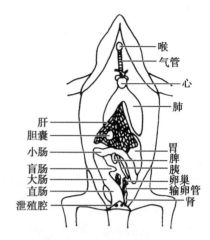

● 图15-18　雌性蛤蚧解剖示意图

（4）前肢:可分为上臂、前臂和手三部分,后肢可分为股、胫、足三部分。并且前后肢均有膨大的五指(趾),指(趾)间具蹼。除第一指(趾)外,末端均具小爪。然而后肢虽较前肢发达,但不能支起身体,故只能爬行。每个指(趾)底部都有单行皱褶皮瓣,能吸附在悬崖峭壁上。故蛤蚧能在光滑的墙壁或悬岩上自由爬行。雄性后肢股部腹面还有股孔,12~22个,呈八字形排列,雌性则无或不明显。这是从外形上区别雌雄的又一特征。

2. 内部构造　自泄殖孔到头部剖开蛤蚧的腹面,可见其主要内部构造(图15-18)。

（1）消化系统:包括消化管和消化腺。口宽大,内具同型侧生齿;舌肉质扁平,前端微凹,长而宽,能伸出口外,具有捕食、吞咽和触觉的功能。咽呈漏斗状,位于口腔后方,与食管相接。胃与食管下端相连,呈长带状,有纵行皱褶,可分泌胃液消化食物。胃下端与小肠相接,交界处具幽门瓣,小肠蠕动时瓣膜关闭,可防止食物倒流。小肠下端接大肠,两者相接处的左侧有盲肠,但盲肠较短,这与蛤蚧取食昆虫有关。大肠之后接直肠,直肠开口于泄殖腔。消化腺包括肝、胆和胰腺。肝呈长三角形,具网纹,赭红色,分为左右两叶;胆囊呈圆球形,如黄豆大,蓝色,有细小的胆管可通入小肠;胰腺呈长条形,白色。肝、胆和胰腺都能分泌消化液至小肠中帮助消化食物。

（2）呼吸系统:主要进行胸腹式呼吸,靠肺完成。空气通过咽喉部经气管入肺。喉由不完全的环状软骨构成,其内有两条能发音的声带。声带振动时,便发出特有的"蛤蚧""蛤蚧"的叫声。喉下与气管相接。末端分成两支分别通入左右肺脏。肺呈囊状,纺锤形,粉红色,左右不对称,是气体交换的地方。借助肋间肌和腹壁肌的伸缩,完成胸腹式呼吸。

（3）心脏:由静脉窦、心房和心室组成。静脉窦呈囊带状,与右心房相连。心室内出现不完全的分隔。总动脉干由心室发出,再分支进入全身各部。从而完成血液不完善的双循环。

（4）肾:后肾1对,呈扁长形。每一肾接一条细短的输尿管,其管末端开口于泄殖腔。

（5）生殖系统:雄性具精巢1对,扁豆大小。精巢下接细长的输精管。精液借输精管达泄殖腔。泄殖腔与肛后囊相连。囊内有两个凸起的半阴茎(图15-19a);雌性具卵巢1对,下方与输卵管相连。输卵管呈带状,前端呈喇叭状,后端开口于泄殖腔。成熟的卵落入体腔后,进入输卵管下行,被输卵管壁分泌的石灰质和胶质包裹,形成卵壳后产出体外(图15-19b)。

（二）药用与功效

以除去内脏的干燥体供药用,名蛤蚧。始载于杨雄的《方言》。本品气腥,性平,味微咸。归肺、

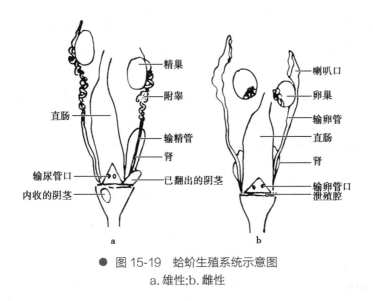

● 图 15-19　蛤蚧生殖系统示意图
a.雄性;b.雌性

肾经。具有补肺益肾,纳气定喘,助阳益精功效。用于肺肾不足,虚喘气促,劳嗽咳血,阳痿,遗精。

四、多疣壁虎 *Gekko japonicus* Dumeil et Bibron

为有鳞目壁虎科动物。又名守宫、天龙、爬壁虎等。常栖于树洞、岩石、房檐和墙壁缝隙之中。昼伏夜出,喜以昆虫为食。主要分布在我国的山西、陕西、甘肃、山东、江苏、江西、安徽、浙江、湖北、湖南、福建、四川、贵州等地。

(一) 形态与结构

体扁平,头大,略呈三角形,全体长约 10cm。吻长,约为眼径的 2 倍。无活动眼睑,眼球外层覆以透明薄膜。鼓膜明显。上下颌具细齿。舌体宽厚、顶端凹入。四肢短,多具 5 指(趾),其末端膨大,指(趾)间有微蹼。除拇指(趾)外,均具爪。指(趾)底部具单行褶襞皮瓣,密布腺毛,有黏附能力,可在墙壁、天花板或光滑的平面上迅速爬行。头背部被粒状疣鳞;枕部和身体侧部有大型疣状结节;颏下鳞共 2 对;胸腹鳞大,呈覆瓦状排列;尾鳞呈横环形,腹面中段有 1 条横列长鳞。背部呈褐灰色,有黑斑或有 5 条隐晦的条纹;下唇和腹面呈白色,小型黑点散在分布。尾尖长,呈细鞭状,约为体长的 2/3。尾上有环纹 9 条,呈黑色。

(二) 药用与功效

以去内脏的干燥全体入药,名壁虎。原名守宫,始载于《吴普本草》,列于石龙子条下。具有与蛤蚧类似的功效。与其功效相似的还有同科属的无蹼壁虎 *Gekko swinhonis* Guenther 和蹼趾壁虎 *Gekko subpalmatus* Guenther 的干燥全体。

附：壁虎科药用动物检索表

1. 指(趾)间具蹼

　　2. 背粒鳞多粒

3. 尾基部肛疣每侧 3 个 ·················· 多疣壁虎 *Gekko japonicus* Dumeil et Bibron

3. 尾基部肛疣每侧 1 个 ·················· 中国壁虎 *Gekko chinensis* Gray

2. 背粒鳞 1 粒 ·················· 蹼趾壁虎 *Gekko subpalmatus* Guenther

1. 指(趾)间无蹼 ·················· 无蹼壁虎 *Gekko swinhonis* Guenther

五、脆蛇蜥 *Ophisaurus harti* Boulenger

为有鳞目蛇蜥科动物。又名脆蛇、金蛇、土龙等。多栖息于松土、落叶或灌木草丛中及大石块下,穴居生活。以蜗牛、蚯蚓等为食。分布于江苏、浙江、福建、台湾、广西、四川、云南、贵州等地。四川已有人工养殖。

(一) 形态与结构

外形似蛇,全长 60cm。全身覆瓦状鳞片,体两侧自颈部至肛门各有 1 条纵沟。吻背鼻鳞与单片前额鳞间有 2 枚鳞片相隔,背鳞 16~18 行,中央 10~12 行鳞大且起棱明显;腹鳞 10 行。尾细长,约为头身长的 2 倍;尾易断,断后能再生。背面棕褐色,雄性背面有闪金属光泽的翡翠色短横斑或点斑(图 15-20)。

● 图 15-20　脆蛇蜥

(二) 药用与功效

以干燥的全体供药用,名脆蛇,原名金蛇,载《本草拾遗》。本品气微腥,味咸,性平;有小毒。归肝、脾、肾经。具有散瘀,祛风,消肿,解毒功效。用于跌扑损伤,麻风和痈疽肿毒等。

与脆蛇蜥功效相似的还有同科属动物细蛇蜥 *Ophisaurus gracilis* Gray,又名云南蛇蜥。不同的是,体较细长,吻鳞与单片前额鳞间只有 1 枚鳞片相隔。主要分布于云南、贵州、四川和西藏等地。

六、乌梢蛇 *Zaocys dhumnades* Cantor

为有鳞目游蛇科动物。又名乌蛇、黑风蛇、剑脊蛇等。多栖于丘陵地带。以蛙类、鱼类、鼠类、蜥蜴等为食。乌梢蛇分布范围很广,分布于陕西、甘肃、江苏、浙江、安徽、江西、福建、台湾、河南等地,是中国较为常见的一种无毒蛇,很适宜人工养殖。

(一) 形态与结构

体长达 2m 左右。鼻孔位于两鼻鳞间,呈大椭圆形。鼻间鳞宽大于长。眼大,瞳孔圆形,眼后鳞 2 片;上唇鳞 8 片,第 4、5 片入眼,第 7 片最大;下唇鳞 10~11 片,第 6 片最大;背鳞,鳞行成偶数,前段 16 行,后端 14 行,中央 2~4 行强烈起棱。肛鳞对裂,尾下鳞 101~128 对,腹鳞 186~205

片。背部绿褐色、棕褐色或黑褐色,中央2行黄褐色鳞片,成一条黄色纵纹。体外侧各有2行黑色鳞片,呈现出2条黑色纵纹。腹面灰白色。尾较细长,故有"乌梢鞭"之称(图15-21)。

● 图 15-21 乌梢蛇

(二)药用与功效

以除去内脏的全体入药,名乌梢蛇。首载于《雷公炮炙论》。本品气腥,性平,味甘。归肝经。具有祛风,通络,止痉功效。用于风湿顽痹,麻木拘挛,中风口眼㖞斜,半身不遂,抽搐痉挛,破伤风,麻风,疥癣。

七、银环蛇 *Bungarus multicinctus* Blyth

为有鳞目眼镜蛇科动物。又名白带蛇、银甲带等。喜栖于平原丘陵或山谷多水之处,常夜间活动。以鱼类、蛙类、鼠类等为食。全国均有分布,以广东、广西、福建等地为主产地。现在江苏、广东等地有养殖。

(一)形态与结构

体长1m左右,背面具黑白相间的环纹,白色环纹窄。背面黑色或蓝黑色,有环纹30~50条。腹面白色,略带灰黑色小斑点。背鳞正中一行脊鳞片扩大呈六角形,15行。尾下鳞单行,41~45行(图15-22)。

● 图 15-22 银环蛇

(二)药用与功效

以孵出1~3周的幼蛇去内脏的干燥全体供药用。名金钱白花蛇,始载于《饮片新参》。其气微腥,性温,味甘、咸;有毒。归肝经。具有祛风,通络,止痉功效。用于风湿顽痹,麻木拘挛,中风口眼㖞斜,半身不遂,抽搐痉挛,破伤风,麻风,疥癣。

八、尖吻蝮蛇 *Deinagkistrodon acutus* Guenther

为有鳞目蝰蛇科动物。又名五步蛇、蕲蛇、大白花蛇等。栖于山区、丘陵的林木或路边草丛中。以蟾蜍、蛙类、鼠类为食。主要分布于福建、浙江、台湾等地。为有毒蛇。

(一)形态与结构

体长1.5~2m。头大,呈三角形,与颈部可明显区分,有长管牙。吻端上翘突起。体粗壮,尾短而尖,末端1枚鳞片角质化程度较高,形成一尖出硬物,俗称"佛指甲"。鼻孔与眼之间具颊窝,为热能感受器。体被灰褐色,有灰白色的近方形斑块,俗称"方胜纹"。腹部白色,间或少数黑褐色斑点,俗称"念珠斑"(图 15-23)。

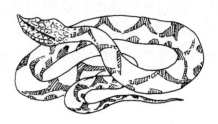

● 图 15-23　尖吻蝮蛇

(二) 药用与功效

以去内脏的干燥全体供药用,名白花蛇或蕲蛇,蕲蛇载于《开宝本草》。其气腥,性温,味甘、咸;有毒。归肝经。具有祛风,通络,止痉功效。用于风湿顽痹,麻木拘挛,中风口眼㖞斜,半身不遂,抽搐痉挛,破伤风,麻风,疥癣。

九、其他药用动物与分泌物

(一) 虎斑游蛇 *Natrix tiguina* Lateralis(Berthold)

为有鳞目游蛇科动物。又名野鸡项、竹竿青。以干燥全体供药用。具有解毒止痛,祛风除湿功效。用于骨结核,骨质增生,风湿疼痛等症。

(二) 金环蛇 *Bungarus fasciatus* Schineider

为有鳞目眼镜蛇科动物。又名黄金甲、黄节蛇。去头、内脏的全体和胆汁均可供药用,分别称金蛇和金蛇胆。金蛇是有名的"三蛇酒"的原料之一。具有清热祛痰功效。用于肺热咳嗽,痰雍气逆等症。

(三) 眼镜蛇 *Naja naja* Linnaeus

为有鳞目眼镜蛇科动物。又名膨颈蛇、吹风蛇、琵琶蛇。有剧毒。眼镜蛇毒的镇痛作用已经被发现多年并应用于临床。

(四) 蛇毒

是从毒蛇的毒腺中分泌出来的一种毒液,属于生物毒素。蛇毒的成分十分复杂,主要有蛋白质、活性肽和一些酶类。据统计,全世界蛇类有 2 700 多种,其中毒蛇有 600 多种,我国的蛇类资源丰富,约有 200 种,其中毒蛇为 48 种,但具有剧毒的蛇仅有 10 多种。有关蛇毒在临床的应用主要集中在促凝、溶栓、镇痛、降压、抗肿瘤等方面。

(陈　黎)

第十六章　鸟纲
Aves

鸟纲动物是由古代爬行类进化而来的一支适应飞翔生活的高等脊椎动物。除在形态结构上与许多爬行类相似,鸟类具有一系列比爬行类更高级的进步性特征。如鸟类一方面具有完善的双循环体系,体温高而恒定,并还具有发达的感觉器官和神经系统,以及与之联系的各种复杂行为等;另一方面,为适应飞翔生活,鸟类又产生了较多的特化体征,如身体呈流线型,体表被羽毛,前肢特化成翼,骨骼坚固、轻便且多有合并,具双重呼吸等。这一系列形态结构的高级特征,使鸟类具有很强的飞行能力,且能进行特殊的飞行运动,使之种类遍布全球,成为脊椎动物中仅次于鱼类的第二大纲。

目前全世界现有鸟类共计 8 700 余种,其中我国分布 1 180 余种。绝大多数鸟类营树栖生活,仅少数营地栖生活。水禽类主要在水中觅食,部分种类有迁徙的特点。主要分布于热带、亚热带和温带。我国种类多分布于西南、华南、中南、华东和华北地区。

我国常见鸟类中,可供药用种类有乌骨鸡、鹌鹑、家鸡、家鸭、家鹅、家鸽、金丝燕、鸢及麻雀等。其中乌骨鸡为中成药"乌鸡白凤丸"的主药,具有补肝肾、益气血、调经止带的功效。此外,鹌鹑也是疗效甚好的补益药物,素有"动物人参"的美誉。

因大部分鸟类以虫、鼠为食,对农业、林业生产也发挥着较大作用。故鸟类动物在药用时应注意对其资源的保护。

第一节　鸟纲动物的主要特征

一、体型

鸟类身体呈流线型,分为头、颈、躯干、尾和四肢五部分。头部小而圆,先端具啄食的喙,头两侧各有一圆而大的眼,具眼睑和能活动的瞬膜,能够起到保护眼球的作用。眼后具耳孔,在其外周有耳羽分布,能够起到收集声波的作用。鸟类颈长而灵活,能够弥补前肢变成翼后所带来的不便。躯干部呈纺锤形,其流线型的外廓能够减少鸟类飞行过程中受到的阻力,飞行速度得到提高。尾部短小,末端着生扇形尾羽,飞翔时发挥舵的作用。前肢是飞翔器官,特化成翼,翼上着生飞羽。善于飞行的鸟类一般均具有翼及发达的飞羽。鸟类后肢为足,在其下部常覆有鳞片或羽毛,多数具四趾(第五趾退化),一般是三趾向前,拇趾向后,且趾先端具爪。少数鸟类退化成三趾

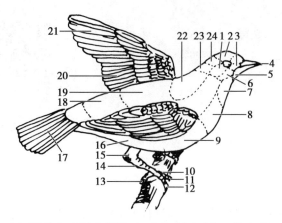

或两趾,如鸵鸟仅具两趾(图 16-1)。

鸟类的喙和足的形态因种类不同而异,因此可作为其分类的重要依据之一。

1.耳羽;2.头顶;3.眼先;4.喙;5.额;6.颊;7.喉;8.胸;
9.胁;10.内趾;11.中趾;12.外趾;13.后趾;14.跗趾;
15.腿;16.腹;17.尾羽;18.腰;19.背;20.次级飞羽;
21.初级飞羽;22.下颈;23.项颈;24.枕。

● 图 16-1　鸟纲动物外形示意图

二、皮肤及其衍生物

鸟类的皮肤薄而有韧性,能够适应飞翔时肌肉的剧烈运动。同时,除尾脂腺外,与爬行类一样缺乏皮肤腺。鸟常用喙将尾脂腺分泌的油脂涂于羽毛上,防止羽毛变形和被水浸湿,故水禽类(如家鸭)的尾脂腺特别发达。

鸟类皮肤的另一特点是具有由表皮衍生的羽毛、喙、爪、鳞片等角质化物。羽毛具有护体、保温和飞翔的作用,是鸟类不同于其他各种动物的典型特征之一。根据其构造和功能不同,可分为正羽、绒羽和纤羽三种(图 16-2)。

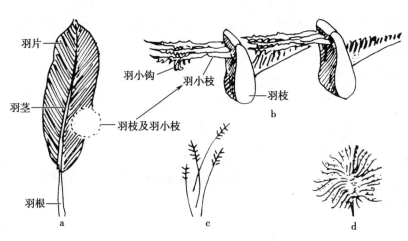

● 图 16-2　鸟纲动物羽毛结构示意图
a、b.正羽;c.纤羽;d.绒羽

(一) 正羽

正羽,又称翩羽,是覆盖体表的羽毛,由羽轴和羽片两部分构成。羽轴下部称羽根,插入皮肤中,末端的小孔称下脐,羽根上端与羽片交界处称上脐;由上脐向内方丛生的散羽称副羽。羽轴上部称羽片,其两侧的羽片称翩。羽片包括两侧的羽支和羽小支两部分。羽小支上着生许多羽小钩,将相邻的羽小支勾连起来,成为有弹性的羽片。若羽小支被外力分开,则鸟可通过喙啄梳后使其重新勾连在一起,这就是鸟经常啄梳羽毛的原因。

(二) 绒羽

绒羽,又称翩,无羽干,羽根短,羽支柔软,一般丛生于羽根末端。羽小支细长,不具钩,因此绒羽蓬松,形似棉绒,保温力很强。因此水禽类冬季的绒羽十分丰厚。

（三）纤羽

纤羽,又称毛羽,形似毛发,多生在鸟的口鼻部或散生于正羽、绒羽之间,有的末端着生少数羽支和羽小支,具有感觉、护体等作用。

鸟类的羽毛着生于体表的一定部位,成为羽迹。着生羽毛的地方称羽区,不着生羽毛的地方称裸区。羽毛的这种分布,有利于飞行时肌肉的剧烈运动。不会飞行的鸟类,如鸵鸟、企鹅等的羽毛则均匀布满全身,无羽区和裸区之分。鸟类羽毛的颜色多与栖息环境的颜色一致,起保护作用。

鸟类的羽毛需定期更换,通常是每年更换 2 次。第一次是在繁殖结束后更换,新羽称冬羽;第二次是在冬末春初更换,新羽称婚羽,又称夏羽。换羽有利于鸟类的繁殖、迁徙和越冬。飞羽和尾羽的更换是逐渐进行的,故不影响鸟类的飞翔生活,但雁鸭类除外。

三、骨骼系统

鸟类为适应空中飞行的需要,鸟类的骨骼发生了许多特化。如骨骼轻便而坚固;大骨骼中有充满空气的孔隙;肢骨和带骨都有较大的变形;有的骨块有合并的现象等(图 16-3)。

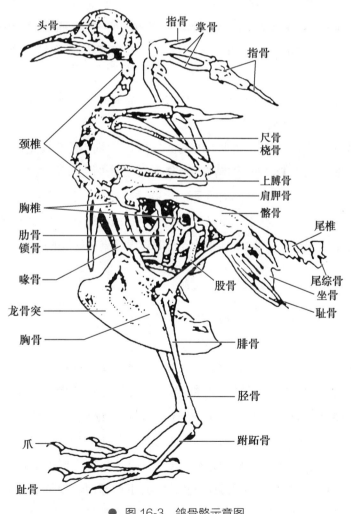

● 图 16-3 鸽骨骼示意图

（一）头骨

头骨虽然一般结构与爬行类相似,但为适应飞翔生活的需要,鸟类的头骨发生明显的特化。如头骨轻薄而质地坚固,在成鸟时各骨块间的界缝已完全愈合,骨内多处分布小孔,能够被气囊充气,同时,鸟喙由上下颌骨极度前伸形成。鸟喙外被有角质鞘,形成锐利的切缘或短钩,鸟喙既是鸟类的啄食器官,也成为鸟类与所有脊椎动物相区别的特有结构。现代鸟类口中无齿,一般认为是为适应飞翔生活而减轻体重。鸟类头颅的形状由于脑颅和视觉器官的高度发达而发生改变。头骨顶部变成拱圆形;枕骨大孔移至腹面,这是鸟类适应直立生活的一种表现。眼眶膨大,眼球特别发达,构成和强化了眶间隔这一特点。

（二）脊柱和胸骨

1. 脊柱　由颈椎、胸椎、腰椎、荐椎和尾椎五部分组成。不同鸟类颈椎数目差别很大（8~25枚不等）,椎骨间的关节面呈马鞍形,被称为异凹形椎骨。椎骨间的活动也因这种特殊的连接方式而变得十分灵活。第一颈椎称为寰椎,呈环状;第二颈椎称为枢椎。头部的活动范围因寰椎与头骨可一起在枢椎上转动而大大提高。一般鸟类的头部可转动180°,而猫头鹰的头部可转动270°。颈椎这种特殊的灵活性,是与鸟类前肢特化为翼和脊椎的其余部分大多愈合紧密相关的。胸椎5~6枚,仅倒数第2枚能活动。前面数枚与最后一枚腰椎愈合,最后一枚胸椎与综荐骨（愈合的荐椎骨）合并。胸骨与硬骨质的肋骨相连。鸟类的肋骨分为背、腹两段,由可动的关节连接;前几对肋骨的背段后缘具有钩状突,在后一对肋骨上连接,腹段与胸骨相连,共同构成鸟类牢固的胸廓。

2. 胸骨　善飞的鸟类其胸骨十分发达,腹中线处有高耸的龙骨凸起,从而增大了胸肌的附着面。不善飞的种类如鸵鸟的胸骨则扁平。

作为鸟类独有的结构,综荐骨是由少数的胸椎、腰椎、荐椎和前几枚尾椎等数枚骨骼共同愈合而成,又与宽大的骨盆（耻骨、坐骨和髂骨）相愈合,在行走时为鸟类支持身体的重量。鸟类的尾骨也发生退化,出现一块支撑扇形尾羽的尾综骨,是由最后几枚尾椎合并而成。

脊椎骨的愈合和尾骨的退化,不仅使鸟类躯体的重心集中于身体中部,有利于保持飞翔时身体的平衡,而且使骨架连接紧凑、牢固,能承受飞行时外界气流对身体的压力。

（三）带骨和肢骨

为适应飞翔生活,鸟类带骨和肢骨都发生了相应的变化。

1. 带骨　鸟类的肩带由鸟喙骨、锁骨和肩胛骨共同构成。三骨在肩臼处连接,与翼的肱骨相关节。鸟喙骨非常强大,其下端与胸骨相连。叉骨是鸟类的又一特有结构,为腹中线处左右锁骨下端联合形成"V"字形的结构。叉骨具有弹性,能够避免鸟类飞翔过程中翼在剧烈扇动时左右肩带的互相碰撞。鸟类的前肢特化为翼,手骨（指骨、掌骨和腕骨）愈合或消失,从而使翼的骨骼形成一个整体。由于前肢的特化,翼只能在其水平面上展开或褶合,但这有利于鸟类翼的扇动,对飞翔有很大意义。一旦鸟的翼骨折断,则因翼不能正常扇动而失去了飞翔能力。现代鸟类的指骨退化,大多无爪。鸟类手部着生的一列飞羽称初级飞羽;下臂部（尺骨）着生的一列飞羽称次级飞羽。初级和次级飞羽的形状和数目是鸟类分类的重要依据（图16-4）。

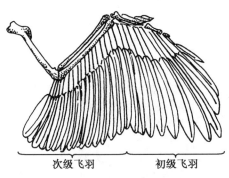

次级飞羽   初级飞羽

● 图 16-4　初级飞羽与次级飞羽示意图

鸟类腰带发生变形,与后肢支持体重和产大型硬壳卵密切相关。腰带由髂骨、耻骨和坐骨合并成无名骨,宽大而薄,外侧与后肢相关节,内侧与综荐骨愈合。左右无名骨向侧后方伸展,而不是在腹中线处汇合处连接,形成开放式骨盆。鸟类这种特殊的结构不仅给后肢强有力的支持,也是适应产大型硬壳卵的一种表现。

2. 肢骨　鸟类具强健的后肢骨,股骨与髋臼相关节。后肢骨有较大的变化,腓骨退化成刺状,跗骨的上部与胫骨合并成一根胫跗骨,下部与跖骨的延长,能增加鸟类起飞、降落时的弹性。大多数鸟类具 4 趾(第 5 趾退化),拇趾向后,余趾向前,便于树栖时握住树枝。鸟趾的形态和数目是其分类的又一重要依据。

四、肌肉系统

与其他脊椎动物一样,鸟类的肌肉系统由骨骼肌(横纹肌)、内脏肌(平滑肌)和心肌组成。但为适应飞翔生活,鸟类主要肌肉集中在身体中部的腹侧,这对保持身体重心的稳定、维持飞行时的平衡有重要意义。其中使翼下降的胸大肌和上举的胸小肌最为发达,占鸟体重量的 1/5 左右。通过这两块肌肉的交替张缩能够带动鸟类两翼上下扇动。较发达的后肢肌肉主要分布于股骨和胫骨上部,下部仅通过肌腱与足趾相连。其中贯趾屈肌即是以该种方式与胫跗部相连。当鸟栖于树枝时,由于体重的压力和腿部的弯曲,屈肌的肌腱收缩,可使足趾紧握树枝。所以鸟在树上睡觉时,不会从树上掉下来。

在气管的下方还附有鸟类独有的鸣肌。鸣肌的张缩使气管变形而发出各种悦耳的叫声。鸣肌在善叫的鸣禽类最为发达。

鸟类的皮下肌肉也较发达。皮下肌的收缩使羽毛竖立。背部肌肉因胸椎以后的脊椎大多愈合而退化。

五、消化系统

现存鸟类口内无齿,但在鸟喙外面和绝大多数鸟类的舌上均被有角质鞘。鸟类口腔能够分泌唾液,但仅具拌润食物的作用,只有以谷物为食的雀形目鸟类的唾液才因含有消化酶而具消化作用。雨燕目鸟类的唾液腺最发达,它们用唾液把海藻、苔藓等黏合造巢。金丝燕的窝巢为滋补药物燕窝。

1. 食管　鸟类食管细长。食鱼和食谷的种类(如鱼鹰、家鸡)食管下部膨大成嗉囊,能够临时贮存和软化食物。雌鸽在育雏期间,嗉囊能分泌"鸽乳"喂养幼鸽;鸬鹚和鹈鹕能在嗉囊内制成食糜喂养幼鸟。

2. 胃　分为腺胃和肌胃两部分,食谷鸟类的肌胃最为发达。腺胃壁薄,分布有丰富的消化腺,能分泌大量的消化液消化食物;肌胃又称砂囊,其外壁为发达的肌肉层,内壁由坚硬的角质层构成。经肌肉层的作用,肌胃内存留的鸟啄食的砂粒可与角质层一起将食物磨碎。研究证明,肌胃内存在砂粒可增强家鸡消化谷物或种子的能力,效率提高 10 倍。

3. 肠 鸟类的小肠很细长,在大、小肠交界处有一盲肠。盲肠能够吸收水分和消化粗纤维。以植物纤维为主食的种类(鸡类)的盲肠尤为发达。直肠粗短,末端开口于泄殖腔。鸟类排便频繁,一方面是由于直肠粗短,不能多贮粪便,另一方面也能减轻体重,利于飞翔。其主要消化腺仍是肝脏和胰腺。分泌的消化液都注入十二指肠(图 16-5)。

鸟类具有消化力强、消化速度快的特点,这是因为鸟类食量大,整天频频进食。如雀形目的鸟类一天所吃的食物为体重的 10%～30%;雀鹰一天的进食量为体重的 33%～66%。鸟类极强的消化能力是与其飞翔时高能量的消耗相适应的。

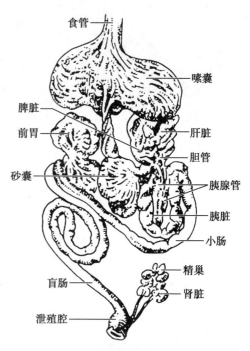

● 图 16-5 家鸽消化系统示意图

六、呼吸系统

为满足飞行时高氧、高能量消耗的需要,鸟类的呼吸系统特化为由以肺为主的气管网和气囊组成。鸟类的气囊是从一些爬行类保留下来的,是与气管相通的盲状膜质囊,爬行类动物气囊仅具有暂时储存气体的作用,鸟类气囊则是进行双重呼吸的重要器官,也是鸟体内独具的贮气和冷却装置。鸟肺是一个由大量相互连通的毛细支气管组成的缺乏弹性的海绵体。毛细支气管与次级、初级(中支气管)支气管和气管共同组成复杂的气管网络。大量的毛细血管分布于毛细支气管的表面,两者管壁之间可进行气体的交换。因此,与爬行类相比,鸟肺的体积或呼吸效能均大大得到提高(图 16-6)。

1. 气囊 分布于鸟体的各组织器官间,它是由初级、次级支气管伸出肺外部分的末端膨大后形成的盲状膜质囊。鸟类的大型气囊共有 9 个,其中位于体前部为次级支气管形成的称前气囊;位于体后部为初级支气管形成的称后气囊。除具贮存空气、协助鸟体完成双重呼吸的主要功能外,气囊还能够减少肌肉以及内脏间的摩擦,减轻鸟体飞行时的比重,将鸟类飞行过程中产生的大量热能

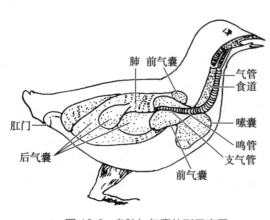

● 图 16-6 鸟肺与气囊外形示意图

散发出来,从而调节鸟类飞翔时的体温使其恒定。实验发现,一只家鸽在飞行过程中吸入空气的3/4用来散发产生的热量。

2. 双重呼吸　鸟休止时的呼吸运动同其他陆栖脊椎动物一样,是靠肋骨的升降,胸骨的上下移动以改变胸腔的容积来完成的。鸟飞行时,胸骨是扇翅肌(胸肌)固着的地方和支撑点,不能上下移动,因而剧烈的呼吸运动主要靠随着扇翅节律引起的气囊张缩来完成。翅扬起时,气囊扩张,由于鸟体内外的气压不平衡,一部分空气会迅速沿初级支气管进入后气囊。因该部分空气未在肺内进行气体交换,故是富氧的。与此同时,另一部分空气进入肺,在毛细支气管处直接进行气体交换;当翅扇下时,肺内经过气体交换的空气经前气囊排出体外,后气囊同时受压收缩,将贮存的富氧空气压入肺,在肺内再次进行气体交换。因此,鸟体无论在吸气或呼气时肺内均能进行气体交换。这种呼吸现象称为双重呼吸。由此可见,气囊的出现和双重呼吸作用的产生是鸟类对飞翔生活的极好适应,鸟飞行时剧烈呼吸运动的顺利完成能满足鸟飞行时对高能、高氧消耗的需要和体温的恒定。

3. 鸣管　位于气管与支气管交界的位置,是鸟类特化的发音器官。由于该处气管内外壁均较其他位置变薄,故称之为鸣膜。随着气流鸣膜能够振动发音。相对于其他鸟类而言,鸣禽类具有发达的鸣肌和鸣膜,加之特有的双重呼吸作用,因此该部分鸟类在呼气或吸气时均能发出悦耳多变的叫声。不同的是,其他陆栖脊椎动物的发音器官位于气管上端,且绝大多数动物只能在呼气时发音。

七、双循环系统

在爬行类不完善双循环体系的基础上,鸟类的血液循环系统有了进一步的发展,成为完善的双循环体系,使富氧血与缺氧血完全分开。同时,由于鸟类新陈代谢旺盛,飞翔时运动剧烈,这也使得鸟类具有心脏容量大、心率快、血压高,以及血液循环迅速等特点。

(一) 心脏

鸟类心脏相对大小居脊椎动物的首位,可达到体重的 0.4%~1.5%。心脏左房室孔间具二尖瓣,右房室孔间有肌肉瓣,因此被分为完全的四腔。心脏内的二尖瓣和肌肉瓣都能够防止血液倒流。体静脉的血液流经右心房、右心室后,再由肺动脉进入肺。在肺内经过气体交换后,富氧的血液由肺静脉注入左心房,经左心室压入右体动脉弓,最后流至鸟体全身(图16-7)。

鸟类的心跳频率比哺乳类快得多,一般在 300~500 次/min。动脉压较高,如家鸡在 2~25kPa,故血液流速快。

(二) 动脉

鸟类的动脉系统与爬行类相似,只是左体动脉弓消失,左心室压出的血液由右体动脉弓输送至全身。

(三) 静脉

鸟类的静脉系统也类似于爬行类,所不同的是:①肾门静脉趋于退化。自尾部来的静脉血仅有小部分入肾,其余部分均经后大静脉回心。研究发现,与其他动物不同,鸟类肾门静脉内有一块瓣膜,

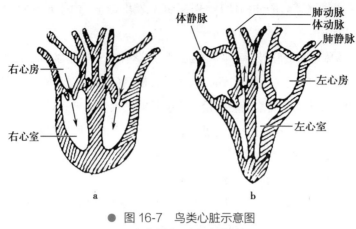

● 图 16-7　鸟类心脏示意图
a.心室舒张;b.心室收缩

能够根据需要控制进入肾门静脉的血量。②独具尾肠系膜静脉。它可收集内脏血液进入肝门静脉。

(四) 血液和淋巴

　　鸟类比哺乳类血液中的红细胞含量要少。红细胞呈卵圆形,通常具核,因含有大量的血红蛋白,故能够发挥输送氧和二氧化碳的作用。

　　鸟类的淋巴系统主要包括淋巴结、淋巴小结、淋巴管、腔上囊、脾脏和胸腺等部分。同样,鸟类比哺乳类的淋巴管要少,共同汇成一对大的胸腺管,而后进入前腔静脉。少数种类具淋巴结,其是位于淋巴管通路上的一种结构特征。此外,鸟类还具有一个独特的中心淋巴器官——腔上囊,位于泄殖腔背面的一个盲状囊,在抗原的刺激下,可产生抗体。胸腺也是重要的淋巴器官,幼体发达,成体退化。脾脏位于腺胃与肌胃交界处的背侧,具产生淋巴细胞、单核细胞和回收血红素及铁质的功能。

八、排泄系统

　　鸟类具一对三叶的肾脏。相对体积较哺乳类大,可占体重的 2% 以上;肾小球的数目比哺乳类多 2 倍左右。但无膀胱,肾脏经输尿管开口于泄殖腔。这可使鸟类迅速排出因旺盛的新陈代谢产生的大量废物,同时又对保持体内水盐平衡以及减轻体重等都极为有利(图 16-8)。

　　鸟的尿液主要成分一般认为是尿酸而非尿素。尿酸不像尿素那样易溶于水,常呈半凝固的白色结晶。这对于胚胎在卵壳内发育阶段中不断排出废物和减少水分散失都是有利的。加之肾小管和泄殖腔都有重吸收水分的功能,所以鸟类排尿时失水极少。由于鸟类无膀胱和直肠很短,故鸟尿随其粪便频频排出体外。这也是鸟类为减轻体重、适应飞翔生活的需要。

　　海鸟除靠肾脏排尿以外,还依赖位于眼眶上部的盐腺(可分泌比鸟尿浓度更大的氧化物的腺体),能把随海水进入体内过多的盐分排出体外,以维持正常的渗透压。

九、神经系统

　　鸟类的神经系统和感觉器官较爬行类有很大的进步,大脑纹状体高度发达,嗅叶退化。

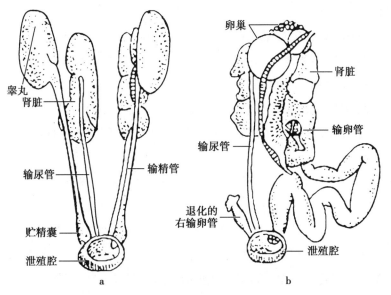

● 图 16-8　家鸽排泄系统与生殖系统示意图
a.雄性;b.雌性

（一）脑及脑神经

鸟类脑的体积较大,在脊椎动物中仅次于哺乳类。鸟类整个大脑的体积得到了增加,一方面是具有爬行类动物开始出现的新纹状体,另一方面是大脑纹状体还增加了上纹状体。上纹状体是鸟类营巢、孵卵、育雏等复杂行为的中枢。间脑主要包括上丘脑、丘脑和下丘脑三部分。其中,下丘脑是鸟类体温调节和节制自主神经系统的中枢。鸟类具有高度发达的视觉,这主要是因为中脑分布了大量的视神经,同时在其背侧形成一对发达的视叶。小脑由蚓状体,左、右小脑鬈组成,也较发达,体积增大,这与鸟类飞翔时复杂运动的协调和保持身体的平衡相适应(图 16-9)。脑神经12 对,第 11 对不发达。

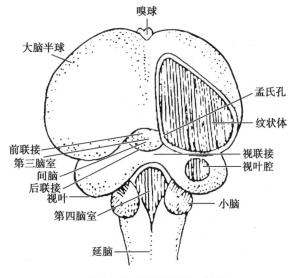

● 图 16-9　家鸽脑结构示意图

（二）感觉器官

鸟类的感觉器官中以视觉最发达，听觉次之，嗅觉退化。

1. 视觉　鸟类的视觉高度发达。鸟眼相对大小居脊椎动物的首位，其外形扁圆，适合远视。高度发达的瞬膜能够覆盖眼球，能够保护、润湿和清洁角膜。薄片形巩膜骨分布于巩膜前，呈覆瓦状排列，具有支持眼球的作用，在鸟类飞行过程中能防止强大的气流压力导致的眼球变形。此外，鸟眼内的睫状肌、环肌和角膜调节肌不仅可以改变晶状体的形状和角膜的凸度，还可以调节晶状体与角膜及视网膜的距离，从而发挥双重的调节作用。鸟眼的这种双重调节机制可使其在一瞬间由"远视"变为"近视"，是鸟类适应空中飞翔生活的又一体现。鹰在高空飞行时，能够清晰地观察到地面的小鼠，并在短短几秒钟内俯冲并将其捕获。

2. 嗅觉　鸟类的嗅觉大多均退化，但兀鹫等少数种类也相当发达，成为寻食的定位器官。

3. 听觉　鸟类的听觉器官与爬行类相似。只是内耳的瓶状体比爬行类长；耳孔外周多具耳羽，有收集声波的功能。夜间活动的种类如夜鹰的听觉器官也较发达。

十、生殖系统

雌鸟的右侧卵巢退化，产大型硬壳卵，有一系列育雏的复杂行为，而且生殖腺的活动有着明显的季节变化。鸟类这些生殖方面的特点通常也认为是鸟类适应飞翔生活的结果。

雄鸟具有与爬行类相似的由成对的睾丸和输精管构成的生殖系统。仅雁鸭类等少数种类具有交配器官，绝大多数鸟类均借助于雌、雄泄殖腔互相吻合进行受精。

为了适应产大型硬壳卵，雌鸟右侧的卵巢和输卵管已退化，仅左侧发达。成熟的卵通过前端的喇叭口进入输卵管，在其上端结合受精。受精卵在管内下行过程中，依次被管壁分泌的蛋白质、壳膜及卵壳包裹。卵被孵化过程中可通过卵壳表面的数千个小孔与外界进行气体交换。很多鸟类的卵壳表面具各种颜色，主要是因为输卵管下端管壁具色素细胞，在产卵前 5 小时左右开始分泌色素。最后，借助于泄殖腔壁肌肉的收缩，卵被排出体外（图 16-8）。此外，鸟类具有孵卵、寻食喂养幼鸟等一系列育雏的本能，因此后代的成活率较高。

根据刚孵出来的雏鸟发育程度的不同，雏鸟可分成早成鸟和晚成鸟两类。刚孵出的雏鸟身上长满羽毛，已张开眼，羽毛干后即可站立、啄食等活动，即为早成鸟，如小鸡、小鸭等。刚孵出的雏鸟身上无羽毛，未张开眼，无法进行站立、啄食等，须留于巢内由亲鸟喂养，即为晚成鸟，如麻雀、家燕等。雏鸟是早成鸟还是晚成鸟，也作为鸟类分类的一个重要依据。

第二节　鸟纲动物的分类

现在，世界上有已知鸟类 8 700 余种，分为两个亚纲，即古鸟亚纲（Archaeornithes）和今鸟亚纲（Neornithes），主要分类依据是鸟类的形态结构特征、生活习性及方式的不同，如喙的形状、腭（口盖）的类型、羽毛（飞羽和尾羽）、趾的数目及其排列方式、蹼的有无及其类型、雏鸟发育程度（早成鸟还是晚成鸟）、有无迁徙习性（是候鸟还是留鸟）等。

一、古鸟亚纲 Archaeornithes

古鸟亚纲为早已灭迹的始祖鸟 *Archaeopteryx lithographica* 等化石种类。其外形与乌鸦相似,具羽毛、翼等鸟类基本特征。与现代鸟类不同的是,始祖鸟口中具牙齿,肋骨后缘处无钩状凸起,胸骨不发达,无龙骨凸起;掌骨不愈合,翼上三指具爪;尾长,尾椎骨在13枚以上,不具尾综骨。这些特征与爬行类相似。因此,认为始祖鸟是从爬行类进化到鸟类的中间过渡类型。它是现存鸟类的祖先(图16-10)。

二、今鸟亚纲 Neornithes

今鸟亚纲中除黄昏鸟(Hesperornis)为化石种类外,其余鸟类均为现存。主要特征与古鸟亚纲有较大不同:如口中不具牙齿;掌骨已完全愈合;胸骨发达,并多数具龙骨凸起;尾短,不超过13枚尾椎骨,且多数愈合形成尾综骨。

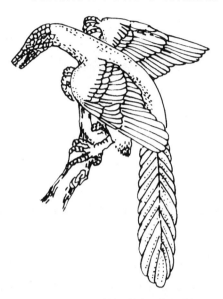

● 图 16-10　始祖鸟生活复原图

本亚纲除化石种类外,分为三个总目:平胸总目(Ratitae)、企鹅总目(Lmpennes)和突胸总目(Carinatae)。其中突胸总目包括现代绝大部分种类。

(一) 平胸总目

平胸总目为现存体型最大的鸟类(体重大者达135kg,体高2.5m),适于奔走生活。该目鸟类具有一系列原始特征:翼退化,胸骨无龙骨凸起,羽毛分布均匀,羽支不具羽小钩,不具尾综骨及尾脂腺,为适应奔走生活足趾趋于减少(2~3趾),雄鸟具发达的交配器官。该目分布仅限于南半球(非洲、美洲和大洋洲南部)。代表动物鸵鸟(非洲鸵鸟)*Struthio camelus* Linnaeus。

(二) 企鹅总目

企鹅总目为具有一系列适应潜水生活特征的中、大型鸟类,如前肢呈鳍状以适应划水,鳞片状羽毛均匀分布于体表(羽片狭窄,羽轴短而宽)。尾短,腿短并移至躯体后方,趾间具蹼,适应游泳生活。在陆上行走时躯体近于直立,左右摇摆。皮下脂肪发达,便于在寒冷地区及水中保持体温。骨骼沉重而不充气。胸骨发达,具龙骨凸起,与前肢划水有关。因游泳快速,被称为"水下飞行"。仅限于南半球分布。代表动物王企鹅 *Aptenodytes patagonicus*。

(三) 突胸总目

我国现存已知鸟类多属突胸总目,与药用关系密切。该总目鸟类大多善于飞翔,翼发达。具龙骨凸起,锁骨呈"V"字形,肋骨上有钩状突。体表有羽区与裸区之分,正羽发达,羽小支有钩,构成羽片,有翼羽和尾羽的分化。具尾综骨。雄鸟绝大多数无交配器。该目鸟类分布广泛,遍及全球。

全世界的突胸总目总计约 8 500 种,分布在 35 个目;我国有 1 180 余种,26 个目,81 个科,其中雀形目 28 个科,非雀形目 53 个科,占世界总数的 13.9%。根据它们的形态结构特点和生活习性,分为游禽类、涉禽类、鸠鸽类、鹑鸡类、攀禽类、猛禽类和鸣禽类 7 个生态类群。

我国药用鸟类根据现有资料统计为 85 种,分属 16 个目。其中雁形目、隼形目、鸡形目、鹤形目、鸽形目、鹃形目、鸮形目、燕形目、佛法僧目、鸳形目和雀形目中药用种类较多。

1. 雁形目(Anseriformes) 本目鸟类多为具重要经济价值的游禽,嘴扁平,且先端具"嘴甲",边缘有栉状缺刻;翼长短不一,飞羽上常具闪光的绿色、紫色或白色的"翼镜";气管基部膨大成骨质囊;腿向后移,前三趾间具蹼;具发达的尾脂腺;雄鸟具交配器;早成鸟,候鸟。

本目中我国仅分布有鸭科(Anatidae)。鸭科全世界约 150 种,我国有 19 属 46 种。本科为典型的游禽,擅长在水中游泳,广泛分布于全球,主要在北半球繁殖。本科常见药用种类包括家鹅 *Anser cygnoides orientalis* Linnaeus、赤麻鸭 *Tadorna ferruginea* Pallas、绿头鸭 *Anas platyrhynchos* Linnaeus(图 16-11)、家鸭 *Anas platyrhynchos domestica* Linnaeus 和鸳鸯 *Aix galericulata* Linnaeus 等。

● 图 16-11　绿头鸭

2. 隼形目(Falconiformes) 本目为肉食性猛禽,羽毛具重要的经济价值。喙粗壮有钩,基部被蜡质;翼发达,善于疾飞和翱翔;尾羽大多 12 枚;脚强健,趾端具利爪;视觉敏锐;晚成鸟。有吐"食丸"的习性。在我国与药用关系密切的有鹗科(Pamdionidae)、隼科(Falconidae)和鹰科(Aociptridae)。其中鹰科的药用种类较多。本科多是大型的肉食性猛禽,嘴、爪粗壮锐利,翼宽大有力,善于发现、追捕猎物。上喙左右两侧无齿状突或具双齿状突为该科典型特征。重要的药用种类有鸢 *Milvus korschun*(Gmelin)、苍鹰 *Accipiter gentilis* Linnaeus、鹗 *Pandion haliaetus* Linnaeus 等。

3. 鸡形目(Gallifmes) 本目为具有重要药用和经济价值的地栖鸟类。鸟体结实,喙较短,呈圆锥形,适于啄食植物种子;脚强健,其上具锐爪,适合行走、掘地寻食;翼短圆,不擅飞;雄鸟常被艳丽的羽毛,头生大的肉冠;部分鸟类跗跖后缘具距。早成鸟。

我国分布的鸡形目鸟类共 2 个科,24 个属,52 种。西南地区因其分布的种类最多(占全国鸡类的一半以上),素有"鸡王国"之称。我国鸡形目中以雉科(Phasianidae)具有的药用种类最多。本科鸟类鼻孔不覆盖羽毛,趾无栉状突,跗跖部裸露(雪鹑除外),雄鸟具距。早成鸟。我国分布的雉科共 11 属 26 种。分布全国,尤以西南地区分布种类最多。该科鸟类喜栖于山林之中,全国各地均有饲养。主要药用种类包括鹌鹑 *Coturnix coturnix* Linnaeus(图 16-12)、环颈雉 *Phasianus colchicus* Linnaeus、乌骨鸡(含家鸡)*Gallus gallus domesticus* Brisson、红腹锦鸡 *Chrysolophus pictus* Linnaeus 等。白鹇(银鸡)*Lophura nycthemera* Linnaeus、白冠

● 图 16-12　鹌鹑

长尾雉*Syrmaticus reevesii* Gray、孔雀*Pavo muticus* Linnaeus 等均为珍稀种类,同时还是著名的观赏鸟类。

4. 鹤形目(Gruiformes) 本目多为涉禽,主要特点是颈长,喙长,腿长,胫的下部裸露,蹼不发达,后趾细小,着生的位置较高;翼圆而短;尾短,无真正的嗉囊;气管长而盘曲。早成鸟。多栖于水边。与药用关系密切的有以下三科。

(1) 鹤科(Gruidae):本科为地栖性的大型候鸟。头顶多少裸露,后趾小而位置稍高。如丹顶鹤*Grus japonencus* Mulles,因为世界上的珍禽之一,我国已列为一级保护动物。气管特别长,穿入胸骨内弯曲盘转,在鸟类中实属罕见。

(2) 秧鸡科(Rallidae):本科动物体中型,嘴短而健壮,跗跖部长,四趾同在一个水平面上,趾间无蹼或具蹼瓣。药用种类如普通秧鸡*Rallus aquaticus* Linnaeus、黑水鸡*Gallinula chloropus* Linnaeus 等。

(3) 鸨科(Otidae):本科动物体型大,只有三趾,善走不善飞。多栖息于开旷的草原或沙地。药用种类如大鸨*Otis tarda* Linnaeus 等。

5. 鸽形目(Columbiformes) 为地栖或树栖鸟类。该目鸟类主要特征为喙短,被蜡质,基部多柔软;常具发达的翼,擅长飞行;腿短健,趾无蹼,后趾与前三趾在同一水平面或缺后趾;尾短而圆。本目中药用种类主要分布在鸠鸽科和沙鸡科。

(1) 沙鸡科(Pteroclidae):外形似鸽,与鸠鸽科鸟类不同的是嘴基不被蜡质,翅、尾长,跗跖部被毛,后趾退化或不存在,不能分泌"鸽乳"育雏。早成鸟。主要分布于沙漠地区,喜群居。常见的药用种类如毛腿沙鸡*Syrrhaptes paradoxus* Pallas 等。

(2) 鸠鸽科(Columbidae):本科鸟类主要特征为喙基部常被蜡质,翅端不呈尖形,跗跖部裸露,常具后趾,适于在地面行走。在育雏期间,本科鸟类能由嗉囊分泌"鸽乳"育雏。晚成鸟。分布于全国各地,常栖于山林、岩石中。常见药用种类有家鸽*Columba livia domestica* Linnaeus、岩鸽*Columba rupestris* Pallas、山斑鸠*Streptopelia orientalis* Latham(图16-13)、珠颈斑鸠*Streptopelia chinensis* Scopoli 等。

6. 鹃形目(Cuculiformes) 本目种类体修长,翅长而尖,善飞翔,尾长,对趾型,候鸟,晚成鸟。营树栖生活,大多数有寄生性繁殖习性,即将卵产于他鸟巢内,受他鸟的孵化、育雏。我国仅有杜鹃科(Cuculidae),17种。其中药用种类有大杜鹃*Cuculus canorus* Linnaeus、小杜鹃

● 图 16-13 山斑鸠

Cuculus poliocephalus Latham、四声杜鹃*Cuculus micropterus* Goula 和褐翅鸦鹃*Centropus sinensis* Stephens 等。

7. 鸮形目(Strigiformes) 为肉食性夜行猛禽。头、眼大,两眼并位向前,面部四周的羽毛呈放射性排列,颇似猫头。喙和爪强大锐利,弯曲成钩。第4趾能反转,构成对趾型。晚成鸟。我国有2科26种。其中鸱鸮科的药用价值较大。常见的药用种类有雕鸮*Bubo bubo* Linnaeus、斑头鸺鹠*Glaucidium cuculoides* Vigors、红角鸮*Otus sunia scops* Linnaeus、长耳鸮*Asio otus* Linnaeus、短耳鸮*Asio*

flammeus Linnaeus 等。

8. 雨燕目（Apocliformes） 体型小，嘴宽短而扁平，口裂极深，唾液腺发达，翅长而尖，善疾飞。适于在飞行中捕食昆虫。尾呈叉状，尾羽 10 枚，脚短而强健。晚成鸟。我国有 2 科 8 种。其中雨燕科（Apocliclae）的药用价值较大，分布于我国南海诸岛，栖于海边悬崖峭壁的洞穴之中，其窝巢就是燕窝。药用种类如金丝燕 *Collocalia esculenta* Linnaeus。

9. 佛法僧目（Coraciiformes） 本目多为体色艳丽的攀禽。嘴长而直或细而弯曲，腿短，并趾型。晚成鸟。我国有 5 科 25 种。其中翠鸟科和戴胜科的药用价值较大。

（1）翠鸟科（Aleecliclae）：嘴粗直，翅短圆，尾、腿均短，第 2、3 趾基部相连。常见的药用种类如翠鸟 *Alcedo atthis* Linnaeus。

（2）戴胜科（Upupidae）：嘴细长而向下稍弯曲，头上有显著的羽冠，形似僧帽。常见的药用种类如戴胜 *Upupa epops* Linnaeus。

10. 裂形目（Picifomes） 喙粗长侧扁，呈凿状。舌长，先端具角质小钩，在口内外伸缩自如。脚短而强健，对趾型，趾端有锐爪，尾呈楔形，羽干坚硬，富弹性。我国有 2 科 36 种。其中啄木鸟科（Picidae）与药用关系密切。本科的主要特点是嘴长尖而直，呈现楔状，适于啄木捕虫。跗跖前缘被盾状鳞，尾羽 12 枚，羽干通常坚硬。常见的药用种类有斑啄木鸟 *Dendrocopos major* Linnaeus、棕腹啄木鸟 *Dendrocopos hyperythrus*（Vigors）、白背啄木鸟 *Dendrocopos leucotos*（Bechstein）和黑枕绿啄木鸟 *Picus canus* Gmelin 等。

11. 雀形目（Passeriformes） 本目为体型小的鸣禽。主要特征包括外形不一，不同鸟类间喙与翅的变化很大，腿细弱，趾三前一后，中趾与后趾等长，鸣肌发达，擅长鸣叫，且声音悦耳多变。晚成鸟。

作为鸟类中最多的类群，本目约 5 100 种，占鸟类总数的 60%，我国约 650 种，占全国鸟类总数的 50% 以上。其中以燕科、鸦科、文鸟科、雀科的药用价值较大。

（1）燕科（Hirunclinidae）：体型小，嘴基部宽大，短而扁，口裂极深，嘴须常不发达。翅长而尖，尾呈叉状，脚短而细弱，趾三前一后分布。全国各地均有分布。喜栖于房屋墙壁之上。药用种类有灰沙燕 *Riparia riparia* Linnaeus、家燕 *Hirundo rustica* Linnaeus、金腰燕 *Hirundo daurica* Linnaeus（图 16-14）和毛脚燕 *Delichon urbica* Linnaeus 等。

（2）鸦科（Corvidae）：本科鸟类体型大，嘴粗长，鼻孔覆盖羽毛，脚强健。分布于全国各地。多栖于丘陵、山区的林木中。药用种类有大嘴乌鸦 *Corvus macrorhynchos* Wagler、秃鼻乌鸦 *Corvus frugilegus* Linnaeus、寒鸦 *Corvus monedula* Linnaeus、褐背地鸦 *Podece humilis* Hume 和喜鹊 *Pica pica* Linnaeus（图 16-15）等。

（3）文鸟科（Sturnidae）：嘴呈粗短的圆锥形，中央尾羽特长而形成楔形尾。全国有分布。喜栖于城镇、乡村的丛林之中。收获季节以谷物为食。常见的药用种类如麻雀 *Passer montanus* Linnaeus、山麻雀 *Passer rutilans* Temminck。

（4）雀科（Fringillidae）：主要特征同文鸟科，区别在于 9 枚初级飞羽，中央的尾羽不特别延长。药用种类包括黄胸鹀 *Emberiza aureola* Pallas、灰头鹀 *Emberiza spodocephala* Pallas（图 16-16）、黑尾蜡嘴雀 *Eophona migratoria* Hartert 和黑头蜡嘴雀 *Eophona personata* Temminck et Schlegel 等。

● 图 16-14　金腰燕　　　　● 16-15　喜鹊　　　　● 16-16　灰头鹀

附：鸟纲主要药用动物分目检索表

1. 脚适于游泳,蹼较发达

　2. 趾间具全蹼　…………………………………………… 鹈形目 Pelecaniformes

　2. 趾间不具全蹼

　　3. 嘴通常扁平,先端具嘴甲,雄性有交配器 ………………………… 雁形目 Anseriformes

　　3. 嘴不扁平,雄性无交配器

　　　4. 翅尖长,尾羽正常、发达 ……………………………………… 鸥形目 Lariformes

　　　4. 翅短圆,尾羽短,被覆羽掩盖,前趾各具瓣膜 ………………… 鸊鷉形目 Podicipediformes

1. 脚适于步行,蹼不发达或不具蹼

　5. 颈和脚较长,胫下部裸出,蹼不发达

　　6. 后趾发达,与前趾同在一个水平面上,眼腺裸出 ……………… 鹳形目 Ciconiiformes

　　6. 后趾不发达或完全退化,有时其位置较他趾为高。眼先被羽,翅大多短圆,趾间无蹼,有时

　　　具瓣膜 ……………………………………………………………… 鹤形目 Gruiformes

　5. 颈和脚较短,胫部被羽,无蹼

　　7. 嘴、爪均锐利弯曲,嘴基有蜡膜

　　　8. 足成对趾型,舌厚而肉质,尾脂腺被翎 ………………………… 鹦形目 Psittaciformes

　　　8. 足不成对趾型,尾脂腺被羽或裸出

　　　　9. 蜡膜裸出,两眼倒置,尾脂腺被羽 …………………………… 隼形目 Falconiformes

　　　　9. 蜡膜被硬须掩盖,两眼向前,外趾能反转,尾脂腺裸出 …………… 鸮形目 Strigiformes

　　7. 嘴、爪或平或较弯曲,嘴基无蜡膜(鸽形目除外)

　　　10. 趾三前一后,后趾有时不存在,各趾彼此分离(少数除外)

　　　　11. 嘴基柔软,被蜡质,且膨大而具角质(沙鸡亚目除外) ………… 鸽形目 Columbiformes

　　　　11. 嘴全被角质

12. 后趾不存在,跗跖部被羽到趾 ……………………………………………………

…………………………………………………… 鸽形目(沙鸡亚目)Columbiformes(Pterocletes)

12. 后趾通常存在,跗跖部裸出

13. 后爪较他爪短,雄鸟常有距 ……………………………………… 鸡形目 Galliformes

13. 后爪较他爪长,无距 ……………………………………………… 雀形目 Passeriformes

10. 趾非三前一后

14. 足大多数呈前趾型,嘴短阔而扁平,无嘴须 ……………………… 雨燕目 Apodiformes

14. 足不呈前趾型,嘴强壮而扁平,常有嘴须

15. 呈对趾型

16. 嘴粗直,呈凿状,尾羽通常坚硬挺尖 ……………………………… 鴷形目 Piciformes

16. 嘴端稍曲,不呈凿状,尾羽正常 ……………………………… 鹃形目 Cuculiformes

15. 足不呈对趾型,嘴长直或细而稍弯曲,鼻孔不呈管状,中爪不具栉橼………………

……………………………………………………………… 佛法僧目 Coraciiformes

第三节　常见药用动物

鸟纲动物药用在我国具有悠久的历史。历代本草都有鸟类的药用种类和情况的记载。现代药用鸟类多以普遍饲养供食用或观赏的种类为主,如家鸡、家鸭、家鹅、家鸽、鹌鹑、杜鹃、鹦鹉、戴胜等;只有少数种类是为药用专门饲养的,如乌鸦;部分种类虽未饲养,也常见易得,如麻雀、家燕等。虽然鸟类的商品药材不多,但应用鸟类的肉、卵、胆、羽毛等防治疾病,在中医临床上,尤其是在民间仍很普遍。

目前,我国药用鸟类有281种,分属21个目,54多个科。常用的药用动物如下。

一、乌骨鸡 *Gallus gallus domesticus* Brisson

为鸡形目雉科动物,又名乌鸡、松毛鸡、绒毛鸡、凤头鸡等。喜群居,善于在野外找寻虫、蚁为食。在我国多为人工饲养,专供药用。原产江西泰和县,现今其他地区亦有饲养。

(一) 形态与结构

1. 外部形态　鸡体矮小,呈流线型,重约1.5kg。皮肤乌黑,表面被白色羽毛。头小,喙为长圆锥形,外部具角质鞘;上喙基部两侧有裂缝状的鼻孔;眼圆而黑,具绿色耳叶;头顶具肉冠,上部着生一撮白色绒毛;喉部两侧生有肉垂。颈短,躯干略呈卵圆形,结实紧凑,背部平顺,腹部外凸。尾短,其上具三角形肉质凸起,背面着生尾脂腺,腹面具横裂的泄殖孔。翼较短而圆,不发达,呈飞羽分裂状,飞翔力弱。后肢股部较粗短,胫部细长,其下部裸露,黑色角质鳞片覆盖于表面;足部跗跖部位于近心端,远心端四趾着地,三前一后,表面也覆盖黑色角质鳞片。全身被白色羽毛,除翅羽

● 图 16-17 乌骨鸡

外,均柔软绒和,呈绢丝状。因其皮、肉和骨均呈乌黑色,素有"乌鸡白凤"之称。但也有黑毛乌骨、斑毛乌骨及肉白骨乌等多种变异。

雄鸡较大,肉冠、肉垂明显,足部可见钉状距(图16-17)。

2. 皮肤及其衍生物　皮肤薄、松、软而干燥,乌黑色。尾脂腺分泌物含有麦角固醇,在日光中紫外线照射下生成维生素 D,经皮肤吸收后可促进骨骼的生长发育。皮肤衍生物包括羽毛、角质鳞片和鞘、距、爪、尾脂腺等。除羽毛外,均呈乌黑色。羽毛白色,有正羽、绒羽和毛羽之分,也有羽区与裸区之别。

3. 骨骼系统　骨骼包括中轴骨和附肢骨。中轴骨包括头骨、脊柱、肋骨和胸骨;附肢骨包括前肢骨和后肢骨。均具坚固、轻便的特点。

(1) 头骨:主要由上颌骨、下颌骨、鼻骨、颧骨、额骨、顶骨、枕骨、方骨、耳骨等组成(图16-18)。

(2) 脊柱:由 14 枚颈椎、7 枚胸椎、6 枚腰椎、2 枚荐椎及 16 枚尾椎组成。颈椎有寰椎和枢椎的分化。第 2 至第 5 胸椎愈合,第 1 和第 6 胸椎游离,第 7 胸椎与腰椎愈合。腰、荐椎愈合成一块综荐骨,它是由第 7 胸椎、6 枚腰椎、2 枚荐椎和 7 枚尾椎愈合而成,与后肢的腰带紧密连接,形成腰荐部和后肢的坚强支架。乌鸡有 5 枚尾椎游离,其后面的 4 枚尾椎愈合成一块三角形的尾综骨,支持尾羽。

(3) 胸骨和肋骨:均为硬骨,除具龙骨凸起外,两侧还有前侧突、斜侧突和后侧突 3 个凸起。同时胸骨上部两侧与胸肋形成关节;前缘两侧有与肩带的乌喙骨相关节的关节沟。

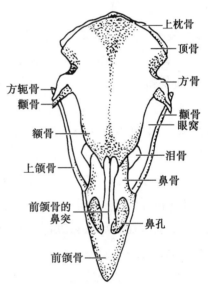

● 图 16-18　乌骨鸡头骨结构示意图
(背面观)

(4) 前肢骨:分为肩带和翼骨两部分。肩带包括肩胛骨、锁骨和乌喙骨三部分。锁骨不发达,细长,于胸前形成叉骨;翼骨分为三段,肱骨位于上段,中段为前臂骨(由粗大的尺骨和细小的桡骨共同组成),下段由三部分组成,分别为腕骨、掌骨和指骨。腕掌骨由除尺骨、桡腕骨外的腕骨其余部分与掌骨合并而成。

(5) 后肢骨:由腰带和后肢骨两部分组成。腰带包括髂骨、坐骨和耻骨三部分。成鸡腰带已愈合,与综荐骨合并组成开放式骨盆。后肢骨粗壮,分为股骨、胫跗骨、跗跖骨和趾骨四部分。雄鸡的跗跖外侧有一强大的凸起,成为构成距的骨质基础。

4. 肌肉系统　肌肉系统的特征是大腿肌特别发达,其次是胸肌和皮肌,背部肌肉已退化。乌鸡是地栖鸟类,飞翔能力弱,善于在地面行走掘地寻食。所以与善飞的鸟类相比,大腿肌相对要发达得多,且都集于股部和小腿上方,各以长的肌腱贯行到趾端。

5. 消化系统　消化系统包括消化管和消化腺两部分。

（1）消化管：由喙、口腔、食管、胃、小肠、盲肠、直肠和泄殖腔组成。

1）食管：较长，且具很大的扩张力。中部膨大成嗉囊，具有临时贮存和软化食物的作用。

2）胃：分为腺胃和肌胃两部分。腺胃能够分泌大量消化液，具较强的消化能力。肌胃又称砂囊，非常发达，外层为肌肉层，内层为角质层。肌胃中常有鸡啄食的砂粒，能磨碎食物并进行机械消化。

3）小肠：是消化和吸收营养物质的重要场所，为鸡身长的4~6倍。盲肠发达。

（2）消化腺：较发达，包括肝脏和胰腺两部分（图16-19）。乌鸡具有很强的消化能力，进食15分钟后就可在肝门静脉中发现被消化吸收的葡萄糖和氨基酸。

6. 呼吸系统　乌鸡与一般鸟类呼吸系统的结构无本质区别，因其为地栖鸟类，飞翔能力弱，虽进行双重呼吸，但气囊不发达，故与其他地栖的脊椎动物一样主要进行胸腹式呼吸。

7. 循环系统　循环系统包括心脏、动脉、静脉、血液和淋巴系统。

（1）心脏：分四腔，静脉窦退化，为完善的双循环。在鸡胚发育动脉弓有6对，当发育成幼体时仅剩下右体动脉弓。

（2）动脉：自左心室发出后，右体动脉弓伸出不远后分出无名动脉1对，而后于头部又

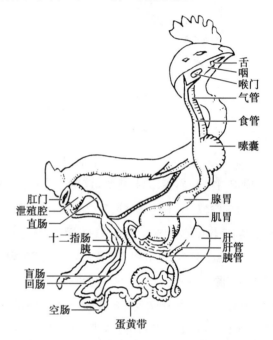

● 图16-19　乌骨鸡消化系统结构示意图

分出颈总动脉流至头部；胸动脉流至胸肌；锁骨下动脉流至前肢。右体动脉弓分出无名动脉，而后向左弯曲，在心脏背面形成背大动脉，并沿背部下行，依次分出成对的肋间动脉、腰动脉后流至体壁；肾动脉流至肾脏；髂动脉流至后肢；不成对的腹腔动脉流至腹腔；肠系膜动脉流至肠系膜。背大动脉形成细小的尾动脉，最后流至尾部。

（3）静脉：乌鸡肾门静脉退化，其所具的尾肠系膜静脉为鸟类特有。一对前腔静脉于颈静脉处汇集，胸静脉和肾静脉的血液均流回至右心房；另一对后腔静脉短粗，汇集于髂总静脉，血液最后也流入右心房。尾静脉分出的尾肠系膜静脉，在汇入肝门静脉后，经由肝静脉进入后腔静脉。

（4）血液：红细胞呈卵圆形，具细胞核。红细胞数多于爬行类，少于哺乳类。

（5）淋巴系统：由淋巴管、淋巴小结（位于消化管壁）、腔上囊、胸腺（幼鸡明显）和脾脏等组成。

8. 排泄系统　排泄系统包括肾、输尿管、泄殖腔和泄殖孔。肾脏位于综荐骨背侧的深窝中，左右各一。每一肾呈扁平状，紫褐色，质软而脆，分为前、中、后三叶。乌鸡具有较强的泌尿功能。无膀胱，输尿管较短，直接开口于泄殖腔。尿液主要为尿酸，随粪便排出。

9. 神经系统　神经系统由脑和神经组成。脑包括大脑、间脑、中脑、小脑和延脑。

（1）大脑：膨大，表面光滑，分为左、右两半，其内有较大的第一脑室、第二脑室。嗅叶退化。

（2）间脑和中脑：背面被大脑覆盖，内有第三脑室。中脑位于大脑半球后下方，其背侧有发达的视叶。

（3）小脑和延脑：小脑较发达；延脑与脊髓相连，其内有第四脑室。

（4）脊髓和神经：脊髓内有颈、腰膨大。脑神经 12 对，第 11 对不发达。神经数量多，形成了臂神经丛和腰荐神经丛，分别通到前、后肢。

（5）感觉器官：感觉器官中以视觉、听觉较发达，味觉和触觉不发达，嗅觉退化。

10. 生殖系统

（1）雄鸡生殖系统：由睾丸、附睾、输精管三部分组成。睾丸 1 对，呈卵圆形；附睾是一条弯曲的长管，位于睾丸内侧中央处；输精管沿输尿管下行，在其进入泄殖腔前膨大形成贮精囊，末端开口于泄殖腔。雄鸡仅有残存的阴茎乳头，可作为鉴别幼鸡雌雄的特征（图 16-20）。

（2）雌鸡生殖系统：由卵巢、输卵管和泄殖腔三部分组成。右侧退化，仅左侧发达。成鸡的输卵管由伞部、蛋白质分泌部、颈部、子宫、阴道等部分组成，呈结节状。阴道开口于泄殖腔右侧。在输卵管内停留 22~24 小时后，鸡卵即可排出体外。

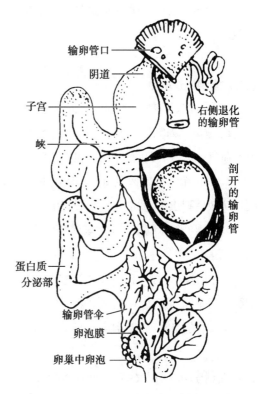

输卵管口
阴道
子宫
峡
蛋白质
分泌部
输卵管伞
卵泡膜
卵巢中卵泡
右侧退化
的输卵管
剖开的
输卵管

● 图 16-20　乌骨鸡雌性生殖器官结构示意图

（二）药用与功效

以乌骨鸡去羽毛、内脏的全体入药。本品始载于《本草纲目》禽部鸡的项下。本品味甘，性平。功效补肝肾，益气血，退虚热，止带浊。用于气血虚弱，赤白带下，遗精白浊，脾虚滑泻，消渴及骨蒸劳热等。传统中成药"乌鸡白凤丸"就是以本品为主药配制而成，是妇女补气养血、调经止带的著名良药。

此外，乌骨鸡的肌胃内壁（鸡内金）、卵、胆也供药用，其功能、主治同家鸡。

二、家鹅 *Anser cygnoides orientalis* Linnaeus

家鹅为雁形目鸭科动物，又名中国鹅。世界上鹅分为中国鹅和欧洲鹅两大体系。其中，中国鹅来源于鸿雁 *Anser cygnoides* Linnaeus，欧洲鹅来源于灰雁 *Anser anser* Linnaeus。我国现已培育出白鹅、灰鹅和狮头鹅三个饲养类型。喜群居，好斗。嗜食青草。全国各地均有饲养，以华东、华南较多。

（一）形态与结构

体大，长 80~100cm，重达 4~5kg。头较大，额部凸出，嘴长而扁宽，在其上基部处具一大而硬的肉质瘤状凸起,皱褶的嘴下皮肤呈"口袋"形。颈长而稍弯曲,胸部丰满,尾部短而上翘。具发达的尾脂腺,呈囊袋状。腿长,前三趾具蹼。站立时昂首挺胸。常见灰、白两种。白鹅全身羽毛洁白,嘴、肉瘤,腿、脚、蹼均为橘黄色;灰鹅从头到背黄褐色或黑色,嘴、肉瘤黑色,腿、脚、蹼灰黄色。

(二) 药用与功效

主要以肉、肌胃内壁、卵、脂肪供药用。

1. 鹅肉　为家鹅去羽毛、内脏的全体或肌肉。始载于《名医别录》列为上品。本品味甘,性平。益气补虚,和胃止渴。用于虚损,消渴,中气不足等。

2. 鹅内金　为家鹅肌胃的角质内壁。本品表面灰白色或灰黄色,平滑无光泽。质硬而脆,气腥。功效健脾止泻,助消化。用于脾虚泻泄,食积不化等。

3. 鹅卵(俗称鹅蛋)　为家鹅所产之卵。味甘,性温。补中益气。用于中气不足之气喘,泄泻,带下等。

4. 白鹅膏　为白毛家鹅的脂肪油。始载于《名医别录》。本品味甘,性寒。清热解毒,滋润皮肤。用于痈肿疮毒,手足皲裂。

此外,鹅尾肉、血液、胆汁、卵壳、唾液、黄色蹼膜亦供药用。

三、家鸭 *Anas platyrhynchos domestica* Linnaeus

为雁形目鸭科动物,又名鸭、鸭子。绿头鸭 *Anas platyrhynchos* Linnaeus 经长期人工饲养驯化形成现在的家鸭。目前我国已培育出北京鸭、金定鸭、高邮鸭三个饲养类型。全国各地均有饲养,主产于南方。

(一) 形态与结构

身长背宽,嘴扁平,喙缘具栉状缺刻。颈长。翅短小,不善飞。尾短,腹面如船底。脚位于体后部,具四趾,前三趾间有蹼,后趾略小。具发达的尾脂腺。雄鸭形体较大,具交配器。喜群居,善游泳,在水中寻食。

(二) 药用与功效

主要以肉、肌胃内壁、卵、胆、血液供药用。

1. 白鸭肉　为家鸭去羽毛、内脏的全体或肌肉,家鸭原名鹜。始载于《名医别录》,列为上品。其味甘、咸,性平。具滋阴养胃,利水消肿功效。用于骨蒸劳热,咳嗽,水肿等。

2. 鸭肫衣(鸭内金)　为家鸭的干燥肌胃内壁。始载于《本草纲目》,其味甘,性平。功效消食积。用于食积不化,噎膈反胃,诸骨鲠喉。现代临床多用作消导药,疗效颇佳。

3. 鸭卵(鸭蛋)　为家鸭所产之卵。始载于《本草经集注》,其味甘,性凉。功效滋阴清肺。用于肺热咳嗽,喉痛咽干,齿痛和泻痢等。

4. 鸭血　为家鸭鲜血,始载于《本草经集注》。功效补血解毒。用于失血血虚,或小儿白痢似鱼冻者,可以取鲜血趁热饮,或冲入热酒服。

5. 鸭胆　为家鸭的胆囊,始载于《本草纲目》。功效清肝明目。用于肝热目赤肿痛,目生翳障,痔疮肿痛,痔核,热毒疮疖。

6. 变蛋　为家鸭卵腌制品,始载于《医林纂要》。功效清热燥湿,平肝明目。用于湿热泻痢,咳喘,高血压等症。

此外,其脂肪油、口涎、粪便、羽毛亦供药用。

四、鹌鹑 *Coturnix coturnix* Linnaeus

为鸡形目雉科动物,又名赤喉鹑、红面鹌鹑。除家养外,多分布于平原、丘陵、溪流岸边的灌木丛中。冬季常成对生活,迁徙季节成大群活动。广泛分布于全国各地。主产四川、广西等地。

(一) 形态与结构

体小,长 17~18cm,重达 100~150g。形似小鸡,头小,顶部黑色,杂以栗色细斑。头顶中央及两侧分布有棕白色的纵冠纹;嘴黑褐色,基部呈栗褐色;头侧、额、颏和喉部显砖红色。背部栗色,其上散布有黑色横斑和蓝灰色羽缘。两肩及下臂呈黑色,密盖栗黄色纤细横斑。胸部为栗黄色,下体两侧栗色,散布黑斑。尾短,黑色,脚显黄褐色。雌鸟色泽不如雄鸟艳丽。

(二) 药用与功效

以肉、卵供药用。

1. 鹌鹑肉　为鹌鹑去羽毛、内脏的全体或肌肉。始载于《嘉祐本草》,味甘,性平。功效补五脏,益中续气,利水消肿。用于小儿疳积,泻痢,湿痹,百日咳等。

2. 鹌鹑卵(鹌鹑蛋)　为鹌鹑所产之卵。功效补脾健胃,养心安神。用于脾胃虚弱,食少便溏,失眠多梦,心悸不宁,久病体弱等。

五、家鸡 *Gallus gallus domesticus* Brisson

为鸡形目雉科动物,又名鸡。系由原鸡 *Gallus gallus* Brisson 经长期人工驯化而来。现已培育出狼山鸡、九斤黄鸡等多种饲养类型。喜群居,善于在野外寻食。全国各地均有饲养。

(一) 形态与结构

体呈流线型,头小而拱圆,嘴短质地坚硬,上嘴略弯曲。鼻孔具鳞瓣,眼有瞬膜。颈长,活动自如。躯干结实,呈纺锤形。翼短圆,不善飞。后肢健壮,跗跖部及足部均被鳞片,具四趾,后趾小,趾端具爪。

家鸡雌雄异形,雄鸡形体较大,头部具肥大的肉冠和肉垂,羽毛美观,尾羽长而艳丽,脚上有距;雌鸡形体较小,头部肉冠和肉垂瘦小,羽毛朴素,尾羽短,脚上无距。

(二) 药用与功效

主要以肌胃内壁、肉、肝、胆汁、卵、血液、鸡头等供药用。

1. 鸡内金　为家鸡的干燥肌胃内壁。原名鸡肶胵里黄皮,载于《神农本草经》,列为上品。其味甘,性平。功效健脾消食,固精止遗。用于消化不良,食积不化,小儿疳积,遗尿遗精。近代用于治疗泌尿道和肝胆结石。

2. 鸡肉　为家鸡去羽毛、内脏的全体或肌肉。始载于《神农本草经》,列为上品。其味甘,性温。功效温中,益气,补中添髓。用于虚劳消瘦,中虚食少,泄泻下痢,消渴,水肿,小便频数,崩漏带下以及产后乳少和病后虚弱等。

3. 鸡子　为家鸡所产之卵。其味甘,性平。功效滋阴润燥,养血安胎。用于热病烦闷,燥咳声哑,目赤咽痛,胎动不安,产后口渴等。外用治烫火伤。

其卵白和卵黄也可分开供药用。卵黄入药称鸡子黄,性味甘,平。功效滋阴润燥,养血息风。用于心烦不眠,热病痉厥,虚劳吐血和烫伤、烧伤。卵白入药称鸡子白,味甘,性凉。功效清热解毒,清肺利咽。用于咽喉肿痛,目赤,咳逆,热毒肿痛等。

4. 鸡肝　为家鸡的肝脏,始载于《名医别录》,其味甘,性微温。功效补肝肾。用于肝虚目暗,小儿疳积和妇人胎漏等。

5. 鸡胆　为家鸡的新鲜胆汁。始载于《名医别录》,其味苦,性寒。功效清热解毒,祛痰止咳,明目。用于百日咳,慢性喘咳,目赤流泪和痔疮肿痛等。

6. 鸡血　为家鸡的新鲜血液。始载于《名医别录》,其味咸,性平;无毒。功效祛风止痉,活血通络。用于小儿急慢惊风,中风口眼㖞斜等。

7. 鸡头　为家鸡的头。始载于《蜀本草》,其味甘,性温;无毒。入肝、肾经。功效补血安胎,宣阳解毒。用于肾阴虚,胎动不安,麻疹,时疹毒疮。煮食服,具补肝肾、活血通经作用。用于治疗月经不调,小儿痘疹不起等。

8. 鸡脑　为家鸡的脑。始载于《本草纲目》,其味甘,性平,入心、肝经。功效通经,醒脑,平肝。用于难产,摇头。烧灰酒送服,有活血息风作用。用于治疗小儿惊痫,难产等。

此外,鸡的卵壳、孵出雏鸡之卵壳内膜(凤凰衣)、黄油、嗉囊、脂肪等亦可入药。凤凰衣,味甘,性温;无毒。功效理气,消翳障。用于久咳气急,目中生翳,失声,反胃,并涂疮毒;也可用于治疗习惯性流产与口腔溃疡。鸡蛋黄油为从鸡蛋的蛋黄中煎取的油,又称鸡子鱼、凤凰油等。蛋黄油是治疗轻度水烫伤、油烫伤的良药,除可作烫伤涂搽之用外,蛋黄油内服还可治小儿消化不良等症。

目前,临床上还应用鸡皮移植治疗烧伤创面,可代替同种异体皮。

六、家鸽 *Columba livia domestica* Linnaeus

为鸽形目鸠鸽科动物,又名鸽、信鸽。家鸽是由原鸽 *Columba livia* Gmilin 经长期人工饲养驯化而来的。目前已培育出上百个饲养品种。家鸽喜结群飞翔,因其高速耐久的飞翔能力和超强的记忆力,全国各地均有饲养。

(一) 形态与结构

体呈纺锤形,头小而圆,前端具圆锥形的喙,其上基部具蜡膜。眼大而圆,颈基两侧至胸部呈紫绿色,显金属光泽。上背、两翅覆羽和三级飞羽呈瓦灰色;下背羽色稍淡,翅上部有一黑色横斑。腰和尾的覆羽为石板灰色,腹面自胸以下为鲜灰色。尾较短,其末端具黑色横斑。脚短健,显铜黄色至肉红色,爪黑色。雄鸽形体较大,颈粗短,叫声洪亮。

(二) 药用与功效

主要以肉、卵、粪便入药。

1. 鸽肉　为家鸽去羽毛、内脏的全体。鸽的药用载于《嘉祐本草》,其味咸,性平。功效滋肾益气,祛风,解毒。用于虚损,消渴,久疟,妇女血虚经闭,恶疮疥癣,肠风下血等。鸽肉也是"乌鸡白凤丸"的组成药物之一。

2. 鸽卵　为家鸽所产之卵。始载于《本草纲目》,其味甘、咸,性平。功效补中益气,解毒。用于气短,纳少,泄泻,恶疮疥癣和痘疹难出等。

3. 左盘龙　为家鸽的粪便。其味辛,性温;有微毒。功效消肿,祛风,杀虫。用于瘰疬疮毒,腹中痞块,风疹,虫痒等。

七、麻雀 *Passer montanus* Linnaeus

为雀形目文鸟科动物,又名树麻雀。喜成群在农田及乡镇附近的丛林中活动。常栖于墙缝、房檐或树洞中。全国各地均有分布。

(一) 形态与结构

体小,长约13cm,重20g左右。雌雄相似,耳羽下有一黑色斑块。眼先、颏、喉的中部黑色,喉侧白色。额部至后颈呈暗栗褐色,上背和两肩显棕褐色,杂以黑褐色纵纹。下背和尾下覆砂褐色羽。胸和腹部呈白色,杂以砂褐色斑点。两翅短小,为黑褐色,初级飞羽外翈具两道显著的棕色横斑。尾呈黑褐色,脚灰褐色。

(二) 药用与功效

主要以肉、卵、粪便供药用。

1. 麻雀肉　为麻雀去羽毛、内脏的全体。麻雀原名雀,载于《名医别录》,列为中品。本品味甘,性温。功效壮阳益精,暖腰膝,缩小便。主治阳虚瘦弱,阳痿,疝气,小便频数,崩漏带下等。

2. 雀卵　为麻雀所产之卵。始载《别录》,其味甘、咸,性温。入肾、命门二经。功效补肾阳,益精血,调冲任。用于阳痿,血枯,崩漏,带下等。阴虚火盛者忌之。

3. 白丁香　为麻雀的粪便。本品药用始载于《滇南本草》,其味苦,性温;有小毒。入肝、肾二经。功效消积除胀,退翳明目。用于积聚,疝气,目翳,胬肉,痈疽,龋齿等。

此外,麻雀的肝、脑亦可供药用。

与麻雀功效相似,同等入药用还有同科的家麻雀 *Passer domesticus* Linnaeus 和山麻雀 *Passer rutilans* Temminck。

附：麻雀属主要药用种类检索表

1. 无眉纹
    2. 头顶灰色 ·· 家麻雀（雄性）*Passer domesticus*（masculus）
    2. 头顶红褐色
        3. 耳羽有黑斑·········· 麻雀（雄性、雌性）*Passer montanus*（masculus，femineus）
        3. 耳羽无黑斑 ································· 山麻雀（雄性）*Passer rutilans*（masculus）
1. 有眉纹
    4. 腰灰褐色，下体无黄色 ···················· 家麻雀（雌性）*Passer domesticus*（femineus）
    4. 腰棕褐色，下体多少带黄色 ············· 山麻雀（雌性）*Passer rutilans*（femineus）

八、其他药用动物

（一）鸢 *Milvus korschun*（Gray）

为隼形目鹰科动物，又名老鹰、岩鹰、黑耳鸢等。主要以脚爪、脑、骨供药用。鹰爪功效祛风镇痉，解毒止痛。用于小儿惊风，头晕目眩，风湿痹痛，痔疮肿痛等。鸢脑功效止痛解毒。用于头风，痔瘘等。鸢骨（雕骨）功效活血止痛。用于跌打损伤，瘀血疼痛，骨折及风湿痹痛等。

（二）金丝燕 *Collocalia esculenta* Linnaeus

为雨燕目雨燕科动物。以巢窝入药，又名燕窝菜、燕蔬菜、燕菜。燕窝始载于《本经逢原》，其味甘，性平。功效养阴润燥，益气补中。用于虚损，痨瘵，咳嗽痰喘，咯血，吐血，久痢，久疟，噎膈反胃。

（三）大嘴乌鸦 *Corvus macrorhynchos* Wagler

为雀形目鸦科动物，又名乌鸦、寒鸦。主要以全体或肉、头、胆供药用。其全体或肉，具祛风定痫，已痨止血功效。用于小儿癫狂，痨伤出血，头晕目眩，老人头风和骨蒸潮热等。其头用于敛疮生肌。治蜂瘘，烂眼边。其胆用于解毒消肿。治风眼红烂，赤眼，肿痛。

与大嘴乌鸦功效相似，同等入药的还有同科属的秃鼻乌鸦 *Corvus frugilegus* Linnaeus。

（四）家燕 *Hirundo rustica* Linnaeus

为雀形目燕科动物，又名春燕、胡燕、燕子。主要以巢泥、粪便供药用。燕窝泥（燕寒土），具清热解毒功效，用于湿疹，恶疮，丹毒等；燕屎可破癥闭，利小便，用于石淋，小便不利等。

与家燕药效相似，同等入药的还有同科属的金腰燕 *Hirundo daurica* Linnaeus，又名巧燕、花燕等。

（五）斑嘴鹈鹕 *Pelecanus philippensis* Gmelin

为鹈形目鹈鹕科动物，又名塘鹅、淘河。主要以脂肪油入药。功效解毒消肿，祛风除湿，活血通络。用于疮疡肿毒，风湿疼痛，跌打损伤等。

（六）鸬鹚 *Phalacrocorax carbo* Linnaeus

为鹈形目鸬鹚科动物，又名鱼鹰、山老鸦。以去羽毛、内脏的全体入药，称鸬鹚肉。功效利水消肿。用于腹水胀满，四肢水肿，小便不利等。

（七）麝香鸭 *Cairina moschata* Linnaeus

为雁形目鸭科动物，又名洋鸭、西洋鸭、旱鸭。全国有饲养。主要以去羽毛、内脏的全体入药，称洋鸭肉。功效补肾助阳，温中燥湿。用于肾虚阳痿，腰膝冷痛，腹痛肠鸣和肾虚水肿等。

（八）鸊鷉 *Podiceps ruficollis* Pallas

为鸊鷉目鸊鷉科动物，又名水葫芦、药葫芦。以肌肉入药，称油鸭肉。功效补中益气，止痢止泻。用于脱肛，遗尿，痔疮，久泻不愈等。

（九）山斑鸠 *Streptopelia orientalis* Latham

为鸽形目鸠鸽科动物，又名斑鸠、雉鸠。主要以去羽毛、内脏的全体入药。称斑鸠肉。始载于《本草衍义》。其性平，味甘、苦、咸；无毒。入肝、脾、肺、肾经。功效滋补肝肾，益气，明目功效。用于久病虚损，气阴两亏，视物昏花等。

与本种功效相似，同等入药的还有珠颈斑鸠 *Streptopelia chinensis* Scopoli。

（十）褐翅鸦鹃 *Centropus sinensis* Stephens

为鹃形目鸦鹃科动物，又名毛鸡、戏毛鸡、大毛鸡等。以去羽毛、内脏的新鲜或干燥全体入药，称毛鸡肉。系广西著名"毛鸡酒"的主药。能补血，调经，通乳和祛风除湿。主治妇女产后体虚，风湿痹痛，手脚麻木以及跌打损伤等。

与该种功效相似，同等入药的小鸦鹃 *Centropus bengalensis* Lignator，称小毛鸡肉。

此外，本纲供药用的尚有池鹭 *Ardeola bacchus* Bonaparte、白鹭 *Egretta garzetta* Linnaeus、白鹳 *Ciconia ciconia* Linnaeus、秋沙鸭 *Mergus merganser* Linnaeus、苍鹰 *Accipiter gentilis* Linnaeus、秃鹫 *Aegypius monachus* Linnaeus、鹧鸪 *Francolinus pintadeanus* Scopoli、灰胸竹鸡 *Bambusicola thoracica* Temminek、白鹇 *Lophura nycthemera* Linnaeus、孔雀 *Pavo muticus* Linnaeus、灰鹤 *Grus grus* Linnaeus、普通秧鸡 *Rallus aquaticus* Linnaeus、红脚鹬 *Tringa totanus* Linnaeus、红嘴鸥 *Larus ridibundus* Linnaeus、大杓鹬 *Numenius madagascariensis* Linnaeus、绯胸鹦鹉 *Psittacula alexandri* Linnaeus、大杜鹃 *Cuculus canorus* Linnaeus、普通夜鹰（蚊母鸟）*Caprimulgus indicus* Latham、短嘴金丝燕 *Collocalia brevirostris* Moclelland、云雀 *Alauda arvensis* Linnaeus、八哥 *Acridotheres cristatellus* Linnaeus、喜鹊 *Pica pica* Linnaeus、河乌 *Cinclus cinclus* Linnaeus、乌鸫 *Turdus merula* Linnaeus、暗绿秀眼鸟 *Zosterops japonicus* Temminck et Schlegel、黑鸫 *Turdus merula* Linnaeus、黑枕黄鹂 *Oriolus chinensis* Linnaeus、黄脚三趾鹑 *Turnia tanki* Blyth 等。

（吴军凯）

第十七章　哺乳纲

Mammalia

哺乳纲(Mammalia)动物是动物世界中形态结构最高等、生理功能最完善、智力水平最高、与人类关系最密切的一个类群。最重要的特征是:智力和感觉能力的进一步发展;体温的恒定;繁殖效率的提高;获得食物及处理食物的能力增强。这一切都涉及身体结构的改变,如脑容量的增大和新皮质的出现,视觉、嗅觉的高度发展,听觉有更大的特化;牙齿和消化系统的特化有利于食物的消化利用;四肢的特化有助于获得食物和逃避敌害;呼吸、循环系统的完善和覆盖体表的独特的毛被有助于恒定体温的维持,这些可保证它们在广阔的环境条件下生存;而胎生、哺乳等特有特征,又能保证其后代更高的成活率及一些种类复杂社群行为的发展。

目前,世界上哺乳动物种类有4 180种左右,而我国有500余种,占全球种类的10.72%。其中一些种类如大熊猫、白唇鹿、藏羚羊、金丝猴等是我国特有的珍稀动物;有些种类如林麝、梅花鹿、马麝、原麝、华南虎、穿山甲等是主产于我国的珍贵动物;还有许多重要资源动物如药用兽、毛皮兽、肉用兽等。

第一节　哺乳纲动物的主要特征

一、皮肤及其衍生物

哺乳动物的皮肤致密,结构完善,具有良好的抗透水性,能有效地抵抗张力和阻止细菌侵入,并有着调节体温、感受外界刺激、排泄等功能,且皮肤在整个生命过程中是不断更新的。为适应多变的外界条件,其皮肤的质地、颜色、气味、温度以及其他特性,能够与环境条件相协调。

(一) 皮肤的结构

哺乳动物的皮肤由表皮和真皮组成(图 17-1)。表皮的表层为角质层。表皮的深层为活细胞组成的生发层。表皮下为真皮,是皮肤的主体,由致密结缔组织构成,含有交错排列的胶原纤维和弹性纤维。真皮中分布着血管、淋巴管、神经末梢、感受器以及毛发、毛囊、皮脂腺、汗腺等。在真皮下还有发达的蜂窝组织,能储蓄丰富的脂肪,构成皮下脂肪层。

(二) 皮肤衍生物

哺乳动物的表皮中有许多由表皮分化形成的皮肤腺、毛、角、爪、甲及蹄等皮肤衍生物。

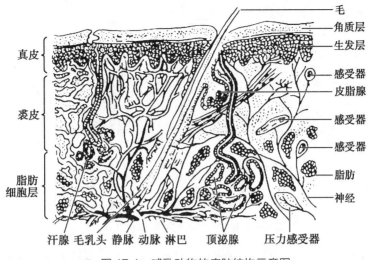

图 17-1　哺乳动物的皮肤结构示意图

1. 皮肤腺　哺乳动物的皮肤腺十分发达,来源于表皮的生发层,为多细胞腺。根据结构和功能的不同,可分为皮脂腺(sebaceous gland)、汗腺(sweat gland)、气味腺(臭腺,scent gland)、乳腺(mammary gland)等。

(1) 皮脂腺:为泡状腺,多开口于毛囊基部,其分泌物含油,有润滑毛和皮肤的作用。

(2) 汗腺:是一种管状腺,下陷入真皮深处,盘卷成团,外包以丰富的血管。它的主要功能是蒸发散热及排出部分代谢废物。部分哺乳动物汗腺不发达的种类(如犬),主要靠口腔、舌和鼻表面蒸发散热来调节体温。

(3) 气味腺(臭腺):为汗腺或皮脂腺的衍生物,主要功能是传递信息、标记领域,有的还具有自卫的作用。气味腺有麝香腺、肛腺、腹腺、侧腺、背腺、包皮腺等。气味腺的出现及发达程度,与哺乳类以嗅觉作为主要的猎食方式相联系的,而以视觉作为主要定位器的动物类群,其嗅觉及气味腺均发生显著退化。

(4) 乳腺:为哺乳类所特有的腺体,是一种管状腺与泡状腺复合的腺体,为特化的汗腺,其分泌的乳汁含有丰富营养物质,以哺育幼仔。乳腺开口于凸出的乳头上。乳头又分真乳头和假乳头(图17-2):真乳头的导管直接向外开口;假乳头的乳腺管开口于乳头基部腔内,再由总的管道通过乳头向外开口。不同哺乳动物的乳头数目2~19个不等,如猪为4~5对,牛羊为2对,猴与蝙蝠为1对。低等哺乳动物不

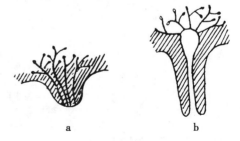

图 17-2　哺乳动物的乳头结构示意图
a.真乳头;b.假乳头

具乳头,乳腺分泌的乳汁沿毛流出,供幼仔直接舐吸。而鲸等没有嘴唇的哺乳动物,其乳腺区有肌肉,能将乳汁压入幼鲸口腔。

2. 毛　为表皮角化的产物,是哺乳动物特有的结构。由毛干及毛根两部分组成(图17-3)。毛干由皮质部和髓质部构成;着生于毛囊里的毛根外被毛鞘,末端膨大呈球状,称为毛球,毛球基部凹入,内有毛乳头,其丰富的血管可输送毛生长所必需的营养物质。在毛囊内有皮脂腺的开口,可分泌润泽毛及皮肤的油脂。毛囊基部还有竖毛肌附着,收缩时可使毛直立,有助于体温调节。

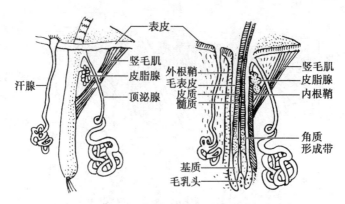

● 图 17-3　哺乳动物毛的结构示意图
示毛囊(左)和毛囊纵切面(右)

根据形态结构的不同,毛分为针毛(或称刺毛)、绒毛及触毛三类。针毛长而粗,坚韧耐磨,有一定毛向,具有保护作用。绒毛位于针毛的下层,短而密,柔软而无毛向,有保温的作用。触毛长在嘴边,是由针毛特化而成,长而硬,有触觉的作用。哺乳类体外的被毛常形成毛被,具有隔热、保温的功能。水生哺乳动物如鲸,基本上无毛,但发达的皮下脂肪可保持体温的恒定。

毛通常每年有一两次周期性换毛,一般来说,夏毛短而稀,绝热力差,而冬毛长而密,保温性能好。陆栖哺乳动物的毛色与其生活环境的颜色常保持一致,森林或浓密植被下生活的哺乳动物毛多呈暗色,开阔地区的毛主要呈灰色,沙漠地区多呈沙黄色。

3. 角　为哺乳动物头部表皮及真皮特化的产物。表皮产生角质角,如牛、羊,真皮形成骨质角,如鹿角。哺乳类的角可分为表皮角、洞角、实角、叉角羚角、长颈鹿角等5种类型(图17-4)。

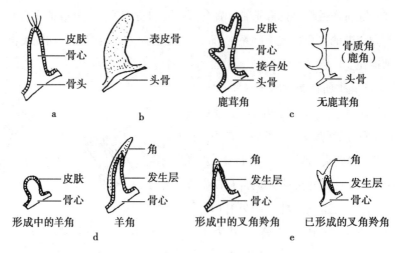

● 图 17-4　哺乳动物角的五种类型示意图
a.长颈鹿角;b.表皮角;c.实角;d.洞角;e.叉角羚角

（1）表皮角:又称犀角,由表皮产生,角质纤维交织形成,无骨质(骨心),固着在鼻骨正中的短节上,双角种类的两角呈前后排列,前角生于鼻部,而后角生在额部。不脱换,但断落时能长出新角,此特点为犀科动物所特有。

（2）洞角:又称空角,由角质鞘和骨心紧密结合而成,成双着生于额骨上,终身不更换,有不断增长的趋势。洞角为牛科动物所特有,如牛、羊及大多数羚羊的角。

（3）实角：为骨质角，无角鞘。新生角在骨心上有被称为茸角的嫩皮，如鹿茸。角长成后，茸皮逐渐老化、脱落，最后仅保留分叉的骨质角，如鹿角。鹿角每年周期性脱落和再生长，这是鹿科动物的特征。一般仅雄性有角，驯鹿两性则均有角，而麝、獐不具角。

（4）叉角羚角：为介于鹿角与洞角之间的一种角型。骨心不分叉，角鞘具小叉，分叉的角鞘上有融合的毛，毛状角鞘在每年生殖期后脱换，骨心不脱落。该角型为雄性叉角羚所特有，而雌性叉角羚仅有短小的骨心却无角鞘。

（5）长颈鹿角：又称瘤角，由皮肤和骨所构成。骨心上的皮肤与身体其他部分的皮肤几乎没有差别。

4. 爪、甲、蹄 为皮肤的衍生物，是指（趾）端表皮角质层的变形物，各自的形状功能不同（图17-5）。爪，为多数哺乳类所具有，从事挖掘活动的种类爪特别发达，如穿山甲。食肉类如猫科动物的爪十分锐利，且能伸缩，是有效的捕食武器。甲，为灵长类所特有，实质为扁平的爪。蹄，为增厚的爪，有蹄类特别发达，并可通过不断增生以补偿磨损部分。

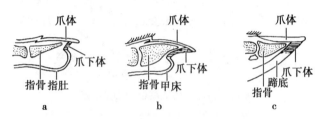

● 图 17-5 哺乳动物角的爪、甲和蹄结构示意图
a. 猿猴类的指甲；b. 食肉类的爪；c. 有蹄类的蹄

二、骨骼系统

哺乳动物有发达的骨骼系统，主要由中轴骨骼和附肢骨骼两大部分组成（图17-6），具有支持、保护和运动等功能。其结构及功能上主要的特点：头骨特化较大，有两个枕骨踝，下颌仅由单一齿骨构成，牙齿异型；脊柱坚实而灵活；四肢下移至腹面，将躯体撑起，出现肘和膝，适应陆上快速运动。

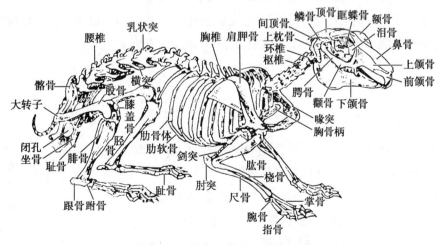

● 图 17-6 兔的骨骼系统结构示意图

（一）中轴骨骼

包括颅骨、脊柱、胸骨及肋骨。

1. 颅骨　颅骨位于脊柱的上方，由额骨、顶骨、蝶骨、枕骨、筛骨、鳞骨、鼓骨等构成，容纳并保护着脑。其中蝶骨、枕骨及筛骨等由多数骨块愈合而成。骨块的愈合使头骨坚而轻，是哺乳类颅骨的一个显著特征。枕骨位于顶骨之后，并延伸至颅底，枕骨下面有枕骨大孔，脑和脊髓在此处相续。哺乳类的眼眶、鼻腔和口腔主要由泪骨、颧骨、鼻骨、鼻甲骨、上颌骨、前颌骨、腭骨、翼骨、犁骨、下颌骨、舌骨等构成。哺乳类头骨的一个标志性特征是下颌由 1 对下颌骨（齿骨）组成，下颌骨后端与鳞骨相关节（图 17-7）。

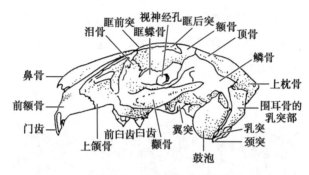

● 图 17-7　兔的颅骨结构示意图

2. 脊柱　由颈椎、胸椎、腰椎、荐椎和尾椎五部分组成。绝大多数的哺乳类不论颈的长短（如长颈鹿和刺猬）都是 7 枚颈椎，只有少数种类不同，如海牛、二趾树懒为 6 枚，三趾树懒为 8~10 枚。第一颈椎称寰椎，呈环状，前面形成一对关节面与枕踝相关节，第二颈椎称枢椎，其椎体前端形成齿突伸入寰椎的椎孔，赋予头部能够灵活转向。胸椎常为 13 枚左右，各胸椎与肋骨相连接，并与肋骨和胸骨共同构成胸廓。腰椎为 4~7 枚。荐椎为 3~8 枚，但通常愈合成一块荐骨，与腰带相关联；无后肢的鲸类，荐骨不明显。尾椎数目随尾的长短而异，从数枚至数十枚不等。

3. 胸骨和肋骨　胸骨为位于胸前壁正中的扁骨，分节，最前一节为胸骨柄，中间为胸骨体，最后一节为剑胸骨。有飞翔能力的蝙蝠和营地下掘穴生活的鼹鼠，均有与鸟类相类似的龙骨凸起。肋骨是位于躯干前部弯曲成弓形的骨骼，其近端连于脊椎骨，远端游离或借肋软骨与胸骨相连构成胸廓。肋骨的功能主要是支持体壁，保护内脏，并有协助呼吸的作用。

（二）附肢骨骼

包括肩带、腰带、前肢骨、后肢骨。

1. 肩带　由肩胛骨、锁骨、乌喙骨构成（图 17-8）。陆栖哺乳动物的肩胛骨十分发达，乌喙骨则退化成肩胛骨上的一个凸起。锁骨退化明显，甚至无锁骨，如奇蹄类和偶蹄类，相反，在攀缘、掘土和飞翔生活的类群中锁骨发达。一般来说，凡前肢作前后活动的种类其锁骨退化；而前肢作左右活动的种类锁骨发达。

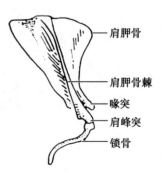

● 图 17-8　兔的肩带结构
　　　　　示意图

2. 腰带　由髂骨、耻骨和坐骨构成(图17-9)。三骨会合处共同形成关节窝,称髋臼。髂骨与荐骨相连接,耻骨与左右坐骨愈合成一块髋骨,构成封闭式骨盆。哺乳类愈合的腰带加强了对后肢支持的牢固性。

3. 前肢骨及后肢骨　前肢骨及后肢骨的结构与一般陆生脊椎动物的模式类似,但脚掌(跖)及指(趾)骨随生活方式的不同而变化,如鲸特化为鳍状肢,蝙蝠为翼状肢,蹄类为捷行肢。除鲸目、海牛目、翼手目和部分有袋目外,哺乳动物的多数种类股骨下端前方都有由腱形成的膝盖骨(髌骨),能屈曲的膝关节提高了支持和运动的能力,这是哺乳类动物的特征之一。根据陆生哺乳动物前、后肢着地行走的不同方式,足型可分为跖行式、趾行式和蹄行式(图17-10)。蹄行式因为与地面接触最小,是最适应快速奔跑的足型。

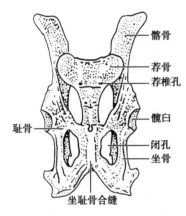

● 图 17-9　兔的腰带结构示意图

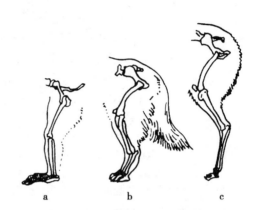

● 图 17-10　哺乳类的足型结构示意图
a.跖行式;b.趾行式;c.蹄行式

三、肌肉系统

哺乳类动物的肌肉结构与功能较爬行类进一步完善。四肢及躯干的肌肉具有高度的可塑性,为适应快速奔跑,有蹄类及食肉类动物四肢的肌肉强大有力。

哺乳类的皮肌十分发达,分为两组:一组为脂膜肌,可使周身或局部皮肤颤动,以驱逐蚊蝇和抖掉附着的异物。穿山甲、豪猪、刺猬的脂膜肌还可把身体蜷缩成球或把棘刺竖立,以防御敌害。哺乳类中的高等种类脂膜肌退化,仅在胸部、肩部和腹股沟偶有保留。另一组皮肌为颈括约肌,其由肩部和颈部向头面部扩展,形成颜面肌或称表情肌。哺乳类中的低等种类无表情肌。

口的周围有复杂的唇肌,在吮吸中发挥了非常重要的作用。此外,分布于颅侧和颧弓的颞肌和嚼肌与捕食、防御以及口腔的咀嚼密切相关。

膈肌为哺乳类所特有的肌肉,把内脏腔分隔成胸腔和腹腔,其活动有助于呼吸。

四、消化系统

哺乳动物的消化系统包括消化管和消化腺。其主要特点是:消化管分化程度高,消化腺十分发达,且出现口腔消化,消化能力得到显著提高。

（一）消化管

包括口腔、咽、食管、胃、小肠、大肠等（图17-11）。

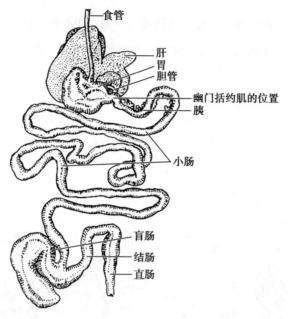

● 图 17-11　哺乳动物(褐家鼠)的消化系统结构示意图

1. **口腔**　口腔咀嚼和口腔消化方式,引起了哺乳动物口腔结构出现较大的改变。其肉质的唇是吸乳、摄食、辅助咀嚼的重要器官,同时也是发音吐字器官的组成部分。口腔内十分发达的肌肉舌有助于摄食、搅拌及吞咽,也是人类发音的辅助器官。舌表面分布有味觉器官味蕾。上、下颌骨上着生有异型齿。齿中有髓腔,腔内有结缔组织、血管和神经（图17-12）。根据形状和功用的不同,齿分为门齿(incisor)、犬齿(canine)、前臼齿(premolar)和臼齿(molar)。门齿和犬齿可分别切割食物、撕裂食物,前臼齿和臼齿则有咬、切、压、研磨食物等功能。不同食性的哺乳动物的牙齿形状、数目变化很大,但同一种类的齿型及齿数是稳定的（图17-13）。因此,齿型及齿数是哺乳

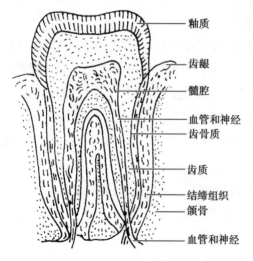

● 图 17-12　牙齿纵剖面结构示意图

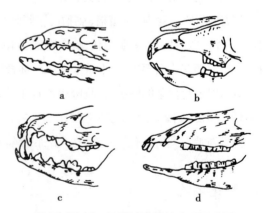

● 图 17-13　几种哺乳类的齿系示意图
a.食虫目(鼩鼱);b.兔形目(兔);c.食肉目(狐);
d.奇蹄目(马)

类分类的重要依据,通常用齿式来表示。上颌齿的一半写在线上,下颌齿的一半写在线下。如狼的上下颌每侧各有 3 个门齿(3/3)、1 个犬齿(1/1)、4 个前臼齿(4/4)、2 个上臼齿及 3 个下臼齿(2/3)。可简写为 i. 3/3,c. 1/1,p. 4/4,m2/3 = 42,或 3/3,1/1,4/4,2/3 = 42,或 3 · 1 · 4 · 2/3 · 1 · 4 · 3 = 42,齿式只列出总齿数的一半。有胎盘类的基本齿数一般最多是 44 个(3/3,1/1,4/4,3/3),唯有一些特化的鲸的牙齿超过 44 个,有袋类的一些科也有更多的齿数,有些种类完全无齿(如食蚁兽、穿山甲)。

2. 咽 咽部是消化管与呼吸道的交叉处,向前分别与鼻腔、口腔及喉腔相通。在咽部两侧有咽鼓管(欧氏管)的开口,可调节中耳腔内的气压而保护鼓膜。咽部周围分布有淋巴腺体(扁桃体)。喉门外有会厌软骨,其开闭可以解决咽、喉交叉部位呼吸与吞咽的矛盾。

3. 食管 食管上端接咽,下端接胃,为食物通过的通道,本身无消化作用。食管壁的肌肉通常为平滑肌,其主要功能是通过蠕动将食物从咽部推送入胃。牛、羊等反刍动物咽部的骨骼肌延续到食管部,在反刍时,食管的反向收缩可将食物送回口腔再次咀嚼。

4. 胃 是哺乳动物消化道的重要部分,其形态因食性的不同而变化:多数哺乳类为单胃;草食性哺乳动物为复胃,又称反刍胃(图 17-14)。复胃一般由瘤胃、蜂巢胃(网胃)、瓣胃和腺胃(皱胃)组成。其中腺胃为胃本体,具有腺体,能分泌胃液,其他 3 个胃室均为食管的变形。具有复胃的食草动物,在食物消化过程中要进行多次反刍和咀嚼,直至食物彻底嚼碎。

5. 小肠 是消化管中最长的部分,包括十二指肠、空肠及回肠,食物的消化过程主要在此完成。小肠的黏膜富有绒毛、血管、淋巴和乳糜管,能加强对营养物质的吸收(图 17-15)。

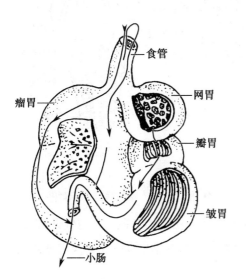

● 图 17-14 哺乳类的反刍胃结构示意图

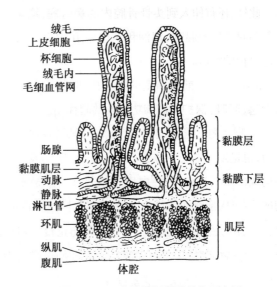

● 图 17-15 小肠局部纵剖结构示意图

6. 大肠 较小肠短,分盲肠、结肠和直肠,其黏液腺分泌的碱性黏液可保护和润滑肠壁,便于粪便的排出。大肠的主要作用是吸收水分,使残渣由半流体状态变成较干的粪便排出。盲肠是大肠开始部的盲支,内有共生的微生物,可帮助植物纤维素的分解,许多食草动物的盲肠特别发达。一般来说,哺乳动物都只有 1 个盲肠,但海象、犰狳、大食蚁兽、蹄兔等少数动物有 1 对盲肠。哺乳动物的泄殖腔消失,直肠直接以肛门开口于体外,该特点是哺乳类与两栖类、爬行类、鸟类的显著区别。

（二）消化腺

包括唾液腺（salivary gland）、肝脏、胰腺、胃腺和肠腺。

哺乳动物口腔内的唾液腺一般有 3 对，即耳下腺（腮腺，parotid gland）、颌下腺（submaxillary gland）和舌下腺（sublingual gland），通过导管开口于口腔，其分泌的唾液淀粉酶可对食物进行口腔消化。但马和食肉动物的唾液里不含唾液淀粉酶。

在横膈后面，小肠附近还有肝脏和胰腺，分别分泌胆汁和胰液，进入十二指肠。肝脏除分泌胆汁外，还有参与糖、蛋白质、脂肪、维生素代谢及解毒等功能。

此外，消化腺还包括分布在胃底部分泌胃液的胃腺，分布在小肠黏膜内分泌小肠液的肠腺及大肠黏膜内分泌碱性黏液的黏液腺。

五、呼吸系统

哺乳动物的呼吸系统十分发达，特别在呼吸效率方面有了显著提高。

（一）呼吸道

由鼻、咽、喉、气管、支气管及其分支所组成。

1. 鼻　为呼吸道的起始部分，鼻腔上端有发达的鼻甲，其黏膜内有嗅细胞，是呼吸兼嗅觉器官。此外，还有伸入到头骨骨腔内的鼻旁窦，增强了鼻腔对空气的温暖、湿润和净化作用。同时，鼻腔还可辅助发声。

2. 咽　是一前后略扁的漏斗形肌性管道，具有吞咽、呼吸、保护和防御功能及共鸣作用。

3. 喉　为气管前端的膨大部分，既是呼吸的通道，也是发音器官。喉由软骨、韧带、肌肉及黏膜构成（图 17-16）。喉腔由甲状软骨和环状软骨构成，喉壁腹前缘有会厌软骨，在吞咽时可遮盖喉

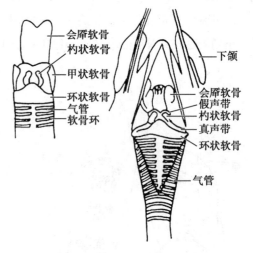

● 图 17-16　家兔喉结构示意图

口，食物和水经会厌上面进入食道，可防止食物和水误入气管。平时喉口开启，是空气进出气管的门户。喉腔中部侧壁上有黏膜褶所形成的声带为发声器官，声带开始出现于无尾两栖类，以哺乳类最发达，而单孔类及有袋类缺如。

4. 气管和支气管　管壁由许多腹面不相衔接的软骨环支持，从而保证了空气的畅通。管腔黏膜表面覆盖纤毛上皮，黏液腺分泌的黏液能黏住所吸入的空气中的尘粒，纤毛不断向咽部摆动将黏液与灰尘排出。

（二）肺和胸腔

哺乳动物肺的结构最复杂，以支气管反复分支形成的"支气管树"为基础所构成，支气管分支的盲端即为肺泡。肺泡数量十分巨大，与毛细血管膜共同组成呼吸膜，因而大大增加了呼吸膜面

积,明显地提高了气体交换效率。如羊的肺泡总面积可达 $50\sim90m^2$,马的肺泡达 $500m^2$,人的肺泡为 $70m^2$(相当于体表面积的 40 倍)。肺泡之间分布的弹性纤维可使肺泡具有良好的弹性。

胸腔由胸廓与膈围成,上界为胸廓出口,与颈部相连。下界以膈与腹腔分隔。胸腔是容纳肺的体腔,为哺乳动物所特有。

六、循环系统

循环系统包括生物体的细胞外液(血液、淋巴、组织液)及其借以循环的管道(心脏、血管、淋巴管)。具有物质运输、防御与保护、调节酸碱平衡和维持内环境的稳态等功能。

(一) 血液

哺乳动物的红细胞无核,呈两面凹陷的圆盘状,仅骆驼科和长颈鹿科的红细胞呈椭圆形;红细胞的数量也较其他脊椎动物多,可达 $(6\sim13)\times10^6/L$,但体积相对较小,如蛙的红细胞长短径为 $22.8\mu m\times15.8\mu m$,鸽为 $14.7\mu m\times6.5\mu m$,而麝为 $2.5\mu m\times2.5\mu m$,牛为 $5.1\mu m\times5.1\mu m$。因此,红细胞的表面积明显增加,有助于提高其与氧气结合的能力。

(二) 心脏

哺乳动物的心脏位于胸腔中部偏左,是推动血液流动的动力器官,其内部结构与鸟类基本一样,也为四腔,完全的双循环,动静脉血不在心脏内混合。右心房、右心室与肺动脉、肺静脉构成肺循环,房室间有三尖瓣。左心房、左心室与体动脉、体静脉构成体循环,房室间具二尖瓣。三尖瓣、二尖瓣可保证血液只能由心房流入心室,而不能逆流。心脏肌肉的血液供应是由冠状循环完成的。

(三) 血管

按构造功能不同,血管分为动脉、静脉和毛细血管。所有血管都衬有内皮,动脉、静脉在内皮外均有弹性组织层及肌肉层,最外还包一层纤维膜,其中动脉管壁较厚,含有丰富的弹性纤维,具有可扩张性和弹性。哺乳动物动脉系统突出的特征是仅具有左体动脉弓。静脉系统趋于简化,以单一的前大静脉(上腔静脉)和后大静脉(下腔静脉)替代了低等四足动物的前主静脉和后主静脉。肾门静脉消失,尾部及后肢的血液直接注入后大静脉回心,有助于加快血流速度和升高血压。此外,哺乳类的腹静脉在成体消失。

(四) 淋巴

哺乳动物的淋巴系统十分发达。淋巴管先端为盲端的毛细淋巴管,部分组织液渗入毛细淋巴管形成淋巴液。在毛细淋巴管内的淋巴液汇入较大的淋巴管,最后通过胸导管流入静脉回心。所以,淋巴液只作从组织到静脉到心脏的单向流动。淋巴管内有瓣膜可防止淋巴液逆流,辅助组织液回流,对维持血量有重要作用。此外,淋巴管也是脂肪运输的主要途径。淋巴结的主要功能是滤过淋巴,产生淋巴细胞和浆细胞,参与机体的免疫反应。淋巴结极为发达,位于淋巴管汇集部位,尤其在颈部、腋下、肠系膜、鼠蹊部以及小肠等部位较为集中。此外,脾脏、胸腺及扁桃体也是一种淋巴器官。

七、排泄系统

哺乳动物的排泄系统包括肾脏、输尿管、膀胱和尿道,此外,皮肤也是哺乳类特有的排泄器官。排泄器官的主要功能是将细胞代谢的废物排出体外,保持细胞生存所依赖的内环境相对稳定。

肾脏是最主要的排泄器官,呈豆状,通常为1对,位于腹腔背面,脊柱的两侧。肾内缘中部凹陷处称为肾门,是动脉、静脉、肾盂、神经和淋巴管等的出入处。肾由外层的皮质和内层的髓质两部分组成(图 17-17)。皮质由无数肾小体(renal corpuscle)、肾小管(tubule)及血管构成。每一肾脏有数十万甚至数百万个肾单位,每一个肾单位由肾小体和肾小管组成。肾小体又由毛细血管盘曲而成的肾小球及包在其外的肾小囊组成。与肾小囊壁层相连的肾小管细长而盘曲,分为近端小管、髓袢、远端

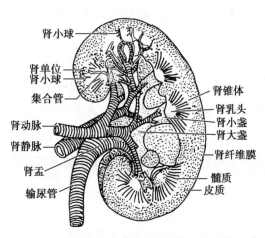

● 图 17-17　哺乳类的肾结构示意图

小管。肾小管最后汇集到髓质内的集合管(collecting tubule),集合管组成肾乳头开口于肾盂。尿液由肾盂经输尿管流入膀胱,再经尿道排出体外。

哺乳动物尿液的主要成分是尿素,而其他羊膜动物则为尿酸。尿素是蛋白质分解的主要含氮产物,主要通过肾小管的分泌作用而排出。

八、神经系统

哺乳动物的神经系统分为中枢神经系统和外周神经系统,高度发达,能够维持机体内、外环境的相对平衡,并对复杂的外界条件的变化迅速作出反应。

(一) 中枢神经系统

包括脊髓和脑。

1. 脊髓　源自脑的中枢神经系统延伸部分,呈扁圆柱形,位于椎管内。脊髓蝶状的白质在外围,是脑和脊髓间神经冲动的传导途径,灰质在内,是许多反射活动的中枢。

2. 脑　分端脑、间脑、中脑、小脑和延髓五部分。

(1) 端脑:又称大脑。其外层呈灰白色,为大脑皮质,也就是新皮质;皮质下方为呈白色的髓质。新皮质是由侧脑室外壁的神经物质生长而成,它接受来自全身的各种感觉器传来的冲动,通

过分析综合,并根据已建立的神经联系而产生反应。左、右大脑半球通过神经纤维互相联络,神经纤维所构成的通路称胼胝体,胼胝体为哺乳动物(有胎盘类)特有。纹状体已显著退化。发展的新皮质将古皮质推挤到侧脑室中而成为一弯曲、白色带状隆起,称为海马。古皮质推移到大脑后腹面形成类似三角形的隆起,称为梨状叶。海马、梨状叶仍为嗅觉中枢。

(2)间脑:间脑主要包括丘脑、下丘脑和第三脑室。丘脑位于第三脑室的两侧,左、右丘脑借灰质团块相连,既是除嗅觉外一切感觉冲动传向大脑皮质的转换站,又是重要的感觉整合机构之一。下丘脑是自主神经系统在大脑皮质下的重要神经中枢,调节内脏系统的活动。松果体位于间脑脑前丘和丘脑之间,由松果体细胞、神经胶质细胞和神经纤维等组成。视神经是中枢神经系统的一部分,它起于视神经乳头,止于视交叉前膝。

(3)中脑:不发达,体积甚小。包括腹侧的大脑脚和背侧的四叠体,中脑导水管前通第三脑室,后连第四脑室。四叠体由两对小圆丘组成,其前两叶(称前丘)为视觉反射中枢,后两叶(称后丘)为听觉反射中枢。中脑的底部加厚部分为大脑脚,大脑脚分被盖与脚底两部。被盖位于背侧,主要构成网状结构。脚底主要为皮质脑干束、皮质脑桥束等下行传导束,是大脑皮质管理随意运动以及对小脑施加影响的一个主要传出通路。

(4)小脑:极为发达,其主要功能是参与躯体平衡和肌肉张力(肌紧张)的调节,以及随意运动的协调。其特有的结构特征是:小脑的表面被覆着一层灰质,叫作小脑皮质,皮质的下方是小脑髓质。脑桥只见于哺乳动物,脑桥的神经纤维将左右小脑半球联系起来,也将小脑与大脑联系在一起,使随意运动得以协调进行。

(5)延髓:也称延脑,居于脑的最下部,向下经枕骨大孔与脊髓相连,上接脑桥。其主要功能为控制基本生命活动,如控制呼吸、心跳、消化等。延髓是心血管的基本中枢,在延髓以上的脑干部分以及小脑和大脑中,都存在与心血管活动有关的神经元。延髓的背面有第四脑室。

(二)外周神经系统

包括自脑发出的脑神经,自脊髓发出的脊神经,以及自主神经系统。

哺乳动物脑的各部共发出12对脑神经,亦称"颅神经",分别司感觉和运动功能或兼而有之,其名称、发出部位、分布及主要功能见表17-1。

表 17-1　脑神经的名称、分布及主要功能

名称	发出部位	分布	主要功能
Ⅰ 嗅神经	端脑	鼻腔黏膜	嗅觉
Ⅱ 视神经	间脑	视网膜	视觉
Ⅲ 动眼神经	中脑	动眼肌	眼球的转动
		虹膜的肌肉;睫状体	瞳孔大小;调节晶状体
Ⅳ 滑车神经	中脑	动眼肌	眼球的转动
Ⅴ 三叉神经	延髓	眼区;上颌及下颌	一般感觉(痛、热、冷、触)
		下颌肌肉	咀嚼
Ⅵ 外展神经	延髓	动眼肌	眼球的转动

名称	发出部位	分布	主要功能
Ⅶ面神经	延髓	舌前部味蕾	味觉
		泪腺及唾液腺	分泌
		舌弓或面部的肌肉	面部表情及咀嚼
Ⅷ位听神经	延髓	内耳	听觉和平衡
Ⅸ舌咽神经	延髓	舌后部味蕾	味觉
		唾液腺	分泌
		咽部肌肉	咽部运动
Ⅹ迷走神经	延髓	咽部味蕾	味觉
		胸腹部内脏的平滑肌和腺体	分泌、蠕动、心搏等
		咽喉部肌肉	咽喉部运动
Ⅺ副神经	延髓	颈肩部肌肉	颈肩部运动
Ⅻ舌下神经	延髓	舌部肌肉	舌部运动

哺乳动物自主神经系统的主要功能是调节内脏活动和新陈代谢过程,保持内环境的平衡。自主神经系统分为交感神经系统和副交感神经系统。

九、感觉器官

感觉器官包括感受器、神经通道和大脑皮质感觉中枢三部分。哺乳动物依靠高度发达的感觉器官来躲避敌害、发现食物及寻找合适的栖息环境,同时也是种类间通讯联系的器官。有些种类在许多方面处于退化状态,而在某一方面却高度特化。如哺乳类中视力退化的某些种类,却发展了特殊的高、低频声波脉冲系统,在快速运动时,借听觉和声波回音来定位。例如,蝙蝠是以高频声波回声定位,而海豚是以高、低频两种水内声波回声定位。这在仿生学研究中有非常重要的意义。

哺乳动物的感官高度发达,主要体现在视觉、听觉和嗅觉构造的完善。

(一) 嗅觉

嗅觉的感受器位于鼻腔上方的鼻黏膜上,哺乳动物多数具有扩大的鼻腔和发达的鼻甲骨,嗅觉灵敏,如食肉类、偶蹄类和啮齿类。但鲸类、灵长类脑的嗅觉部位欠发达,嗅觉不灵敏,鼠海豚和海豚则缺乏嗅觉器官。

(二) 视觉

大多数哺乳类动物的眼球发育良好。但营地下生活的食虫类、啮齿类及鲸类眼球则极度退化,甚至只具有区别亮与暗的能力。夜间活动的动物(如鼠)视网膜的光感受器以视杆细胞为主,视杆细胞在光线较暗时活动,有较高的光敏度,但不能作精细的空间分辨,且不参与色觉。而昼间活动的动物(如松鼠等)则以视锥细胞为主,它能提供色觉以及精细视觉。哺乳类大多数为夜间活动,故对光波的感觉灵敏,但对色觉的感受力差。灵长类的辨色能力及对物体大小和距离的判断均较准确。

（三）听觉

听觉是仅次于视觉的重要感觉通道。哺乳动物的听觉有了高度发展,发育了收集外来声波的耳郭,从耳郭到鼓膜的外耳道较其他脊椎动物长。有些哺乳动物如蝙蝠的耳郭特别大,且结构复杂,而穴居的食虫类、水栖的海豹、鲸类和海牛的耳郭已退化。

十、内分泌系统

内分泌系统由内分泌腺和分布于其他器官的内分泌细胞组成。哺乳动物的内分泌腺包括胰岛(islets of Langerhans)、肾上腺(adrenal gland)、甲状腺(thyroid gland)、甲状旁腺(副甲状腺,parathyroid gland)等,它们分泌不同的激素,与相应的受体结合产生不同的作用,彼此间也有一定的关联,使机体内环境维持最佳状态。

（一）垂体

垂体由神经垂体和腺垂体两部分组成。神经垂体能分泌抗利尿激素和催产素。腺垂体能分泌生长激素、催乳素、促甲状腺激素、促性腺激素(黄体生成素和卵泡刺激素)、促肾上腺皮质激素和黑素细胞刺激素等激素。

（二）甲状腺

甲状腺的主要功能是合成甲状腺激素,甲状腺激素有促进细胞代谢,增加氧消耗,刺激组织生长、成熟和分化的功能,并且有助于肠道中葡萄糖的吸收。甲状腺功能减退时,甲状腺激素缺乏,出现生长发育缓慢、皮肤干燥、脱毛;甲状腺功能亢进时,则出现心跳及呼吸加速、体重减轻、失眠、手抖、多汗、怕热、疲倦、突眼、消化不良、腹泻等症状。

（三）甲状旁腺（副甲状腺）

位于甲状腺的背侧,呈扁卵圆形小体,通常为 2 对,普遍见于陆栖脊椎动物。其分泌的激素为甲状旁腺激素,作用于骨细胞和破骨细胞,使骨盐溶解,血液中钙离子浓度增高,同时还作用于肠及肾小管,使钙的吸收增加,从而使血钙升高。

（四）胰岛

胰岛为散布在胰腺中的内分泌部分,含有 α 细胞、β 细胞、δ 细胞及 PP 细胞。α 细胞可分泌胰高血糖素,能促进血糖升高。β 细胞分泌胰岛素,促进组织细胞对葡萄糖的摄取和利用,加速葡萄糖合成为糖原,贮存于肝脏和肌肉中,并抑制糖异生,促进葡萄糖转变为脂肪酸,导致血糖水平下降。胰岛素缺乏时,血糖浓度升高,如超过肾糖阈,尿中将出现糖,引起糖尿病。

（五）肾上腺

位于肾脏前方内侧的一对小型腺体,分肾上腺皮质和肾上腺髓质两部分,周围部分是皮质,内部是髓质。皮质能分泌盐皮质激素、糖皮质激素和性激素,统称为肾上腺皮质激素,能调节水盐平衡和糖类代谢,并促进性腺发育和第二性征的发达。髓质分泌肾上腺素和去甲肾上腺素,前者的主要功能是兴奋心脏;后者的主要作用是收缩小动脉平滑肌,升高血压。

此外,内分泌腺还有性腺、胸腺、消化道肠腺、松果体等。

十一、生殖系统

(一)雄性生殖腺

哺乳类的雄性生殖腺为 1 对睾丸。绝大多数哺乳动物的睾丸,在胚胎时便从腹腔经腹股沟下降到腹腔外的阴囊内,但单孔类、犀牛、象、鲸等的睾丸终身留在腹腔内。睾丸的移位有 3 个类型(图 17-18):①腹腔型睾丸,睾丸位置不发生变化,位于肾脏后方,如单孔目、蹄兔目、海牛目、长鼻目和食虫目部分科的动物。②腹股沟型睾丸,此型的睾丸上移至腹股沟内,如獴科、管齿目、海豹科、鳞甲目、貘科和小蝙蝠亚目。③阴囊型睾丸,此型的睾丸移到一个呈悬垂状或不呈悬垂状的阴囊内,如灵长目、反刍动物和大多数的有袋目为悬状的阴囊;食肉目、

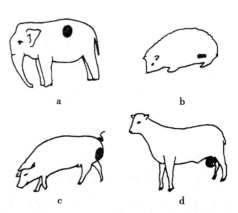

● 图 17-18 哺乳类睾丸位置示意图
a.腹腔型睾丸;b.腹股沟型睾丸;c、d.阴囊型睾丸

啮齿目、兔形目、大蝙蝠亚目、马科、猪科、海狗科等为不呈悬垂状的阴囊。

睾丸是雄性动物生殖器官的一部分,主要作用是产生精子和分泌雄激素(图 17-19)。睾丸小叶内含有盘曲的精曲小管,精曲小管的上皮能产生精子。小管之间的结缔组织内有分泌雄激素的间质细胞。附睾管壁细胞分泌弱酸性黏液,以保证精子存活的适宜条件。附睾下端与输精管相连,输精管下端止于尿道。此外,前列腺、精囊腺、尿道球腺是重要的附属性腺,它们的分泌物是精液的重要组成成分,并能促进精子的活性。其中前列腺分泌的前列腺素可促进精子生长成熟、子宫收缩,有助于受精。

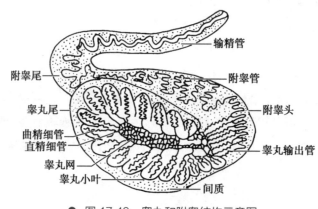

● 图 17-19 睾丸和附睾结构示意图

（二）雌性生殖腺

为 1 对都有功能的卵巢，其表层为生殖上皮，内有处于不同发育时期的滤泡，每个滤泡内含有 1 个卵细胞，其外的滤泡液含有雌性激素，卵成熟滤泡破裂，卵及卵泡液即排出。其他残余的滤泡则萎缩成为黄体，可分泌雌、孕激素，促进子宫和乳腺发育，为妊娠做好准备。成熟的卵排出后在输卵管上段完成受精，再下行到达子宫，受精卵着床于子宫壁上进行发育，胚胎发育所需营养来自母体胎盘血液。哺乳类子宫类型有多种，如兔形目、啮齿目和蹄兔目为原始的双子宫；鲸目为双分子宫；食虫目、鳞甲目、食肉目、海牛目、长鼻目、奇蹄目、偶蹄目、翼手目及灵长目的部分种类为双角子宫；翼手目及灵长目的部分种类为两个子宫完全愈合为一个单子宫。这些不同类型子宫是由原始的双子宫向单子宫发展。单子宫的产仔数目通常较双子宫的少。

第二节　哺乳纲动物的分类

根据其躯体结构和功能特点，哺乳类可分为 3 个亚纲，即原兽亚纲、后兽亚纲和真兽亚纲。真兽亚纲所属动物的药用种类多、药用价值大。

一、原兽亚纲 Prototheria

原兽亚纲是现存最原始的哺乳动物。此亚纲仅有 1 个目，即单孔目，其特点是泌尿、生殖和粪便均通过泄殖腔孔排出体外。单孔目只分布在大洋洲地区，有 2 科 3 属 5 种动物。主要代表动物为鸭嘴兽 *Ornithorhynchus anatinus* Shaw et Nodder、针鼹 *Echidna aculeate* Shaw 等。

二、后兽亚纲 Metatheria

后兽亚纲是比原兽亚纲较为进化的哺乳动物，主要分布于澳大利亚、南美洲和中美洲，现仅存 1 个目，即有袋目，种类较多。主要代表动物为大袋鼠 *Macropus giganteus* Shaw、树袋熊 *Phascolarctos cinereus* Goldfuss 等。

三、真兽亚纲 Eutheria

真兽亚纲也称有胎盘亚纲，为最高等的哺乳动物。其主要特征是：胎生，有真正的胎盘，胚胎在母体子宫内发育时间较长，通过胎盘吸取母体的营养，产出的幼仔发育完全，能自己吸吮乳汁；乳腺发达，具乳头；大脑皮质发达，两大脑半球间有胼胝体相连；体温高而恒定；乳齿与恒齿更换明显，门齿数目不超过 5 枚；肩带为单一的肩胛骨；不具泄殖腔，肠管单独以肛门开口体外。真兽亚纲现存的种类有 18 个目，分布在我国的有 13 个目，约 500 种。现将有药用价值的目、科简述如下。

（一）食虫目 Insectivora

本目是真兽亚纲中最早出现和最原始的一个目，是一类小型动物，寿命一般不长，主食昆虫和蠕虫。其主要特征是:体型较小,吻部细尖;四肢多短小,通常为 5 指(趾),指(趾)端具爪,适于掘土;门齿大而呈钳形,犬齿小或无,臼齿多尖,齿尖多呈 W 形,适于食虫;身体被以柔毛或硬刺;多数为夜行性。食虫目包括 8 科,68 属,约 400 种。其中猬科(Erinaceidae)有药用价值。

猬科(Erinaceidae) 多数种类有刺而尾短,体背和体侧满布棘刺,头、尾和腹面被毛,鼻面部长,颧骨完全。齿式 2~3/3,1/1,3~4/2~4,3/3 = 36~44。有棘刺的种类皮肌发达。主要分布于欧亚温带地区及非洲。我国猬科有 6 属,7 种。药用价值较大的有刺猬 *Erinaceus europaeus* L.、达乌尔猬 *Hemiechinus dauuricus* Sundevall 等,其皮刺及胆囊可供药用。

(二) 鼩形目(Soricomorpha)

鼩形目又名鼩鼱目,一般覆毛极其细密,似天鹅绒,无毛向。眼小,常处于皮下。耳无壳,颧骨完全,鼓室不完全。吻尖长,齿式为 2~3/1~3,1/0~1,3~4/3~4,3/3 = 32~44。锁骨及肱骨发达。前肢五指,均有强爪。本目动物分布于北美洲、欧洲和亚洲。性畏阳光,绝大多数在潮湿和多草的耕地挖洞营地下生活。本科有 15 属,22 种。药用价值较大的代表种类有缺齿鼹 *Mogera robusta* Nehring、麝鼹 *Captochirus moschatus* Milne-Edwards,其去内脏的干燥全体可供药用。

(三) 翼手目 Chiroptera

翼手目为唯一能真正飞行的兽类。为了适应飞行生活,翼手目动物进化出了一些其他类群所不具备的特征,如在四肢和尾之间覆盖着薄而坚韧的皮质膜,可以像鸟一样鼓翼飞行;还有特化伸长的指骨,前肢拇指和后肢各趾均具爪可以抓握;发达的胸骨进化出了类似鸟类的龙骨突,以利胸肌着生。

心、肺、肾的比例皆较大。乳头通常一对,位于胸部。许多种类的外耳有耳屏,鼻端有鼻叶。牙齿多数尖锐。为夜行性,食性相当广泛。本目是哺乳动物中仅次于啮齿目动物的第二大类群,分存 2 目,19 科,184 属,约 950 种。其中蝙蝠科(Vespertilionidae)、菊头蝠科(Rhinolophidae)、蹄蝠科(Hipposideridae)有药用价值。

1. 蝙蝠科(Vespertilionidae) 无鼻叶但有些种类有褶皱,体型较小。眼小。有耳屏。翼长大,尾巴通常被尾膜包裹。前荐骨不愈合(Tomopeas 属除外)。齿式变化范围大,从 1/2,1/1,1/2,3/3 = 28,到 2/3,1/1,3/3,3/3 = 38。绝大多数种类为食虫性,也有一两种为食鱼性。蝙蝠科是翼手目最大的一科,包括 6 亚科,24 属,约 320 种,占翼手目总数的三分之一。蝙蝠科成员适应多种不同的生存环境,大多数种类栖息于温暖地区。药用价值较大的代表种有蝙蝠 *Vespertilio superans* Thomas,其干燥粪便为中药“夜明砂”。

2. 菊头蝠科(Rhinolophidae) 菊头蝠因有结构比较复杂的马蹄形鼻叶而得名,从鼻孔而非从嘴中发出声呐,耳朵较大但没有耳屏。前颌骨退化,无眶后突。前肢第二指缺指骨,第三节有两节指骨。除第一趾外,后足各趾均有三节趾骨。齿式为 1/2,1/1,2/3,3/3 = 32,上门齿小。本科仅 1 属,约 70 种,主要生活于热带和亚热带地区,少数分布于温带地区。我国产 12 种,南北各地都有。药用价值较大的有中菊头蝠 *Rhinolophus affinis* Horsfield、马铁菊头蝠 *Rhinolophus ferrumequinum* Schreber 等,其干燥粪便为中药“夜明砂”。

3. 蹄蝠科(Hipposideridae) 与菊头蝠科的外形非常相似,但是鼻叶上没有菊头蝠那样复杂的结构,耳朵大小中等,和菊头蝠一样没有耳屏。蹄蝠食多种多样的昆虫,常在洞穴中结成大群。齿式 1/2,1/1,1~2/2,3/3=28~30。本科有 9 属,60 余种。分布于欧洲、亚洲和非洲热带、亚热带地区。药用价值较大的有大马蹄蝠 *Hipposideros armiger* Hodgson,其干燥粪便为中药"夜明砂"。

(四) 鳞甲目 Pholidota

鳞甲目动物最主要的特征是:体外覆有角质鳞甲,鳞片间杂有稀疏硬毛。四肢短粗,各具 5 指(趾)。遇敌即将躯体卷曲成球状,把头部埋在其中,并耸起鳞片,保护自己,有时还从肛门排出恶臭液体,以驱避天敌。头、嘴、眼均小,耳壳有或缺。口内无齿。舌细长,能伸缩,适于舐食蚁类及其他昆虫。尾巴宽扁而长,可缠绕。雄兽常较雌兽大些。地栖或树栖。独居或雌雄结对。晚上活动,食白蚁、蚁类及其他昆虫。本目仅有穿山甲 1 科,现存 1 属 7 种。本目的穿山甲科(Manidae)有药用价值。

穿山甲科(Manidae)又称鲮鲤科,分布于非洲南部、亚洲东南热带和亚热带地区,分树栖和地栖两个类型。穿山甲 *Manis pentadactyla* 的鳞甲、肉及全体可供药用。

(五) 兔形目 Lagomorpha

本目是典型的食草哺乳动物,一般不喝水。分布于亚洲、欧洲、非洲、北美洲和南美洲的广大地区,包括 2 科 10 属 54 种。主要特征是:上颌具有两对前后重叠的门齿,前 1 对较大,前方有明显的纵沟;后 1 对极小,呈圆柱状。下颌具有门齿 1 对,无犬齿。门齿的釉质为单层。颊齿为单侧高冠齿,上颊齿的间距比下颊齿的间距宽,上下颌颊齿每次仅能在单侧交合,但门齿却能同时咬合,咬肌的特化程度比较低,咀嚼食物时以下颌骨左右移动为主。上唇中部有纵裂。耳长。尾巴短小。后肢显著长于前肢,善于跳跃。阴囊位于阴茎的前面,没有阴茎骨。头骨的门齿孔极大,左右门齿孔常汇合到一处,使腭部骨质部分相当不完整,腭骨与上颌骨相连接,仅成为一个窄的骨桥。兔形目动物为陆地群落中的重要成员。本目的兔科(Leporidae)、鼠兔科(Ochotonidae)有药用价值。

1. 兔科(Leporidae) 善于跳跃、奔跑。有一双长圆的大耳朵,听觉灵敏,又可用以调节体温,散发热量。齿式为 2/1,0/0,3/2,3/3=28[仅琉球兔(*Pentalagus*)的臼齿为 2/3]。兔科有 9 属 40 种,以亚洲东部、南部,非洲和北美洲种类最多,少数种类分布于欧洲和南美洲。兔属(*Lepus*)是兔亚科的最大一个属,拥有将近半数的种类,分布广泛。药用价值较大的有草兔 *Lepus capenis* L.、东北兔 *Lepus mandshuricus* Radde、高原兔 *Lepus oiostolus* Hodgson,它们的干燥粪便为中药"望月砂"。其肉、血、骨、脑、肝亦可供药用。

2. 鼠兔科(Ochotonidae) 外形酷似仓鼠。体型较兔小。耳短而圆,耳基不呈管状。四肢短,没有尾巴。齿式为 2/1,0/0,3/2,2/3=26。多生活于地面植被矮小稀疏的地区,常挖复杂的洞穴系统居住。有贮粮的习性,多昼间活动。鼠兔科有 1 属,14 种,大多分布在亚洲,我国有 11 种。其中药用价值较大的有藏鼠兔 *Ochotona thibetana* Milne-Edwards、达乌尔鼠兔 *Ochotona daurica* Pallas、红耳鼠兔 *Ochotona erythrotis* (Buchner),中药"草灵脂"为其粪便。

(六) 啮齿目 Rodentia

本目在哺乳类中种类最多、分布最广,约占现存哺乳动物种类的 41%。其主要特征是:啮齿目动物一般比较小,上下颌只有 1 对门齿,凿状,无齿根,能终身生长,所以必须磨损,以求得生长平衡。缺乏犬齿。臼齿咀嚼面宽,齿尖变化大,呈二纵列、三纵列或交错的三角形。齿尖的排列形状是啮齿类分类的重要依据。另一重要特征是其发达的颌骨区域以及从此开始的、参与下颌运动的咀嚼肌,下颌关节突与颅骨的关节窝连接比较松弛,既可前后移动,又能左右错动;既能压碎食物,又能碾磨植物纤维。多数种类取食植物,有些也吃动物性食物。本目分属 28~34 科。其中松鼠科(Sciuridae)、仓鼠科(Cricetidae)、竹鼠科(Rhizomyidae)、豪猪科(Hystricidae)具有药用价值。

1. 松鼠科(Sciuridae) 本科动物颊齿 1~2/1,3/3 = 16 或 18,有齿根。通常四肢强健,指(趾)有锐爪,尾长。适应树栖、半树栖及地栖等多种生活方式。除澳大利亚、马达加斯加、南美洲南部和极区外,都有分布。一共有 46 属,246 种。本科动物松鼠 *Sciurus vulgaris* L.、岩松鼠 *Sciurus davidianus* Milne-Edwards 的全体及骨骼可供药用。

2. 鼯鼠科(Petaurisitidae) 与松鼠科亲缘关系很近,两者颊齿(包括臼齿、前臼齿)在上颌两侧各为 5 枚,下颌两侧均各 4 枚;不同点本科动物的前后肢之间有被软毛的皮褶,称飞膜。当爬到高处后,将四肢向体侧伸出,展开飞膜,就可以在空中向下往远处滑翔,因而又称飞鼠。本科动物复齿鼯鼠 *Trogopterus xanthipes* Milne-edwards、飞鼠 *Pteromys volans* L.、沟牙鼯鼠 *Aeretes melanopterus* Milne-edwards 的干燥粪便为中药"五灵脂"。

3. 竹鼠科(Rhizomyidae) 体形粗壮,眼小,耳小,尾短且无毛或仅有稀毛,四肢短。上下门齿粗大。适应地下穴居,喜食竹根。在我国分布的竹鼠科动物有 3 种,最常见的为中华竹鼠,栖息于长江以南山坡草丛或竹林下。中华竹鼠 *Rhizomys sinensis* Gray 的脂肪可供药用。

4. 豪猪科(Hystricidae) 为大型啮齿类,栖息于山坡、草地或密林中。洞居。夜间活动,并常有一定路线。跖行性,脚底平整,五趾。头骨枕脊显著。颊齿 1/1,3/3 = 16。通常部分毛特化为硬刺,中空,刺互相碰击能发响声。分布于非洲、欧洲的地中海沿岸,亚洲西南部、南部和东南部的热带和亚热带森林、草原中。有 4 属,12 种。其中豪猪 *Hystrix hodgsoni* Gray 的肉、胃、毛刺可供药用。

5. 仓鼠科(Cricetidae) 是哺乳动物的最大一科,包括 7 个亚科,112 属,563 种。体型变化较大,多为小型种类。前肢多四指,后肢五趾。颧骨不发达,构成颧弓偏后方的极小部分。颊齿齿尖两纵列,不具前白齿。齿式 1/1,0/0,0/0,3/3 = 16。本科多为农田害鼠,有储粮习性。仓鼠同时还是医学上的实验动物,广泛应用于细胞遗传、辐射遗传、实验肿瘤和糖尿病等研究。本科药用动物有麝鼠 *Ondatra zibethica* L.,雄性的香腺囊分泌的麝鼠香可供药用,中华鼢鼠 *Myospalax fontanieri* Milne-Edwards、东北鼢鼠 *Myospalax psilurus* Milne-Edwards、高原鼢鼠 *Myospalax baileyi* Thomas 的全体可供药用。

(七) 食肉目 Carnivora

本目俗称猛兽或食肉兽,是哺乳动物的第四大目,其牙齿尖锐而有力,具食肉齿(裂齿),裂齿在猫类特别发达,而熊类不发达。上颌最后一枚前白齿和下颌第一枚白齿特大,形成裂齿(食肉齿)具锐利齿锋,咬合时成切割状。前后指(趾)一般有钩状利爪,便于撕捕食物。毛厚密且多具色泽,为重要毛皮兽。脑及感官发达。大多为肉食性,也有杂食性(如黑熊)或植物食性(如大熊猫),除大洋洲外,可见于世界各地。本目包括 8 科,89 属,240 种。其中犬科(Canidae)、熊科(Ursidae)、鼬科(Mustelidae)、灵猫科(Viverridae)、猫科(Felidae)的动物有药用价值。

1. 犬科(Canidae)　体型中等、匀称,四肢修长,趾行性,利于快速奔跑。鼻面长,鼻腔大,嗅觉灵敏,听觉发达。为肉食性,多数种类成群猎食。齿式为 3/3,1/1,4/4,1~4/2~5,犬齿长而强,裂齿锐利,后裂齿有碾压面。前足 4~5 指,后足一般 4 趾;爪粗而钝,不能伸缩或略能伸缩。犬科动物分布几乎遍及全球。有 10 属,35 种。药用价值较大的种类有犬 *Canis familiaris* L.,其骨、肉、肾、胆、阴茎等均可入药,狗的阴茎为中药"狗肾(狗鞭)",胃内结石为中药"狗宝"。

2. 熊科(Ursidae)　体躯粗壮、肥硕,吻部较长,尾极短小,体长 1.5~2m,体重 100~400kg。四肢粗强有力,前、后肢均具 5 指(趾),跖行性,以整个足掌着地而行。耳小。嗅觉比较灵敏,但视觉不佳,主要依靠嗅觉觅食。由于多数种类已由肉食性转化成杂食性,上下裂齿基本失去切割功能;臼齿明显增大,咬合面呈"皱纹状",适于磨碾食物;前臼齿发育不全或缺如,齿间常有裂隙。齿式一般为 3/3,1/1,4/4,2/3=42,但随着年龄的增长前臼齿常缺失。本科动物广布于亚洲、欧洲及南北美洲。有 6 属,7 种。棕熊 *Ursus arctos* L.、黑熊 *Selenarctos thibetanus* G. Cuvier 药用价值较大,中药熊胆粉来源于黑熊引流的胆汁。

3. 鼬科(Mustelidae)　为中、小型食肉兽,又名貂科。体形细长,四肢短但尾较长。四肢均为五趾型爪,不能收缩。大多数在肛门附近有能放出臭气的臭腺。头骨脑颅长而鼻吻部较短。齿式多为 3/3,1/1,3~4/3~4,1/1~2=32~38,裂齿大多锐利。在美洲、非洲及欧亚各地均有分布。有 23 属,67 种,是食肉目中仅次于灵猫科的一个大类。黄鼬 *Mustela sibirica* Pallas 的肉可供药用;狗獾 *Meles meles* L.、猪獾 *Arctonyx collaris* Cuvier 的脂肪供药用。

4. 灵猫科(Viverridae)　该科动物体型不大,腿短,尾长。耳通常小而圆。头骨鼻面长度适中。前臼齿大,裂齿锐利,齿式通常为 3/3,1/3,3~4/3~4,2/2=40~44。四肢五趾型,跖行性或趾行性,爪能部分缩回。有些种类在肛门及生殖器之间有发达的香腺。分布于东半球,栖息中心在热带和南部温暖地区。有 32 属,72 种,是食肉目中种类最多的科。药用价值较大的代表种类有大灵猫 *Viverra zibetha* L.、小灵猫 *Viverricula indica* Desmarest,其香腺囊中的分泌物为中药"灵猫香"。

5. 猫科(Felidae)　本科动物体型大小悬殊,小者重约 3kg,如猫 *Felis ocreata domestica*(Brisson);大者重 200kg 以上,如虎 *Panthera tigris* L.。本科动物头圆,鼻吻短,适应撕咬。大多数眼眶扩大,眼睛大而圆。耳朵小。齿数趋于减少,齿式为 3/3,1/1,3/2,1/1=30,上前臼齿明显缩小或消失,裂齿及犬齿发达。舌面有增强摄食时舐刮能力的厚的角质钩状凸起。四肢强健,前掌能转动,爪尖能弯曲,可完全伸缩。善于攀缘和跳跃,为强干、精明的捕食者。本科动物广布全球。有 4 属,35 种。其中家猫的药用价值较大。

(八) 鳍足目 Pinnipedia

本目是适应海洋生活的大型哺乳动物,其躯体粗大,头尾较小,呈流线型。头圆,颈短,体表密布短毛。鼻面部短,眼眶大,耳壳小或缺如,鼻孔裂状,垂直关闭。口大,周围有触毛。齿式为 3/2,1/1,4/4,1/1=34,犬齿锥形,颊齿 12~24 枚,无裂齿的分化。四肢特化为鳍状,前肢鳍足发达无毛,后肢转向体后,足和掌均具满蹼。为海产兽类,以鱼、贝类等为食,多为整吞食物,不加咀嚼。多分布在温带、寒带的沿海地区。本目有 3 科,34 种。其中海狮科(Otariidae)、海豹科(Phocidae)

动物具有药用价值。

（九）奇蹄目 Perissodactyla

本目为大型而善奔跑的草食性动物。门齿适于切草，犬齿退化，臼齿齿冠高，咀嚼面宽阔，其上有复杂的棱脊，适于研磨草料。齿式为 $0\sim3/0\sim3,0\sim1/0\sim1,3\sim4/3\sim4,3/3=24\sim44$。前后肢均以第三指（趾）发达，其余各指（趾）退化或消失，指（趾）端具蹄。头部有角或无角。胃为单室，不反刍，盲肠发达，无胆囊。本目有 6 属，16 种。其中马科（Equidae）具药用价值。

马科为奔跑速度最快的食草奇蹄类，种类数量最多、分布最广。其主要特征是：头骨鼻面长。齿式为 $3/3,0\sim1/0\sim1,3\sim4/3\sim4,3/3=36\sim44$，门牙凿状，臼齿齿冠高，齿冠咬合面有复杂的釉质齿脊。仅第三指（趾）发达，其余退化，腿细而长。颈背中线具有 1 列鬃毛，尾毛极长。常群栖于草原旷野，吃粗硬的草类。其野生种类分布于非洲中、西部地区。马科动物现存 1 属，7 种。其中马 *Equus caballus orientalis* Noack 药用价值较大，其胃肠道中的结石为中药"马宝"；驴 *Equus asinus* L. 的皮、头、肉、骨、脂、乳、蹄、阴茎等可供药用，其中驴皮为中药阿胶的主要原料。

（十）偶蹄目 Artiodactyla

偶蹄目动物包括现代大多数有蹄动物。主要特征是：臼齿结构复杂，齿数 $30\sim44$。第三、第四指（趾）发达，而第一趾缺失，第二、第五趾退化或消失，趾端绝大多数有蹄，重量轴通三、四趾间。多数具角，骨质或骨心上有角质鞘。少数种类动物的胃为单室，不行反刍；大多数为复室胃（ $3\sim4$ 室），行反刍。偶蹄目包括 9 科，75 属，185 种。其中猪科（Suidae）、鹿科（Cervidae）、牛科（Bovidae）等有药用价值。

1. 猪科（Suidae） 头骨长，吻部延伸，在鼻孔处呈盘状，内有软骨垫，嗅觉发达。犬齿发达，雄性上犬齿外露且向上弯曲，形成獠牙，臼齿为丘齿型，齿式为 $1\sim3/3,1/1,2\sim4/2\sim4,3/3=32\sim44$。胃为单室，不反刍。四肢短，足具 4 指（趾），仅中间 2 趾着地，侧指（趾）较小且不着地。毛鬃状。杂食性。分布于欧亚东部及非洲撒哈拉南部，有 5 属，8 种，其中野猪属（*Sus*）有 4 种。野猪为家猪的祖先，是数量最多、最普通的一个类群，广布于亚、欧、非三洲。野猪 *Sus scrofa* L.、猪 *Sus scrofa domestica* Brisson 药用价值较大，其胆等可供药用。

2. 鹿科（Cervidae） 体型大小不一。齿式为 $0/3,0/1\sim2,3/3,3/3=32\sim34$。一般仅雄性具 1 对角，而雌性无角。但驯鹿雌雄皆具角，麝和獐皆无角。角为分叉的骨质实角，每年脱换一次。四肢各具 4 指（趾），第二、第五趾极度退化。除麝外，鹿科无胆囊。胃 4 室，行反刍。为草食性动物。本科动物分布于亚洲、欧洲及美洲。共 15 属，38 种。药用价值较大的有原麝 *Moschus moschiferus* L.、马麝 *Moschus sifanicus* Przewalski、林麝 *Moschus berezovskii* Flerov 的麝香囊为名贵中药麝香；梅花鹿 *Cervus nippon* Temminck、马鹿 *Cervus elaphus* L. 的雄鹿未骨化的幼角为名贵中药鹿茸，骨化的角为鹿角。

3. 牛科（Bovidae） 包括羚羊类、绵羊类、山羊类和牛类。多数野生种两性都有角，角不分叉，为洞角。齿式为 $0/3,0/1,3/3,3/3=32$。门齿、犬齿都已退化，但还保留着下门齿，而且下犬齿也门齿化了，前臼齿、臼齿为高冠齿，磨蚀后齿冠表面形成复杂的齿纹，适于吃草。胃具 4 个室，即瘤胃、瓣胃、蜂巢胃和腺胃，行反刍，胆囊存在。本科为偶蹄目种类最多的一个科，包括 43 属，123

种。野生种分布于欧洲、非洲及北美地区。牛 *Bos taurus domesticus* Gmelin 的胆囊中的结石为名贵中药牛黄;高鼻羚羊 *Saiga tatarica* L. 的角供药用为名贵中药羚羊角。

第三节　常见药用动物

我国哺乳动物资源十分丰富,据统计现约有 500 种,其中药用有 200 余种,占种类 1/3,是一类重要的药用资源。主要的动物种类介绍如下。

一、刺猬 *Erinaceus europaeus* L.

为食虫目猬科动物,又名猬、毛刺、刺鼠等。多栖息于山地森林、平原草地或丘陵的灌木草丛中,市郊、村落附近亦见。昼伏夜出,冬眠期长达半年。遇敌害时能将身体蜷曲成球状,将刺朝外,保护自己。以昆虫和蠕虫为主要食物,亦食幼鸟、蛙、鸟卵、蜥蜴,以及瓜果、蔬菜等。分布于东北、河北、陕西、山西、河南、湖南、湖北等地。

(一) 外形与结构
体型肥短,体长 22~28cm,尾长 2~3cm,体重 400~900g。头宽而吻尖。眼小。耳短,其长度不超过其周围的棘长。四肢短小,爪较发达。身体背面及两侧密生尖刺,刺粗而硬,头顶部的棘刺略向两侧分列。全身尖棘颜色变异较大,可分两类,一类为纯白色,或尖端略染棕色;另一类基部白色或土黄色,中部棕色或黑褐色,上部白色,尖梢复呈棕色。整个体背呈土棕色。刺猬脸被细而硬的棕褐色毛,身体腹面及四肢有细而硬的白毛。四足浅褐色。尾上也覆有白毛。

(二) 药用与功效
刺猬的皮、肉、胆等均可供药用。

1. 刺猬皮　为刺猬的干燥外皮,又名猬皮、仙人衣。始载于《神农本草经》。捕捉后处死、剥皮,刺毛向外,除去残肉、油脂等,置于通风处阴干,备用。本品味苦、涩,性平。归肾、胃、大肠经。具固精缩尿,收敛止血,化瘀止痛功效。用于遗精滑精,遗尿尿频,便血,痔血,胃痛,呕吐等症。

2. 刺猬肉　为猬科动物刺猬的肉。首载于《本草拾遗》,其味甘,性平。功效降逆和胃,生肌敛疮。用于反胃,胃痛,食少,痔瘘。

3. 刺猬胆　为刺猬的胆囊。首载于《本草纲目》,味苦,性寒。功效清热解毒,明目。用于眼睑赤烂,迎风流泪,痔疮等症。

与刺猬同等入药的同科动物还有大耳猬 *Hemiechinus auritus* Gmelin 及达乌尔猬 *Hemiechinus dauuricus* Sundevall。

二、蝙蝠 *Vespertilio superans* Thomas

为翼手目蝙蝠科动物,又名天鼠、挂鼠、盐老鼠、伏翼等。栖息于屋檐、建筑物的缝隙、岩洞、树洞或石缝中。白天休息,黄昏或清晨活动觅食,以双翅目昆虫为食。我国大部分地区均有分布。

(一) 外形与结构

是一种营飞翔生活的小型兽类。体形较小,外形似鼠,体长 4.5～8cm。眼极细小,鼻部无鼻叶或其他衍生物。口宽,齿细而尖。耳短而宽,耳屏亦短,其尖端较为圆钝,听觉灵敏。前肢特化,指骨延长。由指骨末端向上至上膊骨,向后至躯体两侧后肢及尾间,生有一层薄的翼膜,其上无毛,可见血管分布。后肢较短,足伸在皮膜外面,有 5 趾,趾端有钩爪。休息或睡眠时,通常用钩爪倒挂在屋檐下空隙或岩洞等处。尾发达,向后延伸到股间膜的后缘。全身呈黑褐色。背毛灰褐色,腹毛浅棕色。

(二) 药用与功效

蝙蝠的粪便(名夜明砂)及全体可供药用。

1. 夜明砂　为蝙蝠的干燥粪便。全年均可采集,以夏季为宜,采集后,除去泥土及杂质,晒干备用。始载于《神农本草经》。本品味辛,性寒。归肝经。具清肝明目,化瘀消积功效。用于肝热目赤,翳障,夜盲,小儿疳积及瘰疬等症。

2. 蝙蝠的干燥全体　也可药用,其味咸,性平。具止咳平喘,利水通淋,平肝明目,解毒功效。用于咳嗽,喘息,淋证,带下,目翳,瘰疬等症。

与蝙蝠同等入药的动物有:同科动物大管鼻蝠 *Murina leucogaster* Milne-Edwards、普通伏翼 *Pipistrellus abramus* Temminck、大耳蝠 *Plecotus auritus* L.、华南棕蝠 *Eptesicus serotinus* Schreber、长翼蝠 *Minopterus schreibersi* Kuhl、山蝠 *Nyctalus noctula* Schreber 等,蹄蝠科动物大马蹄蝠 *Hipposideros armiger* Hodgson,菊头蝠科的中菊头蝠 *Rhinolophus affinis* Horsfield、马铁菊头蝠 *Rhinolophus ferrumequinum* Schreber 等。

三、穿山甲 *Manis pentadactyla* L.

为鳞甲目穿山甲科动物,又名鲮鲤、龙鲤、麒麟等。生活在热带及亚热带地区。多栖息在丘陵或山地的树林、灌木丛中的潮湿环境。居住地随季节和食物而变化,平时无固定住处,掘洞穴居。在我国主要分布于广西、广东、贵州、云南、海南、台湾等地。野生穿山甲是国家一级重点保护野生动物。目前已有人工饲养。

(一) 外形与结构

穿山甲体形狭长,成年个体长 50～100cm,体重 3～6kg。头呈圆锥形,眼小,耳不发达,吻尖,无齿,舌细长呈蠕虫状,舌面粗糙柔软带有黏液,善于伸缩捕食。尾扁平而长,27～33cm。四肢粗短,足具 5 指(趾),爪坚利,以中间指(趾)最长,前肢略长于后肢。除腹部及四肢内侧外,全身被黑褐色或黄褐色扁平的硬角质鳞片,鳞片呈覆瓦状排列,鳞片间杂有稀毛。鳞片的形状因着生部位不同而有 3 种:背鳞呈阔棱形,较扁平,鳞基有纵纹,边缘光滑;腹侧、前肢近腹内侧和后肢鳞呈盾状,中央有龙骨状凸起,该凸起随年龄的增加而减少,老年个体几乎消失;尾侧鳞呈折合状。

(二) 药用与功效

穿山甲的鳞甲可供药用。又名鲮鲤甲、山甲、川山甲等。首载于《名医别录》。本品味咸,性微寒。归肝、胃经。具活血消癥,通经下乳,消肿排脓,搜风通络功效。用于血滞经闭,癥瘕,产后乳汁不通,痈疮肿毒,风湿痹痛,中风偏瘫,麻木拘挛等症。

与穿山甲同等入药的同属动物尚有印度穿山甲 *Manis crassicaudata* Gray,又名粗尾穿山甲。

四、东北兔 *Lepus mandshuricus* Radde

为兔形目兔科动物,又名草兔、山兔、黑兔子等。一般栖息于海拔高度300~900m针叶阔叶混交林中,亦在平原、河谷灌丛、荒地草丛等地活动。平时无固定巢穴,产仔时才有一定住所。白天栖居于灌木丛、杂草、树根或倒树下,晚间出来活动觅食。以树皮、嫩枝及木本植物、草本植物为主要食物。分布于内蒙古、黑龙江、吉林、辽宁等地。

(一) 外形与结构

体形中等,体长44~48cm,体重1.5~2.5kg。耳较短,向前折达不到鼻端。后足较长,尾较短。冬毛背面一般为浅棕黑色。头、额部及眼间部毛色较深,为棕黑色,夏毛色更深。耳有黑尖,内侧被浅棕色毛,但后缘有一小块为棕黑色,耳外侧前方与额部相似。后背中央及臀部杂有黑色长毛,形成不明显的斑点。体侧毛色与背部毛色相近,下颏与胸腹部中央毛色为纯白色,毛基浅灰色。四肢为浅棕黄色。尾背面黑灰色,杂有少量棕色毛。

(二) 药用与功效

东北兔的粪便、肉、骨、肝等均可供药用。

1. 望月砂 为东北兔的粪便。又名兔蕈、兔屎。本品味辛,性寒。归肝、肺经。功效明目退翳,解毒,杀虫。用于目翳,痔瘘,疳疮等症。

2. 兔肉 为东北兔的肉。其味甘,性凉。功效健脾补中,凉血解毒。用于脾胃虚弱之纳差、疲力,消渴,便血,胃热呕吐等症。

与东北兔同等入药的同属动物还有华南兔 *Lepus sinensis* Gray、草兔 *Lepus capensis* L.、高原兔 *Lepus oiostolus* Hodgson、蒙古兔 *Lepus tolia* Pallas 等。

五、麝鼠 *Ondatra zibethica* L.

为啮齿目仓鼠科动物,又名水耗子、青根貂、北美鼠、麝香鼠等。麝鼠陆地栖居,能游泳和潜水,是半水栖的兽类。常栖居在沼泽地、低洼地带、河流、湖泊、池塘两岸,善于挖洞和筑巢。平时多在黄昏和夜间活动,白天在窝内睡觉或静卧,但冬季多在白天出来活动。以水生植物为主要食物。麝鼠原主产于北美洲,20世纪初期才引种到欧洲,我国麝鼠种类主要分布于东北、内蒙古和西北等地。目前已有人工饲养。

(一) 外形与结构

体型椭圆而肥胖。体型如大老鼠,身长35~40cm,尾长23~25cm,体重1kg左右。头小,稍扁平,颈短而粗,与躯干部没有明显界限。眼小,圆而黑亮,耳短隐于长被毛之中,耳孔有长毛堵塞。嘴钝圆,有胡须,上下颌各有一对长而锐利的门牙,呈深黄色或浅黄色,露于唇外。四肢短,前足4指,爪锐利,指间无蹼,后肢略长于前肢,趾间有半蹼,并有硬毛。周身绒毛致密,背部为棕黑色或栗黄色,腹面为棕灰色,体侧淡棕色。尾长呈棕黑色,稍有些侧扁,上面有鳞质的片皮,有稀疏的棕黑杂毛。雄性较雌性大,雄鼠会阴部被毛致密,雌鼠会阴部被毛较稀,腹股沟处无针毛,有较明显的凹陷细缝。

(二) 药用与功效

成熟雄性麝鼠香腺囊的分泌物可供药用,名麝鼠香,又称为美国麝香。

麝鼠香多采用人工活体取香的方法取得。新鲜的麝鼠香为淡黄色黏稠物,久置则颜色变深。气味似麝香。

麝鼠香的主要成分为降麝香酮、麝香酮、环十五烷酮、氨基酸、微量元素等成分。

药理研究表明,麝鼠香具有抗炎、抗缺氧、体外抑菌活性、促进动物生长等作用。

六、犬 *Canis familiaris* L.

为食肉目犬科动物。又名狗、家犬、地羊。为家饲动物,性凶猛。原为肉食性,因长期人工长期饲养,变为杂食性。我国各地均有饲养。

(一) 外形与结构

1. 外部形态　犬为小型家畜。品种不同,其体形大小和毛色而异,通常体格匀称。鼻吻部较长,口有深裂,齿常外露,眼呈卵圆形,两耳竖起或下垂,能自由转动。四肢矫健,前足5指,后足4趾,具爪,但爪无屈伸性。雌性有乳头4~5对,1对在胸部,其余分列于腹壁两侧。尾呈环形或镰刀形。犬的听觉、嗅觉均极灵敏,记忆力较强,奔跑迅速。

2. 内部构造

(1) 骨骼:分为中轴骨骼、四肢骨骼、内脏骨骼,共有228~230块。

(2) 肌肉:可分为头部、颈部、躯干、前肢和后肢5部分。

(3) 消化道:包括口腔、咽、食管、胃、小肠、大肠和肛门等部分。

(4) 呼吸系统:由鼻、咽、喉、气管、主支气管和肺等器官组成。

(5) 心血管系统:由心脏、动脉、毛细血管、静脉和血液组成。心脏呈卵圆形。心包为包裹心脏的锥形囊,囊壁由浆膜和纤维膜组成。浆膜分为壁层和脏层,壁层和脏层之间含有少量液体,可减少心脏搏动时的摩擦。心脏呈不规则的锥形,舒张扩大时呈卵圆形,心尖钝圆。

（6）泌尿系统：由肾、输尿管、膀胱和尿道组成。犬的肾脏较大，位于腰椎横突的腹侧，在主动脉和后腔静脉的腹膜外，蚕豆形，表面光滑，背腹径比较厚，腹侧面圆形隆起，背侧面隆凸度较小。输尿管左、右各一，起自肾盂，从肾门腹侧向后移行至膀胱。

（7）生殖腺：成对。雄性生殖器官由睾丸、附睾、阴囊、输精管、精索、阴茎和包皮等组成。睾丸在阴囊内，左右各一。雌性生殖器官由卵巢、输卵管、子宫、阴道、阴道前庭和阴门等组成。卵巢位于腹腔内，肾脏的后方，左右各一，呈硬而扁平的椭圆形。

（8）神经系统：由中枢神经系统及周围神经系统组成。中枢神经系统包括脑及脊髓。周围神经系统包括脊神经、脑神经及自主神经。

（9）感觉器官：主要包括眼、耳、鼻、舌、皮肤等。

（10）内分泌系统：由垂体、松果体、甲状腺、甲状旁腺、肾上腺、胸腺等组成。

1）垂体：位于蝶骨构成的垂体窝内，呈椭圆形，被硬脑膜所包裹，并在垂体窝的顶部收拢，裹紧垂体柄。

2）松果体：呈小卵圆形，红褐色，位于间脑背侧后方，丘脑与四叠体之间。

3）胸腺：属于无管腺，分左右两叶，位于胸腔内。

4）甲状腺：位于喉的后方，前2—5气管环的两侧，红褐色，腺组织坚实。

5）甲状旁腺：是一种小腺体，形如粟粒状，有4枚，其中2枚常埋在甲状腺组织内，另外2枚靠外侧，接近甲状腺前端。

6）肾上腺：为实质性器官，左右各一，右侧肾上腺位于右肾内缘的前部与后腔静脉之间，左侧肾上腺紧贴腹主动脉外侧。

（二）药用与功效

犬的阴茎及睾丸、胃内结石、骨骼、肉、肝、胆等均可供药用。

1. 狗肾　犬的干燥阴茎及睾丸，又名狗鞭、黄狗肾。全年均可收集，去净附着的肉及油脂，晾干或焙干备用。狗肾载于《神农本草经》，原名为牡狗阴茎。狗肾味咸，性温。归肾经。功效暖肾壮阳，益精血。用于肾精亏虚，阳痿宫冷，健忘，耳鸣，腰膝痠弱等症。

2. 狗宝　犬的胃结石。去皮膜及肉等，洗净，阴干备用。狗宝首载于《本草纲目》。本品味甘、苦、咸，性平；有小毒。归脾、胃、心经。功效降气，开郁，解毒，消积。用于反胃，噎膈，胸胁胀满，痈疽疔疮等症。

3. 狗骨　犬的骨骼。首载于《名医别录》。本品味甘、咸，性温。功效补肾壮骨，祛风活络，止血，止痢，敛疮生肌。用于痹痛，腰腿无力，四肢麻木，崩漏，带下，久痢，疮瘘，冻疮等症。

4. 狗肉　犬的肌肉。味咸，性温。归脾、胃、肾经。功效补脾暖胃，温肾助阳，益精填髓。用于脘腹胀满，浮肿，肾虚腰膝痠弱、阳痿，寒疟，败疮久不收敛等。

5. 狗肝　犬的肝脏。首载于《本草拾遗》。其味甘、苦、咸，性温。归脾、胃经。功效降气，止泻，祛风止痉。用于脚气攻心，下痢腹痛，心风发狂，狂犬咬伤。

6. 狗胆　犬的胆囊。首载于《名医别录》，其味苦，性寒。归肝经。功效清肝明目，化瘀止血。用于风热上攻之风热眼痛、涩痒，吐血，鼻衄，跌扑损伤，聤耳，疮疡疥癣等。

七、黑熊 *Selenarctos thibetanus* G. Cuvier

为食肉目熊科动物,又名狗熊、黑瞎子、月熊等。黑熊是一种森林性动物,活动范围广泛,常栖息于混交林或阔叶林中。在山上的岩洞、大树洞、地洞等建立巢穴,有冬眠习性,夏、冬季有垂直迁移现象。多白天活动,视力不佳,善于攀爬,游泳力强。杂食性,以植物性食物为主。黑熊为亚洲常见种,原我国华北、东北、西南以至华南等地均有分布,而今许多地区已经无野生黑熊。黑熊为国家二级重点保护野生动物。现我国已有人工养殖。

(一) 外形与结构

体型较大,体长 1.5~2m,体重 130~250kg。头部宽圆,吻部短而尖,鼻端裸出。眼小,耳大而圆且被有长毛,颈短粗两侧毛尤长。四肢粗健,前肢特别有力,前后足各具 5 指(趾),都是跖行性足。前足腕垫宽大与掌垫相连,后足跖垫宽大而肥厚,前宽后窄,内侧中部无毛间隔。尾极短。全身被黑毛并带有光泽,仅鼻面部为棕黄色,下颌部为白色,胸部有宽的"V"字形白斑。

(二) 药用与功效

经人工引流的新鲜胆汁,经冷冻干燥等加工制成的熊胆粉,目前多代替熊胆以供药用。本品味苦,性寒。归肝、胆、心经。功效清热解毒,息风止痉,清肝明目。用于热毒疮痈,痔疮,咽喉肿痛,热极生风,惊痫抽出,肝热目赤,目生翳障等。

熊胆粉主要含熊去氧胆酸、鹅去氧胆酸、胆汁酸、去氧胆酸,此外还有胆色素、胆固醇、氨基酸、微量元素、无机盐等成分。

药理研究表明,熊胆粉具有抗炎、解热、镇静、抗惊厥、利胆和抗血栓等作用。

八、大灵猫 *Viverra zibetha* L.

为食肉目灵猫科动物。又名麝香猫、九江狸、九节狸、灵猫等。栖息于海拔 2 100m 以下山地、丘陵的热带雨林、亚热带常绿阔叶林的林缘灌木丛、草丛中,白天多隐匿于灌木丛中或树洞、土穴、岩洞里,晨昏开始活动,喜到刚干涸的水洼、溪涧、稻田等阴湿处觅食。我国主要分布于陕西、四川、安徽、贵州、湖北、江西、云南、海南、江苏、浙江、广东等地。大灵猫为国家二级重点保护野生动物。

(一) 外形与结构

体型较家猫大而细长,身长 65~85cm,最长可达 100cm,体重 6~9kg。吻部略尖,口旁列生刚毛。耳小,额部较宽阔。四肢较短,足具 5 趾,爪弯曲而略有伸缩性。尾长超过体长一半。雌雄体的会阴部均具香腺囊,雌性呈方形,雄性为梨形,囊中的分泌物有奇异香味。体毛灰棕色或浅黄色,头、额、唇均为灰白色,颈侧至前肩有 3 条黑色横纹,间夹白色宽纹,均呈波浪状。脊背中央从头到尾基部有一条黑色鬃毛,其两侧自背中部起各有 1 条白色狭纹与尾部的白环毛相连。胸部及腹部为浅灰色,四肢黑褐色,尾有黑白相间的色环,一般白色环窄,黑色环宽,末端呈黑色,俗称"九节狸"。

(二) 药用与功效

灵猫香腺囊的分泌物可供药用,名灵猫香,药用首载于《本草拾遗》。目前多采用人工活体取香。本品味辛,性温。归心、肝经。功效行气活血,辟秽止痛,安神。用于心腹卒痛,疝气痛,子宫疼痛,跌扑损伤,腰肌劳损,肩周炎,坐骨神经痛,骨折疼痛,疫气等症。

灵猫香含有多种环酮、灵猫香酮、环十七碳酮、醇和酯类,尚含粪臭素、丙胺及几种游离酸类等成分。

药理研究表明,灵猫香有抗炎、镇痛、兴奋中枢神经、抗惊厥等作用。

与灵猫同等入药的同科动物尚有小灵猫 *Viverricula indica* Desmarest,又名七间狸、斑灵猫、香狸、七节狸等。

九、马 *Equus caballus orientalis* Noack

为奇蹄目马科动物。草食性家畜,经人工长期驯养,其性温驯。喜食禾本科和豆科植物的茎叶。我国各地均有饲养。

(一) 外形与结构

马为较大的家畜。品种不同体格大小相差悬殊,体长 1.5～2.5m,体高 1.27～1.60m,体重225～773kg。头面平直而狭长,耳直立能动,眼大,鼻宽。前额宽,上披长毛如发。颈部长,有鬃毛,从头顶起沿颈部背面至肩胛向下披垂。躯干部长,被均匀的短毛。四肢细长,前肢腕骨上方和后肢跗骨下方,有一部分无毛而又坚固的灰白色胼胝体,俗称"夜眼"。足趾仅第三趾发达,成末端卵圆形的实性蹄,第二、第四趾均退化。尾自基部末端,具总状长毛,形如尘拂。马的毛色复杂,因品种不同而各异,以青色、褐色、黑色、栗色居多。

(二) 药用与功效

马的胃肠结石、肉、鬃毛等均可供药用。

1. 马宝　即马胃肠中的结石。去筋膜,用清水洗净,阴干备用。马宝之名在历代本草虽未提及,但其与《本草纲目》的"鲊苔"相似。本品性甘、咸,性凉;无毒。具化痰镇惊,清热解毒功效。用于惊痫癫狂,神志昏迷,痰热内盛,吐血,衄血,恶疮肿毒等症。

2. 马肉　为马的肌肉。其味甘、酸,性寒。归肝、脾经。有强筋壮骨,除热之功效。用于寒热痿痹,筋骨痿软无力,疮毒等症。

3. 马鬃　为马的鬃毛或马尾毛。其味涩,性平。功效止血止带,解毒敛疮。用于崩漏,带下,痈疮等病症。

十、驴 *Equus asinus* L.

为奇蹄目马科动物。又名毛驴、二驴。为役用家畜,多饲养,性情较温驯,听从使命,以谷草、麦秸为主要食物,也吃大麦、高粱、豆类。

(一) 外形与结构

驴为役用家畜。体型似马而较小,体重一般为 200kg。头大耳长。眼圆,颈部长而宽厚,颈背鬃毛短而稀少。躯体匀称,四肢粗短,蹄质坚硬。体毛厚而短,毛色主要以黑色、灰色、栗色 3 种为主。尾尖端处生有长毛。颈背部有一条短的深色横纹,嘴部有明显的白色嘴圈。耳郭背面同身色,内面色较浅,尖端呈黑色。腹部及四肢内侧均为白色。

(二) 药用与功效

驴的皮、阴茎及睾丸、肉、油脂均可供药用。

1. 阿胶　为干燥或新鲜去毛驴皮经煎煮、浓缩制成的固体胶。首载于《神农本草经》。本品味甘,性平。归肺、肝、肾经。具补血滋阴,润燥,止血功效。用于血虚萎黄、眩晕、心悸,阴虚之心烦不眠、干咳无痰、气喘,吐血,衄血,咳血,崩漏等症。

阿胶主含蛋白质及肽类成分,经水解则产生多种氨基酸,如甘氨酸、谷氨酸、丙氨酸、精氨酸等。

2. 驴肾　为雄驴的阴茎及睾丸,除去残肉和油脂,用凉水泡好,拉直,挂通风处晾干而成。本品味甘、咸,性温。功效补肾壮阳,强筋健骨。用于阳痿,筋骨酸软,骨髓炎,骨结核,气血虚亏之乳汁不足等症。

此外,驴肉能补血益气,用治劳损,风眩,心烦。驴脂功能润肺止咳,解毒消肿,用于咳嗽,疟疾,耳聋,疥疮。

十一、猪 *Sus scrofa domestica* Brisson

为偶蹄目猪科动物,又名豚。系主要的家畜之一,全国各地均有饲养。其品种繁多,形态各异。

(一) 外形与结构

躯体肥胖,四肢粗短,头大,吻端略向上翘,鼻与口吻皆长,颜面凹陷,额上多皱褶,颈短粗而不明显,躯体被毛稀疏、粗硬,脊背部的毛甚长,富有弹性,称猪鬃,尾细小。毛色主要有 3 种,即白色、黑色,或黑白相间。

(二) 药用与功效

猪的胆、肝、胃、心、胰等均可供药用。

1. 猪胆　为猪的胆囊或胆汁。宰猪时,将胆囊取出挂起晾干或烘干,或取胆汁鲜用。猪胆首见于《名医别录》,其味苦,性寒。归肝、胆、肺、大肠经。功效清热解毒,润燥。用于热病燥渴,大便秘结,咳嗽,哮喘,目赤,目翳,泻痢,黄疸,喉痹,聤耳,痈疽疔疮等症。

本品主要含胆汁酸类、胆色素类、氨基酸与蛋白质类、脂类及无机物等成分。

药理研究表明,猪胆汁有抑菌、抗炎镇痛、镇咳、平喘及抗惊厥、镇静等作用。

2. 猪肝　为猪的肝脏,鲜用或干燥备用。本品味苦,性温。归肝经。功效养肝明目,补血。用于肝血虚之面色萎黄,夜盲,目赤,脚气,浮肿等症。

3. 猪肚　为猪的胃。其味甘,性微温。归脾、胃经。功效补虚健脾。用治虚劳羸弱,下痢,泄泻,消渴,小儿疳积,小便频数等症。

4. 猪心　为猪的心脏。其味甘、咸,性平。功效补气血,安神。用于久病体虚,惊悸,怔忡,自汗,失眠。

5. 猪胰　为猪的胰腺。味甘,性平,微毒。归肺、脾经。功效能益肺止咳,健脾止泻,滋阴润燥。用于肺痿咳嗽,咯血,肺胀喘急,乳汁不通,手足皲裂等病症。

与猪同等入药的还有同属动物野猪 *Sus scrofa* L. 。

十二、林麝 *Moschus berezovskii* Flerov

为偶蹄目鹿科动物。属山地森林动物,栖息于多岩石的针叶林和针、阔混交林中。性胆怯,常独居,多于晨昏活动。在我国主要分布于宁夏、安徽、四川、陕西、西藏等地。目前已有人工饲养。

(一) 外形与结构
林麝是麝属中体型最小的一种。体长约70cm,肩高约47cm,体重约7kg。雌、雄均不长角。耳长直立,端部稍圆。雄麝上犬齿发达,向后下方弯曲,露出口外;腹部生殖器前有麝香囊,尾粗短,尾脂腺发达。四肢细长,前肢短于后肢。体毛粗硬色深,呈橄榄褐色,并染以橘红色。耳内和眉毛白色;耳尖黑色,基部橙褐色。下颌、喉部、颈下以至前胸间为界限分明的白色或橘黄色区。臀部毛色近黑色。幼年个体具有斑点。

(二) 药用与功效
雄麝的香腺分泌物和香腺囊壳均药用,名麝香,又名当门子、脐香等。本品始载于《神农本草经》。目前多以人工饲养林麝,并通过活体取香而得。取香方法与取麝鼠香相同。本品味辛,性温。归心、脾经。功效开窍醒神,活血通络,消肿止痛。用于热病神昏,中风痰厥,气郁爆厥,中恶昏迷,经闭,癥瘕,难产死胎,胸痹心痛,心腹暴痛,跌扑伤痛,痹痛麻木,痈肿瘰疬,咽喉肿痛。

麝香主要含麝香酮、麝香醇、麝香吡啶等,此外还含有多种固醇、甾体激素、脂肪、雄素酮、蛋白质、无机盐等成分。

与林麝同等入药的同属尚有马麝 *Moschus sifanicus* Przewalski、原麝 *Moschus moschiferus* L. 。

麝属野生物种均为国家一级重点保护野生动物。

十三、梅花鹿 *Cervus Nippon* Temminck

为偶蹄目鹿科动物。又名花鹿。栖息于针叶阔叶混交林、森林边缘和山地草原。以青草、树皮、树叶、嫩芽、苔藓等为食,春、夏季喜食盐。分布于我国东北、华西、华东等地山区。野生梅花鹿系国家一级重点保护野生动物。现全国各地均有饲养。

(一) 外形与结构

体长约 1.5m,体重约 100kg。雄鹿自第二年开始生茸角,不分叉,密被黄色或白色细茸毛,每年早春脱换,增生一叉,生长完全时共有 4~5 叉,眉叉斜向前伸,第二枝与眉叉相距较远,主干末端再分 1~2 叉,雌鹿无角。眶下腺明显,呈裂缝状,耳大直立,颈细长,颈和胸部下方有长毛。尾短,臀部有明显白斑。四肢细长,后肢外侧踝关节下有褐色腺体,称为跖腺,主蹄狭尖,侧蹄小。冬毛厚密,栗棕色或灰棕色,有白色斑点但不明显。从头顶起沿脊椎到尾部有一深棕色的背中线。腹毛淡棕色,鼠蹊部白色。腹面白色,臀斑边缘及尾背面黑色,四肢毛色比体色浅。夏毛薄,无绒毛,红棕色,白斑显著,沿脊背两旁及体侧下缘排列成纵行,有黑色背中线。因其夏毛状如梅花,故有梅花鹿之称。

(二) 药用与功效

梅花鹿的幼角、角、阴茎及睾丸、骨、胎等均可供药用。

1. 鹿茸　为梅花鹿未骨化密生绒毛的幼角。花鹿茸又名黄毛茸、花茸。鹿茸首载于《神农本草经》。本品味甘、咸,性温。归肾、肝经。功效壮肾阳,益精血,强筋骨,调冲任,托疮毒。用于肾阳不足,精血亏虚,阳痿滑精,宫冷不孕,羸瘦,神疲,畏寒,眩晕,耳鸣,耳聋,腰脊冷痛,筋骨痿软,崩漏带下,阴疽不敛。

2. 鹿角　为鹿的已骨化的角及锯茸后脱落的角基。本品首载于《神农本草经》。本品味咸,性温。归肝、肾经。功效温肾阳,强筋骨,行血消肿。用于肾阳不足,阳痿遗精,腰脊冷痛,阴疽疮疡,乳痈初起,瘀血肿痛。

3. 鹿角胶　为鹿角经水煎煮、浓缩制成的固体胶。又名鹿胶、白胶。首载于《神农本草经》。本品味甘、咸,性温。归肝、肾经。功效温补肝肾,益精养血。用于肝肾不足所致的腰膝酸冷,阳痿遗精,虚劳羸瘦,崩漏下血,便血尿血,阴疽肿痛。

4. 鹿角霜　为鹿的骨化角熬制鹿角胶后剩余的骨渣。首载于《圣济总录》。本品味咸、涩,性温。归肝、肾经。功效温肾助阳,收敛止血。用于脾肾阳虚,白带过多,遗尿尿频,崩漏下血,疮疡不敛。

与梅花鹿同等入药的同属动物尚有马鹿 *Cervus elaphus* L.。

十四、牛 *Bos Taurus domesticus* Gmelin

为偶蹄目牛科动物。家畜,我国各地均有饲养。

(一) 外形与结构

体格高大而壮实。头部宽阔,口大鼻圆。鼻孔大,鼻孔间皮肤光滑,称为鼻镜。眼极大。头顶部有角 1 对,左右分开;角的长短、大小随品种不同而有差异。四肢健壮,蹄趾坚硬,尾较长。毛色大多为黄色,毛色亦随品种不同而常有变异。

（二）药用与功效

牛的胆结石、胆汁、角塞、角质外鞘等均可药用。

1. **牛黄** 为牛胆囊的结石，又名丑宝、犀黄。本品首载于《神农本草经》。本品味苦、甘，性凉。归肝、心经。功效息风止痉，清心化痰，开窍醒神，清热解毒。用于热盛动风，惊厥抽搐，热闭神昏，口噤，痰鸣，咽喉肿痛、溃烂及痈疽疔毒。

2. **牛胆** 为牛的胆汁。药用首载于《神农本草经》。本品味苦，性寒。功效清肝明目，利胆退黄，通便，解毒消肿。用于风热目疾，小儿惊风，心腹热渴，黄疸，咳嗽痰多，便秘，痔疮，痈肿等症。

3. **牛角䚡** 为牛的骨质角塞（骨心），又称牛角笋、牛角胎。取得后，用清水浸泡数天，除去残肉，再洗净、晒干备用。首载于《神农本草经》。本品味苦，性温。功效化瘀止血，止痢。用于衄血，便血，崩漏，带下，水泻，水肿，赤白痢等症。

4. **牛角** 为除去角塞的角质外鞘。功效清热解毒，凉血止血。用于治温热病，血热妄行之出血证，疮痈肿毒等症。

十五、山羊 *Capra hircus* L.

为偶蹄目牛科动物。又名家山羊。我国各地均有饲养。

（一）外形与结构

体形较小，身长1~1.2m，体重9~35kg。其头面狭而略尖，颌下具须。耳大。雌雄均有角，角型简单，角小而较直，尖端略向后弯，表面有环纹或前面呈瘤状。四肢细，尾短。通体被毛，毛直，长度适中，绒毛细短。个体差异，毛色可为白色、灰色、灰褐色或黑色。

（二）药用与功效

山羊的血、胆、肝及胃结石等均可供药用。

1. **山羊血** 为山羊的干燥血块。始载于《本草汇言》。本品味甘、咸，性热。归心、肝经。功效活血化瘀，接骨续筋，解毒。用于跌扑损伤，骨折，筋骨疼痛，吐血，衄血，便血，尿血，痈肿疮疖等。

2. **山羊肝** 为山羊的肝脏。功效清热养肝，明目退翳。用于肝虚目暗，目赤肿痛，雀目，青盲，视物不明，目生障翳等。

3. **山羊胆** 为山羊的干燥胆囊或胆汁。始载于《本草经集注》。本品味苦，性寒。归肝、胆经。功效清热解毒，明目退翳，止咳。用于目赤肿痛，目生翳障，小儿热惊，咽喉肿痛，热毒疮痈，黄疸，便秘，痢疾，肺痨咳嗽等症。

4. **羊哀** 为山羊的胃结石。功效和胃止呕，行气消胀，宽胸解噎。用于反胃吐食，噫气，噎膈等症。

与山羊同等入药的同属动物还有北山羊 *Capra iberx* L. 。

十六、其他药用动物

（一）缺齿鼹 *Mogera robusta* Nehring

为食虫目鼹科动物。其全体可供药用，称为"鼹鼠"。功效解毒，行气，杀虫。用于疗疮恶肿，胃癌,喘息,蛔虫病,淋病等。

（二）藏鼠兔 *Ochotona thibetana* Milne-Edwards

为兔形目鼠兔科动物。其干燥粪便为中药"草灵脂"。功效活血通经。用于血瘀腹痛,跌扑损伤,胃疼,瘀血积滞,月经不调等。

（三）复齿鼯鼠 *Trogopterus xanthipes* Milne-Edwards

为啮齿目鼯鼠科动物。其干燥粪便为中药"五灵脂"。功效能化瘀止血,调经止痛。用于血瘀之心腹胸胁刺痛,痛经,跌扑损伤疼痛,产后腹痛,血瘀崩漏等。

（四）东北鼢鼠 *Myospalax psilurus* Milne-Edwards

为啮齿目仓鼠科动物。其除去内脏的全体可供药用。功效镇静镇痛,解毒消肿。用于红斑狼疮、再生障碍性贫血、慢性肝炎、胃溃疡及化疗引起的白细胞减少症等。

（五）狗獾 *Meles meles* L.

为食肉目鼬科动物。其脂肪油为中药"獾油"。功效补中益气,解毒消肿,润燥,生肌。用于中气不足,子宫脱垂,贫血,半身不遂,咯血,胃溃疡等;外用治疗烧烫伤,皮肤皲裂,痔疮等。

（六）海狗 *Callorhinus ursinus* L.

为鳍足目海狮科动物。其雄性外生殖器为中药"海狗肾",又名"腽肭脐"。功效暖肾壮阳,益精补髓。用于阳痿早泄,精冷不育,腰膝酸软,心腹疼痛等。

（七）水牛 *Bubalus bubalus* L.

为偶蹄目牛科动物。其角鞘为中药"水牛角"。功效清热凉血,解毒,定惊。用于温热病之高热神昏,神昏谵语,惊风,癫狂,发斑,发疹,衄血,吐血等。

（八）黄羊 *Procapra gutturosa* Pallas

为偶蹄目牛科动物。其脂肪、角均可供药用。黄羊油用于痔疮。黄羊角功效平肝息风,清热解毒。用于温热病高热,神昏惊厥,小儿惊风,中风及青盲内障等。

（贺卫和　覃文慧）

第三篇 药用动物资源保护与可持续利用

第十八章　我国药用动物的地理分布

药用动物地理分布是在动物地理分布基础上,对中医临床常用动物药材的药用动物种类和地理分布环境进行总结、归纳,以了解其起源、发生和发展状况,进而为药用动物资源可持续利用提供依据。

第一节　我国药用动物种类

我国药用动物自《神农本草经》记载的 64 种开始,至《中国药用动物志》(第 2 版)已达 2 352 种(亚种),分属于 13 门 36 纲 145 目 426 科 1 729 种(表 18-1),其中环节动物门(Annelida)、软体动物门(Mollusca)、节肢动物门(Arthropoda)、脊索动物门(Chordata)等 4 门中包含的常用动物类药材较多。

表 18-1　我国药用动物种类统计表

序号	门	纲	目	科	种
1	原生动物门	1	1	1	1
2	海绵动物门	1	1	1	2[*26]
3	腔肠动物门	3	7	8	11[*2]
4	环节动物门	3	3	8	16[*27]
5	软体动物门	4	18	74	430[*26]
6	节肢动物门	7	27	106	243[*269]
7	棘皮动物门	4	13	25	86[*8]
8	脊索动物门	7	69	197	934[*263]

注:[*]为地方可替代的习用品种计入。

一、常用药用动物

(一)环节动物门

常用动物类中药有 2 味,其基源动物分属于 2 科 7 种。

1. 地龙　来源于钜蚓科参环毛蚓、威廉环毛蚓、通俗环毛蚓及栉盲环毛蚓等的干燥全体。分布于全国大部分地区。

2. 水蛭　来源于水蛭科蚂蟥、柳叶蚂蟥、水蛭等的干燥全体。分布于我国南北方的水田及沼泽地。

地龙和水蛭属于临床用量大的品种,因分布较广,适应性强,加之部分地区人工养殖技术成熟,整体资源量属于供需平衡状态。

(二) 软体动物门

常用动物类中药有7味(附药1味),基源动物分属于8科22种。

1. 石决明　来源于鲍科杂色鲍、皱纹盘鲍、耳鲍、白鲍、羊鲍、澳洲干燥贝壳。分布于渤海、东海和南海。

2. 瓦楞子　来源于蚶科毛蚶、泥蚶、魁蚶贝壳。分布于渤海、黄海、东海。

3. 紫贝　来源于宝贝科阿文绶贝、虎斑宝贝、山猫眼宝贝贝壳。分布于南海。

4. 珍珠(珍珠母)　来源于珍珠贝科马氏珍珠贝、蚌科三角帆蚌、褶纹冠蚌贝壳中外套膜受刺激形成的珍珠(珍珠母取自其贝壳)。马氏珍珠贝分布于广东、广西,后两者分布于安徽、江苏、浙江、江西、黑龙江、吉林、河北、山东、湖北、湖南。

5. 牡蛎　来源于牡蛎科近江牡蛎、长牡蛎、大连湾牡砺贝壳。分布于江苏、福建、广东、浙江、山东和辽宁沿海一带。

6. 蛤壳　来源于帘蛤科文蛤、青蛤贝壳。分布于全国大部分沿海地区。

7. 海螵蛸　来源于乌贼科金乌贼或无针乌贼干燥内壳。分布于渤海、黄海、东海与南海。

软体动物门常用动物类药材分为三类,第一类是石决明、海螵蛸属于临床用量大,但对生态环境要求严格,仅适生于特殊环境,因此野生资源量有限,而人工养殖技术不成熟,导致资源量匮乏,供需失衡;第二类是珍珠、牡蛎虽然临床使用量大,但对生态环境要求不严格,加之人工养殖技术成熟,资源量处于供需平衡状态;第三类是瓦楞子、紫贝、蛤壳临床用量小,资源量亦处于供需平衡状态。

(三) 节肢动物门

本门药用动物种类仅次于脊索动物门。临床常用动物类中药有11味,其基源动物分属于11科19种。

1. 全蝎　来源于钳蝎科东亚钳蝎干燥全体。分布于长江以北地区,现多为人工饲养。

2. 蜈蚣　来源于蜈蚣科少棘巨蜈蚣干燥体。分布于江苏、安徽、浙江、湖北等地,现多为人工饲养。

3. 土鳖虫(䗪虫)　来源于鳖蠊科地鳖或冀地鳖雌虫干燥体。前者全国有分布,后者分布于河北、河南、山东、山西等地。

4. 桑螵蛸　来源于螳螂科巨斧螳螂、大刀螂、小刀螂等干燥卵鞘。分布于全国大部分地区。

5. 蝉蜕　来源于蝉科黑蚱若虫羽化脱落的皮壳。分布于全国大部分地区。

6. 九香虫　来源于蝽科九香虫干燥全体。分布于四川、贵州、云南、福建、广西、广东等地。

7. 僵蚕 来源于蚕蛾科家蚕幼虫感染虫草菌科白僵菌致死的干燥虫体。分布于江苏、浙江和四川等地。

8. 蜂蜜 来源于蜜蜂科中华蜜蜂或意大利蜂所酿的黏稠液体。全国大部分地区有饲养。

9. 蜂房 来源于胡蜂科果马蜂、日本长脚胡蜂和异腹胡蜂的巢。分布于云南、江苏、江西、四川、广东、广西、福建和贵州等地。

10. 虻虫 来源于虻科双斑黄虻或华虻干燥雌虫全体。前者分布于东北、华北和华东,后者分布于全国。

11. 斑蝥 来源于芫青科南方大斑蝥或黄黑小斑蝥的干燥全体。分布于安徽、河南、广西、四川、贵州、湖南、云南和江苏等地。

上述 11 味中药,桑螵蛸临床用量大,人工繁育技术不成熟,资源主要来自野生,导致资源再生量难以满足需求量,存在供需矛盾,剩余 10 种中药的资源总量达到了可持续利用水平,与其生态环境要求不严格,人工繁育技术成熟密切相关。

(四) 脊索动物门
本门为药用动物种类最多的一个,共 1 197 种(亚种),占药用动物总数 51%。该门涵盖临床常用动物类中药 22 味(附药 4 味),其基源动物分属于 16 科 37 种。

1. 海马 来源于海龙科线纹海马、三斑海马、刺海马、小海马、大海马等全体。主产于广东、福建、浙江及台湾沿海,广东产量最大。

2. 海龙 来源于海龙科刁海龙、拟海龙、尖海龙干燥全体。主产于南海、东海。

3. 蟾酥(蟾皮) 来源于蟾蜍科中华大蟾蜍、黑眶蟾蜍干燥分泌物(蟾皮取自全体)。主产于河北、山东、四川、湖南、江苏、浙江等地。

4. 哈蟆油 来源于蛙科中国林蛙雌蛙的输卵管。主产于东北三省的稻田及林下。

5. 龟甲 来源于龟科乌龟背甲和腹甲。全国大部分地区均有,主产于长江中下游地区。现已有人工饲养。

6. 鳖甲 来源于鳖科鳖背甲。除宁夏、新疆、青海及西藏外,均有分布。现多为人工饲养。

7. 壁虎 来源于壁虎科壁虎、无蹼壁虎和多疣壁虎干燥全体。壁虎分布于广东、广西、福建等地,无蹼壁虎分布于辽宁、河北、北京、山东、河南、山西、福建和两广地区,多疣壁虎分布于秦岭—淮河以南地区。

8. 蛤蚧 来源于壁虎科蛤蚧干燥全体。主产于广东、广西、云南、福建及台湾等地。

9. 蛇蜕 来源于游蛇科锦蛇、黑眉锦蛇、乌梢蛇蜕下的干燥表皮膜。全国大部分地区均产,主产于浙江、广西、四川、江苏、福建、安徽、陕西、云南等地。

10. 乌梢蛇 来源于游蛇科乌梢蛇干燥全体。分布于长江以南及甘肃、陕西、河南等地。

11. 金钱白花蛇 来源于眼镜蛇科银环蛇幼蛇干燥体。分布于长江以南地区。

12. 蕲蛇 来源于蝰科五步蛇干燥体。分布于贵州、湖北、安徽、浙江、江西、湖南、福建、台湾及广西等地。

13. 鸡内金 来源于雉科家鸡干燥沙囊内壁。全国各地有饲养。

14. 刺猬皮 来源于猬科刺猬、大耳猬及达乌尔猬皮。分布于东北、华北和华东等地。

15. 穿山甲　来源于穿山甲科穿山甲鳞甲。现为国家一级保护野生动物,禁止捕捉野生穿山甲。

16. 五灵脂　来源于松鼠科复齿鼯鼠干燥粪便。分布于陕西、河北、山西、四川、云南、西藏等地。

17. 阿胶　来源于马科驴皮经煎煮浓缩而成的固体胶。分布于山东、浙江、上海、北京、天津等地,以山东产为佳。

18. 麝香　来源于鹿科林麝、马麝、原麝成熟雄体香囊中的干燥分泌物。分布于四川、西藏、云南、东北、安徽、福建、贵州等地。

19. 鹿茸(鹿角、鹿角胶、鹿角霜)　来源于鹿科梅花鹿或马鹿雄鹿未骨化密生茸毛的幼角(鹿角取自已骨化的角,鹿角胶取自角熬制形成的固体胶,鹿角霜取自角熬制后剩余的骨渣)。梅花鹿主要分布于吉林、辽宁及河北等地,马鹿主要分布于东北和西北地区。

20. 牛黄　来源于牛科牛干燥的胆结石。全国大部分地区有饲养。

21. 水牛角　来源于牛科水牛角。分布于长江以南地区。

22. 羚羊角　来源于牛科赛加羚羊角。分布于新疆北部。

上述 22 味中药,资源量供需较为紧张的有海马、海龙、蟾酥、哈蟆油、蛤蚧、乌梢蛇、金钱白花蛇、蕲蛇、刺猬皮、阿胶、麝香、牛黄、羚羊角等 13 味,约占 60%,因利用动物时主要采取杀害式的方法,加之生态环境要求高,人工繁育技术不成熟,资源再生量难于满足临床用量。

资源总量达到可持续利用水平的有龟甲、鳖甲、壁虎、蛇蜕、鸡内金、五灵脂、鹿茸、水牛角,虽然临床用量大,如龟甲、鳖甲、鸡内金、鹿茸,但人工繁育技术成熟,对生态环境要求不高,资源再生量可以满足临床用量。

另外,穿山甲因升格为国家一级保护野生动物,《中国药典》已不将其纳入药品目录。

二、其他药用动物

其他门动物药用的种类:紫梢花,来源于海绵动物门脆针海绵的干燥全体;鹅管石,来源于腔肠动物门粗糙盔形珊瑚干燥的虫体。另外,海盘车、海燕、海胆和海参等均来源于棘皮动物门。上述 6 种中药,因临床用量小,资源总量处于供需平衡状态。

第二节　我国药用动物地理分布概述

药用动物地理分布是指该药用种群实际占有的地理空间,在此空间内能充分进行个体发育,并繁衍后代,其范围大小反映了动物对自然生态环境的适应。生态环境中的光照、温度、水分、大气、土壤及海拔、地貌等生态因子不仅影响药用动物的生长和发育,而且影响其资源分布和质量。

一、我国地形与气候特点

我国地形从西到东呈明显的三级阶梯,既有海洋性气候,也有大陆性气候;由于南北跨度大,又有世界"第三极"——青藏高原,包括了地球上所有的气候带。

(一) 地形呈三级阶梯

其中青藏高原是最高一级阶梯,海拔 4 000~5 000m。东以大兴安岭、太行山、巫山、雪峰山一线为界,构成第二级阶梯,由高原和盆地组成。第三级阶梯主要以平原、丘陵、低山地貌为主,自北到南分布有东北平原、华北平原和长江中下游平原,海拔在 200m 以下,长江以南为低山丘陵,海拔在 500m 以内。

(二) 大陆性气候与海洋性气候

大陆性气候是指大陆热力变化大、水分少的性质所影响的气候,而我国气候大陆性较强,气温年较差较大,全国气温年较差多达 10~30℃。最热与最冷月紧跟在夏至和冬至后出现。春温高于秋温(除东南部外的全国大部分地区)。降水多集中在下半年,多数地区 5—10 月降水量占全年75% 以上,仅东南丘陵占 55%~65%。日较差大,淮河、秦岭和川西、滇东诸山连线以北、以西,年平均日较差大于 10℃,海洋性气候区则与此相反。

(三) 我国气候区划

我国气候带分为寒温带、中温带、暖温带、北亚热带、中亚热带、南亚热带及高原气候区域等;气候大区分为湿润区、亚湿润区、亚干旱区和干旱区(表 18-2、表 18-3)。

从气候分类上看,我国绝大多数属亚热带和温带气候区域,而热带气候仅在南海诸岛、台湾南部、琼雷、滇南等少数地区。

雷州半岛以北至秦岭—淮河是广阔的亚热带气候区域。

秦岭—淮河以北为温带气候区域,在温带气候区域中自南至北依气温递减而分为三个气候带,自东向西因水分递减而分为四个气候带,故温带气候类型最为齐全。青藏高原形成世界上特殊的气候单元。

表 18-2　我国气候带的温度指标

气候带	≥10℃积温(及其天数)	最冷月均温	年极端最低温度
寒温带	<1 600~1 700℃(<100 天)	<-30℃	<-48℃
中温带	1 600~1 700℃至 3 100~3 400℃(100~160 天)	-30~-10℃	-48~-30℃
暖温带	3 100~3 400℃至 4 250~4 500℃(160~220 天)	-10~0℃	-30~-20℃
北亚热带	4 250~4 500℃至 5 000~5 300℃(220~240 天)	0~4℃	-20~-10℃
中亚热带	5 000~5 300℃至 6 500℃(240~300 天)	4~10℃	-10~-5℃
南亚热带	6 500~8 000℃(300~365 天)	10~15℃	-5~-2℃
北热带	8 000~9 000℃(365 天)	15~19℃	2~6℃
中热带	9 000~10 000℃(365 天)	19~26℃	5~20℃
南热带	>10 000℃(365 天)	>26℃	>20℃
高原气候带	<2 000℃(<100 天)		

表18-3 我国气候带、气候大区和气候区

气候带	气候大区			
	A 湿润区	B 亚湿润区	C 亚干旱区	D 干旱区
Ⅰ寒温带	ⅠA1 根河区			
Ⅱ中温带	ⅡA1 小兴安岭区 ⅡA2 三江—长白区	ⅡB1 大兴安岭区 ⅡB2 松辽区	ⅡC1 蒙东区 ⅡC2 蒙中区 ⅡC3 富蕴区 ⅡC4 塔城区 ⅡC5 伊宁区	ⅡD1 蒙甘区 ⅡD2 北疆区
Ⅲ暖温带	ⅢA1 辽东—胶东半岛区	ⅢB1 河北区 ⅢB2 鲁淮区 ⅢB3 渭河区	ⅢC1 晋陕甘区	ⅢD1 南疆区
Ⅳ北亚热带	ⅣA1 江北区 ⅣA2 秦巴区			
Ⅴ中亚热带	ⅤA1 江南区 ⅤA2 瓯江闽江南岭区 ⅤA3 四川区 ⅤA4 贵州区 ⅤA5 滇南北区	ⅤB1 金沙江—楚雄、玉溪区		
Ⅵ南亚热带	ⅥA1 台北区 ⅥA2 闽南—珠江区 ⅥA3 滇南区			
Ⅶ北热带	ⅦA1 台南区 ⅦA2 雷琼区 ⅦA3 滇南河谷区	ⅦB1 琼西区	ⅦC1 元江区	
Ⅷ中热带	ⅧA1 琼南—西沙区			
Ⅸ南热带	ⅨA1 南沙区			
Ⅹ高原气候区域	HVⅥⅦA1 达旺—察隅区 HA1 波密—川西区	HB1 青南区 HB2 昌都区	HC1 祁连—青海湖区 HC2 藏中区 HC3 藏南区	HD1 柴达木区 HD2 藏北区

二、我国动物地理区划与生态地理动物群

动物地理区划反映了动物分布的区域差异,并且与自然地理条件相关联。根据现有动物分类资料,自 1959 年提出"中国动物地理区划(草案)"开始,经 1979 年、1999 年两轮修改,至 2011 年总结出经国内外动物学界和地理学界认可的综合性全国动物地理区划(表 18-4),将全国分为 2 界、3 亚界、7 区、19 个亚区。

其中我国南北分为古北界和东洋界 2 界,西部以青藏高原横断山区为界,东部以秦岭—伏牛山—淮河—苏北灌溉总渠一线为界,与我国亚热带和温带的分界线相吻合。

表 18-4　我国动物地理区划与生态地理动物群

界	亚界	区	亚区	生态地理动物群
古北界	东北亚界	Ⅰ 东北区	ⅠA 大兴安岭亚区	寒温带针叶林动物群
			ⅠB 长白山亚区	中温带森林、森林草原、农田动物群
			ⅠC 松辽平原亚区	
		Ⅱ 华北区	ⅡA 黄淮平原亚区	暖温带森林、森林草原、农田动物群
			ⅡB 黄土高原亚区	
	中亚亚界	Ⅲ 蒙新区	ⅢA 东部草原亚区	温带草原动物群
			ⅢB 西部荒漠亚区	温带荒漠与半荒漠动物群
			ⅢC 天山山地亚区	山地森林草原、荒漠动物群
		Ⅳ 青藏区	ⅣA 羌塘高原亚区	高原寒漠动物群
			ⅣB 青海藏南亚区	高原草原、草甸动物群
东洋界	中印亚界	Ⅴ 西南区	ⅤA 西南山地亚区	亚高山森林草原、草甸动物群
			ⅤB 喜马拉雅亚区	亚热地山地森林动物群
		Ⅵ 华中区	ⅥA 东部丘陵平原亚区	亚热带森林、林灌、草地-农田动物群
			ⅥB 西部山地高原亚区	
		Ⅶ 华南区	ⅦA 闽广沿海亚区	热带森林、林灌、草地-农田动物群
			ⅦB 滇南山地亚区	
			ⅦC 海南岛亚区	
			ⅦD 台湾亚区	
			ⅦE 南海诸岛亚区	

三、药用动物的分布类型

药用动物的分布,与地质变化、生态环境、生物遗传特征、生殖器官特点、传播方式及人为干预等因素有着密切关系。一般采用按分布的范围和动物类中药资源区进行分类。

(一) 按分布的范围分类

根据药用动物分布范围的特点,可分为广域分布种类、窄域分布种类、进口种类。

1. 广域分布种类　这类药用动物对气候与环境的适应幅度较宽,多是伴人动物,对生态因子要求不严格,因此分布广泛,资源量比较丰富。常见药用动物种类有:水蛭、蚂蟥、柳叶蚂蟥、双斑黄虻、华虻、红娘子、大刀螂、小刀螂、蟋蟀、蝼蛄、中华蜜蜂、意大利蜜蜂、锦蛇、黑眉锦蛇、乌梢蛇、鳖、蟾蜍、家鸡、麻雀、家兔、家犬、水牛等。

2. 窄域分布种类　该类动物对气候和环境有特定要求,分布范围相对狭窄,资源量也较小。通过人们不断筛选,有的野生变家养。并选择特定的地域,采用特殊的生产技术,逐渐形成了特色鲜明的道地药材。常见药用动物种类有:参环毛蚓、威廉环毛蚓、通俗环毛蚓、栉盲环毛蚓、杂色鲍、皱纹盘鲍、耳鲍、白鲍、羊鲍、澳洲鲍、泥蚶、魁蚶、毛蚶、阿文绶贝、虎斑宝贝、山猫眼宝贝、马氏珍珠贝、三角帆蚌、褶纹冠蚌、近江牡蛎、长牡蛎、大连湾牡蛎、文蛤、青蛤、金乌贼、无针乌贼、东亚钳蝎、少棘巨蜈蚣、地鳖、冀地鳖、九香虫、家蚕、南方大斑蝥、黄黑小斑蝥、黑蚱、五倍子、海马、海龙、蟾蜍、中国林蛙、乌龟、蛤蚧、穿山甲、乌梢蛇、金钱白花蛇、蕲蛇、乌骨鸡、复齿鼯鼠、鹿、林麝、马麝、原麝、驴、马、牛、黑熊、金丝燕、赛加羚羊等。

3. 进口种类　我国气候类型多样,适合各类生物类中药材的生长发育,由于绝大多数领土属于亚热带和温带气候区域,而热带气候范围较小,以至生长于热带气候区域的动物资源较少,少量需要从热带国家和地区进口。常见药用动物种类有:海马、海龙、玳瑁、龙涎香、海狗等,所占比例较小。

(二) 按动物类中药资源区划分类

我国药用动物可以划分为陆地药用动物和海洋药用动物,其中陆地药用动物包含了内陆水域药用动物。根据第三次全国中药资源普查,结合当前正在进行的第四次全国中药资源普查工作,将动物类中药资源划分为东北区、华北区、华东区、西南区、华南区、内蒙古区、西北区、青藏区和海洋区共九个区域。

1. 东北区　包含黑龙江省大部分、吉林省、辽宁省以东半部和内蒙古自治区北部。地貌上包括大、小兴安岭,长白山地区以及三江平原,大部分地区属于寒温带和中温带的湿润与半湿润区域。

该区药用动物有 300 多种,中国林蛙、黑熊、梅花鹿等关药的蕴藏量占全国 50% 以上,梅花鹿、马鹿以及鹿茸的生产在全国占很大比重。其他药用动物有水獭、刺猬、野猪、蝮蛇等。

2. 华北区　包括辽宁省南部、河北省中部及南部、北京市及天津市、山西省中部及南部、山东省、陕西省北部及中部、宁夏回族自治区中南部、甘肃省东南部、青海省、河南省、安徽省及江苏省的小部分。大部分地区属于暖温带。

该区药用动物有 200 多种,特产业园动物有复齿鼯鼠、地鳖、冀地鳖、东亚钳蝎、驴、牛、中华蜜蜂、斑蝥、蝮蛇、蟾蜍、刺猬等。

3. 华东区　包括浙江省、江西省、上海市、江苏省中部和南部、安徽省中部及南部、湖北省中部和东部、湖南省中东部、福建省中部和北部,以及河南省、广东省的小部分。地形以丘陵山地为主,属北亚热带及中亚热带。

该区药用动物有 300 余种。主要药用动物种类有参环毛蚓、威廉环毛蚓、通俗环毛蚓、栉盲环毛蚓、水蛭、蚂蟥、柳叶蚂蟥、马氏珍珠贝、三角帆蚌、褶纹冠蚌、少棘巨蜈蚣、家蚕、黑蚱、鳖、蟾蜍、乌梢蛇、蕲蛇、金钱白花蛇、家鸡、穿山甲等。

4. 西南区　包括贵州省、四川省、重庆市、云南省的大部分、湖北省及湖南省西部、甘肃省东南部、陕西省南部、广西壮族自治区北部及西藏自治区东部。地形以山地、丘陵和高原为主,属北亚热带及中亚热带。

该区药用动物 300 多种,常见药用动物种类有水蛭、蚂蟥、柳叶蚂蟥、九香虫、家蚕、斑蝥、乌龟、鳖、蛤蚧、锦蛇、黑眉锦蛇、乌梢蛇、金钱白花蛇、蕲蛇、穿山甲、复齿鼯鼠、林麝、黑熊等。

5. 华南区　包括海南省、台湾省以及南海诸岛、福建省东南部、广东省南部、广西壮族自治区南部及云南省西南部。属南亚热带及中亚热带气候,湿度大,气温高。

该区药用动物有200余种,常见药用动物种类有参环毛蚓、杂色鲍、马氏珍珠贝、南方大斑蝥、黄黑小斑蝥、海马、海龙、海龟、蛤蚧、蕲蛇、金钱白花蛇、金丝燕、刺猬、穿山甲等。

6. 内蒙古区 包括黑龙江省中南部、吉林省西部、辽宁省西北部、河北省及山西省北部、内蒙古自治区中部及东部。此区冬季干燥寒冷、夏季凉爽。

该地区常见药用动物种类有中国林蛙、乌骨鸡、刺猬、黑熊、梅花鹿、马鹿等。

7. 西北区 包括新疆维吾尔自治区全部、青海省及宁夏回族自治区北部、内蒙古自治区西部、甘肃省西部及北部。气候干旱少雨,日照时间长,昼夜温差大。药用动物有150余种,常用药用动物种类有双斑黄虻、华虻、复齿鼯鼠、马鹿、马麝、牛、驴、赛加羚羊等。

8. 青藏区 包括西藏自治区大部、青海省南部、四川省西北部和甘肃省西南部。海拔高,属高寒类型,日常强烈,光辐射量大。

该区药用动物有500多种,常见药用动物种类有牦牛、马麝、马鹿、牛、黑熊、赛加羚羊等。

9. 海洋区 包括我国东部和东南部海岸线及我国领海各岛屿的海岸线,气候从北到南,由暖温带向亚热带,再向热带过渡。

该区药用动物有500余种,主要药用动物种类有珊瑚、杂色鲍、耳鲍、近江牡蛎、大连湾牡蛎、长牡蛎、泥蚶、魁蚶、毛蚶、马氏珍珠贝、三角帆蚌、褶纹冠蚌、金乌贼、无针乌贼、海马、海龙、海狗等。

（庆　兆）

第十九章　药用动物驯养

我国对野生动物的驯养具有悠久的历史,早在宋朝便发明了珍珠养殖法,随着现代科学技术的发展,以及人类对野生动物保护意识的提高,越来越多的野生药用动物已经或初步实现了人工驯化与养殖,如水蛭、东亚钳蝎、蜈蚣、地鳖、斑蝥、中国林蛙、蟾蜍、蛤蚧、龟、鳖、梅花鹿、林麝、黑熊等人工养殖均达到了一定规模,在很大程度上满足了中医临床对动物药材的需求。

第一节　药用动物驯养的意义

药用动物驯养系指对野生药用动物的驯化与养殖。驯化是指把野生动物培育成家养动物的过程,是对动物行为的控制与运用,通过人工定向驯化,降低野生动物的野性,使其更加温顺,并按人类要求的方向产生变异。

药用动物驯养的意义,在于提高动物药材产量和质量,保护濒危野生药用动物,以解决常用动物药材资源短缺问题。

一、提高动物药材产量和质量

通过人工驯化与养殖,增加药用动物资源量,或促进动物药用部位器官、组织或机体等加速生长,以提高产量。例如,蝎和鳖等的温室化饲养,打破了动物的休眠,使其生长发育加速,从而提高了产量。此外,通过对药用动物的人工驯化与养殖,还可以提高动物药材的质量。例如,对幼龄公鹿适时运用"破桃墩基础"技术,即在幼龄公鹿长出毛桃后,当桃高(桃顶至额间的直线距离)在梅花鹿达 5~6cm、马鹿达 7~9cm 时,从桃顶锯下 2~3cm(梅花鹿)或 3~4cm(马鹿),使其长出成型的初角后,再长出鹿茸,促使角基增粗,不仅可使鹿茸产量提高 30%~60%,还可提高鹿茸药材质量。

二、保护珍稀濒危野生药用动物

动物药材大多源于野生药用动物,其中不乏一些珍稀濒危物种,如虎、犀牛、赛加羚羊、林麝等。随着我国野生药用动物人工驯养品种的不断增加,未来动物药材将主要来源于人工驯养药用动物。目前,已建立了一些不同规模、不同品种的珍稀濒危野生药用动物保护与繁育中心或基地,专门从事珍稀濒危野生药用动物驯养与繁育工作。例如,四川养麝研究所在林麝的人工驯化、繁殖和培育等方面做了大量的工作,并取得了较好成果。这些繁育保护中心在保护珍稀濒危野生药用动物的同时,也扩大了药用动物资源。

三、解决常用动物药材资源短缺

动物药材资源短缺已成为制约中医药发展的重要因素之一。动物药材仅靠野生资源已经很难满足中医药临床与中药产业发展需求。加强野生药用动物人工驯养已迫在眉睫,也只有加快野生药用动物人工驯养进程,方可从根本上解决动物药材供求矛盾,进而更有效地保护珍稀濒危野生药用动物物种。

目前,我国已建立了多种野生药用动物人工驯养与繁殖基地,如四川养麝研究所、陕西宝鸡市林麝工程技术研究中心、湖北京山盛昌乌龟原种场、辽宁西丰县国家级梅花鹿养殖标准化示范区等。通过对野生药用动物生物学特性(包括生活习性、生态环境、繁殖条件、正常生理生化特征、疾病防治及遗传特性等)研究,提高了人工驯养繁殖率与成活率,保障优质动物药材供应。

第二节 我国药用动物驯养历史与现状

一、我国药用动物驯养历史

我国野生动物驯化历史悠久。考古工作者发现,8 000 年前我国就有家犬驯养,并推测当时已开始有家猪人工驯养。公元 3 000 多年前,我们祖先就开始蚕和家畜饲养。夏商时期,马、牛、羊、犬、猪、鸡、鸭等家畜家禽饲养已经较普遍。周朝已有人工养鱼记载,珍珠、牡蛎养殖也有 2 000 多年历史。《诗经》中就记载有鸟、兽、虫、鱼等动物 160 余种,有许多既可食用又可药用的品种。《左传》中也有园圃里放牧各种走兽、饲养鱼鳖的记载。秦汉时期,随着马等优良品种的广泛培育并用于交换,在为人们提供丰富食物的同时,也促进了野生药用动物驯养发展与动物药材应用。如《齐民要术》就较系统地总结了饲养家畜和家禽、养蚕、养鱼等技术经验。这些辉煌的成就中,尤以蚕的人工驯养最受世界瞩目。蚕是我们祖先由野蚕经过长期驯养所创造的一个完全不同的物种,是中华民族改造自然的一个伟大创举。

早期人工驯养的品种,主要是一些比较温顺、容易捕获和饲料容易得到的食草动物及部分杂食动物。随着驯养经验的积累与技术的提高,以及对自然规律认识的逐步深入,其驯养范围也逐步扩大到能够提供药用或具有观赏价值的珍稀动物。如清朝时期已开始鹿的驯养,中华人民共和国成立后,全国各地陆续建立了规模、品种不同的养鹿场,驯养了包括梅花鹿、马鹿在内的多个鹿品种,如白唇鹿、白臀鹿和水鹿等。从 20 世纪 50 年代起,我国又开始驯养毛皮兽,主要品种包括水貂、狐、貉、海狸鼠、麝鼠、紫貂等,在满足毛皮市场需求的同时,也提供了药用资源。

二、我国药用动物驯养现状

目前,我国药用动物人工驯养发展迅速,不仅在由野生变为人工驯养驯化技术方面取得了长足的进步,同时还开展了饲料生产技术、繁育技术以及动物药材工程化生产等方面的研究,取得了重大突破,尤其是动物药材工程化生产工艺的发展,使动物药材产量大幅提高。从珍珠、僵蚕、冬虫夏草的人工培养到蝎、蜈蚣、蛇类的电刺激采毒;从梅花鹿的控光增茸到麝的激素增香,使鹿茸、麝香的产量不断提高;随着活熊取胆汁和活麝取香技术的创新与发展,麝香、熊胆等珍稀药材产量得到了极大提高;尤其体外培植牛黄的成功,以及鹿茸细胞培养的成功,更使动物药材生产进入了生物工程阶段。

虽然药用动物人工驯养取得了显著成就,但随着人们对动物药材品质需求的提升,药用动物驯养急需规范化、标准化,在提高动物药材产量同时,不断提高其内在品质。广泛、深入地开展药用动物人工驯养研究,实现由单纯提高产量的规模化驯养,转向品质提升的规范化、标准化、精品化驯养,是药用动物人工驯养的未来发展方向。

第三节　药用动物驯养的条件和方法

药用动物驯养主要包括引种、驯化、饲养和繁殖育种四方面,通过对野生动物生活习性、生态环境、繁殖条件、正常生理生化特征、疾病防治及遗传特性等的探索与研究,从而建立具有针对性的、行之有效的驯养条件和方法。

一、引种

引种,包括习性调查、捕获、检疫及运输四个部分。

(一) 引种的概念和意义

引种是指将动物的优良品种、品系或具有某些特性的类群引进本地作为育种素材或者直接推广利用的一种育种措施。引种方式主要有活体引种、精液(冻精和鲜精)引种及胚胎引种 3 种。引种意义在于一是直接利用,二是作为杂交改良的素材。

1. 直接利用　引进适应能力较强的动物物种,在当地自然条件下,长期进行风土驯化,即指动物适应新环境的复杂过程。其标准是引入品种在新环境条件下既能生存、繁殖、正常地生长发育,也能保持其原有的特点,对某些濒危物种可以进行异地保护。同时,引进的原种,再通过纯种繁殖,使群体数量增加并达到一定规模后,就可以作为当地品种资源直接利用。

2. 杂交改良　将引入的品种或品系,作为育种材料,利用人工投精、胚胎移植、多代克隆等动物繁殖新技术,进行品种杂交改良,以提高杂交改良品种的生产性能和经济效益。例如,我国山羊品种资源丰富,有许多适应性强、繁殖力高的优质品种,可与世界有名的肉用波尔山羊进行有计划的杂交改良和杂交优势利用;不同地区,依据其生态条件,有针对性地选育出表现良好、适应性强和具肉用特性的羊群,进行纯种繁育和杂交利用,建立和完善良种繁育体系,提高我国山羊业的经济效益与社会效益。

(二) 引种方法

1. 习性调查　对野生动物进行栖息环境调查、食性调查、行为调查等。

（1）栖息环境调查：调查野生状态下动物的生活条件、栖息区的范围和特点，调查一年四季的气候和景观变化对动物的影响等。为确定动物的养殖方式、场舍建设、设备供应和经营管理等提供依据。

（2）食性调查：很多野生动物在不同季节和不同发育阶段存在着食性的变化。如梅花鹿春季喜采食嫩叶、幼芽和花蕾，夏季则以青绿枝叶为主，秋季很喜食橡子，冬季除采食地面的枯枝落叶之外，还喜欢啃食一些树木的树皮。必须深入实地调查药用野生动物的食性，访问有经验的药农猎户，甚至要将动物解剖，辨识其胃中食物情况。

（3）行为调查：先了解动物是群居性还是独居性，以确定群养还是独养。独居性的动物在家养条件下未经驯化而强行群养会使动物之间殴斗、咬伤甚至死亡。再了解动物的昼夜活动规律和季节活动规律，动物的昼夜活动主要包括捕食、饮水、运动和休息，其季节性活动与生长繁殖、休眠、脱皮、换羽或换毛有关。此外动物的取食方式也多样化，都需要周密调研，做好养殖前的充分准备。

2. 捕获　根据药用动物种类不同，制订不同的捕获方法，对于大型药用动物，要避免对其机体造成损伤，还应注意尽量减少精神损伤。很多药用野生脊椎动物胆小易惊，对初捕后的它们，既要保持安静，还要精心饲喂。

3. 检疫　初捕后的野生药用动物，要在原地暂养和观察一段时间，同时经卫生检疫部门严格检疫后，才能进入驯化养殖。如携带患有囊虫病的野猪、患有结核病的雉鸡等，会导致严重的传染病。

4. 运输　野生动物未经驯化时，运输比较困难，所以，在运输时尽量缩短时间，避免时走时停和中途变换运输工具。一般来说，野生动物运输的难度，成年动物较幼年动物难，雄性较雌性难，独居性的较群居性的难，食肉的较食草的难。所以，在运输时应根据动物的体型大小、生理及行为特征，采取相应的方法和措施。

二、驯化

野生药用动物驯化包括对成年动物、幼龄动物和性活动期动物的驯化，驯化方法主要包括有个体驯化或集体驯化、直接驯化或间接驯化等。

（一）驯化的概念和意义

驯化指的是野生动物经过人工的饲养、选择和培育后，在动物的体型外貌、生活习性、生产性能等方面发生根本性变化，并完全丧失野性，从而依赖人工饲养维持其生存和繁衍的过程。简单来说，就是将野生动物驯养成家养动物的过程。

驯化野生药用动物的意义在于，通过驯化使动物的生存环境得以改善，其营养得到保证，减少患病机会，后代繁衍具有保障，动物行为人工可控。同时，人工驯化也可使动物的产量增加，使药用动物资源得到保证，提高经济效益。

（二）驯化方法

1. 早期发育阶段的驯化　幼龄动物可塑性大，人工驯化幼龄动物，效果普遍较好。如产后30

日龄以内未开眼的黄鼬,通过与母鼬隔离而人工饲养,在开眼以后即接触人为环境,幼鼬能很好地接受人工饲养管理。

2. 单体驯化与群体驯化　单体驯化是对动物个体进行单独驯化,适于驯化某些特有性能或易惊易怒的大型兽类或群体性能较差的药用动物;群体驯化是对多个动物在统一信号指导下,使每个动物都建立起共有的条件反射,从而产生群体的一致性活动,如摄食、饮水和放牧等都在统一信号指引下定时地共同活动,给饲养管理工作带来很大方便。

3. 直接驯化与间接驯化　直接驯化包括前面所述的单体驯化与群体驯化。间接驯化是使不同驯化程度的药用动物之间,建立行为习性上的联系,进而逐渐产生统一活动性的效果。如利用驯化程度很高的母鹿带领未经驯化的仔鹿去放牧,这就是利用幼龄动物具有"仿随学习"的行为特点而形成的"母带仔鹿放牧法"。还有像家鸡孵育野鸡、母犬哺虎、乌鸦孵育鹌鹑等,均是间接驯化的成功例子。

4. 性活动期的驯化　性活动期是动物行为活动的特殊时期,由于体内性激素水平的增高,出现了易惊恐、易激怒、求偶、殴斗、食欲降低、离群独走等行为特点,此时可针对不同动物出现的特点加以驯化,一般采取保持环境安静、控制光照等方法,对初次参加配种的药用动物进行配种训练,防止拒配和咬伤,尽量创设其交配环境和条件。

三、饲养

药用动物的饲养包括生活环境、饲养方式、饲料与饲养管理,以及疫病防治等环节,是药用动物养殖的重要环节。

(一) 生活环境和饲养方式

1. 生活环境　药用动物的饲养环境应尽量接近动物的野生状态,并要求安静干燥、排水良好、通风向阳、冬暖夏凉,有优质充足的水源。

许多药用动物饲养都需要建设圈舍,以满足动物生长、繁育的需求。圈舍的生产区与生活区应分开,并能防止动物逃逸。应有患病动物隔离圈舍及病死动物、污水、污物无害化处理设施。圈舍出入口设有隔离和消毒设备与设施。圈舍的选址、建筑布局及设施设备应符合国家相关的行业标准,以及动物卫生防疫要求。圈舍要与城市中心、工业区、居民区、交通要道等能对人、畜安全构成威胁的地点隔开一定的距离,以减少污染和疫病传播。

2. 饲养方式　药用动物的饲养方式可分为散放饲养和控制饲养两大类。

(1) 散放饲养:有全散放饲养和半散放饲养。全散放饲养要求有较大的区域范围,动物基本上处于野生状态,该饲养方式投入少、成本低;半散放饲养的动物活动范围小,部分人工饲养,设铁丝网、围墙、水沟等屏障,要适当补充人工食料,投入较大。

(2) 控制饲养:分为半密集饲养和高密度饲养。我国目前大多数药用动物养殖场都属于半密集饲养,对动物进行驯养或半驯养。高密度饲养是指单位空间内的动物数量多,环境条件处于智能控制的最佳状态,饲料、饮水、污物清扫、疾病防治的自动化程度高。

（二）饲料

药用动物的食性分为草食性、肉食性和杂食性3大类。饲料配方应包括蛋白质、脂类、糖类、维生素、矿物质和水等多种物质，以满足不同食性动物的要求及其生长的特殊需要。大多动物的饲料配方都有国家标准，可参照执行。饲料性状也应符合动物的饮食习惯。此外，药用动物饲料的原料来源必须稳定有保障，原料储存和加工应避免遭受害虫，避免化学、物理、微生物污染物或其他不良物质的污染。

（三）饲养管理

饲养管理包括对从业人员、环境和动物等方面的管理。

1. 从业人员管理　从业人员要求身体健康，具备动物饲养专业知识，接受过动物饲养技术培训，持证上岗。

2. 环境管理　定期打扫圈舍和饲养场地，喷洒消毒剂和杀虫剂，保持饲养环境清洁、卫生；定期更换饲养场出入口水池中的消毒液；及时修补损坏的设备、栏杆、笼具和铁丝网，防止动物逃逸。

3. 动物管理　制定动物的常规饲养、繁殖配种、幼仔护理、免疫接种、放牧管理和发病情况等制度和操作规程，并做好相关资料记录。所有记录应有相关负责人签字并妥善保存2年以上。动物在青春期和繁殖发情期容易出现斗殴和自残现象，要针对性地采取相应措施予以预防。

（四）疫病防治

本着"预防为主"的方针，建立切实可行的防疫制度。如保持圈舍清洁卫生，定期捕杀昆虫鼠害，驱除动物体内外寄生虫，接种疫苗等等。发现患病动物要第一时间隔离治疗，同时对环境进行消毒处理。做好死亡动物尸体的处理，防止疫病的传播。

四、繁殖与育种

繁殖与育种是确保动物的遗传性状、生产道地动物药材的重要环节。

（一）育种

动物育种是运用生物学的基本原理和方法，尤其是动物遗传学、繁殖学与发生学等理论和方法，进行改良动物的遗传性状，从而培育出更能适应人类各方面需求的高产类群、高质类群、新品系或新品种。

野生动物(包括药用动物)是先有驯化后有育种。目前，我国药用动物繁殖和育种的现状可分为4类：①已经培育出优良品种的药用动物，如乌鸡，鹌鹑(日本鹌鹑、朝鲜鹌鹑、中国鹌鹑)，蜜蜂(中国蜜蜂、意大利蜜蜂和高加索蜜蜂等)，家蚕等。②已培育出优良类群但还没达到品种标准的药用动物，如梅花鹿中的吉林双阳鹿、龙潭山鹿和东丰杠鹿，辽宁的西丰梅花鹿等类群。③发现了野生动物优良种群并开展了引种驯养的药用动物，如吉林省长白山地区的中国林蛙种群，其体大、油多；内蒙古阿尔山和新疆塔里木的马鹿种群，其角个体特大。④与野生型无明显差异，仅作了初步驯养，这是我国药用动物养殖的主要状态。

药用动物育种工作包括遗传性状分析、选种和选配、交配产仔、培育(驯化与饲养)等。

1. 遗传性状 动物的遗传与环境之间的关系模式:基因型+环境=表型。可见,动物表型的形成,主要是遗传因素的影响,其次是受环境(生态环境和人工选育)的影响。构成动物表型的各种性状分为质量性状和数量性状两大类。

(1) 质量性状:质量性状多由一对或少数几对基因所决定,每对基因都在表型上有明显的可见效应,也就是各质量性状之间有明显的质的区别,不易混淆。所出现的变异多为不连续性变异,即使出现不完全显性杂合体的中间类型也可以区别归类,这样一类性状称之为质量性状。如野生动物的毛色、耳型、血型、畸形及各种遗传疾病等属于质量性状。

(2) 数量性状:数量性状常常由多数基因所控制,每个基因只有较小的效应,在表型上并不明显可见,所以在实际研究中很难确定每对基因的作用。这样的性状只能用数量遗传理论和数理统计方法进行分析和研究,并用来指导育种工作。数量性状有动物的体型大小、体重、毛的长短和密度、毛色的深浅、产仔力、抗病力、生活力和生长速度等等。

2. 选种和选配 选种和选配是人工改良动物物种的重要手段。通过选种或选配可以保存和发展药用动物的某些优良基因,淘汰掉某些不良基因,从而改变动物群体的基因频率和基因组合,并促使动物体产生变异。所以选种和选配是育种的重要手段。

(1) 选种:选种是对参加配种的动物,不论雄性或雌性,进行种质优劣、生产力高低、性状好坏的有计划选择,以提高该动物后代质量,并朝着人们需要的方向发展。选种应在动物种质、性状、外形和生产力等方面都达到标准的情况下,集中力量选择几个主要生产性状,以加速遗传进展和提高选种效果。选种的方法一般有个体选择、系谱选择、后裔测验和同胞选择等。

(2) 选配:药用动物在人工饲养条件下,为了进行良种繁育,不断提高种群生产力,必须不断进行选种和选配。选配就是对参加配种的动物个体或群体在年龄上、体质上、雌雄比例上、配种方式和方法上进行优选,让优秀个体获得更多的交配机会,最大限度发挥动物的生产潜力和繁殖效率。选配是改良动物种群和创造新种群的有力手段。

选配分为个体选配和群体选配。个体选配重点考虑配偶双方的品质和亲缘关系。群体选配则重点考虑配偶双方所属种群的特性,以及它们的异同在后代中可能产生的作用。大型动物可以进行个体选种、选配,而小型动物则只能进行群体选种和选配。群体选种的方法可以采取三群制。

1) 核心群:该群体的任务是使动物不断地朝着人们所希望的培育目标发展,逐渐走上品种化。主要担负起繁衍后代的任务,核心群受到精心培育和驯养。

2) 生产群:该群体的任务是生产。在饲养标准上,要比核心群低,在一个饲养场内往往占有最大的数量比例,是产品的主要来源。饲养场的产品生产、产值收入,单产与总产的多少都受到生产群的制约。该群体仅是在产品生产期进行奖励饲养,生产群有的也进行繁殖,但多不进行繁殖。

3) 淘汰群:该群体是由老龄动物、病弱动物等个体所形成,从生产价值上看,暂且保留有产品和利润收入,但需要逐步淘汰,淘汰群个体仅能受到粗放饲养。

核心群在质量上不断提高,在数量上不断扩大,同时每年有一定数量未达到选择标准的个体转入生产群。生产群也每年进行生产力的选择,生产力下降的个体不断转入淘汰群。这种每年朝着一定方向的个体流动过程,就是群体选育过程。

（3）交配:交配是动物有性繁殖过程,其繁殖方式有 3 种。

1）随机交配:在一个动物种群中,一个性别的任何个体都有相等概率与另一个性别的个体交配。

2）表型组合交配:是以表型选择为基础的,表型相似的个体间进行的交配,称作同质交配;表型不相似的个体间进行的交配,称作异质交配。

3）基因型组合交配:依据雄性与雌性的亲缘关系远近分为近亲交配、远缘交配。所谓近亲交配是指雄性与雌性的亲缘关系接近的个体之间的交配;亲缘关系超过了平均群体关系的交配,为远缘交配。通过近亲交配可培育出纯种的近交系,增强了基因的纯合性,有利于保存药用动物的道地性,但近亲交配易导致动物出现生长速度慢、繁殖率和生活力下降等近亲衰退现象。远缘交配要求两性个体在 10 代以上没有亲缘关系,没有共同祖先。通过远缘交配,使药用动物基因的杂合性增加,纯合性减少,杂交动物表现出生活能力强、抗病力强和繁殖力强、产仔率高和子代成活率高等杂交优势。

3. 培育　在药用动物育种工作中,除遗传性状、选种和选配等对子代动物产生影响之外,环境、营养、饲养管理、微生物和寄生虫的控制、疫病的防治等也影响子代动物。如果培育工作跟不上,则优良性状在子代中不一定能显示出来。所以一定要切实掌握基因型、环境和表型三者之间的关系,把选择和培育工作有效地结合起来,达到药用动物育种的目的。

（二）繁殖

繁殖是指生物为延续种族所进行的产生后代的生理过程,即生物产生新的个体的过程。研究动物的繁殖规律和繁殖技术,可提高动物的繁殖率。动物的繁殖经常受生活条件的影响。如哺乳动物当生活条件不能满足哺乳动物基本要求时,哺乳动物就会出现性腺发育不良,发情、配种能力下降;不能受精或受精率很低;胚胎不能着床,胚胎吸收或流产;产后哺乳不足和子代生活力衰弱等。这些情况在野生状态和人工养殖时均有可能出现。

1. 动物繁殖的季节性及影响因素　动物繁殖的特点是具有明显的季节性。影响动物繁殖的因素包括其内分泌机制、营养状况（肥满度）以及新陈代谢水平等内部因素,以及外界环境条件。如每当春季来临,昆虫便从越冬的卵中孵化或从蛹中羽化出来,有冬眠习性的动物开始苏醒,迁徙鸟和洄游鱼开始回归,大多数动物种类在此时进入繁殖期。影响动物繁殖的环境条件中,光照、温度和食物为 3 个重要因素。

（1）光照:日照时间的长短影响着动物的季节性生殖周期。春夏配种的动物由于日照的增加可刺激其生殖功能。如鸟类、食虫兽类和食肉兽类,以及一部分食草禽兽类,通常称这些动物为"长日照动物";秋冬配种的动物因日照缩短时促进其激活了生殖功能,如鹿、麝等野生反刍兽类动物,通常称这些动物为"短日照动物"。因此,人为控制光照强度,可以会影响动物的生殖活动,如调整光照强度,可以缩短水貂的妊娠期,使其从 1 年 1 胎变为 2 年 3 胎。

（2）温度:温度的季节性变化影响野生动物的性腺成熟,从而影响其生殖活动,如昆虫的交配、产卵、卵的发育,都需要一定的温度。不同种类动物的生殖活动所需要的温度也不一样,温度的变化也决定着动物的繁殖日期,如昆虫大量繁殖的年份几乎都是在温度条件适宜的年份;鸟类和哺乳动物的繁殖时间也是在温度最适宜的时候,没有适宜的温度,鸟类和哺乳动物的繁殖强度就会下降甚至停止。

人工控温还可以改变动物的生活习性,如通过人工控制温湿度和改善营养条件,打破了地鳖的冬眠习惯,使之不停地生长发育,生长周期从23~33个月缩短为11个月左右;甚至通过控制温度可以控制乌龟孵化的性别比率。

(3)食物:不论是肉食性、草食性,还是杂食性动物,它们的繁殖期都是在每年食物条件最充足的时期。在这个时期内不但光照、温度适宜,食物也是最丰富的。如在温带地区,动物一般在春秋两季繁殖。这是因为春季各种植物萌发生长,小动物出蛰活动,食料丰富且营养价值高;秋季果实丰富,动物体肥,是食物条件极好的时期,有利于动物觅食,增强体质和进行繁殖。在热带地区,有"旱季"和"雨季"之分,旱季干旱、缺少食物,动物繁殖活动多处于低潮,而雨季是动物生命活动的高潮期,大多数种类的动物都是在雨季繁殖。而在寒带地区,只有到了夏季才有阳光的长时间照射,土壤表层化冻,动物的活动才活跃起来,觅食、交配、产仔、育幼等在夏季短时间内完成,只有这样才能维持物种的生存。

2. 动物繁殖期的异常表现和饲养管理工作

(1)异常表现:繁殖期动物体内性激素水平上升,这个时期动物在许多方面会出现异常表现。

1)行为变化:处于性活动期的动物易激怒、好殴斗,即"性激动"。尤其是雄性在求偶过程中与同性动物相遇,多因争偶而激烈争斗,易出现伤亡。有些雌性动物由于性腺发育不成熟而拒配,与追逐的雄性殴斗,造成伤残。也有些动物平时表现驯服,如鹿在长茸期及麝在泌香期,进入繁殖期它们则一反常态,即便是饲养员也很难接近,甚至有伤人的情况发生。很多动物在育幼期内也有类似行为。

2)食性变化:性活动期动物的食欲普遍下降,甚至出现食性的改变。如草食性的有蹄类动物在繁殖期会捕食啮齿类,植食性的鸟类繁殖期会啄食虫类,肉食性的动物繁殖期会采食部分植物。

(2)饲养管理:动物繁殖期一般分为配种前期、配种期和配种后期,应针对各个时期动物在生理上和行为上的特殊变化,做好饲养管理工作。

1)配种前期:也称配种准备期,此期动物体质健壮,食欲旺盛。在饲料中应增加蛋白质成分,并补充各种维生素。植食性动物适当给予动物性食物,肉食性动物补给一些植物性食物,以促进食欲和性腺发育,促使动物保持健康良好的、中上等肥满度的配种体况。配种前期要对参加配种,尤其是初配的动物进行有计划的训练,帮其熟悉配种活动的环境通路、指挥信号(灯光、音响、颜色或其他指挥工具),克服惊恐、碰撞和奔跑情况。对不参加配种的动物,应减少精饲料的供给,防止其出现性激动,并减少外界刺激对动物的影响。

2)配种期:此期的动物性腺发育已成熟,体内性激素水平极高,容易受外界刺激而产生性冲动。此时动物食欲普遍降低,多喜欢饮水和洗浴。动物发情和交配活动对体力有很大消耗,易产生疾病、创伤和死亡。饲养管理上,饲料要少而精,给配种能力较差的动物喂饲催情饲料,并密切观察动物的发情表现,适时放对配种。对初次配种动物要加强管理,配种时力求保持环境安静,避免外来干扰,防止拒配、假配而造成空怀。

3）配种后期：此期饲养管理的重点在雌性动物，配种后雌性动物处于怀卵（怀孕）、产仔和哺幼时期，生理或行为表现与配种期明显不同。应加强对雌性动物的饲养管理，争取较高的产仔率和子代有强壮的体质。避免出现停育、胚胎吸收、流产或产仔数减少等情况。雄性动物在此期间处于恢复体力阶段，要将雌、雄分群管理。

（三）现代繁殖育种技术

药用动物育种实践中，杂交、选种、选配等传统的育种方法在动物的品种改良、新品种育成、品系繁育和经济杂交等方面均获得了很大的成功，发挥了重要作用。随着现代生物技术的发展，传统杂交选择育种法的各种缺点日益明显，因此现代的药用动物繁殖育种技术应运而生。

1. 现代选种理论

（1）细胞遗传与育种：主要对动物染色体的遗传监测、染色体多态性和品种起源的演变，以及畜禽的基因定位进行研究，为动物选种提供依据。

（2）生化遗传与育种：主要对动物血液中酶、蛋白质的多态性进行研究，以期用于质量性状的选择，同时也分清畜种间、品种间的遗传差异和遗传距离。

（3）免疫遗传与育种：重点研究畜禽白细胞的抗原分型，主要目的是选择具有抗病力的个体、品系或品种。如抗乳房炎的奶牛、抗马立克病的鸡等。

（4）分子遗传与育种：利用 DNA 标记来确定动物的基因型和预测生产有助于动物育种。DNA、RNA、蛋白质等各种组学信息的整合研究，使得动物育种迈入分子育种时代。

2. 人工授精　是指用人工的方法采集雄性动物的精液，经精液品质检查、稀释、保存等一系列处理后，再将精液输入到发情雌性动物的生殖道内实现受精受孕的配种方法。与自然交配相比，人工授精可提高优秀雄性动物利用率，提高商品动物整齐度，减少饲养动物数量，节省开支，克服雌性和雄性动物体格相差悬殊所造成的交配困难等优点。采用人工授精技术，成败关键在于能否提高受胎率和产仔数。

3. 动物遗传基因的保存　当前原产地活体保种仍是我国畜禽遗传资源保护的主要形式，生物技术保种主要有冷冻精液技术、冷冻胚胎技术和基因保存技术。其中冷冻胚胎是最安全、最有效的保种方法。冷冻精液技术可以使不同国家、地区的优良种公畜的精液进行交流。

4. 细胞和分子育种技术　分子育种也称基因型选择，是通过确定性状所对应的基因型进行选种，这种方法获得遗传进展的速度快、效果稳定。分子育种主要是以分子标记为基础进行标记辅助选择，然后以遗传基因技术为基础进行遗传基因育种。

细胞生物学的发展为人类采用非生殖细胞的保种工作开拓了广阔的前景，如利用胚胎干细胞生产克隆胚胎技术，核移植技术，构建细胞库来保存药用动物种质资源技术等。

第四节　药用动物驯养实例

目前，已有较多药用动物实现了由野生变为人工养殖，如日本医蛭、中华蟾蜍、蛤蚧、梅花鹿、乌龟等，不仅使动物药材产量明显提高，也提高了药用动物资源的利用率，保护了野生药用动物资源。

一、水蛭

水蛭为环节动物门蛭纲颚蛭目医蛭科动物水蛭(日本医蛭)*Hirudo nipponica* Whitman、医蛭科动物蚂蟥(宽体金线蛭)*Whitmania pigra* Whitman 或柳叶蚂蟥(尖细金线蛭)*Whitmania acranulata* Whitman 的干燥全体。性平,味咸、苦;有小毒。具有破血通经、逐瘀消癥的作用。常用于血瘀经闭,癥瘕痞块,中风偏瘫,跌扑损伤等症。

日本医蛭为冷血变温动物,自然条件下具有冬眠习性,其养殖水温通常由外界气温所决定,因此其生长严格受到外界环境气温影响。在饲料充足的前提下,气温决定其生长速度。适宜生长温度为15～28℃,气温在13~17℃时,日本医蛭的身体温度随气温下降,其活动和采食量逐步减少,甚至停止,温度低于10℃时进入冬眠状态;温度高于32℃后,日本医蛭表现为烦躁不安,采食量减少,生长缓慢。

日本医蛭为雌雄同体,行异体交配,每条均可产卵茧、繁殖。日本医蛭必须通过1～3个越冬期才能繁殖。其繁殖与生长均受到外界气温影响。日本医蛭的最佳交配温度为25~27℃,一般在交配后1个月开始产卵茧,卵茧在20～30℃自然环境条件下孵化,一般经15～20天即可孵出幼苗。每条水蛭产卵茧0~2枚,每个卵茧产水蛭1~21条。

(一) 种源

1. 引种 从有关部门批准、有资质的种源场引种,暂养1周后,剔除体质虚弱、有病害的种源,留健壮种源进行养殖。

2. 留种 一般选择养殖2年且经过一个冬眠期后并已达到性成熟、健壮的、个体重在1g以上的水蛭作为种用。通常在冬眠前即10月上、中旬用纱网捕捉。捕捉时应戴棉纱手套或穿胶水裤下水作业。将留种水蛭集中于越冬池内越冬,以备次年作种用。

(二) 养殖设施

日本医蛭养殖可采用土壤养殖池或水泥养殖池。按养殖阶段分为幼蛭养殖池、亲蛭养殖池。

1. 土壤养殖池 是用稻田、荒地改造而成,即在稻田、荒地里开沟,具体操作是:场地四周留平台(俗称垄,又称产茧平台,下同),其余为平台与水沟相间(垄沟式)。平台与水沟成相互倒置的梯形。沟内应人工营造淤泥层,保持水深,平台上应覆盖杂草或稻草,以保持其泥土湿润、松软。 每个养殖池应分别设置一个进水口和一个出水口。在养殖场四周防逃墙外应开挖防洪、排洪沟。

2. 水泥养殖池 是用红砖、石头和水泥砌成,池底层平铺一层光滑的鹅卵石大面积养殖时,可采取多个池联合。池四周靠池壁处用泥土堆成平台。每个养殖池应分别设置一个进水口和一个出水口。新建水泥池需消毒后使用。

养殖池均需建造食台,用海绵板或木板做成长0.5m、宽0.3m的平板即食台,将其固定浮于水面的某一位置,同时不至于因重量增加而沉入水中,根据池子大小和池子中水蛭多少布置相应数量的食台。

(三) 饲养管理

1. 清池消毒 放养种苗前20天应进行清池消毒,用0.02‰～0.04‰漂白粉或0.007‰~

0.013‰强氯精消毒养殖池及其周围环境,慎用碱性物质如生石灰消毒。消毒后用清水浸泡约 15 天,其间换水 3 次或以上。

2. 饲料投喂 日本医蛭饲料为畜禽血液,以猪、牛新鲜血液为佳。收集的血液中不能添加任何抗凝剂和防腐剂,将血液灌入洁净的人工肠衣或猪小肠,制成长 20~40cm 的血肠段用于投喂。投喂前,先用木棒搅动池水以刺激日本医蛭使其活跃,将制好的血肠段平放在刚好与水面相接触的食台上。在投料约 1 小时后,检查日本医蛭吸吮情况,未吸完的血肠段应尽快取出无害化处理,并应检查肠管内有无日本医蛭。保持良好的养殖环境,及时清理食台。一般每隔 5 天左右投喂一次。

3. 日常管理 养殖池应保持水深 0.4~0.6m。一般每隔 7 天换 1/3 水量;在 6—9 月份高温期间,每隔 3~5 天换水 1 次,每次换水量为全池 1/2。换水时,进水口的水温与池水温温差应控制在 ±3℃内。定期对养殖场地周围环境、使用工具、食台等进行预防性消毒。

每天早、晚各巡池检查 1 次,观察日本医蛭活动、水质变化等情况,做好巡池记录。发现异常情况,应及时查明原因,采取相应措施。

做好养殖全过程的记录,包括放养时间、水质、养殖密度、放养规格、气温、水温、投饲次数及持续时间、溶氧量、注换水次数、pH、病害防治、捕捞收获等,以便积累科学数据,总结养殖经验,不断提高养殖水平。

(四) 繁殖技术

日本医蛭繁殖基质为偏酸性土壤,取自有日本医蛭生活区域附近土壤,经检测应无农药、无化肥残留,养殖前应将其暴晒数天,再用 5‰醋酸溶液浸泡数天,自然晾干后备用。在产茧季节(一般为 4—7 月),应保持产茧平台泥土松软、湿润。气温较高时,应适当向产茧平台泥土洒水,并覆盖一些杂草、稻草。保持产卵场环境安静。保持池内水位相对稳定,严禁水位急剧上升或下降。

卵茧经自然孵化后,幼苗从卵茧里窜出,一般孵出 3 天后开始投喂,并将幼蛭与种蛭分开,人工用 100 目的网捕捉幼蛭,将幼蛭单独放在育苗池内进行培育,日常管理参照成年蛭进行,但投喂次数应比成年蛭稍多,每 3 天一次。

(五) 疾病防治

日本医蛭常见症状为摄食减少,不活动或少活动,消瘦无力,身体干瘪,全身发黑。防治方法为将水蛭放入 1.5%食盐水中浸泡,每次 20 分钟,每天 2 次,持续 2~3 天。

二、中华蟾蜍

蟾酥为脊索动物门两栖纲无尾目蟾蜍科动物中华蟾蜍 *Bufo gargarizans* Cantor、黑眶蟾蜍 *Bufo melanostictus* Schneider 的干燥分泌物。味辛,性温;有毒。归心经。可解毒,止痛,开窍醒神。用于痈疽疔疮,咽喉肿痛,中暑神昏,痧胀腹痛吐泻。

蟾蜍为水陆两栖动物,无交尾器,抱对、产卵、排精、受精、受精卵孵化及蝌蚪都必须在淡水中。变态后的蟾蜍(幼蟾、成蟾)才开始营水陆两栖生活,但更适应陆生生活。蟾蜍在不同生长发育阶段,其食性各异。刚孵出的蝌蚪,依靠卵黄囊提供营养,3~4 天后蝌蚪开始进食。蝌蚪喜食浮游在水中的蓝藻、绿藻、硅藻等植物性食物。随着蝌蚪逐渐生长,也喜欢食用草履虫、水蚤、轮虫、小鱼与小虾等动物性饲料,此阶段为杂食性。蝌蚪变态成幼蟾后,其晶状体不能调节凸度,对活动物体很敏感,善于发现并捕食活动动物,尤其是小型动物,而对静止物体视而不见。主要捕食蚯蚓、甲虫、蜗牛、蛞蝓、地蚕、蝇蛆、白蚁、蟋蟀、蝗虫、蛾类、蝶类等多种活体害虫和小动物。捕食时,往往静候于安全、僻静之处,蹲伏不动,当捕食对象运动到邻近时才迅速猛扑过去,伸出灵巧而柔软的长舌(舌面富有黏液),将食物迅速卷入口中;食物进入口腔内并不咀嚼,而是整体囫囵吞下。其性贪食,饱食时胃容量可达其体重的11%。当气温降至10℃以下时,蟾蜍便蛰伏穴中或淤泥中,双目紧闭,不食不动,呼吸和血液循环等生理活动都降到最低限度而进入冬眠。来年春天气温回升到10℃以上即结束冬眠。常栖息于水边草丛、砖石孔穴、野外土穴等阴暗潮湿地方。昼伏夜出,傍晚至清晨出来活动、觅食,夜间活跃,阴雨天活动更为频繁。

蟾蜍生殖具有季节性。每年春季,结束冬眠出蛰,到有浅水或缓流的小溪、沟渠内抱对产卵。雌性性成熟个体性腺每年成熟一次,产卵一次。雄性性成熟个体每年不止一次排精。产卵季节因地理分布区域不同而不同,由南至北,逐渐推迟。如中华蟾蜍在成都地区产卵期在1—2月;在安徽淮北、江苏徐州则推迟到2月底—4月初。雌雄蟾蜍抱对时间一般为9~12小时,最长可达20~60小时。雌蟾蜍产卵同时雄蟾蜍排精,在水中完成受精作用。产卵持续时间一般为10~20分钟,每次产卵量为3 000~5 000粒。产出的卵一般排列在管状胶质卵带内,单行或多行交错排列,长达数米。

(一)种源

1. 引种　从有关部门批准、有资质的种源场引种,种用蟾蜍特征要明显。雄性有明显婚垫,雌性腹部膨大、柔软,卵巢轮廓可见而富有弹性。要求个体大、体质健壮、皮肤光泽、无病无伤。

2. 留种　选择2~5月龄亲缘关系较远的青壮年蟾蜍作种用。

(二)养殖设施

中华蟾蜍宜采用土壤养殖池。按养殖阶段分为产卵池、孵化池、蝌蚪池、幼蟾池及成蟾池。布局情况见表19-1。

表19-1　中华蟾蜍养殖设施布局

设施类别		池塘或网箱水面面积/m²	陆地面积	放养密度/m² 水面	水深/cm
池塘*	产卵池	1 200	约为水面面积的三分之一	1~2只(种蟾培育5~10只)	30~40
	孵化池	1 200	约为水面面积的三分之一	5 000~10 000粒	15~20
	蝌蚪池	1 200×4	约为水面面积的三分之一	10日龄前1 000~2 000尾 11~30日龄300~1 000尾 30日龄~幼蟾100~300尾	30~50
	幼蟾池	1 200×2	约为水面面积的三分之一	刚变态100~150只 30日龄80~100只 50日龄60~80只 50日龄以上30~40只	20~40
	成蟾池	1 200×3	约为水面面积的三分之二	10~30只	30~50

注:* 防逃围栏一般高度为0.5m。

（三）饲养管理

1. 清池消毒　放养前20天应进行清池消毒,用0.02‰~0.04‰漂白粉或0.007‰~0.013‰强氯精消毒养殖池及其周围环境,放养后每半月按1g/m³漂白粉(28%有效氯)或20g/m³生石灰泼洒一次。

2. 饲料投喂　蟾蜍多投喂鲜活适口饵料,如黄粉虫、蝇蛆等活动物性饵料混以配合饲料。每只每天投饵量为种蟾体重的10%~15%,产卵期投饵量为其体重的15%~20%,其中动物性饵料不少于70%。投饵量应根据天气和前一天摄食情况灵活掌握,每天分上午、下午两次投喂。饵料长度应为种蟾体长的1/4~1/3,宽度应小于种蟾口裂宽度1/2。

3. 日常管理　水体中溶解氧量应不低于5mg/L,pH 6.5~7.5,盐度低于0.2%,换水时向池中注入新水以替换原池1/2水。定期对养殖场地周围环境、使用工具、食台等进行预防性消毒。

（四）繁殖技术

秋末引种越冬的种蟾,应加强越冬防护措施,水底越冬,还应破冰增氧,保证水中足够溶解氧量。保持环境安静。防偷,防逃,防敌害(蛇、鼠、黄鼠狼)。发现病蟾及时隔离与治疗。蟾蜍产卵时要求水体溶解氧量不低于6mg/L;水温16~20℃;水中有适量水草。自然产卵排精多集中在早晨4—8时,雨后天晴常为高峰期。产卵后应及时(4小时之内)收集卵带,用光滑硬质容器,将同期卵带(连同水草)轻轻移入同一孵化池,严防卵带分散导致卵沉于孵化池底部,降低孵化率。蟾蜍胚胎发育最佳水温为17~23℃,水温6~29℃能正常发育。孵化池每天换水一次,每次换1/4左右水,加注新水时不得冲动卵粒;或加装增氧装置。阳光直晒强烈或大雨时应遮盖孵化池。

蝌蚪饲养首天每万尾蝌蚪投喂一个熟蛋黄,第二天适当增加,7日龄后日投喂量为每万尾蝌蚪100g黄豆浆;15日龄后,逐步投喂豆渣、麸皮、鱼粉、鱼糜、配合饲料等,日投喂量每万只蝌蚪为400~700g;30日龄后,日投喂量每万只蝌蚪为4 000~8 000g。在正常环境条件下,蝌蚪经60天左右变态为幼蟾。

（五）疾病防治

蟾蜍常见气泡病,7—9月,水温35℃以上易发生,表现为腹部膨大,身体失去平衡,漂浮于水面,需及时换水;4%~5%食盐或20%硫酸镁全池泼洒。

三、乌龟

龟甲为脊索动物门爬行纲龟鳖目龟科动物乌龟 *Chinemys reevesii* Gray 的背甲及腹甲。味咸、甘,性微寒。归肝、肾、心经。功效滋阴潜阳,益肾强骨,养血补心,固经止崩。用于阴虚潮热,骨蒸盗汗,头晕目眩,虚风内动,筋骨痿软,心虚健忘,崩漏经多。

乌龟为冷血动物,卵生,以肺呼吸,具有新陈代谢慢、生长缓慢、喜温暖、耐低温和食性杂等特点,自然条件下具有冬眠特性,当温度低于14℃时,活动减少,进入冬眠;温度高于35℃进入休眠(夏眠),成龟活动温度为15~34℃,其中20~26℃为较适宜温度,23~26℃为最适宜温度,稚龟以25~27℃为最适宜温度,生长速度较快。自然条件下,乌龟6—8月份活动增多,觅食旺盛。成龟雌体较大,体重在 500g 以上,体表颜色较浅;雄体较小,体重不超过 250g,体表颜色较深。

乌龟生长 8~10 年,雌龟体重超过 700g,雄龟体重超过 170g,达到性成熟,雌龟开始产卵。雌雄交配时间为清明节和中秋节前后,清明节前后交配较多。雌龟产卵期为 5—9 月,6 月中旬—7 月下旬为产卵高峰期,每只雌龟一年产卵 3~4 次,每次间隔时间为 10~20 天,每次产卵 1~7 枚,产卵时间多于黄昏前后,在疏松的沙地或土壤中掘穴产卵,产卵后以土壤或沙覆盖。

(一) 种源

1. 引种　从正规种源厂引进纯种乌龟种源,种源包括稚龟、幼龟,引种后,根据龟龄不同,分别在稚龟养殖池、幼龟养殖池进行养殖和管理,待长至每只重约 200g 后,转入成龟养殖池进行养殖。野外引种乌龟,应进行隔离饲养半年以上,经检查无病害,方可作为种源进行养殖。

2. 留种　一般从生长 5 年以上的乌龟中选择健壮乌龟作为繁殖亲本,继续在种龟养殖池中饲养 3~5 年至雌龟 750g 以上,雄龟 175g 以上,再次挑选健壮种龟,按雌雄 3∶1 进行配种。

(二) 养殖设施

乌龟采用露天养殖池、稻田养殖池及温室养殖池进行养殖。按养殖阶段分为成龟养殖池、稚龟养殖池及幼龟养殖池。

1. 露天养殖池　供成龟使用,需在选定场地开挖深 2.5~3.5m,东西长 160~200m,南北宽 80~120m 的长方形池塘,池塘四周或一侧留 1~2m 宽斜坡,土壤疏松的养殖地。池塘底部、四周和所留斜坡分别紧密铺设一层砖块,以防乌龟掘洞外逃,池底铺以 20~50cm 无污染淤泥,供乌龟越冬。养殖池四周紧靠铺设砖块外挖取深沟槽,将宽 60cm 地板砖或钢化玻璃紧密相接树立于沟槽中,基部以土壤夯实固定或用砖块砌成 30~40cm 矮墙,墙内以水泥抹平。种龟池塘四周或一侧还应留宽 1~2m 的产卵床,产卵床土壤应保持疏松,确保土壤湿度为 25%~35%,并搭建简易遮阳棚和防鸟、防鼠网,不受飞鸟和鼠害。

2. 稻田养殖池　供成龟使用,选择无污染的稻田,就地形、地势和稻田大小,在稻田四周挖取深 1~1.5m,宽 3~4m 梯形沟,沟坡度为 1∶(2~3),沟外围或一侧,留出 1~2m 宽空地,将梯形沟坡和空地土壤压实,沟边和空地外围以砖块、水泥或地板砖(60cm×60cm)、钢化玻璃做成防逃墙。稻田养龟期间禁止施用化肥、农药等化学物质,以免影响乌龟生长。

3. 温室养殖池　供稚龟及幼龟使用,在光照充足的开阔地带,视场地大小,以砖块修建若干排长、宽、高约为 400cm、400cm、120cm 方形池,内外和底部均以水泥砂浆抹平。稚龟养殖池最好 2 排为一组,两排养殖池之间和四周均应留出宽约为 1.5m 人工通道,方便人员操作和手推车出入。养殖池四周与人工通道之间应修建排水渠,排水渠地面低于养殖池地面,确保养殖池内废水排放,排水渠面以水泥栅板或硬质塑料栅板覆盖。每个稚龟养殖池中放置一个大小适当、边缘呈斜坡状的木质或竹质休息台,台面高出水面 3~5cm,供稚龟栖息。在养殖池外围以钢结构件做成温室大棚,分别以水泥瓦和黑色防水油毛毡密封覆盖,温室内加设照明、通风、供水、温控系统。

(三) 饲养管理

1. 清池消毒　温室养殖池投放前 20 天左右,以生石灰或 0.02‰~0.04‰ 漂白粉将养殖池彻底消毒并于投放前10天清洗干净,必要时于投放前一天再次清洗,确保养殖池洁净无污染。野外成龟养殖池水一般不需更换,但遇到水体富营养化、过于混浊或其他污染现象,可采取缓慢逐渐更换方式(每天更换1/3左右)进行换水,换水时水位和水温一般保持不变。

2. 饲料投喂 乌龟食性较杂,野外捕食较为困难,具有贪食习性,幼时必须控制投食量,每天投食量一般为龟重的1/20~1/15(鲜饲料)或1/30~1/20(干饲料),分2次投喂。饲料主要为鱼、虾、瘦肉和新鲜蔬菜加工成的细末。成龟进行生态养殖可自由捕食养殖池中虾、泥鳅、小鱼等天然食物,生长旺盛季节(5—8月)可视情况在投食台(以竹子、塑料管制成的方形或长方形飘浮筏)上适当补投成龟养殖饲料。

3. 日常管理 每天早、晚各巡池检查1次,观察乌龟活动、水质变化、温湿度等情况,并做好巡池日志。如发现有异常情况,应及时查明原因,并采取相应措施。建档记录包括:养殖全过程记录(放养时间、水质、养殖密度、放养规格、气温、水温、湿度、投饲数量、时间、溶氧量、换水次数、pH、病害防治等)及生长等情况,积累科学数据,总结养殖经验,不断提高养殖水平。

(四)繁殖技术

每年4月后种龟进入交配、产卵繁殖期,适当补充鱼、虾、瘦肉、动物内脏等含蛋白质较高的饲料,以提高产卵数量和龟卵品质;将产卵床土壤或细砂翻耕、晾晒、耙细、整平,保持土壤湿度为25%~35%,整理遮阳棚和防鼠、防鸟网,进行防蝇、防蚁处理,清理种龟产卵通道,加强日常巡查,确保种龟顺利交配和产卵。种龟进入产卵期后,每天清晨及时收集龟卵,在孵化室集中孵化,龟卵不要裸露于阳光下暴晒或在温度差异过大的环境中,必要时可用冷藏车临时恒温(25~27℃)保存。

取高、宽、长为20cm×40cm×60cm的塑料箱或木箱,箱底均匀打上直径约3mm细孔,作为孵化箱备用。取直径3~6mm膨化颗粒状蛭石,按重量,蛭石:水(1:0.8~1.2)加入凉沸水,拌匀;将伴有凉沸水的蛭石平铺于上述孵化箱中,厚度5~10cm,将收集的龟卵按1cm间距的距离依次摆放于蛭石上,摆好后,均匀覆盖约2cm含水蛭石,再按上述方法铺一层龟卵,均匀覆盖约2cm厚含水蛭石,将铺好龟卵和蛭石的孵化箱按品字形交错码放于以生石灰消毒的稚龟培养池中,码放高度为5~6箱,宽度为4~5箱。龟卵孵化前一天应启动孵化温室空调系统,根据需要设置温度为27~31℃(孵化雌龟)或24~27℃(孵化雄龟),设置湿度为70%~80%,必要时以雾化器喷淋凉沸水,确保孵化室湿度。孵化15~20天,将孵化箱依次取出,轻轻扒去表层蛭石,检查龟卵孵化情况,剔除未受精和变质龟卵,将健康龟卵紧密摆放于另一个铺有含凉沸水蛭石的孵化箱中,均匀覆盖约2cm厚的含水蛭石,如前法码放于孵化温室中,恒定温度和湿度,每天检查,直至稚龟孵出,一般孵化时间需要50~60天。

(五)疾病防治

水霉病指乌龟受水体中水霉、绵霉等真菌感染,出现龟体附着灰白色棉絮状的菌丝体,用手触之有滑腻感的疾病症状。水霉病一年四季均可发病,主要因为日照少、水体污染或龟体受损感染所致,发病后乌龟摄食减少,日渐消瘦,严重时病灶处出现充血、溃烂等炎症反应,甚至引起死亡,小龟更甚。故室内养殖乌龟(稚龟、幼龟)每天应保持2~3小时阳光照射,以促进乌龟体温恢复和杀死病菌。患病个体以孔雀石绿按 2g/m³ 浓度,泡至龟体上水霉染成绿色,取出,放入清水池内,水霉真菌即可被杀灭。

四、蛤蚧

蛤蚧为脊索动物门爬行纲有鳞目壁虎科动物蛤蚧 *Gekko gecko* Linnaeus 的干燥体。味咸,性平。归肺、肾经。补肺益肾,纳气定喘,助阳益精。用于肺肾不足,虚喘气促,劳嗽咳血,阳痿,遗精。

蛤蚧通常在 3—11 月份活动频繁,12 月—翌年 1 月冬眠。听力较强,但白天视力较差,怕强光刺激,瞳孔经常闭合成一条垂直的狭缝。夜间出来活动和觅食,瞳孔可以扩大 4 倍左右,视力增强,灵巧的舌还能伸出口外,偶尔舔掉眼睛表面上的灰尘。在足垫和脚趾下的鳞上密布着一排一排的成束的像绒毛一样的微绒毛,如同一只只弯形的小钩,所以能够轻而易举地抓牢物体,可以在墙壁甚至玻璃上爬行,微绒毛顶端的腺体分泌物也能增强它的吸附力。蛤蚧的食物以各种活动的昆虫为主,包括蟋蟀、蚱蜢、飞蛾、蟑螂黄粉虫和蚕蛾等,蛤蚧不食死的昆虫和食物。蛤蚧的尾在应激状态下可折断,其断尾后可自身进行再生。但再生的尾与原生尾在解剖学上有明显差异。

蛤蚧一般在 5—6 月间发情交配,6—7 月为产卵高峰期,其持续期 4~5 个月。每次产 1~2 枚卵,白色,外面有革质鞘,比鸽子的卵略小,呈圆形,卵重 5~7g,可以黏附在岩洞的墙壁或岩石面上,36℃时孵化期一般为 100 天,温度降低则需要更长的时间。刚出壳的幼体体长大约为 8cm。蛤蚧在交配期间,如果雄性过多,往往会因为争雌而打斗。雌蛤蚧交配后到来年产卵。雌蛤蚧往往选择较阴暗的墙角、顶角、侧壁等地方产卵。刚产出的卵是软壳,软壳卵在空气中暴露约 30 分钟后变成硬壳卵,在卵壳硬化前,雌蛤蚧会始终守护直到卵壳硬化。

(一)种源

1. 引种　从有关部门批准、有资质的种源场引种。引进的蛤蚧需要用 0.1% 高锰酸钾消毒液进行体表消毒,放入观察室观察 1 周,待稳定后转入养殖室。

2. 留种　选择无外伤(包括四肢、脊柱、皮肤、口腔、牙齿等),无畸形,体质健壮,活泼好动,自卫能力强,蜕皮完整的个体留种。

(二)养殖设施

一般采用水泥房屋养殖。按单元设计,每个单元内设消毒池、孵化室、小蛤蚧养护室、种群繁殖室、商品生产场、病蛤蚧隔离室、蛤蚧观察室、养虫室。

1. 消毒池　为一长 60cm、宽 30cm、高 10cm 的浅池,池内放吸水性能较好的垫料,在池中倒入消毒液。

2. 小蛤蚧养护室　为水泥砖砌 10~15m² 的房屋,室内可根据需要用铁丝网隔成小间,并设通风透气窗,要求在冬天寒冷季节能密封保温。

3. 孵化室　为水泥砖砌 10~15m² 的房屋,并设通风透气窗,要求在冬天寒冷季节能密封保温。

4. 种群繁殖室　是用水泥砖砌 10~15m² 的房屋,要求墙面粗糙,墙高 2/3 处开通风透气窗。在养殖室的一侧设运动场,以一门相隔。运动场内砌便于蛤蚧运动的假山,假山周围用铁丝网围好。蛤蚧观察室设施相同。

5. 商品生产场　以露天假山为主,假山用石灰石垒砌,周围用铁丝围成,顶上安装黑光诱虫灯(或变频灯),在地面砌一长 100cm、宽 30cm、高 8cm 的浅水池。假山要求用石灰石砌成空心假山,分假山壁和假山心两部分。

6. 病蛤蚧隔离室　是用石灰石砌 10m² 的养殖室,室内通风透气良好;也可用木板钉木箱用于隔离患病蛤蚧。

7. 养虫室　是用水泥砖砌 15m² 的房屋,在门对面墙上开窗,保持室内通风透气良好,并做好防止天敌侵害措施。用以提供蛤蚧饲料。

(三) 饲养管理

1. 引种前消毒　提前 15 天对准备用于蛤蚧养殖的养殖室使用熏蒸消毒的方法消毒,每立方米甲醛(40%):高锰酸钾 = 10ml:5g,消毒时间约 30 小时。

2. 饲料投喂　以自繁自养的地鳖、蝗虫、蟋蟀、黄粉虫为主。每天傍晚投喂活体昆虫一次,投放量视采食量而定,以自由采食为主。刚孵出的小蛤蚧每天投喂小的活体昆虫(如幼龄地鳖、蝗虫、蟋蟀等)。在蛤蚧整个生长繁殖过程中供给充足的饮水。

3. 日常管理　每平方米以繁殖蛤蚧 12 条,商品蛤蚧 20 条,中蛤蚧(后备蛤蚧)30 条,小蛤蚧 50 条左右为宜。保持温度为 25~30℃,相对湿度 50%~70%。蛤蚧冬眠期适宜温度为 12~15℃,需在墙上增加遮盖物的厚度,必要时可将蛤蚧放入冬眠箱中。人员进出需消毒。养殖场内外应经常打扫,尤其是室内蛤蚧排出的粪便及昆虫残体和死虫要及时清除。加强勘察养殖场是否有漏洞,发现时及时处理,防止蛤蚧外逃,以及鼠类、蛇类、蚂蚁等的侵害,确保安全。

(四) 繁殖技术

蛤蚧按 4:1 的雌雄配比进行合群饲养。蛤蚧产卵待护卵行为后,及时用铁丝网罩封存好,让其自然孵化。此期投放富含蛋白质的昆虫饲料,同时添加适量的矿物质和维生素饲料。蛤蚧卵孵化出小蛤蚧后,即可放入小蛤蚧育雏箱进行精心护理,保持温度在 25~30℃。投喂幼龄地鳖和蝗虫,每条小蛤蚧日投喂量 1~2 只。随着小蛤蚧的长大而增加投放量,并在饮水中添加葡萄糖酸钙(或矿物质元素)和鱼肝油。

(五) 疾病防治

蛤蚧口腔炎症通常以防为主,即定期对蛤蚧养殖场进行全面消毒,每 5~7 天用 0.1% 的高锰酸钾消毒液消毒 1 次。患病的蛤蚧首先用 0.1% 的高锰酸钾消毒液进行体表消毒,然后用磺胺类药物配制的药膏(或云南白药)涂搽蛤蚧口腔患处,严重时成年蛤蚧灌服复方磺胺甲噁唑 10~16mg/条;也可用硫酸黏合菌素、头孢拉定、阿米卡星等,每天 1 次,连续 3~5 天。

五、梅花鹿

鹿茸为脊索动物门哺乳纲偶蹄目鹿科动物梅花鹿 *Cervus Nippon* Temminck 或马鹿 *Cervus elaphus* Linnaeus 的雄鹿未骨化密生茸毛的幼角。味甘、咸,性温。归肾、肝经。壮肾阳,益精血,强筋骨,调冲任,托疮毒。用于肾阳不足,精血亏虚,阳痿滑精,宫冷不孕,羸瘦,神疲,畏寒,眩晕,耳鸣,耳聋,腰脊冷痛,筋骨痿软,崩漏带下,阴疽不敛。

梅花鹿为食草动物,食性广(包括各种植物和乔、灌木嫩枝叶)行动敏捷,善跑跳,喜群居。听觉、视觉和嗅觉十分灵敏。怕热耐寒,怕大风而不畏小雨,受外界刺激易兴奋而出现"炸群"。适宜温度8~25℃,气温下降到5~10℃时,仍能自由活动,不影响其采食。喜雨雪,爱清洁。仔鹿成活率高,生长发育迅速。性成熟早,公母鹿1.5岁可配种,3~4岁繁殖力最强。配种季节,公母鹿间常互相角斗,会造成死亡。公鹿每年2—7月长鹿茸时,变得温顺,行动小心。其发情具有规律性,每年9—10月开始发情,发情时间长可延续到次年2月中旬。孕期约7.5个月。次年5—6月下崽,每胎产1仔,产仔年限为13年左右,正常寿命为17~20年。

(一) 种源

1. 引种　从具有育种资格、信誉好的正规育种场引种。挑选种公鹿宜在鹿茸生长的春夏两季。种公鹿标准:健康雄壮,膘情好,采食正常,角柄粗大,鹿茸主干肥壮、嘴头饱满、形状标准,产茸量高,3~5锯较好。种母鹿标准:膘情好,采食正常,乳房发育良好,四个乳头分布均匀。

2. 留种　留种公鹿符合引种标准。母鹿除符合引种标准外,发情正常,母性好,第一胎产后泌乳量充足,第一胎仔公鹿角柄粗大,鹿茸主干肥壮、嘴头饱满、产茸量高。

(二) 养殖设施

梅花鹿一般采用圈舍饲养,包括鹿舍及饲料房。

1. 鹿舍　圈舍的修建采用坐北朝南,圈舍为半开放式,每间圈舍修建1~2个门,门高1.8~2m,宽1.5~1.8m。运动场长不低于15m,宽不低于10m。房舍修建在运动场靠北的一端,宽5~7.5m,长和运动场连在一起,上面可遮阴挡雨。保持适度的通风。运动场和房舍地面用火砖加水泥砂浆平铺,可使鹿蹄部不断磨损,避免蹄子过厚,还可以避免下雨时圈舍出现积水。水槽和食槽并于运动场另一端(与外面走廊相邻),水槽适中,食槽宽0.9~1.2m,长和运动场宽一致,母鹿和仔鹿食槽、水槽可以临时建在运动场中央。围栏高1.8~2m(主要用砖砌或钢筋结构)。鹿活动范围为成年公鹿不低于10m²/头,成年母鹿不低于13m²/头。

2. 饲料房　粗饲料房可以为防雨的简易棚舍,面积视养殖规模而定。精饲料房建好后必须保持干燥、通风、防雨防潮,其面积大小视养殖规模而定。

(三) 饲养管理

1. 圈舍消毒　用10%~20%生石灰溶液或10%漂白粉液于春、秋两季驱虫大消毒。

2. 饲料投喂　哺乳期仔鹿应在其食槽内放入适量精饲料,让其尽早开食,仔鹿一旦开食应每天24小时不间断地供给洁净饮水和精饲料。育成鹿即6个月左右鹿,一般为次年1月初—12月底,所用饲料和断奶仔鹿饲料相同,饲喂量为 1kg/(头·d),分 3~4 次饲喂,分别在早上、中午、下午和夜间饲喂,时间相对固定。成年鹿与育成鹿饲养管理基本相同,给予充足的精饲料和青饲料,精饲料饲喂量为每天 1~2.5kg/头,青饲料让其 24 小时自由采食。

3. 日常管理　饲养员必须采取定时、定量、先精后粗的投料方式。保障高能高蛋白质精饲料和鲜嫩树枝叶供应,饲料应多样化,防止矿物质及维生素等缺乏。不饲喂酸败和冰冻饲料。饲料撒匀、不浪费、不过量,搭配合理,提高饲料利用率。每天供应充足饮水,夏季保证足量饮水尤其重要。每 2 天刷一次水槽,每天打扫一次圈舍,保持饮水和圈舍清洁卫生。经常检查鹿舍安全,做好鹿群观察记录,发现问题及时处置,防止串圈或跑鹿。

(四) 繁殖技术

梅花鹿是季节性发情动物,基本上都在每年的 9 月中旬—10 月初进入配种期,母鹿食欲明显降低,这期间可将配种公鹿和适配母鹿关在一起进行自然交配,到 10 月中旬分开,有条件和必要时可进行人工授精配种。

孕期饲养管理:不让母鹿受到惊吓,不强行驱赶,不喂发霉变质饲料,以防引起人工流产。怀孕母鹿消化力强,应避免胎儿过大、过肥,限制给料。整个怀孕期间都需提供充足的青饲料,如甜高粱(人工种植)、黑麦草、红薯藤等。正常情况下,孕期为 8 个月左右(前后 2~3 天),次年 5 月下旬为预产期,要勤于观察,母鹿产前有 2 个明显症状:一是离群,烦躁不安;二是两侧腋窝处各有 1 个塌陷进去的凹窝,整个腹部下沉。这时的母鹿只需保持 7~8 成膘情,过肥导致胎儿过大,引起难产。正常母鹿基本上都能自然分娩,只需供给充足饮水和保持环境安静、卫生。

一般 5 月底—6 月初为母鹿产期,仔鹿出生前要在鹿舍靠墙角的地方搭好隔离栏,面积 1~1.5m²,高 1.8m,在一面下方用木条给仔鹿做 5~6 个可以自由进出的缝隙(20cm 左右)和 1 个饲养员进出的门,尽量保持干燥、清洁、阴凉、安静。仔鹿舍地面应垫上柔软稻草或其他干树叶(用于仔鹿保暖),放置饮水盆和食盆各 1 个。

(五) 疾病防治

春、秋两季免疫接种疫苗,主要有:口蹄疫 O 型疫苗及魏氏梭菌疫苗。保持圈舍、水槽(盆)、食槽(盆)清洁卫生。保证饲料、饲草、饮水等洁净卫生。

口蹄疫病表现为高热,肌肉发抖,流涎,精神不振,食欲降低或停食,不反刍,在口腔内黏膜、舌面上出现水疱,水疱破溃后组织发生坏死与溃疡,严重者牙齿脱落。除口腔外,在蹄、蹄叉与趾间,以及全身皮肤,也出现上述病变。该病属人畜共患,要采取措施预防工作人员感染。对口腔、唇和舌面糜烂或溃疡的鹿,可用 0.1% 高锰酸钾消毒液冲洗消毒,并涂以碘甘油;对皮肤和蹄部患处通常用 3%~5% 克辽林或甲酚冲洗,再涂以抗生素软膏并予以包扎。

(金国虔　李军德　张恬)

第二十章　药用动物资源保护与开发利用

动物类中药作为中药的重要组成部分,因其功效显著,作用广泛,在中医临床上发挥着不可或缺的作用。随着人口增长和经济开发,地球的生态环境不断被破坏,森林消减,草原退化,湿地干涸,加上肆意捕杀和管理不善,一些有重要经济价值和药用价值的野生动物资源日益减少,甚至趋于衰竭。濒危动物的种类迅速增多,物种灭绝的速度越来越快。因此,保证动物资源的可持续利用,以及濒临灭绝的物种恢复生存的活力,保存动物多样性,已迫在眉睫。同时,保护药用动物资源与可持续发展,也成为我国药用资源研究的重要任务。

第一节　药用动物资源保护的意义与措施

一、药用动物资源保护的意义

(一) 保护生态平衡

生态系统中的物质和能量不断地循环流动,通过食物链保持整个系统的平衡,这种平衡表现为生物种类和数量的相对稳定。生物多样性越丰富,生态系统越稳定。

野生动物是生态系统中最为活跃的生物类群,它们在生物圈食物链中有着不可替代的功能。只有留给野生动物生存的空间和它们生存、繁衍的权利,人类与动物才能实现和谐共存的理想状态,保护动物就是保护人类自己。

(二) 推动科学研究

动物对于人类的科学研究具有重要意义,其科学价值表现在动物学、生态学、生理学、病理学、药学、美学、社会学、人类学等方方面面。如猩猩、猴等灵长类动物与人类有亲缘关系,具有人类学研究价值;鱿鱼和海兔拥有不同的神经系统,具有神经学研究价值;大雁和蝙蝠辨别方向的能力,具有仿生学研究价值。保护动物,能更好地研究它们,从而为人类的发展服务。

(三) 体现人类文明

动物保护体系的发展,是人类文明时代的高级成果,人类必须在自然界生存,而不是超然于万物之外,保护动物就是保护人类社会赖以维系的伦理道德和社会文明。

（四）维护可持续发展

资源的可持续利用是我国发展战略之一。生物资源的可持续利用是指适当地使用生物资源，使其能沿传后世，并能确保资源用于改善人类生存的境况和公平的分享，维持其天然生态，保存其生态、文化、经济及社会价值。

二、药用动物资源保护的相关法规

（一）国际公约

1973年，21个国家在美国华盛顿签订了《濒危野生动植物种国际贸易公约》（简称CITES）。CITES于1975年7月起生效，最新修订于2019年8月完成，并于2019年11月开始执行，这是一项在控制国际贸易，保护野生动、植物方面有权威性影响的国际公约。该公约规定了世界上进行贸易受保护的野生动、植物物种，限制了20 000多种濒危野生动、植物物种的贸易。我国于1980年6月5日正式加入CITES，成为该公约的成员国之一。

CITES设有附录Ⅰ、Ⅱ、Ⅲ名录，附录Ⅰ囊括了受到灭绝威胁的物种，这些物种通常是禁止在国际间交易，除非有特别的必要性；附录Ⅱ囊括了没有立即的灭绝危机，但需要管制交易情况以避免影响到其存续的物种，如果这类物种的族群数量降低到一定程度，则会被改置入附录Ⅰ进行全面的贸易限制保护；附录Ⅲ囊括了所有（至少在某个）国家、地区被列为保育生物的物种，换言之就是区域性贸易管制的物种。根据该公约及附录的有关规定，我国规定了进出口监管的濒危药用动植物物种，包括列为国家重点保护野生动物及CITES附录中具有药用价值的部分物种。

1996年，国际自然与自然资源保护联盟（IUCN）出版了《濒危物种的红皮书》，将濒危物种等级分为八大类，即灭绝、野生灭绝、极危、濒危、易危、低危、数据不足、未评估。

与药用动物资源保护相关的全球性协定还有《关于特别是作为水禽栖息地的国际重要湿地公约》（1971年，伊朗）、《野生动物迁徙物种保护公约》（1979年，波恩）。区域性和双边协定有《西半球自然保护和野生生物保护公约》《保护欧洲野生动物与自然栖息地公约》《北极熊保护协定》《中华人民共和国政府和日本国政府保护候鸟及其栖息环境协定》等。

各种国际公约或协定由于具有法律上的约束力，对贯彻执行药用动物资源的保护有着重大作用。

（二）国内的政策、法规

1962年《国务院关于积极保护和合理利用野生动物资源的指示》（简称《指示》）指出，各级政府必须切实保护，在保护的基础上加以合理利用。当前首先要做好保护工作。《指示》中对珍贵、稀有或特产的鸟兽作了列举，其中如东北虎、藏羚羊、梅花鹿等均是重要珍贵药用动物。

根据国务院指示的精神，对外贸易部于1973年12月6日颁发了《关于停止珍贵野生动物收购和出口的通知》，1975年4月7日全国供销合作总社发出了《关于配合有关部门做好珍贵动物资源保护工作的通知》等，均对药用动物资源的保护起到了积极的推动作用。

1987年10月30日，国务院颁布了《野生药材资源保护管理条例》和《国家重点保护野生药材物种名录》,将我国重点保护的野生药材分为三级。一级为濒临灭绝状态的稀有珍贵野生药材物种;二级为分布区域缩小、资源处于衰竭状态的重要野生药材物种;三级为资源严重减少的主要常用野生药材物种。依据该名录涉及的动物种类包括一级的虎、豹、赛加羚羊、梅花鹿等4种,以及二级的马鹿、林麝、马麝、原麝、黑熊、棕熊、乌梢蛇、银环蛇、五步蛇、穿山甲、中华大蟾蜍、黑眶蟾蜍、中国林蛙、蛤蚧等14种。

1989年《中华人民共和国野生动物保护法》正式颁布实施,同时还公布了《国家重点保护野生动物名录》,标志着我国野生动物保护进入了一个新的时期。围绕这一法律,从中央到地方又相继制定了30余个配套的行政法规和规章,各省、自治区、直辖市也陆续制定了地方性野生动物保护实施办法及地方野生动物名录。2018年10月26日我国政府对《中华人民共和国野生动物保护法》进行最新修订,明确了野生动物资源属于国家所有。国家保障依法从事野生动物科学研究、人工繁育等保护及相关活动的组织和个人的合法权益。国家对野生动物实行保护优先、规范利用、严格监管的原则,鼓励开展野生动物科学研究,培育公民保护野生动物的意识,促进人与自然和谐发展。国家支持相关科学研究机构,开展以物种保护为目的的人工繁育国家重点保护野生动物的研究工作,并实行许可制度。

1993年我国政府颁布了《国务院关于禁止犀牛角和虎骨贸易的通知》,取消了犀牛角和虎骨的药用标准,自此不再用犀牛角和虎骨制药,禁止虎骨、犀角一切国际贸易。2018年10月29日又颁发了最新《国务院关于严格管制犀牛和虎及其制品经营利用活动的通知》。

2000年8月1日,国家林业局又公布了《国家保护的有益的或有重要经济、科学研究价值的陆生野生动物名录》,使我国野生动物的保护更趋全面。

2017年7月1日正式执行的《中华人民共和国中医药法》简称《中医药法》的第三章第二十五条,明确规定“国家保护药用野生动植物资源,对药用野生动植物资源实行动态监测和定期普查,建立药用野生动植物资源种质基因库,鼓励发展人工种植养殖,支持依法开展珍贵、濒危药用野生动植物的保护、繁育及其相关研究。”《中医药法》的颁布为人工驯养野生动物,保证医学临床需求提供了法律保障。

2018年10月29日,国务院颁布并实施《国务院关于严格管制犀牛和虎及其制品经营利用活动的通知》(简称《通知》)。《通知》中明确规定,严格禁止法律规定的特殊情况以外所有出售、购买、利用、进出口犀牛和虎及其制品(包括整体、部分及其衍生物)的活动。提出切实强化对特殊情况下犀牛和虎及其制品的监管的要求,因特殊情况出售、购买、利用、进出口犀牛和虎及其制品,一律依法申请行政许可,经批准后实施。为虎骨、犀角的保护和合理使用提供了法律保障。

此外,建立自然保护区管理办法与条例,也为药用动物的资源保护起着重要作用。进入20世纪80年代后,我国的自然保护区立法开始逐步完善,特别是1985年《森林和野生动物类型自然保护区管理办法》的颁布和1994年《中华人民共和国自然保护区条例》的颁布,标志着我国自然保护区立法已从形式单一、低层次的立法开始向综合性的、高层次的立法迈进。目前,我国有《森林和野生动物类型自然保护区管理办法》《海洋自然保护区管理办法》《中华人民共和国水生动植物自然保护区管理办法》《自然保护区土地管理办法》。一个“条例”和四个“管理办法”构成了我国国家层次上的自然保护区专门立法。鉴于我国野生动物保护的严峻形势,新的《中华人民共和国刑法》还专门规定了对危害野生动物行为的刑事处罚。

近年来,药用动物资源保护的有关政策、法律、法规得到的进一步发展完善,对我国药用动物资源的保护发挥了积极的影响和作用。

三、药用动物资源保护的进展与措施

(一) 发扬传统,明确资源保护及合理开发的重要性

我国是世界上最早产生农业的国家之一,祖先们根据需要,驯化、饲养动物,栽培植物,发展成今天的农业、畜牧业和渔业。正是祖先对野生动、植物的良好保护,才使得其资源可以持续利用,并形成了合理利用生物资源的传统。

在我国古代,便提出了"生十杀一者,物十重;生一杀十者,物顿空"的保护自然资源的重要原则。《国语·鲁语》曾记载有"里革断罟匡君",奉劝君王不要捕猎在孕期的鸟、兽、鱼,以期万物休养生息,供以持续利用。《吕氏春秋·义赏》曰"竭泽而渔,岂不得鱼,而明年无鱼;焚薮而田,岂不获得,而明年无兽"就明确地指出了资源的有限性,以及保护与合理利用开发资源的重要性。

为了人类的防病、治病,保证药材供应,我国很早就开始将野生药材变为家养家种。如唐朝时就已建立国家"药园",清代已在东北大规模养殖梅花鹿。中华人民共和国成立后,各地陆续建立饲养场,驯养各种药用动物,取得了良好的经济和社会效益。

(二) 完善法律、法规,注重资源保护宣传

通过对相关法律、法规的不断补充和完善,提高全民全社会对野生动植物资源保护的意识。同时,密切关注受威胁的物种,对过度利用的物种采取强有力的保护措施。健全中药资源管理法规,加强中药资源保护宣传,为中药资源保护工作的开展争取有利的外部环境。

(三) 运用互联网技术,建立保护体系

随着互联网技术的不断发展,加强对我国药用动物资源的信息管理,是对药用动物资源保护的保障。我国的药用动物资源研究始于20世纪50年代,随后开展了区域性资源调查,编写出版了一批药用动物资源方面的著作,如《中国药用动物志》一册、二册,《中国药用动物名录》,以及一些地方性动物药资源专著。我国对濒危物种的保护迫在眉睫,通过全国范围内的资源普查工作,收集原始信息和标本,并对我国药用动物的品种、分类、生态环境、药用部位、蕴藏量、年产量、年利用量、濒危状况和临床应用等数据进行整理和分析,从而掌握我国药用动物资源现状及发展趋势,确定濒危标准和濒危度,进而编制《中国濒危药用动物志》,建立资源库和标本中心,为进一步研究交流提供数据及咨询。

统筹并协调药用动物资源的开发利用和保护再生两者的关系。保护濒危药用动物是一个涉及多学科、多部门、多地区的课题,受到立法、政策、管理体制、科学研究、经济因素等多方面的影响和制约,应有综合性的保护对策,明确药用动物濒危品种、保护范围、判断标准、濒危度和保护价值。通过自然保护区的完善,逐步建立药用动物种质基因库,最终建立和完善濒危药用动物中药材监测体系,定期进行资源、生态环境监测,市场供求和野生动物贸易的长期监控,并使其成为中国野生动物资源监测体系的组成部分。

（四）扩大自然保护区，建立野生种质基因库

濒危药用动物保护的根本性措施就是保护其栖息地，而最有效的保护途径之一就是建立濒危药用动物自然保护区。以自然保护区作为就地保护的有效方法始于19世纪。美国于1872年建立了世界上第一个自然保护区——黄石公园。我国自1956年在广州鼎湖山建立了第一个自然保护区，目前全国有各级、各类自然保护区2 000余个，约占我国领土面积的15%。这些保护区的建立，有效地保护和保存了一批动、植物资源，尤其对野生的珍稀濒危药用动物资源的保护意义重大。2001年国家林业局又组织实施了全国野生动植物保护及自然保护区建设工程，专门就濒危野生动物的保护和拯救进行了重点规划，确立了优先保护的13类濒危野生动物物种，其中，虎、亚洲象、野生鹿类、麝类等均为重要的保护动物。

野生药用动物在森林生态系统中的生态幅度较小，如不合理地开发，则最容易受到损害，从而失去一些生态型，使其在遗传学上的变异性和灵活性大大降低。当森林或生态系统的破坏超过生态平衡的阈限，外界干扰超过了生态系统的自我修复能力时，药用动物首先退化直至灭绝。因此，建立濒危野生药用动物的基因库，保护其种质资源具有十分重要的意义。

（五）加强人工驯养，提高繁育效率

人工驯化与养殖是保护、发展及合理利用药用动物资源的一条有效途径，也是防止野生动物药资源减少的一个重要措施。加强人工繁殖种群，既可防止或延缓有关物种的灭绝，又可满足动物药材的生产需求及人类疾病防治的需要，减少对野生种群的猎捕压力。如食草动物的驯养成功，使其产量成倍增长；克服乌骨鸡的就巢性，不仅提高了其成活率，产蛋量也大大提高；温室放养龟鳖、钳蝎的成功，形成了人工食物链，进而形成系列化饲养等。

为了更好地实现驯养，必须重视和加强野生濒危药用动物的生物学特性，包括生活习性、生态环境、繁殖条件、生理特征、疾病防治及遗传特性等方面的研究，以提高繁殖效率，为人工引种、驯养创造条件。

（六）实施"再引进"，壮大濒危药用动物种群

所谓再引进，即在某个物种曾经分布但已灭绝的地区，再次引进该物种的活体用于建立新的种群；或者是向某物种现有的极小的野生种群补充新的活体，以充实该野生种群并促进其发展壮大，后者又称"再充实"。目前，我国已实施麋鹿、赛加羚羊、野马的再引进工程。理论上，在原产地放生被没收的动物也属于野生种群再充实的范围，如穿山甲、蟒蛇、大鲵等。

（七）寻找新资源，开发替代品

寻找新的药用资源以替代珍稀濒危物种，是保护珍稀濒危种质资源的最有效途径之一。以亲缘关系或有效成分为线索，有目的、有范围地在某些动物类群中，寻找重点保护的药用动物的替代物种及紧缺药材的替代品。如从猫科动物中寻找虎骨的替代品，不同动物的相同药用部位的化学成分也有着一定的相似性，所以历来就有以骨代骨、以角代角之说。早在20世纪50年代，由于犀角、虎骨、羚羊角、牛黄及麝香供应不足，呈现日渐短缺的形势，便开始了对其替代品的研究工作。在替代品的研究中，必须遵循功效相似、材料易得的原则。以"生物类群，化学成分与生理活

性相互联系"为依据,如用犬骨替代虎骨,黄羊角替代羚羊角,灵猫香替代麝香等。其中最成功的例子是犀角替代品——水牛角,50年代我国开始研究以水牛角替代犀角,研究证明水牛角在化学成分、药理作用、临床效果等方面均与犀角相似;自20世纪90年代以来,犀角全部以水牛角代之;1995年版起《中华人民共和国药典》中含有犀角的中成药如安宫牛黄丸、紫雪丹、牛黄清心丸等,均将犀角改为水牛角浓缩粉。

(八) 加强体外培育、活性成分结构改造研究

对于一些源自动物分泌物或体内产物的动物类药材,其体外培育及人工合成则是药用动物资源保护的另一重要途径。在深入、系统全面地对源于濒危药用动物的中药材化学成分、有效成分研究的同时,循其天然的化学组成及相对的比例,通过适当的生物化学、生物物理或有机过程,在体外有机组合成类似天然品及人工合成品等。如体外培育牛黄,人工合成牛黄,以及人工麝香等均已投入生产,并形成商品。

通过对动物类中药的化学成分进行结构合成和改造的研究,可以扩大药用资源,且通过结构修饰可以达到增强药物疗效并降低毒副作用的目的。如斑蝥素是抗癌的有效药物,用于治疗原发性肝癌,为了提高疗效并降低毒副作用,我国学者通过研发,将羟基斑蝥胺推向临床。

此外,还应加强对中药材市场的监控,了解野生药用动物的流通量,以增强决策和管理部门的宏观调控能力。同时积极开展国际合作,濒危动物是全世界的共同财富,对其进行保护管理是当今国际社会关注的焦点之一,可以通过引进资金、经验、技术和设备,提高我国的野生动物保护能力和水平。

四、我国药用动物 GAP 基地建设

GAP(good agriculture practice,GAP)是指"中药材生产质量管理规范",是药材生产质量的基本准则。其核心是对药材生产实施全面质量管理,最大限度地保证药材内在质量的可靠性、稳定性,由此延伸至中药科研、生产、流通的所有质量领域。

影响 GAP 的因素主要有场地、环境、饲料、水源、大气等,环境因素包括温度、湿度、光照、噪声、风速等。按照国家药品监督管理局 2002 年颁布的第三十二号令《中药材生产质量管理规范(GAP)》的规定:"中药材产地的环境应符合国家相应标准,空气应符合大气环境质量二级标准;土壤应符合土壤质量二级标准;灌溉水应符合农田灌溉水质量标准;药用动物饮用水应符合生活饮用水质量标准。"

饲料是动物赖以生存的基础,应根据药用动物的季节活动、昼夜活动规律及不同生长周期和生理特点,科学配制饲料,定时、定量投喂。适时适量地补充精饲料、维生素、矿物质及其他必要的添加剂,不得添加激素、类激素等添加剂。且饲料及添加剂应无污染。

人工驯化养殖的野生药用动物,环境因素的改变势必会对其生长、发育、繁殖、遗传和生物学特性的表达产生直接或间接的影响,特别是对小型药用动物的影响更大。改善饲养环境,完善设施建设,提高驯化养殖药用动物的质量,是药用动物 GAP 基地建设的重要任务之一。目前,国家已将中药材规范化种植及实施 GAP 基地建设作为中药现代化的一项重要任务。

自国家颁布实施GAP指导原则以来,药用动物GAP基地建设取得了一定成绩,已经按GAP标准建立了许多养殖基地。如吉林敖东药业集团股份有限公司东北梅花鹿养殖示范基地、汇仁集团建立的江西泰和县乌骨鸡GAP养殖基地、广东佛山的龟类养殖场以及国家中药现代化科技产业麝香规范化养殖基地等。

据市场调查,目前常用动物类中药虽然只有几十个品种,销售额却占全部中药材的60%以上。动物类中药材绝大部分是通过养殖生产的,如鹿茸、水牛角、牛黄、熊胆粉、鳖甲、全蝎、僵蚕、地龙、珍珠等几乎全是人工养殖生产;一些珍贵的品种,其原动物也在扩大养殖或半圈养,如麝香、蛤蚧、哈蟆油、海马、土鳖虫、蜈蚣、水蛭等。上述列入《中国药典》的受国家或《濒危野生动植物种国际贸易公约》(CITES)保护的野生动物,均已被成功人工驯养,有些已完全替代了野生品种。

第二节　药用动物资源开发与利用途径

一、药用动物资源开发利用途径

(一) 由古代本草中发掘新资源

药用动物在我国有悠久的药用历史,《神农本草经》收载动物药67种,《本草经集注》收载动物药113种,《新修本草》收载动物药128种,《本草纲目》收载动物药461种,《本草纲目拾遗》收载动物药近600种。临床常用动物药仅100余种,2020年版《中国药典》一部共收载动物药51味,涉及药用动物76种。本草著作丰富的内容,可以在药用动物的品种、形态、分布区域、生境,以及动物药的炮制、药性、功效等方面提供药用动物资源开发的依据。

(二) 从民族药中开发新资源

我国是一个多民族国家,各民族在长期的医疗实践中积累了丰富的经验。民族药具有鲜明的地域性和民族传统,其起源、分布及用药种类各有特点。药用动物占有重要的地位。如藏药中的雪蛙、藏雪鸡、紫胶虫、珍珠等;维吾尔药中的龙涎香、海狸香等;傣族药中的熊胆、蛇骨、乌鸦肉、马鹿血、青蛙等;以及壮药中的蛤蚧、菲牛蛭等。民族药中有着丰富的药用动物资源,其不仅产生和发展有悠久的历史,而且品种众多,功效应用广泛,疗法独特,对于丰富和发展我国传统医药学,是富有启发性和研究价值的。

(三) 以化学成分为线索寻找新资源

利用化学结构相似则药理作用相似的规律来寻找新资源成为新药用资源挖掘的主要途径之一。例如,依据大环酮类成分多具有芳香开窍共性的线索,发现灵猫香与天然麝香的大环酮类在气、味以及药理作用上具有相似性,均能通窍行气,安神,抗炎止痛,化瘀消肿。故灵猫香替代麝香制成的灵猫香六神丸,其功效与麝香六神丸相似。

在天然药物资源的开发利用中,运用化学成分的转化、生物合成及结构修饰的途径,研制新药具有广阔前景。如脂蟾毒配基、熊去氧胆酸、麝香酮、牛磺酸等有效成分的新药开发。目前,除化学转化与修饰外,还可利用生化手段及微生物修饰等方法,如肠内代谢等,为研制新药开辟了新的途径。

(四) 扩大药用部位开发新药资源

动物类中药的入药部位多样,低等动物大多全体入药,而高等动物多用角、骨、甲(壳)、肉、皮、分泌物、排泄物等局部入药,非药用部位常被作为废料而丢弃。实际上,未利用的部位往往含有类似的药用成分,仍可以使用。如羚羊角塞为羚羊角的骨塞,约占总角重量的4%,1990年版以前的《中国药典》和《全国中药炮制规范》(1998年版)均明确规定羚羊角要除去骨塞。经化学、药理学研究表明,角塞与羚羊角相似,因此,《中国药典》1995年版以后历版药典均不再明确规定羚羊角要除去角塞。再如龟甲,过去使用腹甲,如今增加了背甲的使用,大大提高了药材的利用率。

(五) 应用分类学原理寻找新资源

依据分类学"不同动物的相类似部位可能具有相似的化学成分"的理论寻找新资源。如羚羊角为牛科动物赛加羚羊(高鼻羚羊)*Saiga tatarica* Linnaeus 的角,由于赛加羚羊处于濒临灭绝状态,根据其亲缘关系与药用部位的特性从牛科动物黄羊、山羊、鹅喉羚羊、绵羊、水牛等的洞角寻找羚羊角的替代品成为学者们关注的热点之一。利用动物骨作为药物治病,已有悠久的历史,早在1 500年前,古医药典籍已有牲骨治病的记载。《本草纲目》中,对虎骨、狗骨等药用性能均有专门的论述。动物骨主要用来治疗骨质增生、骨关节疾病、风湿及类风湿等关节炎性疾病。现代科学研究证明,动物骨活性或有效成分主要为多肽类及蛋白质等。以动物骨为原料提取制备的生化药物称为骨制剂,目前骨制剂主要为由猪或胎牛四肢骨经提取制成的骨肽。动物胆汁类药材来源于动物胆囊内的生理性分泌物,包括熊胆汁、蛇胆汁、鸡胆汁、猪胆汁,含有胆汁酸类成分,具有相似的作用,如消炎、解毒、解热、镇咳、平喘等;内金类药材包括鸡内金、鸭内金、鹅内金,均来源于飞禽的肌胃内壁,含有胃激素、类角蛋白等成分,具有消积滞,健脾胃的功效,这些都是寻找新资源的重要途径。

(六) 利用生物技术开发新药资源或活性物质

水蛭素(hirudin)是水蛭及其唾液腺中提取出的活性最显著且研究得最多的一种成分。已研究表明水蛭素是由65~66个氨基酸组成的小分子蛋白质(多肽)。水蛭素对凝血酶有极强的抑制作用,是迄今发现的作用最强的凝血酶天然特异抑制剂。近年来我国以水蛭素为主要成分的中成药已研发上市,如脑血康口服液、抗血栓片、活血通胶囊等。由于水蛭的来源有限,故国内外医药界均把研究重点放在通过基因工程获得重组水蛭素的研制上。1986年后,重组水蛭素已在大肠埃希菌和酵母中分别表达成功。与天然水蛭素相比,重组水蛭素在第63位氨基酸(酪氨酸)上未硫酸酪化,活性略低,其余性质基本相同,在治疗的剂量下静脉注射无毒副反应。1998年底重组水蛭素药物在德国正式上市。

二、药用动物的活性成分研究与资源开发

自采用皂苷沉淀甾体的方法提取性激素开始,药用动物化学成分的研究已经有了很大发展,

因其具有结构新颖、生物活性强、临床疗效高的特点,其药效物质和开发利用研究成为热点。

(一) 蛋白质类

蛋白质作为药用动物中的主要成分,在疾病的治疗中有其独特的功用。

1. **氨基酸**　药用动物含有大量人体必需的氨基酸,而且对于治疗疾病也有一定的作用。如牛黄的牛磺酸有刺激胆汁分泌和降眼压作用,地龙的解热作用也与其氨基酸含量成正比。

2. **多肽**　是一类活性强、作用范围广的生物活性成分。如高血压、糖尿病、免疫功能低下、性功能障碍、骨质疏松、精神病等疑难性疾病的起因和治疗,均与相关多肽有关。

动物多肽中毒素是一类具有较强活性的成分。其主要来源是蝎毒、蛇毒、蟾蜍毒、蜘蛛毒和蜂毒等。蜂毒主要以肽类为主,有蜂毒素、活性酶、生物胺、蜂毒肥大细胞脱粒肽等活性肽。其中蜂毒素(melittin)是蜂毒的主要成分,由 26 个氨基酸组成的小分子肽,具有不对称的线性结构。线性结构由第 1 位至第 20 位的疏水基团和第 21 位至第 26 位的亲水基团组成,具有高度的药理作用和生物学活性,可以通过多途径影响细胞的信号转导系统,并可诱导细胞凋亡,具抗菌、抗病毒、抗炎、抗关节炎等方面的作用。

此外,海绵动物、软体动物、昆虫及两栖动物中也有多肽类成分。如芋螺毒素是一种海洋软体动物芋螺分泌的一类用于自卫和捕食的小肽神经性毒素,具有高度特异性生物活性,一直广泛应用于研制特异性诊断试剂以及开发疗效特异的新药之中。

3. **酶**　是由活细胞产生的、对其底物具有高度特异性和高度催化效能的蛋白质或 RNA。在临床上酶疗法已逐渐被人们所认识,广泛受到重视,各种酶制剂的应用越来越普遍。如蚯蚓中蚓激酶能降解纤维蛋白原,某些蛋白质组分有抗肿瘤活性;哺乳动物尿液中的尿激酶、激肽释放酶以及胰腺中提取的弹性蛋白酶等临床用于治疗心血管疾病;存在于哺乳类动物和鸟类的脏器及豚鼠血清中的门冬酰胺酶、精氨酸酶等临床用于治疗肿瘤;五谷虫胰蛋白酶、肠肽酶有助消化作用。

另蛇毒中也含有大量的酶,如磷酸单酯酶、磷酸二酯酶、透明质酸酶、核糖核酸酶、脱氧核糖核酸酶等,其中类凝血酶研究应用最为广泛。蛇毒类凝血酶(thrombin-like enzyme,TLE)是蛇毒中与血浆凝血酶性质相似的一类酶的总称,通常具有精氨酸酯酶活性,重要特征是可水解血纤蛋白原为血纤蛋白,但不能激活体内各种凝血因子。因此它在体外可使血浆或血纤蛋白溶液直接凝固,而在体内因血纤蛋白原水平显著下降,同时生成的血纤蛋白凝块结构松散,易被纤溶系统清除,故表现出抗凝作用。蛇毒类凝血酶作为药物用于治疗血栓性疾病,在临床上用于脑梗死、血栓闭塞性脉管炎、肺栓塞等血管栓塞性疾病治疗,以及预防术后血栓再发等。

(二) 生物碱类

药用动物中所含生物碱主要有吡啶类、咯烷类、吲哚类等多种类型,并且具有较强的生物活性。如蟾酥中的吲哚类生物碱,有很好的抗炎活性;箭毒蛙所含的哌啶类生物碱,有麻痹骨骼肌的作用;动物胆汁中得到的胆红素属吡咯衍生物,有促进红细胞新生、血清抗炎、治疗肝硬化等作用;蛤蚧及全蝎含有的肉碱,为氨基酸衍生物,能防止室性心律失常;河豚卵巢中的河豚毒素,属胍类衍生物,毒性极强,阻断突触传导作用比可卡因强 16 万倍,并有松弛肌肉痉挛、减轻晚期癌痛的作用。

（三）甾类

甾类成分在药用动物中分布较为广泛,其化学结构变化多样,生物活性也具多样性。如胆汁酸、蟾毒、蜕皮素、性激素、甾体皂苷等。动物胆汁中发现的胆汁酸有近百种,常见的有胆酸、去氧胆酸、熊去氧胆酸、鹅去氧胆酸等,去氧胆酸解痉作用明显,熊去氧胆酸、鹅去氧胆酸能溶解胆结石;蟾毒是蟾毒配基衍生物的统称,其中蟾蜍灵、脂蟾毒配基有强心作用;昆虫的蜕皮激素有促进人体蛋白质合成、排出体内胆固醇、降低血脂和抑制血糖上升等作用;鹿茸中的雌酮、海狗肾中的雄甾酮等都属于性激素;甾体皂苷广泛见于棘皮动物海参纲和海星纲,如梅花参中的梅花参素 A、B,刺参中的刺参素 A、B、C,以及多棘海盘车中的海星皂苷等,多有抑制癌细胞生长、抗菌、抗辐射、增强白细胞吞噬的功能。

（四）萜类

萜类为动物体中分布广泛、结构奇特的一类化学成分。如斑蝥素为芫菁科昆虫分泌的单萜类防御物质,具抗癌、抗病毒、抗真菌作用;海绵属动物含有的环烯醚萜类成分有抗白念珠菌作用等;鲨鱼肝脏中提取获得的角鲨烯,是由 6 个异戊二烯单位构成的三萜物质,或称不饱和脂肪烯烃,常温下呈有香味的油状液体,可作杀菌剂、着色剂、橡胶助剂、表面活性剂以及生产药物的中间体,并用于保健制剂。

（五）酮类、酸类

含有羰基酮类成分和含有羧基的酸类成分通常具有明显的芳香气味,是芳香类中药的主要成分。如麝香酮是麝香的主要香味成分,具有芳香开窍,通经活络,消肿止痛作用,小剂量对中枢神经有兴奋作用,大剂量则有抑制作用,有雄性激素样作用及抗炎作用。临床上用于治疗冠心病心绞痛、血管性头痛、坐骨神经痛、白癜风等。

蜂王浆中分离得到一种特殊的不饱和有机酸王浆酸(10-羟基-Δ^2-癸烯酸,简称 HAD),是蜂王浆所特有的重要成分之一,具有杀菌、抑菌作用和抗癌、抗辐射的功能。蜂王浆许多性质如气味、pH 等都与它有关,其含量是蜂王浆质量的重要指标之一。

地龙中的花生四烯酸有解热作用。胆汁酸有利胆、溶解胆结石、镇咳祛痰、解热、抗菌、抗癌等多种功用。

（六）多糖类

动物多糖为动物体中存在广泛、活性独特的一类物质。如广泛分布于动物各种组织中的肝素可用于抗凝;棘皮动物黏多糖具抗癌和抗凝血活性;鲨鱼及深海软骨鱼骨骼所含杂多糖,具有显著的肿瘤抑制作用;三角帆蚌等软体动物中所含葡聚糖,被证实具有较好的抗肿瘤活性;甲壳动物和昆虫体壁外的甲壳素用于抗菌、抗辐射。

动物多糖的典型代表——透明质酸(hyaluronic acid,简称 HA),也称玻璃酸,为一种高分子直链多糖。最初是从牛眼的玻璃体组织中分离出玻璃酸及其钠盐,以后将玻璃酸及其反离子所生成的离子对或盐统称为 hyaluronan(HA)。它是由(1→3)-2-乙酰氨基-2-脱氧-D-葡萄糖(1→4)-D-D-葡糖醛酸双糖重复单位所组成的直链黏多糖,其分子量为 5 万~800 万 Da。透明质酸存在于动物结缔组织如关节、玻璃体、滑液、软骨、皮肤，以满足一些重要的功能如韧性、支持结构以及细胞的代谢调节。HA 的应用非常广泛，HA 凝胶是眼科显微手术中必备之物，同时在临床上广泛应用于预防创伤或手术后粘连以及软组织的修复，以及骨关节炎、肩周炎与类风湿关节炎的治疗中。HA 亦在化妆品中有应用，HA 与磷脂组成乳化剂，与聚氧乙烯组成增稠剂，HA 还可作为香精固定剂用于护肤膏霜、乳液、洗面奶等的制备。

（七）脂肪类

脂肪为动物体含量最丰富的成分之一。许多动物脂肪及脂肪酸，具有重要的医疗、保健价值。如深海鱼类及海豹、海狗的脂肪多为不饱和脂肪酸，具有良好的生理活性，对胎儿、儿童及动物的健康成长有很大影响，对防治心血管疾病和抗癌也有很好的效果。其中 n-3 型多烯酸 EPA、DHA 是人体所需的重要脂肪酸。已发现 EPA 和 DHA 具有防治心脑血管疾病（脑血栓、心肌梗死、动脉粥样硬化和高血压等）的作用。目前的水产品油脂多为药物、保健食品和饲料添加剂等。如鱼肝油，主要含维生素 A 和维生素 D 等物质，维生素 D 具有抗佝偻和促进骨骼钙化的作用；维生素 A 具有促进生长发育、维持上皮组织与正常视力的生理作用；鲨鱼肝油的主要有效成分为烷氧基甘油，可升高白细胞和淋巴细胞的数目，提高免疫系统的活性，增强人体抵抗力。

三、药用动物产品开发与综合利用

随着社会进步和人们生活水平的不断提高，人类对医疗模式的需求正由单纯的疾病治疗模式，转向疾病预防、日常保健等多维结合模式。为适应社会发展与人们需要，2002 年起国家陆续公布了数批"既是食品又是药品的物品名单"，包括乌梢蛇、牡蛎、阿胶、鸡内金、蜂蜜、蝮蛇六味动物药；"可用于保健食品的物品名单"，包括马鹿胎、马鹿茸、马鹿骨、石决明、龟甲、珍珠、蛤蚧、蜂胶、鳖甲等。并颁布了相应的法规，如《新资源食品卫生管理办法》《保健食品管理办法》等。

新资源食品是指我国过去无食用习惯、新研制、新开发、新引进、符合食品要求的物品。保健食品是指具有某种保健功能的食品，除保证安全无毒外，还必须经过保健功能试验，具有特定的保健功能。已批准受理的 24 种功能分别为免疫调节、延缓衰老、改善记忆、促进生长发育、抗疲劳、减肥、耐缺氧、抗辐射、抗突变、抑制肿瘤、调节血脂、改善性功能、调节血糖、改善胃肠道功能、改善睡眠、改善营养性贫血、保护化学性肝损伤、促进泌乳、美容、改善视力、促进排铅、清咽润喉、调节血压、改善骨质疏松等。无论是保健品、营养食品或新资源食品都是食品，不是以治疗为主，而是具有营养、调节和保健功能。药用动物的食疗保健开发前景广阔。

（一）药用开发

1. 免疫调节　常用的动物类中药有牡蛎、蜂蜜、蜂胶、海龙、蛤蚧、鳖甲、阿胶、鹿胎、马鹿茸、马鹿骨等。如尖海龙提取物可促进人体淋巴细胞的增殖和转化；由刁海龙、海燕、海胆、蜂蜜加工制成的复方海龙口服液具有显著提高小鼠免疫器官指数的作用。蜂王浆中所含的球蛋白是一种丙种球蛋白的混合物，具有免疫调节活性；氨基酸中的精氨酸、牛磺酸能促进 T 淋巴细胞的增殖和提高巨噬细胞产生白细胞介素-1，增强中性粒细胞吞噬活性，产生对肿瘤细胞或细菌等靶细胞的杀伤作用及对病毒产生抗体的功能。阿胶对放疗患者淋巴细胞促进作用显著,能消除放疗对免疫系统的抑制作用,增加肿瘤坏死因子的数量,有显著增强免疫和抗癌作用。

2. 延缓衰老 常用的动物类中药有牡蛎、海参、蛤蚧、鹿肉、鹿胎、鹿鞭等。如蛤蚧具有延长果蝇寿命的功能;在延缓衰老的作用机制研究中,发现其提取物对大鼠肝肾组织抗氧自由基代谢有积极的作用,能明显降低鼠脑 B 型单胺氧化酶(MAO-B)含量,可使大鼠肝、肾细胞质中的铜锌超氧化物歧化酶以及心肌组织中线粒体内锰超氧化物歧化酶含量显著增加,线粒体过氧化脂质水平显著下降,细胞匀浆过氧化氢酶活性显著升高。

3. 抗疲劳 常用的动物类中药有海参、海龙、哈蟆油、甲鱼、乌鸡、鹿角胶等。如海参提取液可显著延长小鼠的负重游泳时间和存活时间,具有显著的抗疲劳和抗缺氧效应,同时也显著提高人血红蛋白含量和减少运动小鼠血乳酸的积累,能够提高运动能力。海龙对人体有氧供能和无氧供能具有明显的促进作用,可以加快大强度运动后疲劳的恢复,有很强的抗疲劳作用。哈蟆油能延长正常动物的爬杆、滚棒、游泳时间,起到抗疲劳的作用。

4. 改善性功能 常用的动物类中药有牡蛎、蚕蛹、蜂蜜、海龙、海马、哈蟆油、蛤蚧、鹿茸、鹿角胶等。如5种海龙的提取物均能不同程度增加正常雄性小鼠的精子数和提高精子成活率。蛤蚧提取物具有双相性激素样作用,可使正常小鼠睾丸显著增重,可使动物前列腺和精囊、子宫、卵巢增重;能显著提高老年前期雌性大鼠体内雌二醇的浓度,明显降低卵泡刺激素浓度;对大鼠下丘脑-垂体-性腺轴功能有明显的改善作用。鹿角胶能明显增强雄鼠交配能力。

5. 保护心血管系统 常用的动物类中药有海龙、哈蟆油、蛤蚧、蝮蛇、阿胶、鹿角胶、马鹿茸、马鹿骨等。如阿胶对缺血性动物的红细胞、血红蛋白等有明显的促进作用,能够促进机体造血干细胞的增殖和分化。鹿角胶能提高红细胞、白细胞和血细胞比容。

(二) 其他综合开发

1. 化妆品的开发与应用 传统的中药化妆品与中医药融为一体,按中医的理、法、方、药配伍,具有明显的功能性、功效性。现代的中药化妆品利用中药作用缓和,且具营养和疗效双重功能,将其作为化妆品中的添加剂。国内外对添加中药的化妆品研制很重视,被选用的中药已达百余种。主要有营养滋润作用,具此类作用的中药多为补益药,含有蛋白质和多种氨基酸、脂类、多糖类、维生素类、微量元素等。

动物类中药在化妆品开发中具有广阔的应用前景。如动物类中药珍珠,具有安神,镇心息风,解毒生肌等功效,可作为美容佳品,无论是内服还是外用均可对皮肤有滋养保健和延缓皱纹产生的作用。《本草纲目》中就已有记载"珍珠粉涂面,令人润泽好颜色"。目前市售的许多化妆品中就加有珍珠粉、珍珠水解蛋白和酶解液。此外,从海洋生物如扇贝中提取出的低温蛋白酶,经酶解后得到的小分子多肽,利于皮肤吸收,可增加皮肤的弹性和柔软性。蜂制品,包括蜂蜜、蜂王浆及蜂胶。蜂王浆含有极丰富蛋白质、氨基酸、维生素、糖类、微量元素,具有抑制酪氨酸酶活性的作用,可防止皮肤变黑;蜂胶则具有广谱抗菌作用,还可增强生物机体防护能力,改善血液循环,加速伤口愈合,并具有滋润皮肤、止痒、除臭、祛斑和防晒作用。鹿茸含有蛋白质、氨基酸、肽类、维生素、超氧化物歧化酶、透明质酸等成分,能消除皮肤中的自由基,对酪氨酸酶具有明显抑制作用,还可以促进表皮组织的再生,具有良好的延缓皮肤衰老效果。

2. 天然香料的开发与应用　因合成香料的安全隐患,世界范围内掀起了回归自然的消费热潮。天然香料以其安全性,以及合成香料难以替代的嗅感和感官特性深受广大消费者的偏爱。动物香料一般为动物的分泌物,有麝香、灵猫香、海狸香、龙涎香、麝鼠香等,这些动物香料作为香料珍品,历史悠久,其独特、柔和而幽雅的香气,以及较强的扩散和渗透力,不仅具有良好的提香作用,而且具有极佳的定香能力,更适宜于调制各类高级香水。但天然动物香料来源异常稀少,非常珍贵,需要资源保护及合理开发。

（张　嫒）

20章 同步练习

参 考 文 献

［1］刘凌云,郑光美.普通动物学[M].4版.北京:高等教育出版社,2009.

［2］万德光.药用动物学[M].上海:上海科学技术出版社,2009.

［3］张训蒲.普通动物学[M].北京:中国农业出版社,2006.

［4］黄宗国,林茂.中国海洋生物图集[M].北京:海洋出版社,2012.

［5］孟凯巴依尔.无脊椎动物[M].南京:江苏凤凰科学技术出版社,2014.

［6］巫志峰,许东晖,梅雪婷,等.海绵动物的生物活性产物及其药理作用[J].中草药,2003,34(11):附
10-15.

［7］李明,李娟.海绵动物抗肿瘤活性物质研究进展[J].国际肿瘤学杂志,2006,33(10):733-736.

［8］赖毅东,彭喜春.海绵生物活性肽[J].现代食品科技,2007,23(8):94-97.

［9］GONG L,LI X,QIU J W. Two new species of Hexactinellida(Porifera)from the South China Sea[J]. Zootaxa,2015,4034(1):182-192.

［10］刘凌云,郑光美.普通动物学[M].3版.北京:高等教育出版社,1997.

［11］姜云垒,冯江.动物学[M].北京:高等教育出版社,2006.

［12］谢桂林,杜东书.动物学[M].上海:复旦大学出版社,2014.

［13］杨春,苏秀榕,李太武,等.海蜇的综合利用[J].河北渔业,2003(2):12-14.

［14］丁进锋,苏秀榕,李妍妍,等.海蜇胶原蛋白肽的降血脂及抗氧化作用的研究[J].天然产物研究与
开发,2012,24(3):362-365.

［15］金晓石,吴红棉,钟敏,等.海蜇糖胺聚糖提取、纯化及其降血脂作用研究[J].中国海洋药物,
2007,26(4):41-44.

［16］李兆英,吕倩,辛蕾,等.腔肠动物的毒素[J].生物学通报,2006,41(6):21-22.

［17］洪惠馨,李福振,林利民,等.我国常见的有毒海洋腔肠动物[J].集美大学学报,2004,9(1):32-41.

［18］李军德,黄璐琦,曲晓波.中国药用动物志[M].2版.福州:福建科学技术出版社,2013.

［19］高士贤.历代本草药用动物名实图考[M].北京:人民卫生出版社,2013.

［20］邓明鲁.中国动物药资源[M].北京:中国中医药出版社,2007.

［21］侯林,吴孝兵.动物学[M].2版.北京:科学出版社,2016.

［22］赛道建.普通动物学[M].北京:科学出版社,2008.

［23］李海云.动物学[M].北京:高等教育出版社,2014.

［24］杨小军,杨军平,孙国宏,等.人蛔虫提取物抗肿瘤作用及其机制的实验研究[C]∥中国中西医结合
学会.第一次全国中西医结合检验医学学术会议论文集.北京:中国中西医结合学会,2014:222-223.

［25］翟畅,叶波平.秀丽隐杆线虫与药物筛选[J].药物生物技术,2017,24(5):464-467.

［26］姜乃澄,丁平.动物学[M].杭州:浙江大学出版社,2007.

［27］李军德,黄璐琦,李春义.中国药用动物原色图典[M].福州:福建科学技术出版社,2014.

［28］彭劲甫,杨得坡,黄世亮,等.地龙的药理作用与保健功能[J].中药材,2000,23(2):114-117.

［29］王雪英,伍晓斌,徐风彩.蚯蚓纤溶酶的分离纯化及其部分酶学性质的研究[J].药物生物技术,2003,10(2):88-91.

［30］李兴发,贾飞飞,刘建蓉,等.蚓激酶研究和应用进展[J].中国新药杂志,2005,14(8):964-968.

［31］顺庆生,包雪声.沪地龙的原动物鉴定[J].中药材,1999,22(1):13-16.

［32］陶茹莹,张辉.地龙蛋白和姬松茸多糖的药理研究[J].吉林中医药,2017,37(7):706-707.

［33］杜航,孙佳明,郭晓庆,等.地龙的化学成分及药理作用[J].吉林中医药,2014,34(7):707-709.

［34］瞿新艳.水蛭的抗凝血作用研究[J].现代中西医结合杂志,2010,19(13):1582-1583.

［35］袁红霞,张莉芹,马瑾,等.水蛭药用成分及主要药理功效研究进展[J].甘肃医药,2013,32(4):270-273.

［36］李克明,张国,武继彪.水蛭的药理研究概况[J].中医研究,2007,20(2):62-64.

［37］吴玉刚,庞存枫,温山鸿,等.疣吻沙蚕营养成分分析与评价[J].水利渔业,2006,26(3):86-88.

［38］黄琳,段磊,李荣贵,等.沙蚕提取物的抗氧化活性研究[J].中国海洋药物,2007,26(2):19-22.

［39］沈先荣,蒋定文,贾福星,等.方格星虫延缓衰老作用研究[J].中国海洋药物,2004,23(1):30-32.

［40］国家药典委员会.中华人民共和国药典:一部[M].2020年版.北京:中国医药科技出版社,2020.

［41］国家中医药管理局《中华本草》编委会.中华本草[M].上海:上海科学技术出版社,1999.

［42］南京中医药大学.中药大辞典[M].上海:上海科学技术出版社,2010.

［43］中国科学院中国动物志编辑委员会.中国动物志:软体动物门[M].北京:科学出版社,1997.

［44］林余霖,李葆莉.精编中国药典中药原色图谱[M].北京:中医古籍出版社,2016.

［45］管华诗,王曙光.中华海洋本草图鉴[M].上海:上海科学技术出版社,2016.

［46］迪特玛·迈腾斯.软体动物[M].武汉:湖北教育出版社,2010.

［47］王如才.中国水生贝类原色图鉴[M].杭州:浙江科学技术出版社,1988.

［48］蔡英亚,张英,魏若飞.贝类学概论[M].上海:上海科学技术出版社,1995.

［49］张素萍.中国海洋贝类图鉴[M].北京:海洋出版社,2008.

［50］张玺,齐钟彦,马绣同,等.中国动物图谱:软体动物[M].北京:科学出版社,1964.

［51］齐钟彦.中国动物图谱:软体动物[M].北京:科学出版社,1985.

［52］刘凌云,郑光美.普通动物学[M].上海:上海科学技术出版社,1993.

［53］陈品健.动物生物学[M].北京:科学出版社,2001.

［54］江静波.无脊椎动物学[M].上海:华东师范大学出版社,1989.

［55］王慧,崔淑贞.动物学[M].北京:中国农业大学出版社,2006.

［56］赵文静,郝丽莉,于庆芝.实用动物药研究[M].哈尔滨:黑龙江科学技术出版社,2003.

［57］牛砚涛,武冬雪,董文娜,等.去甲斑蝥素新型制剂研究进展[J].中国药学杂志,2013,48(9):663-667.

［58］王燕平,吕欣然.东亚钳蝎蝎毒分离纯化及药理作用的研究进展[J].中草药,2000,31(1):59-61.

［59］宋憬愚.简明动物学[M].北京:科学出版社,2013.

［60］《中国药用动物志》协作组.中国药用动物志[M].天津:天津科学技术出版社,1979.

［61］《中国药用动物志》协作组.中国药用动物志:第二册[M].天津:天津科学技术出版社,1983.

［62］徐润林.动物学[M].北京:高等教育出版社,2013.

［63］高士贤.中国动物药志[M].长春:吉林科学技术出版社,1996.

［64］ 邓明鲁,高士贤.中国动物药[M].长春:吉林人民出版社,1981.

［65］ 李时珍.本草纲目[M].北京:人民卫生出版社,1982.

［66］ 吕秋凤.动物学[M].北京:化学工业出版社,2017.

［67］ 李建生,高益民,卢颖.中国动物药现代研究[M].北京:人民卫生出版社,2010.

［68］ 陈蔚文.中药学[M].北京:人民卫生出版社,2012.

［69］ 张廷模.临床中药学[M].2版.上海:上海科学技术出版社,2012.

［70］ 安铁洙,谭建华,韦旭斌.犬解剖学[M].长春:吉林科学技术出版社,2003.

［71］ 王德群.神农本草经图考[M].北京:北京科学技术出版社,2017.

［72］ 李军德.常用动物药材识别图鉴[M].福州:福建科学技术出版社,2017.

［73］ 文榕生.中国古代野生动物地理分布[M].济南:山东科学技术出版社,2013.

［74］ 邹逸麟,张修桂.中国历史自然地理[M].北京:科学出版社,2013.

［75］ 张荣祖.中国动物地理[M].北京:科学出版社,2011.

［76］ 蒋志刚.中国哺乳动物多样性及地理分布[M].北京:科学出版社,2015.

［77］ 邸二虎,何杰坤,王志臣,等.全国陆生野生动物调查单元区划方案[J].生物多样性,2017,25(12):1321-1330.

［78］ 解焱,李典谟,JOHN M.中国生物地理区划研究[J].生态学报,2002,22(10):1599-1615.

［79］ 丁一汇.中国气候[M].北京:科学出版社,2013.

［80］ 中国药材公司.中国中药区划[M].北京:科学出版社,1995.

［81］ 冉懋雄,周厚琼.中国药用动物养殖与开发[M].贵阳:贵州科技出版社,2002.

［82］ 石萍,鲁增辉,曾纬,等.日本医蛭的研究进展[J].世界科学技术:中医药现代化,2016,18(11):2013-2018.

［83］ 游华建,鲁增辉,张植纬,等.药用水蛭及其代用品的人工养殖进展[J].黑龙江畜牧兽医,2017(10):86-89.

药用动物中文名索引

药用动物拉丁学名索引

Locusta migratoria L.　142

Lophura nycthemera Linnaeus　256,269

Loxoblemmus doenitzi Stein　143

Lucernaria quadricornis Müller　71

Lumbriconeis heteropoda Naronzeller　103

Lumbricus rubellus Hoffmeister　100

Lygosoma indicum Gray　236

Lytta caraganae Pallas　143

M

Macracanthorhychus hirudinaceus Pallas　79

Macrocheira kaempferi Temminck　131

Mactra veneriformis Reeve　129

Malaphis chinensis Bell　143

Manis crassicaudata Gray　293

Manis pentadactyla　287

Mantis religiosa L.　142

Margarita margaritifera Linnaeus　112

Martianus dermetiodes Chevrolata　143

Mastigias papua Lesson　72

Masturus lanceolatus Lienard　196

Mauriti arabica Linnaeus　115

Mecopoda elongata L.　143

Megalobatrachus davidianus Blanchard　213

Meles meles L.　289

Meretrix meretrix Linnaeus　105

Mergus merganser Linnaeus　269

Metridium sinensis Pei　74

Microhyla pulchra Hallowell　216

Miichthys miiuy Basilewsky　195

Milvus korschun（Gmelin）　256

Minopterus schreibersi Kuhl　292

Misgurnus anguillicaudatus Cantor　194

Misgurnus mizolepis Gunther　194

Misgurnus mohoity yunnan Nichols　194

Modiolus modiolus Linnaeus　111

Mogera robusta Nehring　286

Mola mola Linnaeus　196

Monopterus alba Zuiew　194

Monosiga brevicollis Ruinen　43

Moschus berezovskii Flerov　290

Moschus moschiferus L.　290

Moschus sifanicus Przewalski　290

Murex pecten Lightfoot　130

Murina leucogaster Milne-Edwards　292

Musculus senhousei Benson　124

Musculus senhousia Benson　111

Mustela sibirica Pallas　289

Mustelus griseus Pietschmann　192

Mustelus manazo Bleeker　192

Mycale laevis　61

Mylabris axillavis Billberg　143

Mylabris calida Pallsa　143

Mylabris cichorii L.　143,149

Mylabris frolovi Germ.　143

Mylabris mongolica Dokht　143

Mylabris monozona Wellm.　143

Mylabris phalerata Pallas　149

Mylabris polymorpha Pall.　143

Mylabris quadripunctata L.　143

Mylabris quadrisignata Fischer　143

Mylabris sibirica Fischer　143

Mylabris variabilis Pall.　143

Mylopharyngodon piceus Rich　194

Myospalax baileyi Thomas　288

Myospalax fontanieri Milne-Edwards　288

Myospalax psilurus Milne-Edwards　288

Myrmedioderma styx　59

Mytilus coruscus Gould　111

Mytilus edulis Linnaeus　111

Mytilus galloprovincialis Lamarck　123

N

Naja naja Linnaeus　237

Natrix tiguina Lateralis（Berthold）　244

Nereis japonica Izuka　103

Nibea albeflora Richardson　195

Noctiluca scintillans（Macartney）Kofoid & Swezy　37

Notarchus leachii cirrosus Stimpson　130

Numenius madagascariensis Linnaeus　269

Nyctalus noctula Schreber　292

O

Obelia genicutata L.　69

Ochotona daurica Pallas　287

Ochotona erythrotis（Buchner）　287

Ochotona thibetana Milne-Edwards　287,302

Octopus ocellatus Gray　118

Octopus variabilis Sasaki　118

32**椎**